철학 워크북

The Philosophy Workbook
by
Francis Roberts

This Korean Language edition is published by arrangement with Edinburgh University Press, U.K.

F. 로버츠 지음, 김성호 옮김

the Philosophy Workbook
철학 워크북

서광사

이 책은 Francis Roberts의 *The Philosophy Workbook* (Edinburgh University Press, 2003)을 완역한 것이다.

철학 워크북

F. 로버츠 지음
김성호 옮김

펴낸이 — 김신혁, 이숙
펴낸곳 — 도서출판 서광사
출판등록일 — 1977. 6. 30.
출판등록번호 — 제 406-2006-000010 호

(413-756) 경기도 파주시 교하읍 문발리 534-1
Tel: (031)955-4331 / Fax: (031)955-4336
E-mail: phil6161@chol.com
http://www.seokwangsa.co.kr / http://www.seokwangsa.kr

옮긴이와의 합의하에 인지는 생략합니다.

제1판 제1쇄 펴낸날 · 2010년 11월 30일

ISBN 978-89-306-0227-3 93100

옮긴이의 말

요즘 우리나라 대학에서는 비판적 사고와 글쓰기 등이 크게 강조되고 또 이와 관련된 교양과목이 많이 개설된다. 비판적으로 생각하고 자신의 생각을 논리적인 글로 표현하는 일은 교양을 갖춘 지성인이 지녀야 할 기본 덕목 중에 하나이므로 이런 현상은 환영할 만한 것이다. 이런 추세에 따라 비판적 사고와 글쓰기의 교재에 해당하는 많은 책들이 출판되는 현상도 볼 수 있다. 이렇게 이미 많은 책들이 출판된 상황에서 이 분야와 관련되는 새 책을 번역, 출판하는 까닭은 무엇인가? 이 질문에 답하는 것으로 옮긴이의 말을 대신하려 한다.

첫째, 이 책은 철학을 이중으로 다룬다. 철학을 이중으로 다룬다는 말이 다소 낯설게 보일지 모르므로 간단한 설명을 덧붙이는 편이 좋을 듯하다. 이 책에 등장하는 설명과 사례 그리고 이에 대한 질문과 대답은 독자들에게 엄밀한 논리적 질서의 전형을 제시한다. 한 개념에서 다른 개념을 이끌어 내는 작업, 한 명제에서 다른 명제로 넘어가는 과정이 논리적으로 타당한지, 이런 작업이나 과정의 근거는 무엇이며 그 근거는 얼마나 확실한지에 대하여 이 책은 끊임없는 질문을 던지고 독자들에게 대답을 요구한다. 하지만 이들은 비판적 사고의 핵심에 해당하므로 이를 다루는 거의 모든 책들에서 등장하는 내용이다. 이 책이 철학을 이중적으로 다룬다고 말할 수 있는 까닭은 이 책에서 제시되는 모든 지문과 이에 대한 설명, 논의할 문제 등에서 모두 상당히 수준 높은 철학적 주제가 등장하기 때문이다. 이것이 이 책이 지닌 가장 큰 특징이며 장점이라고 옮긴이는 생각한다. 즉 신문 기사 같은 일반적인 글을 놓고 철학적 분석을 시도하는 다른 책들과는 달리 이 책에서는 철학적 주제를 다룬 지문을 통하여 치밀한 철학적 분석이 진행된다. 따라서 독자들은 지문의 내용을 통하여 그리고 그것에 대한 철학적 분석을 통하여 이중으로 철학에 접하게 되며 이로부터 철학적 사고의 형식과 내용 모두에 관한 깊이 있는 통찰을 얻게 되리라 확신한다.

둘째, 이 책에는 여러 철학적 주제들이 매우 체계적이고 단계별로 제시된다. 철학의 정의(定義)와 주제를 설명하는 1부로부터 시작하여 2부에서는 실재와 지각, 믿음의 문제, 3부에서는 가치와 의무의 문제, 4부에서는 다양한 종류의 지식과 그 근거의 문제가 다루어지며 5부에서는 개인의 정체성과 자유의 문제와 더불어 전체적인 논의가 마무리된다. 여기에는 현재 철학의 영역에서 논의되는 거의 모든 문제들이 포함되며, 더불어 왜 이들이 문제가 되며 다른 문제와는 어떤 관련이 있는지에 대해서도 명확한 설명이 제시된다. 이런 체계적인 접근을 통하여 독자들은 철학 전반을 조망하는 동시에 세부적인 문제도 파악하는, 비유해서 말하면 숲과 나무를 동시에 보는 시각을 얻게 되리라 생각한다.

셋째, 이 책의 미덕으로 반드시 지적하여야 할 점은 책 전체의 40% 분량을 차지하는 상세한 예시 답안이다. 본문에서 제기된 다양한 문제들에 대하여 저자는 단답형의 대답을 제시하는 것이 아니라 자세한 논술형의 답안과 그런 답안의 근거까지도 분명히 밝힌다. 이런 예시 답안을 통하여 독자들은 앞에서 제기된 문제들에 대한 대답은 물론 문제에 접근하는 방식, 문제 해결에 필요한 기법들까지도 충분히 배우게 되리라고 생각한다. 하지만 중요한 점은 이런 대답들이 정답이 아니라 '예시 답안'(Suggested Answer)이라는 사실이다. 저자는 결코 자신이 제시한 대답만이 정답이며 독자들은 무조건 이를 받아들여야 한다고 강요하지 않는다. 오히려 모든 예시 답안의 하단에 독자들이 답안에 대한 자신의 의견을 적을 수 있는 공간을 마련함으로써 독자들 스스로 저자의 답안을 평가하고 더 나아가 독자 자신의 답안을 작성하도록 배려한다. 본문에 등장하는 지문을 자세히 읽은 후 그것과 관련된 문제에 나름대로 답하고 다시 자신의 답안과 저자의 예시 답안을 비교함으로써 독자들은 철학에 관한 지식과 비판적이고 논리적인 사고가 모두 크게 신장되는, 의미 있는 경험을 하게 되리라고 믿으며 모든 독자들이 그런 소중한 경험을 얻기를 희망한다.

그리 많다고 할 수 없을지는 몰라도 이제 꽤 여러 권의 책들을 번역하고 출판하였지만 출판을 앞두고 옮긴이의 말을 쓸 때면 여전히 혹시 옮긴이의 무지나 실수로 잘못 번역한 부분이 있지 않을까 하는 두려움을 지울 수 없다. 이런 두려움에서 완전히 벗어날 수는 없겠지만 계속 정진하여 두려움을 더욱 줄여 나가겠다는 다짐의 말씀을 독자들께 드릴 뿐이다.

이 책을 소개하고 번역을 추천해 준 서광사의 김찬우 부장님, 여러 면에서 부족했던 번역

원고를 훌륭하게 다듬어 주신 서광사 편집부의 송신지 선생님께 깊이 감사하며 또한 이 책을 번역하는 과정에서 많은 도움과 조언을 아끼지 않는 선후배 동료들께도 이 기회를 빌려 감사의 말씀을 전한다. 끝으로 이 책을 통하여 많은 독자들이 철학을 더욱 친숙하게 받아들이고 또 이 책에서 얻은 바를 바탕으로 더욱 철학적인 삶을 살아간다면 옮긴이로서는 더 이상 바랄 바가 없다.

2010년 10월

옮긴이 김성호

차례

감사의 말

철학을 시작하기에 너무 늦거나 이른 나이는 없다. 이는 내가 수학과 이론 물리학 학위를 받은 후 에든버러대학 철학과에 등록하면서 깨달은 바이다. 나는 그곳의 여러 교수들에게서 큰 도움을 받았다. 월시(W. H. Walsh), 헵번(R. W. Hepburn), 다비(Dr George Davie), 바스카(Roy Bhaskar), 페이튼(Dr Margaret Paton) 그리고 특히 나의 박사과정을 마지막까지 지도해 준 과학연구 분과의 번스(Barry Barnes) 교수께 깊이 감사한다. 이들은 자주 초보자가 접근하기는 어려운 사상과 관념들을 명확하게 밝혀 주어 내게는 큰 도움이 되었다. 나는 일찍부터 철학 사상과 관념에서 드러나는 난해함이 두 가지 원천에서 비롯된다는 점을 알게 되었다. 그중 첫째는 수많은 철학자들이 사용한 언어와 용어이며, 둘째는 초보자들이 갖추기 어려운 전문적인 기법들이다.

바로 이런 문제들을 충실히 논의하는 책을 한 권 써 보아야겠다는 의도가 이 실용적인 책을 탄생시킨 최초의 생각이었다. 내게 많은 것들을 가르쳐 준 여러 동료들을 접하면서 이런 생각은 더욱 구체화되었다. 이런 동료들 중 특히 마시(Dr Henry Marsh)와 엘리엇(Dr Fiona Elliott)을 꼽을 수 있다. 이들은 이 책을 쓰려는 나의 생각에 음으로 양으로 큰 도움을 주었다. 여러 형태의 상상력에 관한 마시 자신의 연구는 실천적 활동을 통하여 모든 철학 사상에 접근할 수 있다는 나의 믿음을 더욱 굳건히 만들었으며, 엘리엇은 상상력을 충분히 발휘하기만 한다면 철학 교재로 사용하지 못할 것은 없다는 사실을 내게 보여 주었다.

어떤 책을 만드는 과정에서는 물론 저자가 중요한 역할을 담당하지만 오직 저자 혼자서 책을 만들 수는 없으며 — 이 책 또한 예외가 아니다. 이 책을 만드는 각 단계에서 에든버러대학교 출판부는 저자와 독자 사이의 소통이라는 취지를 유지하기 위하여 내가 요구한 바를 충실히 반영해 주었다. 이 책의 편집자 우드(Nicola Wood)에게 깊이 감사한다. 그녀는 저자와 제작자, 특히 독자들의 요구를 적절하게 조화하는 어려운 작업을 맡아 인내심과 전문성을 여실히 보여 주었다.

이 책의 원고를 만드는 과정에서 많은 사람들의 도움을 받았다. 딘지랜드(Joakim Dyngeland)는 칸트, 플라톤, 데카르트의 삽화를 그려 주었으며, 마즈던(Dilys Marsden), 힐번-클라크(Sonja Hilborne-Clarke), 패리(Liz Parry), 로버츠(Paul Roberts)는 이 책의 원고에 관하여 다양한 측면에서 유익한 논평을 해 주었다. 리차드슨(John Richardson) 교수는 현재 우리가 사용하는 철학적 개념들이 고대 그리스에서 어떤 방식으로 등장하여 발전하였는지를 알려 주었으며, 내 아들 토마스(Thomas)는 칸트의 독일어 원전을 설명해 주어 내가 칸트를 더 잘 이해할 수 있도록 도왔다 — 나는 자주 19세기에 이루어진 칸트의 영어 번역 대신 그의 번역을 사용하기도 하였다. 토마스는 또한 내 아내 다이애나(Diana)가 이 책의 원고를 정리하는 마지막 단계를 크게 도왔다. 이 책의 내용뿐만 아니라 논증 방식에서도 아내와 아들의 많은 제안을 받아들여 반영하였다 — 독자들이 이 책을 수월하게 읽고 논증들에 쉽게 접근할 수 있다면 이는 모두 아내와 아들 덕분이다. 이 책을 만드는 데 아내가 기여한 바는 말로 표현할 수 없을 정도로 크다. 아내는 철학에 나만큼 큰 관심은 없지만 오직 사랑으로 이 책을 만드는 일에 헌신하였다.

끝으로 일리노이 주 노스웨스턴대학교 와인버그 문리과대학 화학과에서 발행한 학과 소개서를 인용하도록 허락해 준 그곳 학사지원실의 코든스(Dr Barry Coddens)에게도 감사의 말씀을 드린다.

이 책의 사용법

나는 세 유형의 독자들을 고려하면서 이 책을 썼다. 첫 번째는 현재 대학에서 철학과 관련된 강의를 들으며 앞으로도 계속 보면서 참고할 만한 책을 원하는 학부생들이다. 두 번째는 강의 중에 직접 사용할 만한 교과서나 강의와 관련해서 유용한 참고서를 구하려는 철학 교사들이다. 세 번째는 전문 철학자들이 제공하는 내용에 쉽게 접근하기 어려운 일반 독자들이다.

이 책이 일반적인 교과서 이상의 역할을 하리라고 기대한다. 여기에는 철학적 주제들에 대한 설명과 더불어 철학의 구체적인 기법들도 많이 등장하기 때문이다. 물리학이나 고고학, 심리학 등에서는 실천적인 활동을 통해서 배우고 익힌 실용적 기법들이 책에 등장하는 이론들을 보완하여 더욱 잘 이해하도록 만든다. 오늘날 철학을 가르치는 교사들은 학생들이 이미 어떤 이론을 분석하고 논증을 확장하여 전개할 능력을 지닌다고 가정하는 듯하다. 이 책은 그런 가정을 하지 않는다 — 이와는 반대로 실천적 기법들과 이론적 이해가 함께 발전한다고 가정한다.

이런 두 가지 목표를 염두에 두고 1장에서 독자들에게 이 책의 사용법을 간단히 소개하려 한다.

기초 놓기 — 철학자의 돌

1

학교에서 학생들에게 오스카 와일드(Oscar Wilde)의 『진지함의 중요성』(*The Importance of being Earnest*)을 공연하게 해도 연극이 어떻게 진행되는지를 모두 보여 주기는 어렵다. 또한 학생들에게 핀터(Harold Pinter)[1]나 셰익스피어의 희곡을 연구하게 해도 그들이 저절로 희곡작가가 되지는 않는다. 희곡작가가 되기 위해서는 극장을 방문하고 고전 희곡을 연구하는 것 이상의 무언가가 필요하다. 학생들은 연극 기법의 기본 원리들을 배워야 하며, 연극이 어떻게 진행되는지 알아야 하며, 관객들로부터 감동적이고 많은 것을 시사한다는 반응을 이끌어 내려면 대사와 무대를 어떻게 배치해야 하는지도 깨달아야 한다.

다행히 철학자가 되는 일은 이보다 훨씬 덜 복잡하다. 우리 삶의 일상적인 경험이 훌륭한 출발점을 제공한다. 이런 경험은 우리의 능력을 계발하는 데 필요한 수많은 기본적인 원리와 기법들을 알려 준다. 이 장에서는 이런 기본 원리와 기법들 중 일부를 확인함으로써 이후 여러 장들에서 이들을 전개해 나가기 위한 기초를 마련하려 한다.

철학자의 돌

중세의 몇몇 연금술사들은 일확천금을 바랐다. 이들은 이른바 철학자의 돌(lapis philosophorum), 즉 평범한 쇠붙이를 금이나 은으로 바꾸어 주는 신비한 물질을 찾으려 애썼지만 이들의 노력은 물거품으로 돌아갔다. 이들의 생각은 처음부터 잘못되었다. 현대의 물리학자와 화학자들은 연금술사들이 꿈꾸었던 부가 환상에 지나지 않음을 증명할 수 있다. 이런 증명을 하

1 [옮긴이 주] 핀터(1931~)는 현대 영국을 대표하는 극작가로 2005년 노벨 문학상을 수상하였다.

면서 현대 과학자들은 실험실 안에서 검증된 지식을 실험실 밖의 상황에도 적용할 수 있도록 해 주는 현대 과학의 성공적인 이론과 실행에 의지한다. 이런 활동들은 이 세계가 어떻게 운행되는지를 더욱 깊이 이해하도록 과학자를 인도한다.

현대 과학자 중 몇몇은 철학적 탐구가 우리를 지식으로 인도하지 못한다고 주장해 왔다 — 철학 또한 신비한 철학자의 돌을 찾아 헤매는 일과 같다는 것이다. 이런 과학자 중 가장 유명한 인물은 이론물리학자인 파인먼(Richard Feynman)[2]이다. 파인먼의 전기를 쓴 글레이크(James Gleick, 1992)의 인용에 따르면 그는 철학자들이란 '항상 문제 밖에서 어리석은 지적이나 하는 사람들'이라고 말하였다고 한다(13면). 하지만 파인먼 스스로 자신의 전공분야에 관한 여러 과학적 이론들을 평가하면서 고도의 통찰력이 필요한 철학적 분석을 시도하기 때문에 그의 이런 언급은 일종의 아이러니이다.

이 책의 주된 목적 중 하나는 모든 철학자가 '항상 문제 밖에서 어리석은 지적이나 하는 사람들'은 아님을 보이려는 것이다. 비록 물질적인 부는 아닐지라도 철학은 어떤 풍요로움을 실제로 가져다준다. 이런 풍요로움은 하찮은 쇠붙이를 금이나 은으로 만들기보다는 하찮은 지식을 금과 같이 소중한 지식으로 바꾸는 데서 얻어진다.

철학적 이해를 통해서 우리는 일상의 전문적인 기술들 배후에 놓인 바를 검토할 수 있으며 이는 우리를 어떤 주제에 관한 더욱 깊이 있는 지식으로 이끈다. 이는 음악에 대한 감수성이 소리의 연속을 영감을 불러일으키는 공연으로 바꾸는 것과 같은 방식으로 이루어진다. 영감을 불러일으키는 위대한 음악가는 자신이 만들어 내는 단순한 소리의 연속을 훨씬 뛰어넘어 우리에게 풍요로운 경험을 선사한다. 하지만 어떤 음악가도 우리가 이런 풍요로움에 이르리라는 사실을 보증할 수는 없다.

이와 마찬가지로 철학이 가져다주는 풍요로움에 이르는 정해진 길은 없다. 사실 우리가 주의를 기울여 철학을 탐구하지 않는다면 오히려 부정적인 결과를 낳을지도 모른다. 중세의 연금술 때문에 많은 과학자들이 화학 물질의 작용에 대한 이해를 넓히는 데 방해받았듯이 어떤 형태의 철학적 탐구가 오늘날 사람들이 일상적인 지식의 풍요로움을 더욱 늘려 주는 진주 같은 요소를 발견하는 데 오히려 방해가 될 수도 있다. 그리고 이런 위험성을 제대로 이해하

2 [옮긴이 주] 파인먼(1918~1988)은 미국의 이론물리학자로 특히 양자전기역학 분야에서 큰 업적을 남겼으며 1965년 노벨 물리학상을 수상하였다.

도록 돕는 일 또한 이 책의 목적 중 하나이다.

다른 모든 주제와 마찬가지로 철학도 어떤 특별한 훈련을 필요로 한다 — 그런데 이 훈련은 우리가 다른 모든 주제들을 더욱 잘 이해하는 데 도움이 되는 훈련이기도 하다. 철학은 설명의 본성에 관한 고유한 개념과 이론들을 이해하게 함으로써 이런 일을 수행하며, 또한 우리는 이를 통하여 얻은 바를 과학, 역사, 수학, 문학, 심지어 현미경으로나 보이는 미시 세계의 법칙에까지 적용할 수 있다. 지식에 대한 더욱 폭넓은 이해에 도달하는 방법은 모든 주제들에 비판적으로 접근하도록 하는 어떤 특별한 기법을 예리하게 다듬는 것인 듯하다. 이 책의 설명, 논의, 활용과 연습 문제 등은 모두 철학의 초보자가 이런 기법들을 발전시키고, 이런 발전을 통하여 서양철학의 중요한 이론들 대부분을 이해하는 데 도움이 되도록 구성되었다.

이 책의 구조

철학적 탐구는 다음의 세 능력을 발전 또는 향상시키려는 목표를 지닌다.

1. 철학의 고유한 관념과 개념들을 **이해하는** 능력.
2. 철학자들이 일반적으로 사용하는 이론들을 **이해하는** 능력.
3. 일반적으로 여러 이론들 사이의 관계를 **이해하는** 능력.

그리고 다음의 다섯 가지 능력을 발전 또는 향상시키려는 목표도 지닌다.

4. 관념들, 특히 서술된 문헌에 등장하는 관념들을 **분석하는** 능력.
5. 주장, 이론, 가설들을 **분석하는** 능력.
6. 우리가 받아들일 수 있는 논증들을 **판정하고 정식화하는** 능력.
7. 엄밀한 논리적 논증들과 반대논증들을 **판정하고 정식화하는** 능력.
8. 철학의 다양한 주제와 영역에 등장하는 정의(定義), 주장, 이론 그리고 가설들을 **정식화하고, 전개하고**, **판정하는** 능력.

이들 중 후자의 능력이 특히 중요하다. 철학자의 핵심은 도덕, 지식, 아름다움, 진리 그리고 과학적 진보 등에 관한 자신의 이론을 형성하고 평가하는 데 달려 있다.

나는 이 책에서 주로 '경험적'인 방법을 사용하였다. '경험적'이라는 용어는 철학에서 두 가지 의미로 사용된다. 즉 경험에 기초하여 무언가를 행하는 **방법**에도 적용되고, 경험에 기초하여 또는 경험에 의해서 지지되는 주장을 펴는 **이론의 유형**에도 적용된다.

이 책에서 사용된 방법은 경험에 기초하므로 독자는 여러 경험적인 활동에 참여함으로써 철학의 풍요로움에 접근할 수 있으리라 여겨진다. 이 책을 읽으면서 내용을 수동적으로 받아들이는 정도만으로는 철학에 대해 많은 것을 배우는 충분한 성과를 얻기 어려울 듯하다. 쉬지 않고 계속해서 실행함으로써만 철학에 대한 이해에 가장 잘 그리고 깊이 있게 도달할 수 있다. 정원을 가꾸는 경우처럼 꽃들이 바로 피어나기를 기대해서는 안 된다. 정원사는 적당한 땅부터 물색하고, 비료를 주고, 풀과 나무들이 자라는 동안 계속해서 정성을 다하여야 한다.

이 책의 사용자는 이 책을 구성하는 여러 장들을 읽어 나가면서 특별한 순서에 따라 연습 문제를 풀거나 (또는 여러 논의가 낳은 논쟁에 순서대로 참여할) 필요는 없다. 어떤 논의는 얼마든지 건너뛰어도 좋다. 이 책은 각각의 부분에서 무엇이 다루어지는지 쉽게 파악할 수 있고 또한 어떤 한 주제와 관련되는 다른 논의가 어디에 등장하는지 바로 찾을 수 있는 상호 대조의 방식으로 구성되었다.

이 책의 본문에는 사용자의 편의를 위하여 서로 다른 몇 가지 도형과 선들이 사용되었다.

> 중요한 철학적 이론이나 가설은
> 세 겹의 선으로 테두리를 두른 네모 안에 넣었다.

논의 대상이 되는 중요한 문장이나 이론, 가설들만을 이런 방식으로 강조하였으며 이들은 뒤이은 논의와 연습 문제를 통해서 상세히 검토되고 분석된다.

> 어떤 관념이나 이론에 대한 이해를 향상시키기 위하여 고안된 연습 문제와 논의할 문제는 바탕에 음영 처리를 하였다.

연습 문제와 논의할 문제에 대한 예시 답안은 대부분 책의 끝부분에 별도로 실었다. 이는 독자들이 내가 제시한 답안의 영향을 받지 않고 스스로 자신의 대답을 생각하도록 하기 위함이다. 몇몇 대답들은 질문에 뒤이어 본문 중에 싣기도 하였는데 이는 논의의 흐름을 계속 이어 나가기 위해서이다. 하지만 내가 제시한 대답은 기껏해야 대답의 한 예를 보여 주는 정도에 지나지 않는다.

책 끝부분에 예시 답안을 별도로 실으면서 답안과 함께 각각의 질문도 다시 한 번 밝혔는데 (질문이 다소 변형된 경우도 가끔 있지만) 이는 독자들이 책장을 계속 앞뒤로 넘기지 않고 하나의 철학적 전개과정을 이루는 질문 및 대답 그리고 여기에 등장하는 개념에 집중하도록 하기 위한 배려이다. 어떤 질문에는 간단한 설명을 덧붙이기도 하였는데, 예시 답안을 제시한 부분에서 이 설명은 질문이 의미하는 바를 충분히 이해하는 데 필요한 한에서만 덧붙였고 어떤 경우에는 요약하기도 하였다.

연습 문제의 예시 답안을 보기 전에 반드시 문제를 스스로 풀어 보라고 독자들에게 권하고 싶다 — 나는 철학에 대한 건전한 이해에 이르는 최선의 기회는 단지 읽음으로써가 아니라 실제로 행함으로써 얻어진다고 굳게 믿는다. 어떤 하나의 주장 또는 서로 연결된 여러 주장들을 형성하는 일이 아마도 철학자의 가장 중요한 활동인 듯하다. 질문이 항상 명확한 근거를 요구하지는 않지만 가능한 한 근거를 제시하는 것이 바람직하다. 특히 하나의 이론을 형성하는 여러 주장들을 뒷받침하는 타당하고 설득력 있는 근거를 제시하는 일은 철학자의 임무 중 두 번째로 중요하다.

철학의 초보자가 어떤 주제를 다루는 데 필요한 모든 기법을 갖추기를 기대할 수는 없다. 우리는 논증을 구성할 능력을 타고나지 않으므로 이를 배워서 얻어야 한다. 우리는 여러 기법들을 실제로 사용해 봄으로써 점차 발전시킨다. 이 책에서는 때로 논증을 제시하는 특수한 기법이나 방법을 별도로 소개하기도 하였다. 이런 부분은 '방법' 이라는 단어를 부제목으로 달아서 분명히 표시하였다.

예시 답안이 명확한 정답을 규정하지는 않는다 — 철학은 끊임없이 생각을 세련되게 갈고 닦는 과정을 포함하는 활동이다. 독자들은 저자의 주장을 반박하라는 의미에서 초대되었으며 따라서 독자들이 내가 제시한 답안을 평가하고 반박할 수 있는 공간을 다음과 같은 형식으로 제공하였다.

자신의 의견

책이라는 형식이 저자와 독자 사이의 의견 교환을 허용하지 않는다는 사실은 몹시 유감스럽다.

철학적인 탐구를 낳거나 자극하는 질문들은 테두리에 음영 처리를 한 네모 안에 넣었다.

[몇몇 대목에서는 지금처럼 대괄호 안에 다른 글자체를 사용한 부분을 첨가하였다. 이 부분에는 본문에 대한 주석과 보충 설명이 포함된다. 예를 들면 어떤 이론의 역사적 기원이나 어떤 단어의 어원적 의미 같은 폭넓은 관점의 논의가 이루어진다. 이 부분을 상세히 읽지 않고 넘어가더라도 이후의 논의를 따라가는 데 별 지장은 없다.]

여러 장들의 배열

만일 이 책이 수학이나 물리학을 다룬다면 책의 배열 순서에 따라 처음부터 차례대로 읽어 나가라는 충고가 유용할지도 모른다. 수학이나 물리학은 우리가 집을 짓는 것과 유사한 방식으로, 말하자면 맨 처음 기초를 놓고, 그 다음에 벽을 세우고, 다시 그 다음 지붕을 올리고, 마지막에 아름다운 실내장식을 하듯이 배워나가야 하는 분야이다. 때로 우리는 한쪽을 확장하기도 하고 창문을 새로 내거나 또 아예 위층을 짓기도 한다. 하지만 철학에서는 사정이 전혀 다르다. 철학은 어떤 사람을 알게 되는 과정과 유사하다. 누군가를 파티에서 처음 만나거나 아니면 학교에서 예술과목을 가르치는 선생님을 처음 뵐 때 우리는 그를 알기 위하여 생년월일을 확인할 필요는 없다. 우리는 사람들에 대하여 차차 조금씩 알게 되며 그들에 대한 더 많은 지식을 점차 쌓아나간 후 그들의 장점과 약점을 평가하기에 이른다.

철학에서도 이와 유사한 일이 일어난다. 우리는 철학의 어떤 특정한 측면이나 어떤 특정한 철학자의 사상과 더불어 출발할 필요가 없다. 철학이라는 분야가 지닌 이런 특징은 이 책을 구성하는 과정에도 충분히 반영되었다. 예를 들면 독자들에게 이 책의 1부를 먼저 읽어 보라고 권하고 싶지만 그 다음에는 2부보다 4부를 먼저 읽어도 좋고, 3부를 제일 먼저 읽어도 아무 상관이 없다. 몇몇 장들에는 다소 까다로운 내용을 포함하는 응용부분이 등장하기도 하는데 이는 더욱 주의 깊은 접근을 필요로 한다.

[보충 설명: 철학을 소개하는 서문에서 인칭대명사를 사용하는 일은 피할 수 없다. 특이 남성일 수도 여성일 수도 있는 일반적인 개인을 지시할 경우 나는 삼인칭 단수 남성대명사와 여성대명사 중 하나만을 표기하였다. 즉 '그(녀)는', '그녀를 또는 그를' 등의 표현이나 단수인 주어를 지시하면서 복수형의 인칭대명사를 사용하는 일 등은 피하였다.]

PART 01

철학이란 무엇인가?

이 책 1부의 목적은 다음 세 가지이다. 즉 철학이라는 주제 전반을 개관하고, 철학자들이 자신들만의 고유한 작업에 몰두할 때 사용하는 기본적인 몇몇 기법들을 소개하고, 무엇보다도 철학을 한다는 것에 도대체 무엇이 포함되는지 조금이라도 맛보게 하려 한다 — 일종의 활동으로서의 철학이라는 제목이 붙은 2장과 더불어 이런 일을 시작하려 한다. 우리는 일상적인 경험을 서술하고 검토하는 일로부터 출발하여 점차 이런 경험을 서술하고 설명하는 데 사용되는 방법을 검토하는 쪽으로 단계별로 접근해 나가려 한다. 우리는 바로 이런 서술과 설명에 대한 질문을 던짐으로써 일종의 활동으로서의 철학에 관련하기 시작하며 또한 철학을 독특하면서도 흥미롭게 만드는 바가 무엇인지를 이해하기 시작한다. 그 다음에는 '철학이란 무엇인가?' 라는 질문에 답함으로써 2장을 마무리지으려 한다.

3장에서는 오직 고대 그리스 철학자들 대부분이 얼마나 현대적인 인물이었는지를 깨닫기 위하여 철학의 출발점을 살펴보려 한다. 입자가속기가 제공하는 편리한 자료와 그 후 이천 년 이상 이어진 학문적 축적이 없이도 그들은 인간이 처한 조건의 본성과 지식 일반 그리고 여러 개별 학문에서 깊은 이해에 도달하였다. 3장의 내용을 기초로 삼아 4장에서는 고대 그리스 철학자들의 관심을 끌었던, 서로 관련되는 두 가지 중요한 문제, 즉 실재의 본성과 가치의 본성에 관하여 다루려 한다.

일종의 활동으로서의 철학 2

이 장에서는 '철학이란 무엇인가?' 라는 질문을 이해해 보려고 하는데 이 과정에서 일련의 믿음보다는 일종의 활동으로서의 철학에 초점을 맞추려 한다. 어떤 활동이든 그것의 본성을 이해하는 최선의 방법은 그것을 실제로 해 보는 것이라고 생각한다.

이 장에서

논의되는 개념

- 철학
- 결과주이
- 분석철학
- 경험주의
- 본질주의
- 유럽 대륙의 철학

전개되는 기법

- 원전의 분석
- 이론들의 평가

언급되는 철학자

- 칸트

'철학' — 두 가지 의미

일반적으로 '철학' 이라는 단어는 두 가지의 의미로 사용된다. 우리는 '하나의 철학' 에 관하여 또는 그저 '철학' 에 관하여 언급한다. 『옥스퍼드 영어사전』(*Oxford English Dictionary*)에 따르면 '하나의 철학' 이란 '한 개인이 자신의 삶을 이끌어 나가기 위하여 형성한 체계' 인데 이는 여러 신념들의 체계이기도 하다. '하나의 철학'은 학문의 한 분과가 아니라 삶의 방식을 의미하며 따라서 우리가 이 책에서 살펴보려는 바가 아니다.

두 번째 의미에서 '철학'은 학문적인 활동 또는 학문의 한 분과이다. 다른 모든 학문 분과와 마찬가지로 철학 또한 특별한 유형의 문제와 질문을 통해서 특징지어진다. 문제를 분석하고 이에 답하는 일은 어떤 방법을 사용하고 특수한 기법을 활용하는 철학자를 필요로 한다.

이제 과연 어떤 종류의 활동이 철학이며, 어떤 종류의 문제와 질문이 철학을 특징짓는지를 살펴보기로 하자. 이를 위하여 다음과 같은 주장을 고찰하려고 한다.

인간의 어떤 활동이 무엇인지를 이해하는 최선의 방법은 실제로 그 활동을 해 보는 것이다(주장 1). 인간의 여러 활동에 대하여 이 주장이 얼마나 설득력을 지니는지 검토하기 위하여 우리는 실제로 어떤 활동을 해 보고 주장 1의 수용 가능성을 평가하려 한다. 그런데 어떤 주장의 수용 가능성을 평가하는 일은 이미 철학적 활동이기도 하다.

우리는 우선 이 주장이 얼마나 타당한가를 결정하는 데 경험이 도움이 되는지 살펴보려 한다. 이렇게 무언가를 어떻게 배울 수 있는지를 평가하는 방법 또한 우리에게 철학적 전통에 대한 통찰을 제공한다. 경험을 통해서 지식을 얻는다는 점은 철학을 포함한 모든 종류의 학문에서 '경험주의적 태도'의 핵심 원리이다.

연습 문제 2.1

1. 어떤 활동이 어떻게 이루어지는지를 전혀 생각하지 않으면서도 그것을 실제로 행함으로써 바로 잘 이해할 수 있게 되는 인간의 활동 두 가지를 들어 보시오.

2. 단 한 번도 해 본 적이 없어도 잘 이해할 수 있는 인간의 활동을 들어 보시오.

3. A는 매우 그렇다로, F는 전혀 그렇지 않다로 가정하고 주장 1을 A에서 F까지의 등급으로 평가하시오. 수정할 필요가 있다면 주장 1을 수정하시오.

예시 답안은 309면에

일종의 활동으로서의 철학을 이해하는 일은 몇 가지 측면에서 연기를 이해하는 일과 유사하다. 누구나 약간의 연기를 할 줄 안다. 우리 모두는 남의 입장에서 생각해 볼 수 있으며 따라서 최소한 연기가 무엇인지에 대한 감을 잡을 수는 있다. 하지만 연기를 제대로 이해하려면 무대 위에서, 알지 못하는 관객 앞에서 연기를 해야 한다. 학교에서 연극을 공연해 보면 배우들은 무대가 지닌 마법 같은 힘을 깨닫기 시작한다. 이들은 자주 성인이 된 다음에도 무대의 마법을 기억하기도 한다. 하지만 직업배우는 적절한 훈련과 경험을 쌓음으로써 연극에 대한 더욱 깊은 이해에 도달한다. 그리고 이를 통하여 직업배우는 아마추어 배우의 수준을 훨씬 뛰어넘는 감정과 경험을 드러내는 연기를 하게 된다.

이와 마찬가지로 우리는 실제로 철학을 행함으로써 철학이 지닌 마법을 느끼게 된다. 아마추어 배우처럼 아마추어 철학자도 깊은 감응을 불러일으키는 어떤 활동을 함으로써 흥분을 맛볼 수 있다. 하지만 여기에는 어떤 위험성이 뒤따른다. 제대로 훈련받지 않은 철학자는 환멸에 빠지거나 철학이 주는 보상을 파악하지 못하기도 한다. 심지어 어떤 아마추어 철학자는 철학에도 보상이 뒤따른다는 사실 자체를 인식하지 못하는 경우도 있다. 다행히 제대로 훈련받는다면 이런 훈련은 우리를 정신적으로 건강하게 만들며 따라서 환멸에 빠지지 않을 수도 있다. 우리는 정신적인 건강함에 이르는 일이 그리 어렵지만은 않으며 이를 통하여 철학에 대한 환상과 환멸에서 모두 벗어날 수 있음을 깨닫게 된다.

다른 모든 훈련과 마찬가지로 철학도 실제로 행함으로부터 시작된다. 이런 훈련의 목적은 결국 철학적 활동을 행함으로써 철학이 무엇인지에 대한 감을 잡는 것이다(무언가를 행함으로써 궁극적으로 도달하려는 목적을 철학자들은 가끔 '목적인'으로 표현하기도 한다). 철학적 훈련을 하는 더욱 직접적인 이유는 어떤 분석 기법을 발전시켜 다음과 같은 세 유형의 질문에 답하기 위함이다.

(i) 한 사람이 어떤 활동을 추구함으로써 얻는 결과는 무엇인가?
(ii) 그 활동은 정확하게 무엇인가?
(iii) 질문 (i)과 (ii) 사이에 어떤 관계라도 있다면 그 관계는 어떻게 성립하는가?

질문 (i)은 **결과주의적인** 질문이다. 이는 무언가를 행한 결과 또는 효과를 묻는다. 이 질문은 활동 너머에 놓인 무언가에 초점을 맞춘다.
질문 (ii)는 **본질주의적인** 질문이다. 이는 그 활동의 내적인 구조 또는 형식을 묻는다. 이 질문은 행위 내부에 놓인 무언가에 초점을 맞춘다.
질문 (iii)은 **철학적인** 질문이다. 이는 인간의 활동들을 서로 연결하는 원리에 초점을 맞추어 그들 사이의 관계를 묻는다. 이런 유형에 속하는 예는 아래의 [질문 2]인데 이는 아래의 190면에서 다시 살펴볼 예정이다.

도덕적인 방식으로 행위하라는 말을 들을 때 한 개인이 느끼는 압박의 본성은 무엇인가? [질문 1]
이런 압박은 도덕적 가치와 어떻게 관련되는가? [질문 2]

도덕적으로 행위하라는 압박이 도덕적 가치와 어떻게 관련되는지를 인식함으로써 우리는 도덕 이론에 대한 이해를 크게 넓힐 수 있다. 이와 마찬가지로 위의 질문 (iii)에 답함으로써 질문 (i)과 (ii)에 대해서도 풍부한 대답을 할 수 있다. 질문 (iii)은 이 세계에 대한 깊은 이해를 추구하는 사람이 던질만한 유형에 속한다. '결과주의'와 '본질주의' 사이의 관계를 파악하는 일은 전형적으로 철학자들이 관심을 갖는 주제 중 하나이다. 이미 다양한 '결과주의'와 '본질주의' 도덕 이론들이 전개되었으며 이들 사이의 논쟁이 벌어졌다. 이들이 서로 어떻게 관련되는지를 인식함으로써 우리는 도덕 이론들을 더욱 잘 이해하게 되는데 도덕 이론에 관해서는 아래의 11장에서 살펴볼 예정이다. 도덕 이론들을 더욱 잘 이해함으로써 결국 우리는 더욱 바람직한 법칙을 형성하고 더 나은, 만족스러운 삶을 영위할 수 있다.

위의 세 질문이 철학이라는 주제로 나아가는 첫걸음이기는 하지만 질문 (iii)에 대해서는 아래의 36면에 제시된 논의할 문제 2.8을 풀어 본 다음에 답하려고 한다.

대신에 친숙하고 일상적인 상황이 우리가 목표에 도달하는 데 도움이 된다는 사실을 보이기 위하여 '결과주의'와 '본질주의'를 구별하는 일로부터 논의를 시작해 보자. 현재 논의의 최종 목표는 철학의 본성에 대한 어떤 통찰을 얻는 것이다. 다음의 연습 문제는 일상적인 질문에 대해서도 결과주의적 대답과 본질주의적 대답이 모두 가능함을 보여 준다.

논의할 문제 2.2

어떤 식당의 주방 보조로 일하는 사람이 왜 자신이 접시를 저녁 식사 후에 닦아야 하는가라고 묻는다.

1. 왜 그가 접시를 닦아야 하는지에 대하여 **결과주의적인** 이유를 세 가지 들어 보시오.

2. 왜 그가 접시를 닦아야 하는지에 대하여 **본질주의적인** 이유를 세 가지 들어 보시오.

예시 답안

우선 해충이 주방에 들어오는 일을 막기 위하여 접시를 닦아야 한다고 말할 수 있다. 또 다른 이유로는 접시를 닦아야만 식당 주인이 영업이 끝난 후 일당을 지불한다는 점도 들 수 있다. 또한 더러운 접시들이 계속 주방에 도착하는데 이를 쌓아둘 공간을 마련하기 위하여 이전의 접시들을 빨리 닦아야 한다는 대답도 가능하다. 그런데 이들은 모두 '결과주의적인' 이유들이다 — 이들은 사람들이 접시를 닦는 일이 낳는 결과 또는 **산출하는 바**라고 믿는 것에 의존한다. 즉 '내가 접시를 닦는다면 그 결과 식당 주인이 나에게 일당을 지불하기 때문에 나는 접시를 닦는다' 또는 '내가 이전 접시들을 빨리 닦아야만 그 결과 더러운 접시들이 계속 주방에 도착할 때 이들을 쌓아놓을 공간을 확보할 수 있기 때문에 나는 접시를 닦는다'고 말할 수 있다.

반면에 접시를 닦는 일이 주장 보조의 의무이기 때문에 또는 주방 보조는 자동적으로 닦아야 하기 때문이라든지 아니면 이 특별한 주방 보조는 접시 닦는 일을 즐기기 때문이라는 대답을 할 수 있다. 이들은 모두 '본질주의적인' 이유들이다 — 이들은 접시 닦는 행위의 본성 또는 주방 보조의 본성에 의존한다. '접시 닦는 일이 주방 보조로서 나의 의무이기 때문에 나는 접시를 닦는다' 또는 '나는 더러운 접시들이 주방에 쌓여 있는 모습을 견딜 수 없기 때문에 접시를 닦는다' 라고 말할 수 있다.

자신의 의견

연습 문제 2.3

1. 역사를 탐구하는 **결과주의적** 이유와 **본질주의적** 이유를 각각 세 가지씩 들어 보시오.

2. 운전할 때 신호등에 빨간 불이 들어오면 멈추어야 하는 **결과주의적** 이유와 **본질주의적** 이유를 각각 하나씩 들어 보시오.

3. 오직 **본질주의적**인 대답만을 할 수 있는 질문을 하나만 제시해 보시오.

4. **결과주의적**인 측면을 전혀 갖지 않는 인간의 활동이 존재하는가?

예시 답안은 310면에

이제 우리의 관심을 접시 닦는 일이나 역사로부터 철학에로 돌릴 준비를 거의 마쳤다. 우선 다른 활동들에 대하여 유사한 질문을 던져 보자. 예를 들어 위의 질문 (i)과 (ii)를 물리학 탐구와 정원 가꾸기에 대하여 던져 보기로 하자.

논의할 문제 2.4

1. 물리학 탐구가 그와 관련된 사람에게 낳는 결과는 무엇인가?

2. 물리학이란 정확하게 무엇인가?

예시 답안

질문 1에 대한 대답으로 물리학 전공자들은 세계에 대한 이해를 넓히고 몇몇 위험한 상황에 대처할 수 있는 능력을 향상시키며, 우리에게 유용한 상황들을 활용하는 방법을 배우고 대상의 변화를 조절하는 기술을 발전시킨다고 말할 수 있다. 특히 그들은 물리적 대상으로서의 고체나 액체가 어떻게 운동하는지, 이들의 형태나 온도가 어떻게 변화하는지에 대한 이해를 넓혀 나간다. 또한 그들은 이런 변화가 어떻게 작용하는지에 대하여 최소한 두 가지 점을 배운다. 첫째 그들은 이런 변화나 변질을 낳는 과정을 분리하는 방법을 배운다. 바꾸어 말하면 실험실에서 이루어지는 탐구의 기법들을 배운다. 둘째, 그들은 실험실이라는 특수한 조건에서 얻은 지식을 통제되지 않은, 실험실 밖의 상황에 적용하는 방법을 배운다.

질문 2에 대한 대답으로 물리학은 물체와 힘이라는 속성 그리고 서로 다른 형태의 힘이 물체에 미치는 영향을 탐구하는 과학이라고 말할 수 있다.

자신의 의견

연습 문제 2.5

1. 정원 가꾸기를 배우는 일이 그와 관련된 사람에게 낳는 결과는 무엇인가?

2. 오직 **본질주의적**인 대답만을 할 수 있는 질문을 하나만 제시해 보시오.

예시 답안은 312면에

논의할 문제 2.6

1. X라는 주제에 대한 탐구가 그와 관련된 사람에게 낳는 결과는 무엇인가?

2. X라는 주제는 정확하게 무엇인가?
(X의 자리에 무엇이든 자유롭게 선택하여 넣을 수 있지만 철학만은 제외한다. 아직은 때가 아니다!)

이 질문에 대한 예시 답안은 제시하지 않았다.

철학의 고유한 질문에로 넘어가기에 앞서 우리의 분석 기법을 다소 다듬을 필요가 있다. 철학적 활동에 참여하기 위하여 우리는 자주 다른 사람들이 말한 바를 분석할 줄 알아야 한다. 이는 우리가 일반적인 사회 활동을 하는 데도 (일상적인 대화를 이해하는 등의) 필요한 기법이다. 하지만 학문적인 분야에서는 훨씬 더 예리한 기법이 필요하다. 예를 들면 사회학자는 사회 조사의 결과로부터 도출된 결론이 조사 설문지에 사용된 용어들이 의미하는 바와 일치한다는 점을 충분히 인식하여야 한다. 일상적인 대화에서는 이런 수준의 인식이 요구되지 않으며 오히려 방해가 되기도 한다.

연습 문제 2.7

다음에 제시된 세 문단의 내용을 읽고 질문에 답하시오. 제시문은 미국 일리노이 주 에번스턴에 위치한 노스웨스턴대학교 와인버그 문리과대학 화학과 학사 지원실에서 발행한 학과 소개에서 발췌하였다.

화학은 물질과 그것의 변환을 탐구하는 학문이다. 화학자는 다양하게 사용되는, 예를 들면 의약품, 초전도, 수많은 구조물과 전자제품에 사용되는 새로운 합성물을 만들어 낸다. 화학자는 합성물의 구조를 결정하고 기본 원리에 기초하여 이들의 속성을 설명한다. 화학자는 물질이 변환하는 과정을 이해하려 하며 이를 통하여 변환의 진행과 그 결과를 조절하려 한다. 이러한 변환은 어디에서나, 지구상에서나 생명체에서 그리고 별들에서도 일어나기 때문에 화학은 다른 많은 과학을 이해하는 데도 필수적이다. 화학은 산성비나 오존층 파괴에서 미국 산업 활성화와 우주 탐험에 이르는 수많은 중요한 문제의 해결책을 발견하는 데 기여한다.

왜 화학을 전공하는가?

화학을 전공하는 많은 이유를 들 수 있다. 어떤 학생들은 화학이라는 분야 자체가 흥미롭고 매력적이기 때문에 화학을 전공한다. 화학은 과학적 엄밀함과 유용성을 동시에 지니기 때문에 이런 생각은 큰 호소력을 지닌다. 어떤 학생들은 화학이 다른 과학 영역을. 지질학, 생물학, 생리학, 천문학, 환경과학과 에너지 연구 등을 — 더욱 깊이 이해하기 위한 언어와 개념적 구조를 제공하기 때문에 화학을 전공한다.

많은 학생들은 화학자, 공학 기술자, 의사, 치과 의사, 상담역 등의 장래 직업을 준비하는 데 화학이 필수적인 요소라고 생각하여 화학을 전공한다. 최근 들어 화학 전공자의 절반 정도는 대학원에 진학하여 주로 화학 박사 과정에 등록하지만 물론 대학원에서 다른 분야를 전공하는 학생도 있다. 이들은 화학 산업이나 정부기관, 연구소 등에 취업하여 화학을 연구하고 발전시키는 중요한 직위를 담당한다. 30에서 40% 정도의 학생은 졸업 후 의학 대학원에 진학하며 소수는 치의학 대학원이나 법률 대학원에 진학하기도 한다. 최근 졸업생 중 약 15% 정도는 대학원에 진학하지 않고 바로 기업이나 정부의 연구소에 화학 연구원으로 취업하였다.

1. 제시문에 따르면(1행) 화학은 어떤 과정을 탐구하는가? 또한 왜 화학자들은 이런 과정을 탐구하려 하는가(4~7행)?

2. 제시문에 따르면 화학을 전공하도록 이끄는 **결과주의적**인 이유들은 무엇인가?

3. 제시문에 따르면 화학을 전공하도록 이끄는 **본질주의적**인 이유들은 무엇인가?

4. 화학을 전공하려 하지 **않는** 사람이 있다면 그가 제시할 수 있는 이유들을 들어 보시오. 이런 부정적인 이유들을 제시문에 등장하는 긍정적인 이유들과 비교해 보시오. 각각의 부정적인 이유는 긍정적인 이유와 쌍을 이룰 수 있는가?

예시 답안은 313면에

활동으로서의 철학을 이해하기 — 첫 번째 단계

위의 30면에서 세 가지 유형의 질문이 제시되었다.

(i) 한 사람이 어떤 활동을 추구함으로써 얻는 결과는 무엇인가?

(ii) 그 활동은 정확하게 무엇인가?

(iii) 질문 (i)과 (ii) 사이에 어떤 관계라도 있다면 그 관계는 어떻게 성립하는가?

이미 질문 (i)과 질문 (ii)에 대해 답하였으므로 이제 (iii) 유형의 질문에 도전해 보자.

논의할 문제 2.8 일방 통행로인가 아니면 쌍방 통행로인가?

(iii) 만일 질문 (i)과 (ii)가 서로 관련된다면 어떻게 관련되는가?
바꾸어 말하면 어떤 주제를 탐구하거나 어떤 활동이 어떻게 이루어지는지를 배우는 일이 그 주제 또는 활동이 무엇인지와 어떻게 관련되는가?

[보충 설명: 어떤 질문에 답하는 데 무엇이 포함되는가를 이해하는 일은 철학의 중요한 기법 중 하나이다. 어떤 질문이 요구하는 바를 정확히 파악하는 일을 이른바 질문의 '해체'라고 부른다(아래 100면의 연습 문제 6.1 참조).]

예시 답안 (초보자는 이렇게 깊이까지 파고들지 않아도 좋다!)
이 질문은 우리가 두 가지 탐구를 수행할 것을 요구한다. 첫째, 우리는 어떤 주제에 대한 연구가 그 주제 자체를 어떻게 변화시킬 수 있는지를 검토해 보아야 한다. 그 주제를 연구한 결과가 변화한다면 이는 그 주제 자체가 변화하였음을 의미하는가? 둘째, 우리는 그 주제의 본성이 변화하였다는 사실이 그 주제를 탐구할 때 우리에게 일어나는 일들을 어떻게 변화시킬 수 있는지를 검토해 보아야 한다. 만일 어떤 주제가 변화하였다면 그 주제를 연구한 결과 또한 변화하는가?

이들은 복잡하고 어쩌면 혼란스럽게 뒤엉킨 질문으로 보이기도 한다. 하지만 질문들을 얽어맨 매듭을 푸는 일이 바로 철학자가 발전시켜야 하는 기법 중 하나이며 — 사실 이 책이 목표로 삼는 기법이기도 하다. 어떤 질문에 답하려면 우선 그것이 무엇에 관한 질문인지 인식해야 한다. 질문 (iii)은 우리가 물리학과 같은 주제를 어떻게 연구하며 정원을 잘 가꾸기 위한 원칙들을 어떻게 배우는가에 관한 질문이다. 즉 이 질문은 특수한 지식, 경험 또는 활동 분야에 적용되는 일반 원리의 연구에 **관하여** 묻는다. 또한 이는 철학에서 '분석적' 또는 '유럽 대륙의' 전통에 따르는 수많은 현대 철학자들 모두가 던지는 유형의 질문이기도 하다.

자신의 의견

[보충 설명: 영어권에서 현대 철학의 주류는 20세기 '분석철학'으로부터 발전하였는데 이런 흐름은 '유럽 대륙의 철학'과는 분명히 구별되는 체계를 통하여 철학 활동을 전개해 나간다. 분석철학은 분석 과정을 어떤 주장의 수용 가능성을 결정하는 절차로 여긴다.

유럽 대륙 전반에 널리 퍼져 있는 이른바 '대륙철학'은 우리의 지식을 한정짓는 능력을 검토하는 데 초점을 맞추려는 경향을 보인다. 따라서 여기서는 분석보다는 검토라는 용어가 더 큰 의미를 지니는 듯하다.

'분석'이란 복잡한 대상을 단순한 요소로 분해하는 과정을 의미한다. 분석이라는 말은 그리스어 analysis에서 유래하였는데 이 단어는 '무언가를 풀거나 해체함'을 의미한다. 일종의 해체로서 분석은 '종합'과 대비되는데 종합이란 단순한 요소를 복잡한 대상으로 구성하는 과정을 의미한다. 유럽 대륙의 철학은 전통적으로 분석보다는 종합을 추구하는 경향을 보인다. 더욱이 '유럽 대륙의' 철학자들은 분석 과정 자체가 한정될 수 있으므로 철학이 기초로 삼을 만한 기반은 아니라고 주장하는 듯하다. 분석보다는 오히려 인간의 지식을 만들어 내는 사회적 조건들이 이런 기반을 형성한다.

하지만 위의 두 전통 모두 철학은 '어떤 특수한 분야의 지식, 경험, 활동에 적용되는 일반 원리들에 관한 탐구'(『옥스퍼드 영어사전』)라고 생각한다.]

정원 가꾸기와 물리학에 대하여 질문 (iii)을 던짐으로써 우리는 철학적 질문을 제기한다. 이에 대한 대답은 정원 가꾸기와 물리학의 본성을 더욱 잘 파악하는 데 도움을 준다. 즉 이런 대답은 우리가 이런 특수한 활동 또는 지식 분야에 적용되는 일반 원리에 관하여 무언가를 파악하는 데 도움을 준다.

정원 가꾸기와 물리학의 경우 질문 (iii)에 대하여 다음과 같은 일반적인 대답을 할 수 있다. 즉 둘의 경우 모두 **본질주의적인 질문 (ii)에 대한 대답이 결과주의적인 질문 (i)에 영향을 미친다고** 말할 수 있다. 하지만 이것의 역은 참이 아니다. 즉 **(i)에 대한 대답은 (ii)에 대한 대답에 영향을 미치지 않는다**.

이제 우리는 이런 일반적인 대답을 확장하여 더욱 세부적인 내용을 살펴볼 수 있다. 더 이상 사과가 나무에서 그냥 아래로 떨어지지 않고 마치 자동유도장치를 갖춘 유도탄처럼 사람들의 머리를 목표로 삼아 머리를 향해서 떨어진다고 가정해 보자. 이런 새로운 상황에서는 학생들이 물리학 연구에 대하여 서로 다르게 반응하는 일이 얼마든지 일어난다. 즉 물리학이 무엇인지가 물리학 연구가 낳는 결과에 영향을 미친다. 에너지나 중력, 물리적 대상의 작용이 변화한다면 나는 이들을 연구하는 일에 대해서도 다르게 반응할 듯하다. 그렇다면 '물리학이 나에게 어떤 영향을 미치는가?' 라는 질문 (i)은 '물리학이 무엇인가?' 라는 **질문 (ii)와 무관하지 않다**.

이와는 대조적으로 만일 내가 사과가 나무에서 어떻게 떨어지는지를 연구한다면 앞으로 직업을 구할 전망이 크게 밝아진다 할지라도 자연의 운행 방식이 변화하여 사과가 지금과는 달리 운동할 가능성은 거의 없다. 즉 물리학을 연구한 결과는 물리학이 무엇인지에 대하여 영향을 미치지 않는다. 에너지나 중력, 물리적 대상이 작용하는 방식은 설령 내가 이들에 관한 연구에 대하여 지금과 다르게 반응한다 할지라도 결코 변화하지 않는다. 따라서 '물리학 연구가 나에게 어떤 영향을 미치는가?' 라는 질문은 '물리학이 무엇인가?' 라는 **질문과 무관하다**.

이와 마찬가지로 식물 일반이 특수한 종류의 토양에서 성장하는 방식은 설령 내가 이에 관한 연구에 대하여 지금과는 다르게 반응한다 할지라도 결코 변화하지 않는다. 따라서 '나는 정원 가꾸기를 배우는 것으로부터 어떤 영향을 받는가?' 라는 질문은 '정원 가꾸기는 무엇인가?' 라는 **질문과 무관하다**. 그런데 여기서 반드시 '식물 일반' 이라는 말을 언급할 필요가 있다. 왜냐하면 내가 가꾸는 특정한 식물들은 나의 정원 가꾸기 솜씨가 훌륭하다면 더 잘 자랄 것이기 때문이다. 그리고 내가 정원 가꾸기를 배우는 것에 대하여 반응하는 방식은 내가 가꾸는 특정한 식물들에게 어떤 영향을 미칠 수도 있다.

어쨌든 물리학이나 정원 가꾸기에 적용되는 원리는 사람들이 물리학이나 정원 가꾸기에 대하여 어떻게 반응하는가와는 무관하다.

자신의 의견

철학에 대한 철학적 질문

이제 철학으로 눈을 돌려보면 사정이 전혀 달라진다. 내가 철학 연구에 대하여 반응하는 방식은 철학의 중요한 주제 중 하나이다. 왜냐하면 나의 행위에 대한 그 어떤 설명도 검토하고 비판할 수 있기 때문이다. 설명에 대한 비판은 철학적 활동의 중요한 한 형태이다. 이런 사실은 질문 (iii)을 (위의 30면에서 제시된 질문을 인용하여) 철학에 대하여 던질 경우 이를 물리학이나 정원 가꾸기에 대하여 던질 경우와는 다른 유형의 대답이 등장함을 의미한다.

(i) 한 사람이 어떤 활동을 추구함으로써 얻는 결과는 무엇인가?
(ii) 그 활동은 정확하게 무엇인가?
(iii) 질문 (i)과 (ii) 사이에 어떤 관계라도 있다면 그 관계는 어떻게 성립하는가?

1. **대답이 서로 다르다는 점**을 인식하는 일은 철학의 중요한 측면 중 하나이다.
2. **왜 대답이 서로 다른지**를 인식하는 일 또한 철학의 일부이다.
3. **이런 차이가 중요한지 그렇지 않은지**를 인식하는 일 또한 철학의 일부이다.
4. **서로 다른 주제들이 어떤 방식으로 서로 다른지**를 인식하는 일 또한 철학의 일부이다.

무언가를 파악하고 인식하는 일은 철학적 활동이다. 우리는 위의 논의할 문제 2.8에서 이를 시도하였는데 이는 우리가 처음으로 행한 본격적인 철학적 활동에 해당한다.

철학은 자기 자신을 성찰의 대상으로 삼는 분야 중 하나이다. 물리학을 연구하는 활동 자체를 물리학자들이 연구의 대상으로 삼지는 않는다. 하지만 철학을 연구하는 활동은 철학자들의 연구 대상 중, 물론 이것이 유일한 대상은 아니지만, 하나이다.

물리학 및 정원 가꾸기와 마찬가지로 이제 철학에 대해서도 질문 (i), (ii), (iii)을 던져 보자.

연습 문제 2.9

(i) 한 사람이 철학을 연구함으로써 얻는 결과는 무엇인가?

예시 답안은 316면에

논의할 문제 2.10

(ii) 철학이란 무엇인가?

예시 답안

질문 (ii)에 대하여 가능한 대답 중 하나는 앞에서 물리학을 연구하고 정원 가꾸기를 배우는 것의 결과가 물리학 또는 정원 가꾸기의 본성과 어떻게 관련되는가라는 질문에 대하여 답하면서 등장하였다. 바꾸어 말하면 다른 주제들에 대하여 질문 (iii)을 던지는 일이 이미 철학의 본성이 무엇인지를 암시한다. 이 점은 앞의 39면에 제시된, 철학에 대한 사전적 정의를 다시 떠올려보면 분명히 드러난다. 즉 철학은 '어떤 특수한 분야의 지식, 경험, 활동에 적용되는 일반 원리들에 관한 탐구' 이다. 이 정의는 철학을 특수한 관점에서, 즉 인간과 실재에 대한 인간의 지각이라는 관점에서 보고 있다. 이 정의를 다른 어떤 관점에서 본다면, 심지어 관점을 정반대로 바꾼다면 얼마든지 '철학' 에 대하여 또 다른 사전적 정의를 내릴 수 있다. 예를 들어 인간이 지각하고 경험하는 바, 즉 인간이 '자신의 외부에' 존재한다고 생각하는 세계를 출발점으로 삼는다면 지금과는 다른 관점을 형성할 수도 있다.

이제 이런 관점에서 지식과 경험을 한번 바라보자. 실재 또는 존재한다고 여겨지는 것의 본성을 상상함으로써 우리는 철학을 구성할 수 있는 구조를 얻게 된다. 이 '실재'의 구조는 폭넓게 받아들여지는, 철학에 대한 또 다른 정의를 낳는다. 이런 정의가 폭넓게 받아들여진다는 점은『옥스퍼드 영어사전』에서도 알 수 있는데 여기에는 철학에 대한 정의 중 하나로 다음과 같은 내용이 등장한다. 철학은 '궁극적 실재를 다루거나 또는 사물들의 가장 일반적인 원인과 원리를 다루는 지식 또는 학문의 한 분과이다.' 이런 정의는 고대 그리스에서 유래하였으며 철학 자체도 고대 그리스에 뿌리를 두고 있다. 최초의 철학자들은 무엇이 진정으로 존재하는가, 즉 '궁극적 실재'란 무엇인가에 관심을 쏟았다.

자신의 의견

철학에 대한 이 두 번째 정의를 이해하기 위하여 우리는 이전과 같은 기법을 사용하려 한다. 즉 이런 철학을 실제로 시도해 보려 한다. 하지만 지금은 고대 그리스인들이 걸었던 역사상의 길을 따라 그들이 던졌던 것과 같은 질문을 던지는 편이 나으리라 생각된다.

아래의 질문 (iii)에 대한 대답에 포함된 분석 기법은 철학 입문에서 요구되는 것 이상을 다소 어려운 내용을 포함한다. 그러므로 현 단계에서 더욱 깊은 철학적 분석으로 들어가도 전혀 문제없다고 생각하는 독자들만 논의할 문제 2.11을 검토하기 바라며 다른 독자들은 바로 3장으로 건너가 이후 논의를 살펴보기 바란다.

연습 문제 2.11

질문 (i) '한 사람이 철학을 연구함으로써 얻는 결과는 무엇인가?' 와 질문 (ii) '철학이란 무엇인가?' 에 답하였다면 이제 다음 질문에 주의를 기울여 보자.

(iii) 만일 질문 (i)과 (ii) 사이에 어떤 관련이라도 있다면 이들은 서로 어떻게 관련되는가?

예시 답안

질문 (iii)에는 이전보다 다소 깊은 주의를 기울일 필요가 있다.

우리는 앞에서(40면) 정원 가꾸기와 물리학의 경우 이들을 배우고 연구하는 사람이 이들 자체의 본성에 별 영향을 미치지 않는다는 점을 지적하였다. 정원 가꾸기는 내가 무엇을 하든, 내가 정원 가꾸기를 더 많이 배우기 위하여 어떤 방법을 선택하든 간에 이로부터 영향을 받지 않는다. 하지만 이것의 역은 참이 아니다. 정원 가꾸기 자체가 변화한다면 내가 정원 가꾸기를 배우는 방법도 변화할 것이며 따라서 이는 나에게 영향을 미친다. 예를 들어 갑자기 정원 가꾸기가 신비주의 종교 교단과 밀접하게 연관된 열광적인 종교 활동이 되었다고 상상해 보자. 그러면 이런 변화는 틀림없이 내가 정원 가꾸기를 배우는 방법에도 영향을 미칠 것이다. 즉 정원 가꾸기를 배우는 일이 종교적 의식과 연결되어 나는 특별한 옷을 입고 하루 중 특정한 시간에 규정된 주문을 외우면서 배워야 할 것이다.

이와 같은 내용이 물리학에도 적용된다. 내가 물리학을 배우면서 보이는 반응(i)은 물리학이 무엇인가(ii)에 영향을 미치지 않지만, 물리학이 무엇인가(ii)는 내가 그것을 배우면서 보이는 반응(i)에 영향을 미친다. 따라서 정원 가꾸기와 물리학에서 모두 질문 (i)은 질문 (ii)에 영향을 미치지 않지만 질문 (ii)는 질문 (i)에 영향을 미친다.

반면 철학의 경우 질문 (iii)에 대하여 두 가지 방식으로 대답할 수 있다. 그 까닭은 무언가를 배우면서 내가 보이는 반응이 철학이라는 주제 자체의 일부를 형성하기 때문이다. 철학은 인간 행위를 설명하는 이론들의 본성에 특히 큰 관심을 보인다. 만일 새로운 형태의 인간 행위가 등장한다면 인간 행위에 대한 설명 자체도 변화할 것이다. 그리고 이는 결국 그런 설명에 대한 평가도 변화하게 만든다.

이는 만일 내가 철학을 연구하면서 서로 다른 반응을 보인다면 철학 자체도 **변화함**을 의미한다. 내가 철학으로부터 영향을 받는 방식은 철학의 본성에 매우 중요한 영향을 미친다.

자신의 의견

유럽철학의 기원 — 고대 그리스 3

이 장에서는 무엇이 이전 사람들을 철학자로 만들었는지, 그리고 어떻게 이것이 오늘날에도 여전히 관심의 대상이 되는 질문에 대한 대답을 추구하고 제공하도록 그들을 이끌었는지를 살펴보려 한다.

이 장에서

논의되는 개념

- 타당성
- 정의(正義)
- 윤리학
- 조화
- 존재론
- 미학
- 덕
- 형이상학

전개되는 기법

- 논증의 분석
- 이론의 평가

검토되는 논증의 유형

- 전제로부터의 연역
- 귀류법

주로 논의되는 철학자

- 탈레스
- 아낙시만드로스

언급되는 철학자

- 아낙시메네스
- 버클리
- 쿤
- 칸트
- 포퍼

철학의 등장 무대

우리가 아는 고대 그리스 최초의 철학자는 밀레토스 출신의 탈레스(Thales of Miletus)인데 그는 기원전 600년 이전에 태어난 것이 확실하다. 그는 기원전 585년에 일어난 일식을 예측하였다고 하는데 이 사실은 그가 '우주론자' 였음을 암시한다.

[보충 설명: '우주론자' 란 우주를 연구하는 사람을 의미하는데 『옥스퍼드 영어사전』은 '우주' (cosmos)를 '일종의 질서를 지닌 체계로서의 세계 또는 전체' 로 정의한다. 리들과 스콧(Liddell and Scott, 1863)는 '우주' (cosmos)에 대하여 네 가지 정의를 내렸는데 그 중 첫 번째는 '질서, 질서를 이룸, 제때 알맞음' 이며, 네 번째는 '완벽하게 배열되었다는 측면에서의 세계 또는 전체' 이다. 이런 정의는 우주론자가 우주에 어떤 질서가 있다는 점을 전제하고 우주의 모든 측면을 탐구하는 사람임을 나타낸다.]

탈레스가 활동했던 시절에는 서로 다른 학문 분야 또는 분과들 사이에 어떤 뚜렷한 구별도 없었다. 세계에 대하여 알고 싶은 사람은 세계의 모든 측면을 탐구하였다 — 예를 들면 고대 그리스인들은 정치학, 윤리학, 시학, 신학 등을 서로 구별하지 않았다. 우리는 탈레스의 생애와 저술에 관하여 일차 문헌에 근거해서는 거의 아는 바가 없다. 그에 대한 지식은 대부분 아리스토텔레스(Aristotle)와 같은 후대 학자들의 저술에 의존한다. 탈레스와 관련하여 영어로 된 책 중 버넷(John Burnet, Oxford, 1920)의 책이 자주 인용되는데 그는 아리스토텔레스뿐만 아니라 테오프라스토스(Theophrastus)[1]의 저술 『자연철학자들의 견해』(*Phusikôn doxôn*)도 이차 문헌으로 인용한다.

탈레스가 돋보이는 까닭은 그가 여러 일들이 **어떻게** 일어나는지 뿐만 아니라 **왜** 일어나는지를 알려고 했기 때문인 듯하다. 우리는 그가 제시한 이론으로부터 그가 여러 일들이 왜 일어나는지를 **파악하려** 했음을 충분히 이끌어 낼 수 있다. 그는 그저 다른 사람들이 받아들인다

1 [옮긴이 주] 테오프라스토스(기원전 372경~287경)는 아리스토텔레스의 제자였던 소요학파 철학자로 기원전 323년 아리스토텔레스가 자신이 세운 학교 리케이온에서 강제로 물러나자 그 뒤를 이어 리케이온의 원장이 되었다. 그가 쓴 『자연철학자들의 견해』는 고대 철학사 연구에 중요한 기초를 제공한다.

는 이유로 종교적 신화를 받아들이려 하지는 않았다. 그는 사고 능력에 호소함으로써 자신의 지식을 정당화하기를 바랐다.

신화가 아니라 이성에 기초한 설명을 제시하려는 욕구 때문에 탈레스와 같은 부류의 사람들은 점차 다른 모습을 띠게 되었다. 이들은 말 그대로 지식을 사랑하는 자, 즉 '철학자'가 되었다. 철학에 해당하는 그리스어 필로소피아(philosophia)는 원래 지식 또는 지혜에 대한 사랑을 의미하는데 이런 의미는 오늘날에도 여전히 통용된다. 『옥스퍼드 영어사전』에 등장하는, 철학에 대한 정의 중 하나는 '이론과 관련되든 아니면 실천과 관련되든 간에 여러 일들과 그 원인에 대한 지식 그리고 지혜를 사랑하고, 탐구하고, 추구함'이다.

연습 문제 3.1

1. 누군가가 **지식**은 없지만 **지혜**를 지니는 상황을 묘사해 보시오.

2. 누군가가 **지혜**는 없지만 **지식**을 지니는 상황을 묘사해 보시오.

예시 답안은 316면에

논의할 문제 3.2

지혜와 **지식** 사이의 관계는 무엇인가?

이에 대한 예시 답안을 지금 제시하지는 않으려 한다. 이 질문은 아래의 12장에서 다시 논의할 것이다.

학문으로서의 철학에 대한 현대의 정의는 지혜보다는 지식 쪽에 더 큰 비중을 두는 경향을 보인다. 이는 소크라테스(Socrates)와 플라톤(Plato)이 생각하였던 아테네식의 철학 개념에서 벗어나 밀레토스 사람들이 생각한 최초의 철학 개념에로 되돌아가는 것이기도 하다. 플라톤은 지혜를 네 가지 덕 중에 하나로 (아래의 58면 참조), 지식의 본질적 특성으로 여겼다.

무엇이 존재하는가 (1) — 탈레스의 문제

과학자로서 탈레스는 사물들이 왜 변화하는지를 알고 싶어 했다. 그의 목표는 사물들이 왜 썩고, 분해되고, 성장하고, 변화하고, 사라지고, 증발하는지 그 이유를 발견하려는 것이었다. 만일 모든 것이 항상 변화한다면 이런 변화를 규정하고 조절하는 지속적인 그 무언가라도 존재하는가? 이에 대한 탈레스의 대답은 하나의 기본적인 생각에 기초하는데 이를 탈레스의 가설 1이라고 부르기로 하자.

탈레스이 가설 1:
모든 것은 하나의 기본적인 또는 주요한 실체로 구성된다. 우리가 보는 각각의 사물은 이 기본 실체가 변화한 것이다. 이 원리는 탈레스가 사물들이 왜 변화하는지를 가능한 한 단순하게 설명하려 하였음을 암시한다.

[보충 설명: 현대 물리학자들도 우리가 경험하는 현상들을 오직 한 유형의 실체가 변화한다는 생각에 기초하여 설명하려는, 탈레스와 유사한 욕구를 드러내었다. 한 세기 전까지만 해도 그 실체는 원자였으나 그 후 점차 원자를 구성하는 부분으로 여겨지게 되었다. 누군가가 이 '기본적인' 입자를 다시 잘게 나누는 방법을 발견할 때마다 과학자들은 오직 한 가지 유형의 더욱 기본적인 입자를 통하여 이런 분할을 설명하기 위한 이론을 찾기 시작한다.

또한 앞서 등장하였던 와인버그 문리과대학 화학과가 화학에 대하여 내린 정의, 즉 '화학은 물질과 그것의 변환을 탐구하는 학문'이라는 정의도(위의 36면 참조) 주목할 필요가 있다. 화학에 대한 이런 정의는 탈레스의 가설 1이 타당하다고 가정한다. 단순성의 추구는 과학자들을 자극하는 요소처럼 보인다. 이는 또한 여러 시대에 걸쳐 철학자들을 자극해온 바이기도 하다. 이를 보여 주는 예로 가장 유명한 것은 오컴(William of Ockham, 1287경~1347경)이 제시한 '오컴의 면도날'(이 책 끝부분의 용어 해설 참조)이다.

또한 탈레스는 사물들이 왜 변화하는지에 대한 대답도 제시하였는데 이는 현재 우리가 보기에는 다소 어색하기도 하다. 이제 이를 탈레스의 가설 2라고 부르기로 하자.

탈레스의 가설 2:
하나의 기본적인 또는 주요한 실체는 물이다. 우리가 눈으로 보고, 만지고, 냄새 맡고, 맛보고, 귀로 듣는 모든 것은 물이 변화한 것이다.

[보충 설명: 내가 탈레스의 가설 1이라고 부른 바를 그가 단 한 번이라도 직접 제시하였다는 증거는 어디에도 없다. 하지만 내가 탈레스의 가설 2라고 부른 바를 그가 직접 주장하였다는 증거는 있다 — 러셀(Bertrand Russell)은 다음과 같이 말한다. '아리스토텔레스에 따르면 그(탈레스)는 물을 근원적인 실체로 생각하였으며 다른 모든 실체들은 물로부터 형성된다고 생각하였다. 그리고 그는 땅이 물 위에 놓여있다고 주장하였다'(1946, 45면). 러셀 자신은 앞서 언급한 버넷의 책을 근거로 삼았다.

여기서 나의 주장은 만일 탈레스의 가설 2가 의미를 지니려면 탈레스의 가설 1이 필요하다는 것이다. 나는 또한 탈레스의 이론을 두 부분으로 나눈 이유는 그의 생각이 얼마나 현대적인지를 보이기 위함이라는 점에도 동의한다. 그의 생각은 모든 물리적 물체의 기초를 형성하는 유일한 실체 또는 입자를 찾으려 하는 소립자 물리학자의 연구에 비견할 만하다.]

연습 문제 3.3

1. 탈레스의 가설 2를 A에서 F까지의 등급으로 평가해 보시오. A는 탁월함을, F는 전혀 적합하지 않음을 나타낸다.

2. 그런 등급을 매긴 근거를 제시하시오.

예시 답안은 317면에

탈레스의 가설 2에 대한 평가는 그의 가설 1을 받아들일 수 있는지 그렇지 않은지에 기초한다. 따라서 그의 가설 1도 평가해 보아야 한다.

연습 문제 3.4

1. 탈레스의 가설 1을 A에서 F까지의 등급으로 평가해 보시오. A는 탁월함을, F는 전혀 적합하지 않음을 나타낸다.

2. 그런 등급을 매긴 근거를 제시하시오.

예시 답안은 319면에

무엇이 존재하는가 (2) — 기본적 실체와 그것의 변형

탈레스는 그를 둘러싼 주변의 세계를 이해하려고 노력하였다. 그는 사물들이 왜 변화하는지를 알려고 했다. 그가 스스로 던진 핵심적인 질문은 다음과 같다.

> 사물들이 어떻게 변화하는가?

그런데 현대에는 철학자들보다 과학자들이 이 질문을 던진다.

[보충 설명: 바로 위의 언급에 대해서는 약간의 설명이 필요하다. 현대의 철학자들은 특히 과학에서 개념과 개념의 체계들이 어떻게 변화하는지에 대하여 매우 큰 관심을 보인다. 과학혁명에 대한 서술과 이 혁명이 어떻게 일어났는지를 설명하는 여러 이론은 20세기 철학자들 사이에서 공통의 관심사였다 — 이런 철학자들 중 널리 알려진 인물로는 쿤(Thomas Kuhn)과 포퍼(Karl Popper)를 들 수 있다. 이들의 주장과 이론에 관해서는 아래의 4부, 13장에서 살펴보려 한다.]

탈레스는 위의 질문에 단지 부분적으로만 답하였다. 즉 그는 여러 변화가 유일한 실체인 물의 변화일 뿐이라고 주장하였다. 그는 우리가 마시는 액체로서의 물이 어떻게 우리가 먹는 곡식이나 옷으로 입는 아마포로 변화했는지에 대하여 아무 말도 하지 않았다. 그의 이론을 불만스럽게 여긴 다른 사람들은 기본적인 실체가 무엇으로 구성되는지에 관한 다른 이론들을 제시하기 시작하였다. 특히 아낙시만드로스(Anaximander)는 탈레스의 정리를 세 갈래 주장으로 확장하였다. 아낙시만드로스는 기원전 546년에 약 64세였으며 그 또한 밀레토스에 살았다 — 따라서 그는 밀레토스 학파의 두 번째 철학자에 해당한다. 그의 생애와 저술에 관한 더욱 상세한 언급은 버넷의 저술(1920)에 등장한다.

아낙시만드로스의 세 갈래 주장

주장 (1): 무한하고, 영원하고, 늙지 않는 '주요한' 또는 '기본적인', '실체'가 존재한다. 이 '주요한 실체'는 우리가 '흙', '불', '공기', '물'로 인식하는 부수적인 실체로 변형된다.*

주장 (2): 각각의 '부수적인 실체들'은 서로 자신을 지배적인 실체로 확립하기 위하여 애쓴다.

주장 (3): 주요한 실체는 이런 '부수적인 실체들' 사이에서 균형을 유지한다. 즉 이들 중 그 어떤 것도 더 선호하지 않는다. 주요한 실체는 '정의(正義)'의 원리에 따라 작용한다.

[보충 설명: '아낙시만드로스의 세 갈래 주장'(Anaximander's Three-pronged Claim)이라는 용어는 내가 만들어 낸 신조어이다. 독자들이 아낙시만드로스의 이론을 쉽게 이해하도록 만들기 위하여 이런 용어를 사용하였다.

*여기서 흙, 불, 공기 그리고 물의 개념은 현재 우리가 지니는 개념만큼 구체적이지는 않다. 고대

그리스 철학에서 '불'의 개념은 현대의 '에너지' 개념에 가까우며, '흙'은 '재'와 같은 다양한 실체들까지 포함한다. 밀레토스 학파의 세 번째 철학자인 아낙시메네스(Anaximenes)는 현대 물리학 이론과 크게 다르지 않은 이론을 전개하였는데 러셀은 자신의 『서양철학사』 47면에서 아낙시메네스에 대하여 다음과 같이 말한다.

> 그는 기본적인 실체가 공기라고 말하였다. 영혼은 공기이다. 불은 희박해진 공기이다. 공기가 응축되면 물이 되고, 더 응축되면 흙이 되고 결국에는 돌이 된다. 이 이론은 오직 공기의 농도에만 의존하여 서로 다른 실체들 사이의 차이를 양적으로 환원하여 설명하는 큰 장점을 지닌다.

아낙시메네스의 이론은 현대의 몇몇 물리학자들이 주장하다가 현재는 거의 폐기된 이론과 유사하다. 20세기 초 많은 과학자들은 수소가 기본 원소이며 다른 원소들은 모두 수소 원자가 융합을 반복함으로써 생성된다고 믿었다.]

아낙시만드로스의 두 번째와 세 번째 주장은 우리가 경험하는 변화를 규정하는 어떤 목적이 있음을 암시한다. 이 목적 또는 목표는 철학자들과 과학자들이 스스로 던졌던 또 다른 질문의 대답을 제공한다.

사물들이 왜 변화하는가?

아낙시만드로스는 사물들이 어떻게 변화하는가에 대한 어떤 구체적 설명이라도 탐구하도록 우리를 인도하는 두 '원리'를 제공한다. 이 원리는 바로 위의 주장 (1)과 (2)이다. 우리는 여기서 진정한 철학이 시작됨을 발견한다. 철학은 우리가 경험하는 현상에 대한 설명을 지배하는 일련의 원리들을 탐구하고 평가하는 과정이라고 할 수 있다. 이는 철학에 대한 더욱 현대적인 정의를 제공한다. 즉 철학은 우리가 경험하는 현상에 대한 설명을 뒷받침하고 지배하는 원리들을 탐구하고 평가하는 활동이다.

이런 정의가 기술하는 몇몇 철학적 활동을 시도해 보자. 이제 '주요한 실체'가 부수적인 실재에 대하여 중립적인 입장을 취한다는 아낙시만드로스의 주장이 어떻게 정당화되는지를 평가해 보자.

연습 문제 3.5

아낙시만드로스는 물을 비롯한 다른 어떤 요소도 **주요한 실체**일 수는 없다는 주장을 확립하기 위한 논증을 전개한 듯이 보인다. 이 논증은 아리스토텔레스의 『자연학』(1024b)에 등장하는데 아낙시만드로스의 논증을 재구성한 것으로 생각된다.

a.[2] 우리에게 알려진 요소들 중의 하나가, 즉 흙, 불, 공기 또는 물 중의 하나가 **주요한 실체**라고 가정해 보자.
b. 이들 요소는 서로 반대되는 성질을 지닌다. 즉 공기는 차갑고, 물은 축축하고, 불은 뜨겁다.
c. 만일 이들 중 하나가 **주요한 실체**라면 이는 다른 요소들을 지배할 것이다. 그 **주요한 실체**는 무한하게 되었을 것이며, 나머지는 바로 존재하기를 멈추고 말았을 것이다.
d. 성질상 서로 반대되는 요소들은 존재하기를 멈추지 않았다.
e. 따라서 우리는 a가 거짓이라고 결론지을 수 있다. **주요한 실체**는 중립적이며 성질상 서로 반대되는 요소들 중 어느 하나가 **주요한 실체**일 수는 없다.

[보충 설명: 이 논증은 러셀(1946)에서 인용하였지만 그는 흙이 다른 요소와 반대되는지 그렇지 않은지는 언급하지 않는다.]

1. 아낙시만드로스의 논증은 **타당한가** 그렇지 않은가? 당신의 대답을 정당화해 보시오.

일반적 충고: 첫째, 당신은 어떤 진술이 전제에 해당하는지를 결정할 필요가 있다. 둘째, 당신은 또한 언급되지 않은 전제가 하나라도 있는지 검토해야 한다. 과연 이 논증에는 언급되지 않은 전제가 있는가? 마지막으로 당신은 최종 결론이 전제로부터 타당하게 연역되었는지 그렇지 않은지를 말해야 한다.

2 [옮긴이 주] 저자는 이렇게 세부 항목의 구분이 필요할 경우 이 책 전체에서 그리스어 자모를 사용하여 α, β, γ 식으로 구분하였지만 굳이 이를 그대로 따를 필요는 없다고 생각되어 옮긴이가 a, b, c 등의 영어 자모로 바꾸었다.

2. 아낙시만드로스의 논증이 수용 가능한지 그렇지 않은지를 결정하시오.

당신은 연역뿐만 아니라 전제들의 수용 가능성까지 논의해야 한다.

[보충 설명: 어떤 논증이 **타당하지 않다면** 그 논증은 **수용 가능할 수 없다**. 만일 어떤 논증이 타당하고 모든 전제가 수용 가능하다면 그 논증은 수용 가능하다. 만일 어떤 논증이 타당하지만 모든 전제가 수용 가능하지는 않다면 그 논증은 수용 가능하지 않다. 이는 **타당한** 논증이 **수용 가능할 수도 그렇지 않을 수도** 있음을 의미한다.]

예시 답안은 320면에

무엇이 존재하는가 (3) — 실재의 추구

이전에 탈레스가 그랬듯이 아낙시만드로스도 다음과 같은 질문을 던졌다.

사물들이 어떻게 변화하는가?

과학적 질문은 자연에서 무슨 일이 일어나는지와 관련된다. 앞의(53면) 그의 두 번째 주장에서 등장한 대로 이 질문에 대한 그의 대답은 각각의 '부수적인 실체들'은 자신을 지배적인 실체로 확립하기 위하여 애쓴다는 것이다.

이는 현대 과학에서 발견되는 몇몇 원리들과 유사하다. 또한 이는 사물들이 **어떻게** 변화하는가라는 질문뿐만 아니라 **왜** 변화하는가라는 질문에 대한 대답으로도 보인다. 현대 과학에도 이에 상응하는 많은 이론들이 등장한다. 예를 들면 자연 선택(Natural Selection)의 원리는 진화론에 논리적, 이론적인 기초를 제공한다 — 진화론은 다윈(Charles Darwin)이 『종의 기원』(*The Origin of Species*) 4장에서 전개하였다. 이 원리는 왜 진화가 일어나는지를 이해할 수 있는 구조를 제공하며 이런 이해를 통하여 우리는 과학 활동을 하게 된다.

과학과 철학의 활동들을 융합하는 관점은 예를 들면 자연 선택의 원리에 포함된 과학적 주장의 타당성을 어떻게 입증할 것인가와 같은 질문과 더불어 등장하게 되는데 이는 진화론의 수용 가능성을 평가할 때 중요한 역할을 한다. 이론의 타당성에 대한 평가나 이 과정의 정당성 자체를 입증하는 일은 현대 과학철학의 일부를 형성하는 과학적, 철학적 활동이다.

이와 마찬가지로 아낙시만드로스의 두 번째 주장이 타당한지를 평가하는 일도 오늘날 철학적 활동으로 여겨지는 바의 일부이다. 탈레스의 가설이나 아낙시만드로스의 세 갈래 주장에 대하여 질문을 던지는 과정은 유럽철학의 진정한 출발점으로 기록될 만하다. 탈레스의 가설이나 아낙시만드로스의 주장 1을 평가함으로써 우리는 존재의 본성을 탐구하게 된다.

무엇이 존재하는가를 다루는 이론들은 현대 철학 중 '존재론'으로 알려진 한 분과로 발전하였다. 이보다 더 폭넓은 한 분과는 '형이상학'인데 여기서는 이런 이론의 전개 과정뿐만 아니라 이론 자체와 그것의 타당성에 대한 논의가 이루어진다.

아낙시만드로스의 주장 2를 평가함으로써 우리는 물리적 세계에서 무엇이 일어나는가에 관한 설명의 본성을 탐구하게 된다.

[지식 일반의 본성을 탐구하는 철학의 분과는 '인식론'이다. 그리고 자연 현상에 대한 설명의 본성을 탐구하는 철학의 분과는 '과학철학'이다. 사회 현상에 대한 설명의 본성을 탐구하는 일은 '사회과학의 철학'으로 알려진 분과 아래 포함된다.]

아낙시만드로스의 주장 3을 평가함으로써 우리는 가치의 본성과 인간 행위 중 좋은 행위와 나쁜 행위를 구별해 주는 바에 관한 설명의 본성을 탐구하게 된다.

[보충 설명: 가치의 본성과 여러 가치들이 어떻게 행위에 영향을 미치는가에 관한 설명의 본성을 탐구하는 철학의 분과에는 여러 종류가 있다. 이들 중 우리가 가장 흔히 접하는 분과는 '도덕철학' 또는 '윤리학', '미학', '종교철학', '정치철학' 등이다.]

탈레스, 아낙시만드로스, 아낙시메네스가 내세운 주장들에 대한 평가와 비판을 통하여 고대 그리스 학자들은 두 가지의 기본 질문에 답하려고 노력하였다. 이런 학자들 중 가장 널리 알려진 인물은 파르메니데스(Parmenides), 소크라테스, 플라톤, 아리스토텔레스 등이다. 이 두 질문은 이제 가장 기본적인 철학 활동에 속하는 질문으로 널리 인정된다.

무엇이 진정 우리가 경험하는 변화를 일으키는가?
또는
무엇이 **궁극적으로 실재하는가**? [질문 1]

그리고

무엇이 우리가 경험하는 변화에 가치를 부여하는가?
또는
무엇이 **궁극적으로 가치를 지니는가**? [질문 2]

탈레스의 가설과 아낙시만드로스의 첫 번째 원리는 [질문 1]에 대한 대답을 구성하기 위한 출발점을 제공한다. 연습 문제 3.3과 3.4에서 우리는 탈레스의 가설을 평가하였다. 이제 아낙시만드로스의 원리를 평가해 보자.

연습 문제 3.6

1. 아낙시만드로스의 첫 번째 원리를(위의 52면) A에서 F까지의 등급으로 평가해 보시오. A는 탁월함을, F는 전혀 적합하지 않음을 나타낸다.

2. 아낙시만드로스의 두 번째 원리를 A에서 F까지의 등급으로 평가해 보시오. A는 탁월함을, F는 전혀 적합하지 않음을 나타낸다.

3. 볼 수는 있지만 일반적으로 **실재하지 않는다**고 받아들여지는 무언가를 기술해 보시오.

4. 볼 수는 없지만 일반적으로 **실재한다**고 받아들여지는 무언가를 기술해 보시오.

예시 답안은 322면에

논의할 문제 3.7

다음을 검토해 보자.

오직 우리의 지각만이 실재한다. 탁자, 의자, 개와 같은 것들은 존재하지 않는다. 우리가 그들이 존재한다고 믿는 까닭은 우리가 그들을 우리의 감각을 통하여 지각하기 때문이다. 우리는 그들을 우리의 상상력 안에서 만들어 내므로 그들은 오직 우리의 상상력 안에만 존재한다.

5. 합리적인 사람이 이 주장을 받아들이지 않을 수 있는 이유를 한 가지만 제시해 보시오.

이는 버클리(George Berkeley)와 같은 '관념론자'가 펴는 주장이다. 지금 단계에서 이에 대한 예시 답안은 제시하지 않았으며 이에 관해서는 아래 357면의 논의할 문제 8.2에 대한 예시 답안에서 다시 논의하려 한다.

무엇이 존재하는가 (4) — '정의'(正義)와 가치의 추구

앞서 살펴보았듯이 아낙시만드로스는 사물들이 어떻게 변화하는가라는 질문에 대한 대답을 탐구하였을 뿐만 아니라 사물들이 왜 변화하는가도 발견하려 했다. 우리는 위의 52면에서 그의 세 갈래 주장 중 두 번째가 자연의 작용 배후에는 어떤 목적이 존재한다는 사실을 암시한다는 점을 살펴보았다.

그의 세 갈래 주장 중 세 번째는 그가 이 목적과 연결된 어떤 **가치**가 존재한다고 믿었음을 암시한다. 주장 (3)은 다음과 같았다. 주요한 실체는 이런 '부수적인 실체들' 사이에서 균형을 유지한다. 즉 이들 중 그 어떤 것도 더 선호하지 않는다. 주요한 실체는 '정의(正義)'의 원리에 따라 작용한다.

이 대답은 '주요한 실체'의 작용이 목적으로 삼는 바에 어떤 의미를 부여한다. 즉 자연의 작용과 연결된 가치가 존재하며 자연은 세계의 조화를 확립하려고 애쓴다. 고대 그리스인들은 이런 생각을 자연스럽게 받아들였다. 당시에는 현대 유럽 문화에서 발견되는 종교와 과학 사이의 분리가 아직 등장하지 않았다. 그리스인들은 정의 또는 '조화'의 개념이 자연적이든 사회적이든 간에 변화하는 모든 것에 적용된다고 믿었다. 사실 그리스인들은 현재의 우리와는 달리 '자연적인 것'과 '사회적인 것'을 아예 구별조차 하지 않은 듯하다 — 이런 구별에 대해서는 아래에서 사회 구성의 개념을 살펴보면서 간단히 논의하려 한다. 이런 견해에 따르면 현재 우리가 사용하는 '정의'라는 용어는 그리스인들의 용어에 대한 정확한 번역어가 아닐 수도 있다.

[보충 설명: 플라톤의 대화편 『국가』(*Republic*)의 영어 번역 중 현재 가장 널리 사용되는 것은 콘퍼드(Francis Cornford)의 번역인데 그는 다음과 같이 말한다.

> 영어의 '옳은'(right)이라는 단어와 마찬가지로 그리스어의 '정의로운'(just)이라는 단어는 무척 다양한 의미를 지닌다. 이 단어는 관습을 준수하는 또는 올바른, 공정한 또는 정직한, 법적으로 옳은 또는 합법적인, 한 사람에게 응당 받아야 할 바나 해 주어야 할 바 또는 당연한 응보나 권리, 마땅히 행해야 할 바 등을 의미한다. 따라서 이 단어는 다른 사람에게 영향을 미치는 한에서 개인의 행위와 관련되는 모든 영역을 포괄한다 — 즉 그름에 반대되는 옳음이 무엇이든 간에 사람들이 한 개인에게 기대할 '권리'를 지니는 바와 한 개인이 사람들에게 기대할 '권리'를 지니는 바를 모두 의미한다. 한 속담에 따르면 **정의는 모든 덕들의 총합이다**(강조 표시는 저자의 첨가).

여기서 콘퍼드는 고대 그리스 문화의 기초를 이루는 것으로 널리 받아들여지는 '네 가지 중요한 덕'을 지적한다. 이 덕들은 '지혜', '중용'(또는 '절제'), '불굴'(또는 '용기') 그리고 '정의'이다.

플라톤은 대화편 『법률』(*The Laws*), 1권, 631에서 덕의 구분을 강조한다. '**지혜**가 최고이며 지도자에 해당한다. 그 다음으로 **절제**가 있다. 이 두 개념이 **용기**와 결합하여 **정의**가 탄생한다. 이 네 가지 덕은 신들의 선보다도 앞선다'(강조 표시는 저자의 첨가). 플라톤은 '정의'를 다른 덕들의 결합 또는 조화로 보았다. 이런 생각은 고대 그리스의 '정의' 개념에 깊이 뿌리박힌 균형의 개념을 드러낸다. 그리고 이것이 아낙시만드로스를 비롯한 그리스 학자들의 주장, 즉 주요한 실체가 정의의 원리에 따라 작용한다는 말을 의미 있게 만드는 근거이기도 하다.

현재 '정의'로 번역되는 그리스어 표현이 여러 가지였다는 점은 흥미로운 사실이다. 플라톤은 『국가』에서는 dikaiosunê라는 용어를 사용하였지만 다른 곳에서는 to dikaion이라는 용어도 사용한다. adikia라는 그리스어는 악행을, dike는 '처벌'을 의미하였지만 동시에 dikaiosunê보다 더욱 추상적인 의미에서 정의를 의미하기도 하였다.]

하나의 주제로서의 철학 4

이 장에서는 '철학이란 무엇인가?' 라는 질문을 파악하는 데 집중하려 한다. 바꾸어 말하면 철학자들이 관심을 보이는 바, 즉 실재에 관한 탐구와 실재와 연결된 가치에 관한 탐구에 초점을 맞추려 한다. 철학에 속하는 이 두 넓은 영역이 무엇인지를 더욱 잘 파악하기 위하여 현대 철학이 사실과 가치라는 두 분야, 즉 존재하는 바와 존재하는 바와 연결된 가치를 나눈 방식도 간략히 검토하려 한다.

이 장에서

논의되는 개념

- 존재론
- 인식론
- 사실/가치의 구별
- 가치와 가치들

전개되는 기법

- 논증의 분석
- 이론의 평가

검토되는 논증의 유형

- 귀류법

주로 논의되는 철학자

- 흄

언급되는 철학자

- 포퍼
- 쿤

진정으로 존재하는 바에 관한 탐구

앞서 2장과 3장에 등장한 논의와 연습 문제를 통하여 우리는 철학적 활동의 일반적인, 그러면서도 서로 연결된 두 영역을 확인하였다. 이 두 영역이란 실재에 관한 탐구 그리고 실재와 연결된 가치에 관한 탐구였다. 또한 이를 통하여 우리는 고대 그리스에서 시작된 유럽철학의 출발점에도 주의를 기울였다. 우리는 고대 그리스에서 중요한 철학적 활동 중 하나가 실재에 관한, 즉 무엇이 진정으로 존재하는가에 관한 탐구와 우리가 어떻게 그것을 알게 되는가에 관한 탐구였음을 이미 지적하였다(위의 42면). 이는 오늘날에도 여전히 중요한 철학적 활동 중 하나로 남아있다.

현대 철학에서 우리가 '형이상학'과 '존재론'이라고 부르는 바는 실재와 존재하는 바의 본성을 탐구하는 영역을 포함한다.

유럽철학의 기원에 관한 논의를 통하여 우리는 학문적 연구로서의 철학에 대한 다양한 정의(定義)를 확인하였다. 또한 이들 중에서 철학에 대한 현대적 정의, 즉 '철학'이 우리가 경험하는 현상에 대한 설명들을 뒷받침하고 지배하는 원리들을 탐구하고 평가하는 활동으로 여기는 정의도 발견하였다. 이 정의의 후반부는 철학의 특수한 한 분야, 지식의 본성을 탐구하는 분야의 본질을 포착한다. '인식론'은 지식의 본성과 범위 그리고 지식이 주장하는 바의 신뢰가능성을 탐구하는 철학의 한 분과이다.

인식론 아래 속하는 두 영역이 있는데 이들은 현대 철학의 전문가들에 의해서 점차 발전하였다. 이들은 모두 자연적, 사회적 현상에 대한 설명의 본성을 탐구한다. '과학철학'은 물리적 세계에 대하여 우리가 갖는 지식의 본성을 탐구하는 인식론의 한 분야이다. '사회과학의 철학'은 사회적 영역에 대하여 우리가 갖는 지식의 본성을 탐구하는 인식론의 한 분야이다.

[보충 설명: 과학적 변화와 진보라는 현상은 사회적 현상이므로 이에 관한 탐구는 엄밀하게 말하면 사회과학의 철학에 속한다. 하지만 과학과 과학적 지식의 본성을 탐구한 포퍼나 쿤과 같은 철학자들은 과학적 변화와 진보라는 주제에 대해서도 많은 연구를 하였다. 따라서 이에 관한 탐구는 사회과학의 철학과 과학철학의 공동 작업이 되었다.]

연습 문제 4.1

1. 당신이 지금 읽고 있는 이 책이 진정으로 존재하며 당신의 상상력이 만들어 낸 허구가 아니라는 점을 얼마나 신뢰할 수 있는지, 이를 0에서 10까지의 등급으로 표시해 보시오. 그리고 이런 신뢰도를 (1) 높이는, (2) 떨어뜨리는 사건을 기술해 보시오. (단 10은 존재한다고 확신함을, 0은 존재하지 않는다고 확신함을 나타낸다.)

2. 당신이 지금 책을 읽든 읽지 않든 간에 이와 무관하게 책들 일반이 존재한다는 점을 얼마나 신뢰할 수 있는지, 이를 0에서 10까지의 등급으로 표시해 보시오. 그리고 이런 신뢰도를 (1) 높이는, (2) 떨어뜨리는 사건을 기술해 보시오.

물리학자들은 전자가 가시광선의 파장보다 더 짧기 때문에 보이지 않는다고 말한다. 우리 눈으로 전자를 확인할 수는 없다. 일반적으로 역전류 검출판(oscilloscope)을 포함하는 특별한 장치를 통해서만 전자가 일으키는 효과를 탐지할 수 있다. 물리학자들은 전자를 스크린에 발사함으로써 우리가 텔레비전을 시청할 수 있다고 말한다.

3. 당신이 전자가 존재한다는 점을 얼마나 신뢰할 수 있는지, 이를 0에서 10까지의 등급으로 표시해 보시오. 그리고 이런 신뢰도를 (1) 높이는, (2) 떨어뜨리는 사건을 기술해 보시오.

연습 문제 4.1에 대한 예시 답안은 제시하지 않았다. 이에 관해서는 아래의 349면, 연습 문제 7.6에 대한 예시 답안에서 논의하려 한다.

논의할 문제 4.2

우리의 직접적인 지각에 의존하는 책이 존재한다는 지식은 우리가 직접 지각할 수 없는 전자가 존재한다는 지식보다 더욱 확실한가?

이에 대한 예시 답안은 제시하지 않았다. 이에 관해서는 아래의 5장과 6장에서 더욱 상세히 논의하려 한다.

인식론의 한 분야는 '사회과학의 철학' 인데 이는 사실/가치의 구별에 따라 다시 더 이상의 철학 분과로 세분된다. 그 중 하나는 '정치철학' 이며 다른 하나는 '심리철학' 인데 특히 후자는 '마음의 철학' 으로 불리기도 한다.

'심리철학' 은 정신과 물체 사이의 관계를 설명하기 위한 여러 이론들에 적용되는 원리를 '정식화하고, 발전시키고, 평가하는' 철학 분과이다.

[보충 설명: 인식 기능은 사물들의 작용 방식뿐만 아니라 그들에 대한 개념을 우리가 어떻게 이해하는지를 규정하는 기능이다. 이후 이 책 전반에 걸쳐 이에 관하여 논의하겠지만 특히 5부에서 이에 관하여 다소 상세히 설명할 예정이다.]

그리고 바로 여기서 철학의 수많은 세부 분과들이 나누어진다. 인간의 인식 기능을 설명하기 위한 이론들의 본성을 탐구하다보면 도덕적/미적 가치들에 관한 질문을 무시할 수 없다. 과연 이런 질문을 무시할 수 있는가 그렇지 않은가라는 질문 자체가 당연히 철학자들의 관심 대상이 된다. 또한 정치철학에 대한 정의를 간단히 검토해 보기만 해도 인식론이 인간 행위에 대한 설명과 관련할 때 인간 행위와 연결된 가치를 논의하는 일을 피하기가 몹시 어렵거나 어쩌면 불가능하기조차 하다는 점이 드러난다.

'정치철학' 은 개인과 사회적 집단, 정부 사이의 관계를 설명하기 위한 이론들에 적용되는 원리를 정식화하고, 발전시키고, 평가하는 철학 분과이다.

정치철학은 인식론적인 측면도 지니지만 그것의 주된 관심은 인간 행위와 연결된 가치와 인간이 만들어 낸 조직과 제도들의 작용에 초점이 맞추어진다. 정치철학의 관심은 개인과 정부 사이의 상호작용에만 국한되지 않는다. 정치철학은 또한 이런 관계를 형성하고 발전시키는 일을 가능하게 하거나 제한하는 일련의 '가치들'이 지닌 본성에도 관심을 보인다. 그리고 이런 가치들이 본성적인, 어떤 의미에서 인간아 타고난 것인지 아니면 인간이 만들어 낸 것인지를 궁금해 한다. 정치철학에서는 무엇이 일어나는가에 관한 '사실기술적' 질문과 무엇이 일어나야만 하는가에 관한 '규범적' 질문이 중첩된다.

이런 중첩은 고대 그리스 철학자들에게는 놀랄 만한 일이 아닐 듯하다. 왜냐하면 그들은 현대 철학자들과는 달리 철학의 다양한 영역 사이에 형식적인 구별을 하지 않았기 때문이다. 그들은 단지 세계를 이해하고, 그렇게 하는 데 적용되는 원리들을 파악하려 했을 뿐이다. 이는 곧 그들이 무언가를 얼마나 잘 이해하였는지를 알고 싶어 했음을 의미한다. 사실상 그들은 뚜렷하게 의식하지 않고도 현재 우리가 '인식론'이라고 부르는 바를 이미 행하고 있었다. 하지만 그들은 무언가를 얼마나 잘 이해하였는가에 대한 탐구는 자연스럽게 가치의 본성에 대한 탐구와 가치가 어떻게 행위에 영향을 미치는가에 대한 설명으로 이어진다는 점을 깨달았다. 앞의 47면에서 살펴보았듯이 그리스의 '우주론자들'은 '완벽하게 배열된 것으로서의 세계 또는 우주'를 탐구하였다. 그들은 우주 어디에서나 정의(正義)를 발견하였다. 존재하는 바는 존재하여야만 하는 바와 분리될 수 없다 — 사실과 가치는 당연히 서로 밀접하게 연결된다. 고대 그리스 철학자들에게 무엇이 '정의로운' 또는 '좋은' 삶을 구성하는가에 대한 탐구가 매우 중요한, 어쩌면 가장 중요한 활동이 되었다는 점은 놀라운 일이 아니다. 아마도 이것이 오늘날에도 여전히 '한 개인이 자신의 삶을 이끌어 나가기 위하여 형성하는 일종의 체계'를 지칭하면서 '철학'이라는 용어를 사용하는 이유인 듯하다.

[보충 설명: 현대 철학의 '분석적' 전통에서는 사실과 가치 사이의 분리가 거의 당연시 되어왔다. 이런 분리는 흄에서 시작된 듯한데 그는 지각할 수 없는 바를 다룬 유명한 한 대목을 통하여 도덕적 논의에서 '사실'로부터 '당위'로의 이행이 부당하다는 의견을 표명하였다(아래의 218면 참조). 하지만 이런 전통 안에서도 최근에는 사실과 가치 사이의 엄격한 분리를 의문시하는 태도도 등장하였다 — 예를 들면 퍼트남(Hilary Putnam)의 『사실과 가치의 이분법을 넘어서』(Beyond the Fact/Value Dichotomy, 1990, 9장) 참조.

'유럽 대륙의' 전통에서는 이런 분리가 불가능하다는 점을 거의 의심하지 않았다. 하지만 모든 철학적 전통들에서 어떻게 가치가 세계 안에서 일어나는 바와 연결되는지에 대한 설명을 제시하는 일은 매우 중요하게 여겨진다.

사실과 가치를 한데 뒤섞어 혼동하는 일이 어떤 철학적 전통에서도 일어나지 않는다는 점은 강조할 필요가 있다. 사실과 가치는 분명히 서로 구별되는 두 개념이다. '유럽 대륙'과 '분석적' 전통 사이의 차이는 삼각형으로 비유하면 쉽게 이해된다. 대륙의 철학자들은 모든 삼각형이 원래부터 범위와 경계선을 지니는데 이들이 분명히 서로 다르지만 삼각형을 형성하기 위하여 모두 반드시 필요하듯이 모든 언명이 원래부터 사실과 가치를 지닌다고 주장할 것이다. 분석적 전통에 속하는 철학자들은 사실과 가치가 삼각형 경계선의 길이와 색과 더욱 유사하다고 주장할 것이다. 삼각형의 경계선은 빨간색일 수도 빨간색이 아닐 수도 있지만 이것이 그 길이에는 아무런 영향도 미치지 않는다. 이와 마찬가지로 한 언명은 가치의 측면을 지닐 수도 지니지 않을 수도 있지만 이것이 그 언명의 사실적 내용에는 아무런 영향도 미치지 않는다.]

실재와 연결된 가치에 대한 탐구

인간 행위에 포함된 가치의 본성에 대한 탐구는 철학의 다양한 분과를 발전시켰다. 이런 분과들은 인간이 실재하는 것으로 지각하는 사물 및 체계와 연결된, 그리고 이런 사물 및 체계가 낳는 현상과 행위와 연결된 가치의 탐구에 관심을 보인다. 가치 또는 가치들에 초점을 맞추는 탐구 영역은 오늘날 두 개의 중요한 철학 분과를 형성하는데 그 중 하나는 윤리학이며 다른 하나는 미학이다.

'윤리학'(또는 '도덕철학')과 '미학'은 진정으로 존재하는 바와 연결된 가치를 다루는 철학 분과이다.

도덕적 가치 및 이와 연결된 탐구 분야

윤리학은 특히 도덕적 가치(인간 행위의 가치 또는 유용성)와 도덕적 가치들(인간 행위의 규범을 규정하는 원리들)에 관심을 보인다.

'윤리학'(또는 '도덕철학')은 옳음, 그름, 좋음, 나쁨, 의무와 책임 등의 본성과 옳음, 그름, 좋음, 나쁨, 의무와 책임 등에 관한 이론들의 본성을 탐구하는 철학 분과이다.

이 철학 분과의 중요성은 이것이 인간 행위의 규칙들에 얼마나 큰 영향을 미치는가에서 가장 잘 드러난다. 간단한 연습 문제를 통해서 이 점을 살펴보자.

연습 문제 4.3

다음과 같은 행위들을 검토해 보자.

(i) 나는 약간의 얼음물을 어떤 바위에 끼얹었다. 그 결과 그 바위에 금이 갔다.
(ii) 나는 약간의 얼음물을 원래 별로 좋은 포도가 열리지 않는 포도나무에 끼얹었다. 그 결과 그 포도나무에는 더욱 형편없는 포도가 열렸다.
(iii) 나는 약간의 얼음물을 어떤 고양이에게 끼얹었다. 그 결과 그 고양이는 날카롭고 사납게 비명을 질렀다.
(iv) 나는 약간의 얼음물을 90세의 어떤 노인에게 끼얹었다. 그 결과 그 노인은 감기에 걸렸다.

이들 각각의 경우에서 약간의 얼음물을 끼얹는 행위는 어떤 의식이나 의례의 일부로 행해지지 않았다고 가정하자 — 즉 이 행위는 어떤 특별한 의미도 지니지 않는다. 또한 내가 직접 물을 끼얹은 대상이나 사람 이외에는 다른 어떤 사물이나 사람도 아무런 영향을 받지 않는다고 가정하자.

1. (i)에서 (iv)까지 각각의 경우에 대하여 그 행위가 도덕적 가치를 지닌다고 생각하는지 그렇지 않은지를 말해 보시오.

2. (i)에서 (iv)까지 각각의 경우에서 나의 행위는 일종의 도덕적 행위라고 주장할 수 있다. 각각의 경우에 대하여 그 이유를 제시하고 그것이 **결과주의적** 이유인지, **본질주의적** 이유인지, 아니면 결과주의적 이유도 본질주의적 이유도 아닌지를 말해 보시오.

3. (i)에서 (iv)까지 각각의 경우에 대하여 내가 얼음물을 끼얹지 말아야 할 의무를 지니는지 그렇지 않은지를 말해 보시오.

4. 의무와 도덕적 가치는 반드시 서로 연결되는가?

5. 어떤 행위의 결과는 그 행위의 도덕적 가치와, 그 어떤 관련이라도 있다면, 어떻게 관련되는가?

연습 문제 4.3에 대한 예시 답안은 제시하지 않았다. 이와 관련하여 발생하는 문제들은 아래의 11장에서 논의하려 한다.

행위의 도덕적 가치 그리고/또는 규칙에 관한 질문들은 우리가 법적, 사회적, 정치적, 종교적 체계들을 평가하는 방식의 기초를 제공한다. 일종의 입문에 해당하는 이 책에서 법철학은 직접 다루지 않겠지만 앞에서 드러났듯이 인간의 도덕적 가치와 관련되는 그 외의 영역들에 대해서는 충분히 탐구하려 한다. 종교철학의 한 측면인 신의 존재에 관해서는 아래의 14장에서 논의하겠지만 이를 미리 정의해 보면 다음과 같다. '종교철학'은 신의 존재에 관한 이론들의 본성 및 신 또는 초자연적 존재에 대한 믿음과 연결된 가치를 탐구하는 철학 분과이다.

미적 가치들

미학은 인간이 실재하는 것으로 지각하는 사물 및 체계와 연결된, 그리고 이런 사물 및 체계가 낳는 현상과 행위와 연결된 가치의 본성에 관한 이론들을 탐구하는 현대 철학의 또 다른 분과이다.

'미학' 은 아름다움의 본성과 아름다움에 관한 이론들을 탐구하는 현대 철학의 분과이다. 예술은 아름다움과 밀접하게 관련되므로 미학은 또한 예술의 본성에 관한 이론들에도 관심을 보인다.

미학 이론들의 본성에 관해서는 아래의 10장에서 간단히 살펴보려 한다. 이 장에서 언급한 철학의 여러 분과들은 뒤이은 여러 장들에서 등장할 논의와 훈련의 기초를 형성한다.

1부: 요약

지금까지 우리는 현대 철학에 대한 이해의 폭을 넓히기 위하여 경험적인 방법을 사용하였다. 철학에서 '경험적' 이라는 말이 자주 서로 다른 의미로 사용된다는 점은 이미 앞의 28면에서 지적하였다. 이런 지적은 이론에 대해서 뿐만 아니라 무언가를 하는 방법에도 적용될 수 있다. 이 책에서 사용된 방법은 명백히 경험적이다. 하지만 이 책에서 전개된 여러 철학적 원리들은 영어권의 경험적 전통을 비판적인 눈으로 보기도 한다. 어떤 **방법**을 기술하기 위하여 사용되는 용어와 어떤 **이론**을 기술하기 위하여 사용되는 언어를 구별하는 일은 매우 중요하다.

철학적 활동에 직접 참여하여 얻을 수 있는 바를 경험함으로써 우리는 철학이 무엇인지를 이해하게 된다. 철학의 영역에서 우리는 자주 질문을 던지고 가능한 대답을 분석한다. 이 책 전반에서 이런 접근 방식을 폭넓게 사용하였다.

1부의 논의는 대부분 여러 질문들에 대한 대답으로 이루어졌다. 1장에서 내가 처음 던진 질문은 '**철학적 탐구의 목표는 무엇인가?**' 였다.

[보충 설명: 이 질문 자체가 철학적 탐구를 낳으며 더욱 자극한다.]

철학적 탐구는 다음의 세 능력을 발전 또는 향상시키려는 목표를 지닌다.

1. 철학의 고유한 관념과 개념들을 **이해하는** 능력.
2. 철학자들이 일반적으로 사용하는 이론들을 **이해하는** 능력.
3. 일반적으로 여러 이론들 사이의 관계를 **이해하는** 능력.

그리고 다음의 다섯 가지 능력을 발전 또는 향상시키려는 목표도 지닌다.

4. 관념들, 특히 서술된 문헌에 등장하는 관념들을 **분석하는** 능력.
5. 주장, 이론, 가설들을 **분석하는** 능력.
6. 우리가 받아들일 수 있는 논증들을 **판정하고 정식화하는** 능력.
7. 엄밀한 논리적 논증들과 반대논증들을 **판정하고 정식화하는** 능력.
8. 철학의 다양한 주제와 영역에 등장하는 정의(定義), 주장, 이론 그리고 가설들을 **정식화하고, 전개하고**, **판정하는** 능력.

내가 2장에서 던진 두 번째 질문은 **'철학이란 무엇인가?'** 였다.

우리는 전문적인 학문으로서의 '철학'을 '하나의 철학', 즉 '한 개인이 자신의 삶을 이끌어 나가기 위하여 형성한 체계'와 구별하였다. 그리고 학문으로서의 철학에 대하여 다음과 같은 네 가지 정의, 서로 구별되지만 또한 서로 관련되는 정의를 내리고 이에 관하여 논의하였다.

1. 어떤 특수한 분야의 지식, 경험, 활동에 적용되는 일반 원리들에 관한 탐구.
2. 궁극적 실재를 다루거나 또는 사물들의 가장 일반적인 원인과 원리를 다루는 지식 또는 학문의 한 분과.
3. 이론적이든 실천적이든 간에 여러 사물과 그것의 원인에 관한 지식 또는 지혜를 사랑하고, 연구하고, 추구하는 작업.
4. 우리가 경험하는 현상에 대한 설명에 적용되는 일련의 원리들을 탐구하고 평가하는 과정.

이 책이 요구하는 여러 활동과 훈련을 통해서 독자들은 특히 위의 정의 (4)에서 제시된 철학의 개념을 발전시킬 수 있으리라 생각한다.

내가 3장에서 던진 세 번째 질문은 **'어디서 철학이 시작되었는가?'** 였다.

이에 대한 대답은 '우리가 아는 한 고대 그리스의 밀레토스에서' 였다.

밀레토스에서 일어난 일들을 검토해 보면 당시 철학자들이 몇 가지 기본적인 질문을 던졌음을 알 수 있었다.

이를 통해서 우리는 네 번째 질문을 던졌다.

> 사물들이 어떻게 변화하는가?

이는 다시 더욱 중요한 다섯 번째 질문으로 이어졌다.

> 사물들이 왜 변화하는가?

밀레토스학파에 속했던 탈레스와 아낙시만드로스, 아낙시메네스는 이런 과학적 질문들에 대하여 과학적인 대답을 제시하였다. 질문에 대한 과학적 대답의 본성에 관해서는 아래의 13장에서 논의할 예정이다. 탈레스와 아낙시만드로스, 아낙시메네스는 또한 자신들의 대답이 타당한지를 평가하려 하였다. 무엇이 '타당성'을 구성하는가에 관한 우리 자신의 논의는 5장에서 시작하려 하는데 이는 이 책의 나머지 전체에서 계속될 것이다. 우리는 이런 타당성의 탐구를 통해서 두 가지 기본적 질문, [질문 1]과 [질문 2]에 대하여 답하려 하였다.

> 무엇이 진정 우리가 경험하는 변화를 일으키는가?
> 또는
> 무엇이 **궁극적으로 실재하는가?** [질문 1]

> 무엇이 우리가 경험하는 변화에 가치를 부여하는가?
> 또는
> 무엇이 **궁극적으로 가치를 지니는가?** [질문 2]

이후 수 세기에 걸쳐 이 두 질문에 대하여 답하려는 시도는 철학의 전문적인 분야들을 발전시켰는데 이들 대부분을 4장에서 확인하였다. 아래의 2부에서 4부까지 이어지는 다양한 논의는 여러 장애물 사이를 헤쳐 나감으로써 인간으로서 우리가 자신이 살아가는 복잡한 세계와 어떻게 상호 관련을 맺는지에 대한 이해를 넓힐 수 있도록 독자들을 인도할 것이다.

복습 문제

복습 문제 2.1

이른 새벽 새 한 마리가 일찍 일어나 모이를 구하려고 둥지를 떠났다. 새는 벌레 한 마리를 잡았다. 한 조류학자가 이 모습을 지켜보고 다음과 같이 기록하였다.

(i) 새가 벌레를 잡은 땅에 작은 구멍이 생겼다.
(ii) 새는 벌레를 물고 둥지로 되돌아 날아갔다.
(iii) 새는 벌레를 새끼들에게 먹였다.
(iv) 새끼들은 벌레를 먹기 전에는 큰 소리로 짹짹거렸지만 먹은 후에는 더 이상 그러지 않았다.
(v) 새끼들에게 벌레를 먹인 후 새는 둥지 가장자리에 앉았다. 그래서 둥지가 있는 나무 아래쪽에 앉아 있는 다람쥐에게 새의 그림자가 드리웠다.

1. (i)에서 (v)까지의 사건 중에 새가 모이를 구하는 데 성공한 일이 낳은 우연적 결과와 우연적이지 않은 결과를 구별해 보시오. 당신의 대답에 대하여 설명해 보시오.

2. 모이를 구하는 일의 우연적인 결과는 그 일의 본질적인 특성과 관련되는가?

예시 답안은 323면에

복습 문제 2.2

앞서 철학에 대한 두 가지 사전적 정의를 제시하였다.

(i) '어떤 특수한 분야의 지식, 경험, 활동에 적용되는 일반 원리들에 관한 탐구' (38면).
(ii) '궁극적 실재를 다루거나 또는 사물들의 가장 일반적인 원인과 원리를 다루는 지식 또는

학문의 한 분과' (42면).

아래의 여러 주장들이 철학적 주장인지 그렇지 않은지를 결정해 보시오. 만일 철학적 주장이라면 그것이 철학에 대한 정의 (i), (ii) 중 어디에 속하는지 또는 (i), (ii) 모두에 속하는지 말해 보시오. 당신의 결정을 정당화해 보시오. 왜 당신이 그 주장을 (i) 그리고/또는 (ii)에 속한다고 믿는지 이유를 말해 보시오. 또한 왜 당신이 그 주장을 (i) 또는 (ii)에 속하지 않는다고 믿는지 이유를 말해 보시오.

1. 한 조류학자가 자료를 수집한 데 사용한 방법은 결과의 정확성에 영향을 미칠 수 있다.

예시 답안

이 주장은 명백히 정의 (i)에 속하는 듯하다. 왜냐하면 자료 수집은 과학에서 행해지기 때문이다. 자료 수집의 방법이 결과의 정확성에 어느 정도 영향을 미칠 수 있다는 주장은 모든 과학 활동에 적용된다. 이는 과학이 '어떤 특수한 분야의 지식, 경험, 활동에 적용되는 일반 원리들에 관한 탐구' 라는 범주 안에 포함됨을 의미한다.

하지만 이 주장은 정의 (ii)에 속하지는 않는다. 이 주장은 과학에서 적용되는 방법에 관한 것인데 방법은 '궁극적인 실재' 와 직접 관련되지는 않는다. 방법은 기껏해야 과학자로 하여금 '궁극적인 실재' 의 어떤 부분만을 탐구하도록 제한할 뿐이다.

자신의 의견

2. 신이 존재한다는 점을 증명할 수도, 존재하지 않는다는 점을 증명할 수도 없다.

3. 현대 물리학자들은 물체의 가장 기본적인 구성단위를 거의 발견하기에 이르렀다.

4. '살인하지 말라'는 모든 인간에게 적용되는 기본 법칙이다.

예시 답안은 325면에

복습 문제 2.3

복습 문제 2.2에 제시된 주장 1과 2는 **타당한** 주장인가?

예시 답안은 326면에

[이 책의 1부를 읽어 본 후에 바로 이 문제를 풀어 보고 이 책 전체를 다 읽은 후 다시 한 번 이 문제를 풀어 보면 흥미로우리라 생각된다. 대답에 접근하는 방식에서 차이를 보인다면 이는 당신이 이미 철학의 영역에 첫걸음을 내디뎠으며 그 결과가 드러남을 의미한다.]

복습 문제 2.4

앞의 31면에 등장한 만화의 작가는 칸트가 『순수이성비판』을 쓴 이유가 접시를 닦지 않기 위해서였다고 주장한다. 여기서 칸트는 무언가를 행하는 데 대하여 부정적인 이유를 들고 있다.

1. 칸트는 『순수이성비판』을 쓴 것에 대한 **본질주의적인** 또는 **결과주의적인** 이유를 들고 있는가?

2. **본질주의적인** 무언가를 행하는 데 대한 부정적인 이유의 예를 들어 보시오.

예시 답안은 327면에

복습 문제 3.1

고대 그리스 철학자들은 '사물들이 어떻게 변화하는가?'라는 질문을 던졌다. 아낙시만드로스는 무언가가 변화할 때 그것의 변화는 다른 어떤 것에 의해서 일어나며, 오직 주요한 실체만이 변화하지 않는다고 주장하였다.

1. 무언가가 외부로부터 영향을 받지 않고 그 자체만으로 완전히 변화하는 일이 가능한가? 바꾸어 말하면 아낙시만드로스의 주장이 모든 변화에 대하여 적용될 수 있는가?

[보충 설명: **모든** 변화에 관한 질문에 대하여 **부정적인** 대답을 하기 위하여 우리는 외부로부터 어떤 영향도 받지 않고 일어나는 변화의 경우를 단, 한 가지만 예시하면 된다. 반면 **긍정적인** 대답을 한다는 것은 왜 어떤 대상도 그 자체만으로는 자신을 변화시킬 수 없는지에 대한 이유를 제시하는 것이다.]

2. 당신이 마음을 바꿀 때, 즉 변화시킬 때 항상 어떤 외부의 영향 때문에 그렇게 하는가?

예시 답안은 328면에

복습 문제 3.2

고대 그리스 철학자들은 '사물들이 왜 변화하는가?' 라는 질문을 던졌다. 이에 답하면서 아낙시만드로스는 자연이 **정의**(正義)의 원리에 따라 작용한다고 주장하였다. 그는 무언가가 변화할 때 이 변화에는 어떤 이유가 있다고, 즉 **자연의 질서를 유지하거나** 또는 정의의 원리가 작용한다는 점을 보이기 위한 이유가 있다고 주장하였다.

1. 세계 안에 질서가 없는 부분도 존재할 수 있는가? 바꾸어 말하면 세계는 여전히 약간의 무질서와 더불어 작용할 수도 있는가?

2. 약간의 무질서를 좋은 것으로 생각할 수도 있는가? 바꾸어 말하면 **정의**가 항상 전체의 질서를 포함하여야만 하는가?

3. 자연이 **정의**의 원리에 따라 작용한다고 가정하자. 그렇다면 이는 이런 정의를 만들어내거나 유지하는, 초자연적인 무언가 또는 어떤 존재가 반드시 있어야만 함을 의미하는가?

예시 답안은 328면에

복습 문제 3.3

고대 그리스 철학자들은 무엇이 실재하는가, 즉 무엇이 실제로 존재하는가에 관한 질문을 던졌다.

관념들은 산, 나무, 집보다 더 실재적인가, 덜 실재적인가 아니면 똑같은 정도로 실재적인가?

예시 답안은 330면에

더 읽어 볼 만한 책들

Kenny, Anthony (ed.): *The Oxford Illustrated History of Western Philosophy* (Oxford University Press, 2001).[1] 이 책은 아래에 소개한 러셀의 『서양철학사』에 비하여 덜 포괄적이지만 훨씬 현대적이다. 이 책에는 대륙철학에 관한 부분도 등장하지만 미학도 철학의 일부라고 생각하는 독자들에게는 큰 도움이 되지 않을 듯하다.

1 [옮긴이 주] 이후 케니는 고대, 중세, 근대, 현대를 각각 한 권으로 쓴 방대한 철학사를 완성, 출판하였다. 이 네 권은 각각 *Ancient Philosophy* (2004); *Medieval Philosophy* (2005); *The Rise of Modern Philosophy* (2006); *Philosophy in the Modern World* (2007)이며 모두 옥스퍼드대학 출판부에서 간행되었다. 이 중 앞의 두 권은 옮긴이의 번역으로 출판되었으며 나머지 두 권도 현재 번역을 진행 중이다. 앞의 두 권에 대한 우리말 번역은 다음과 같다. 『고대철학』 (서광사, 2008); 『중세철학』 (서광사, 2010).

Russell, Bertrand: *History of Western Philosophy* (George Allen & Unwin, 1946). 이 책은 고대 그리스에서 철학이 탄생한 시기부터 20세기 초까지를 다룬 탁월한 철학사임이 확실하다. 하지만 미학을 전혀 논의하지 않았다는 점은 무척 아쉽다.

PART 02

실재, 지각 그리고 믿음

2부에서는 실재를 향한 여행을 떠나려 한다. 우리는 이미 앞의 2장에서(46면 참조) 고대 그리스 철학자들이 진정으로 존재하는 바에 — '궁극적 실재' 에 — 관심이 있었음을 살펴보았다. 이제 우리의 관심은 그리스인들에 비하여 겸손하다. 우리는 그것이 궁극적인지 그렇지 않은지와 무관하게 오직 존재하는 바를 탐구하려 한다. 하지만 2부의 마지막 장에서 우리가 감각을 사용하여 경험하는 현상들로 '궁극적 실재' 가 구성된다는 신념에 대한 반응을 검토했다. 우리 여행의 출발점이 되는 5장에서는 실재와 우리의 감각 및 행위 사이의 관계를 살펴보려 한다. 6장에서는 실재에 대한 관심을 유지하면서도 우회로를 택하여 여러 이론을 발전시키는 데 필요한 기법들에 더욱 초점을 맞추려 한다. 7장에서는 우리의 사고, 이론, 믿음의 발전이 실재와 어떻게 관련되는지를 주제로 삼으려 한다.

우리의 감각이 실재와 어떻게 관련되는지를 고찰하면서 우리는 우리가 경험하는 현상이 실재적이라는 가정을 거의 의심하지 않는다. 즉 우리는 우리가 경험하는 바가 존재한다는 점을 받아들인다. 5장에서는 이렇게 실재하는 현상과 우리가 세계 안에 존재한다고 여기는 사물들 사이의 관계를 검토하려 한다. 이는 어떤 일이 일어났는지 또는 무엇이 존재하는지에 관한 논증을 받아들이거나 거부하는 과정에서 배심원의 역할을 하는 철학자와 과학자들 그리고 일반인들이 사용하는 방법을 소개함으로써 이루어질 것이다.

6장은 철학적 기법의 발전을 다룬 두 절로 구성하였다. 6장의 목적은 두 가지인데 그 중 하나는 실재가 우리의 경험과 어떻게 관련되는지를 더욱 상세히 검토하는 것이며, 다른 하나는 철학자의 관점에서 우리의 기법을 더욱 강화하는 것이다. 6장의 전반부에서는 철학적 논증을 확장하기 위한 체계적인 방법을 살펴보면서 이런 방법이 철학이 아닌 다른 분야의 논증에는 어떻게 적용될 수 있는지도 함께 검토하려 한다. 후반부에서는 특수한 유형의 — 칸트와 밀접하게 연결된 유형의 — 철학적 논증이 어떻게 사용되는지를 살펴보려 한다. 이런 철학적 기법을 다루는 두 부분 모두에서 우리가 실재를 파악하기 위하여 사용하는 방법과 실재 자체 사이에 어떤 연결점이 존재할 수 있는지를 탐색하려 한다. 이 주제는 부분적으로 7장의 논의로 이어지는데 7장에서는 실재와 우리의 사고 그리고 믿음들 사이의 관계를 고찰하려 한다.

5장과 6장, 7장에서 이루어질 논의는 모두 우리가 경험하는 현상들이 실재적이라는 가정 위에 서있다. 몇몇 철학자들은 이런 현상들이 실재 전반을 구성하는 근본 실재 또는 근본적 구성요소라는 더 이상의 가정을 받아들이기도 한다. 나는 앞으로 분리되어 독립해서 존재하는 무언가 또는 자신의 존재가 다른 실재와 관련하여 규정될 수 없는 무언가를 지시하면서 '근본 실재' 라는 표현을 사용하려 한다.

[보충 설명: 근본 실재(fundamental entity)의 개념은 고대 그리스 철학자들이 사용한 주요한 실체(primary substance)의 개념, 앞의 52면에서 아낙시만드로스의 세 갈래 주장에 관하여 논의하면서 검토하였던 개념과 유사하다. 하지만 여기서는 '실체' 라는 용어를 사용하지 않으려 한다. 이는 두 가지 이점을 지닌다. 첫째, 철학에서 실체라는 용어는 다양한 의미를 지니는 다소 남용되는 단어이다. 둘째, '실재' 라는 단어는 존재하는 사물을 의미하므로 '근본 실재' 라는 용어는 '실체' 라는 용어가 의미하는 존재론적(실제로 존재한다는) 측면을 이미 포함한다.]

8장에서는 이 두 번째 가정을 의문시하는 논증들을 검토하려 한다. 이렇게 하는 과정에서 실존주의 철학의 발전을 낳은 논증과 철학에서 가장 오래 지속된 논증 중 하나인 플라톤의 '형상 이론' 을 낳은 논증도 함께 살펴보려 한다.

감각, 행위 그리고 실재 5

이 장에서는 형이상학과 — 즉 무엇이 진정으로 존재하며, 그것이 존재한다는 우리의 지식과 그것 사이의 관계는 무엇인지를 다루는 철학의 분야와 — 씨름하려 한다. 특히 우리의 지각이 실재와 어떻게 관련되는지에 초점을 맞추려 한다. 우리는 감각 기관들이 제공하는 정보를 검토하여 이런 정보가 존재하는 바에 관하여 우리에게 알려 주는 내용을 얼마나 신뢰할 수 있는지 평가하려 한다. 이를 통하여 후에 12장에서 다루게 될 '인식론'을 위한 몇몇 기초를 준비하는 작업도 하려 한다. 그리고 감각이 우리가 보고, 만지고, 냄새 맡고, 듣고, 맛보는 것들이 진정으로 존재한다는 사실에 대하여 논쟁의 여지없이 확실한 증거를 제공한다는 주장을 검토하려 한다.

여기서 독자들은 왜 몇몇 경험론의 철학자들이 감각은 이런 논쟁의 여지없이 확실한 증거를 결코 제공하지 못한다고 믿는지를 이해하게 될 것이다. 동시에 경험론을 지지하지 않는 철학자들이 이에 답하면서 사용한 근거가 현대 철학에서는 자주 논의되지 않는 몇몇 논증들, 특히 푸앵카레가 구성한 논증을 검토함으로써 마련된다는 사실도 깨닫게 될 것이다. 이런 논증들은 몇몇 경험론 철학자들의 저술을 비판하기 위한 근거를 제공할 뿐만 아니라 칸트와 관련된 독특한 유형의 철학적 논증을 독자들에게 소개하는 역할도 한다. 6장에서 독자들은 이런 유형의 논증을 구성하고 비판하는 기회를 가질 것이다.

이 장에서

논의되는 개념

- 논리적 가능성
- 합리적으로 의심할 수 없음
- 증명
- 논쟁의 여지가 없음

전개되는 기법

- 이론의 평가
- 원전의 분석

검토되는 논증의 유형

- 이론의 평가
- 귀류법

주로 논의 되는 철학자

- 버클리
- 푸앵카레
- 데카르트

언급되는 철학자

- 흄
- 리드

실재하는 사물들

다음 질문에는 두 개의 서로 구별되는 질문이 포함된다.

물리적 사물들은 얼마나 실재적인가?

두 질문 중 하나는 일반적이고 다른 하나는 구체적이다. 둘 사이의 차이를 파악하기 위하여 캐럴(Lewis Carroll)의 유명한 소설 『이상한 나라의 앨리스』(*Alice's Adventures in Wonderland*, 1865)에 등장하는 한 대목을 살펴보려 한다. 이 이야기는 앨리스라는 어린 소녀가 이상한 일들이 일어나는 나라에서 겪는 모험담을 쓴 일종의 공상 소설이다.

인용한 대목은 소설의 1장에 등장한다. 앞서 앨리스는 어떤 토끼를 따라 토끼굴에 들어간 다음 아래로 끝없이 떨어지다가 마침내 '나뭇가지와 마른 나뭇잎 더미 위에 착륙하였다.' 그녀는 다시 토끼를 따라 작은 방 안으로 들어갔는데 그 방을 빙 둘러 문이 여러 개 보였다. 방 안의 세발 탁자 위에서 황금 열쇠를 발견하고 문을 열려고 하다가 매우 작은 문 하나를 발견하였다. …

연습문제 5.1

다음 대목을 읽고 물음에 답하시오.

문을 열자 그 안으로 쥐구멍만한 작은 길이 보였다. 무릎을 꿇고 들여다보니 그 길은 전에는 본 적도 없는 아름다운 정원으로 이어지고 있었다. 앨리스는 얼마나 그 어두운 방을 벗어나 환한 꽃밭과 시원한 분수를 거닐고 싶었는지 모른다. 그러나 문이 너무 작아 머리조차 들이밀 수 없었다. '머리가 빠져나간다고 해도 어깨가 통과할 수 없다면 아무 소용없어.' 불쌍한 앨리스는 생각했다. '아 몸을 망원경처럼 접을 수 있다면 얼마나 좋을까? 어떻게 시작하는지만 알면 할 수 있을 것도 같은데.' 요사이 이상한 일이 하도 많이 생겨서 앨리스는 정말 불가능한 일은 거의 없다고 생각하기 시작한 참이었다.

작은 문 앞에 서서 기다려 봤자 별수 없을 듯했기 때문에 앨리스는 탁자로 돌아갔다. 앨리스는 탁자 위에 다른 열쇠 또는 망원경처럼 몸을 접는 방법이 쓰인 책이 있었으면 하고 바랐다. 그러나 이번에는 작은 병이 하나 놓여 있었고 ('아까까지는 여기 없었는데' 하고 앨리스는 말했다) 병목에는 **'나를 마시세요'** 라고 또박또박 아름답게 적인 종이가 둘려 있었다.

'나를 마시세요' 라고 말하다니 아주 좋기는 하지만 똑똑한 꼬마 앨리스는 곧바로 **그 말에** 따르려 하지는 않았다. '먼저 잘 살펴봐야지.' 앨리스가 말했다. '혹시 "독약"이라고 쓰여 있는지 안 쓰여 있는지 말이야.' 앨리스는 불에 타거나 야수에게 먹히거나 다른 나쁜 일을 당한 아이들이 나오는 끔찍한 이야기를 몇 가지 읽은 적이 있었다. 이야기 속의 아이들이 그런 상황에 빠진 까닭은 빨갛고 뜨거운 부지깽이를 너무 오래 쥐고 있으면 덴다든지, 손가락이 칼에 **아주** 깊게 베이면 대개 피가 난다는 따위의, 친구들이 가르쳐 준 간단한 주의 사항을 **따르려 하지 않았기** 때문이다. 그 가운데서도 앨리스가 절대로 잊지 않는 사실은 '독약' 이라고 쓰인 병에 든 것을 너무 많이 마시면 머지않아 배탈이 날 것이 거의 확실하다는 점이었다.

그러나 이 병에는 '독약' 이라는 표시가 **없었다**. 그래서 앨리스는 한번 맛보기로 했다. 무척 맛이 좋았다(그 맛은 체리 파이, 커스터드, 파인애플, 칠면조 구이, 초콜릿 사탕, 버터를 발라 막 구은 토스트의 향을 뒤섞어 놓은 것 같았다). 그녀는 금방 다 마셔 버렸다.

1. (i) 첫 문단에서 앨리스의 구체적 경험 중 일부가 그녀를 둘러싼 상황의 일반적인 성격과 연결된 언급을 골라 보시오.
   (ii) 그녀가 왜 그 주장이 참이라고 믿는지 말해 보시오.

2. (i) 마지막 문단에서 구체적인 대상의 등장에 관한 주장을 펴는 언급을 골라 보시오.
   (ii) 당신은 왜 앨리스가 이 주장을 참이라고 믿는다고 생각하는가?

3. (i) 세 번째 문단에서 앨리스가 어떤 유형의 대상 또는 사건의 일반적인 성격에 관하여 펴는 세 가지 주장을 골라 보시오.
   (ii) 그녀가 왜 그 주장들이 참이라고 믿는지 말해 보시오.

4. 앨리스의 다섯 가지 주장에서 각각의 타당성 그리고/또는 수용 가능성을 A에서 F까지의 등급으로 평가해 보시오.[1]

예시 답안은 331면에

모든 평범한 어린이들과 마찬가지로 앨리스는 무언가를 하고 다른 것을 하지 않는 데 대한 나름대로의 이유를 지닌다. 위의 이야기에서 그녀의 이유는 두 범주의 믿음에 기초한다. 즉 어떤 구체적인 사물이 존재한다는 믿음과 특정한 유형의 사물이 지니는 성질에 관한 믿음에 기초한다. 이 장에서는 우리가 무엇이 존재하는가에 관한 우리의 믿음을 어떻게 정당화하는지를 살펴보려 한다. 앨리스의 믿음과 마찬가지로 우리의 믿음에도 두 유형이 있다. 그 중 하나

1 [옮긴이 주] 질문 4는 원문에는 없지만 예시 답안에는 등장하므로 옮긴이가 첨가하였다.

는 구체적 사물의('독약'이라고 쓰인 병과 같은) 존재에 관한 믿음이며, 다른 하나는 특정한 유형의 사물에(빨갛고 뜨거운 부지깽이와 같은) 관한 믿음이다. 우리가 사물의 **속성**에 관한 믿음을 어떻게 정당화하는지에 대해서는 아래의 12장에서 과학철학을 다루면서 살펴볼 것이므로 이 장에서는 사물이 **존재한다**는 믿음을 정당화하는 문제에 집중하려 한다.

앨리스가 '이 병에는 "독약"이라는 표시가 **없었다**'고 믿는 근거는 그녀에게 증거를 제공하는 감각을 신뢰할 수 있다는 사실에 기초한다. 이제 우리가 실재하는 비와 실재하지 않는 바를 구별하는 과정에서 감각을 얼마나 신뢰할 수 있는지를 검토하려 한다. 우선 각각의 감각을 개별적으로 검토하고 그 다음에는 여러 감각을 결합하여 검토할 예정이다. 여기서 고대 그리스의 초기 철학자들로 하여금 실재의 본성을 탐구하도록 만든 바가 무엇인지를 다시 한 번 떠올려 볼 필요가 있다.

앞의 1부에서 우리는 고대 그리스 철학자들이 자신이 사는 세계를 파악하려 하였음을 알게 되었다. 이 때문에 그들은 우리가 보고, 만지고, 듣고, 냄새 맡고, 맛보는, 어쩌면 감각을 통하여 제대로 파악하는 일상적인 사물의 본성에 관한 질문을 던졌다. 즉 그들은 자기 자신의 경험을 파악하려 하였다. 그들은 자신이 경험을 통하여 파악하는 바와 관련해서 잘못을 저지를 수 있는지에 대해서도 관심을 보였다. 이를 위하여 그들은 진정으로 존재하는 사물과 단지 존재한다고 여겨질 뿐인 사물을 구별할 수 있기를 원했다

무언가가 진정으로 존재하는지 그렇지 않은지를 결정하는 문제에 접근하는 방식 중 하나는 (철학 강의실 밖에서는!) 그것이 존재한다는 사실을 거의 의심할 수 없는 어떤 것을 고찰해 보는 방법이다. 또한 우리가 왜 이것이 존재한다는 사실을 받아들이는지, 이를 정당화하기 위한 근거로 내세우는 바를 검토할 수도 있다. 의자, 사과, 꽃, 호수 또는 개 등의 사물이 존재한다는 주장에 대한 가장 일반적인 근거는 우리가 그것을 **보고**, **듣고**, **냄새 맡고**, **맛보고**, **만질 수 있다**는 점이다.

어떤 학자는 이런 능력의 목록에 더하여 우리가 사물을 어떤 다른 방식으로 **감각할** 가능성을 제시하기도 한다. 예를 들면 몇몇 과학자들은 모든 생물체의 감각이 위의 다섯 가지만으로 한정되지는 않는다는 사실을 발견하였다. 이들은 어떤 종류의 상어가 해저 모래 안에 숨어 있는 작은 바다 생물을 잡아먹는다는 사실을 관찰하였다. 「상어, 가오리, 홍어가 형성하는 약한 전기장 연구」(1998)라는 논문에서 아데어(R. K. Adair), 애스터미언(R. D. Astumian), 위버(J. C. Weaver)는 상어가 숨어 있는 작은 바다 생물의 신경계가 만들어 내는 매우 약한

전자기장을 감지하여 이들을 발견함을 보였다.

[보충 설명: 인간도 현재 사용하는 다섯 가지 감각과는 다른 어떤 능력을 발전시켜 세계를 감각하는 수단으로 사용하는 일이 충분히 가능할 듯하다. 어쨌든 상어가 전자기장을 감지할 수 있다는 점을 보이기 위하여 아데어, 애스터미언, 위버는 전자기장을 감지하기 위한 과학적 장치를 필요로 하였다. 따라서 다른 장치들을 사용하여 또 다른 감각 수단이 자연적으로 진화하였음을 보이는 일도 얼마든지 상상할 수 있다.]

우리의 감각과 사물들이 진정으로 존재한다는 우리의 주장 사이의 관계를 탐구하기에 앞서 탐구 결과의 수용 가능성을 평가하는 데 사용되는 방법에 관하여 간단히 논의하려 한다.

방법 (1) 무언가가 진정으로 존재한다는 주장에 대한 평가

철학자들은 우리가 어떤 주장에 대한 근거로 제시하는 바를 평가하면서 무척 상세하게 정밀한 조사를 한다. 우리도 감각에 기초한 주장들을 수용 가능성에 대한 세 가지 구체적인 기준을 통하여 검토하려 하는데 아래 소개한 세 가지는 뒤로 갈수록 더욱 엄격한 기준이 된다.

1. 우리가 사용하는 수용 가능성의 최소 기준은 '논리적 가능성'이다. 어떤 주장이 자기모순을 범하지 않는다면 이 기준을 만족시킨다.

   [보충 설명: 감각 기관이 제공한 근거에 기초한 주장은 감각 기관이 우리가 원하는 증거를 제공하는 방식으로 작용할 수만 있다면 논리적으로 가능하다. 예를 들면 시각은 불이 켜져 있다면 정보를 수집할 수 있지만, 불이 꺼진 상태에서는 시각이 정보를 수집하는 일은 논리적으로 불가능하다. 또한 청각을 통해서 어떤 대상이 푸른지 그렇지 않은지를 결정하는 일은 논리적으로 불가능하다.]

2. 우리가 법적인 기준으로 사용하는 수용 가능성의 일반적인 기준은 '합리적으로 의심할 수 없음'인데 이는 예를 들면 미국과 영국, 캐나다, 호주, 뉴질랜드의 형사 법정에서 통용된다. 이보다 약화된 법적 기준은 '증거의 우세'(preponderance of evidence)인데 이는 미

국의 민사 법정에서 통용된다. 수용 가능성에 대한 이 두 기준 중 어떤 것이라도 만족시키려면 최소한 일반인들이 어떤 주장을 확신하여야만 한다.

[보충 설명: 이 장에서는 이 기준을 사용하지 않으려 한다. 대신 13장에서 과학 이론의 본성을 검토하면서 이에 관하여 논의하려 한다. 또한 '일반인'이 의미하는 바는 15장에서 개인의 정체성에 관하여 다루면서 논의하려 한다.]

3. 수용 가능성의 최고 기준은 '증명'이다. 이런 수용 가능성의 기준을 만족시키기 위하여 어떤 주장은 '더 이상 논쟁의 여지가 없어야만' 한다. 바꾸어 말하면 그 주장이 거짓임을 보일 수 있는 어떤 수단도 존재하지 않아야 한다. 어떤 주장에 반대할만한 증거가 아직 전혀 발견되지 않았다 할지라도 그런 증거가 여전히 가능하다면 그 주장은 증명된 것이 아니다. 그 주장을 증명하기 위해서 우리는 '그것에 반대하는 증거를 발견하는 일이 불가능하다는 점을' 보여야만 한다.

[보충 설명: 무언가를 증명하는 일은 우리가 증명에 사용할 수 있는 수단에 의존하다. 예를 들어 지구에서 보이지 않는 달의 반대쪽을 탐사할 그 어떤 방법도 없다면 우리는 달의 반대쪽에 무엇이 존재하는지에 대한 어떤 언급을 증명하거나 반증하려는 시도조차 할 수 없다. 하지만 이는 현재 증명하거나 반증할 수 없는 주장을 미래에는 증명하거나 반증할 수도 있음을 의미한다. 이백년 전 과학자들에게는 숨어 있는 먹이를 찾아내는 상어의 능력에 관한 이론을 검증할 그 어떤 수단도 없었다. 과학에서 증명이 무엇으로 구성되는가에 관해서는 아래의 13장 과학철학에서 논의하려 한다.

우리는 이 세 기준을 — 논리적 가능성, 합리적으로 의심할 수 없음, 증명을 — 사용하여 실재와 실제로 존재하는 바에 관한 주장들을 지지하는 데 감각이 얼마나 효과적인지를 탐구하려 한다.

실재하는 사물을 보고, 듣고, 냄새 맡고, 맛보기

연습 문제 5.2

실재하는 대상을 보고 들음으로써 얻는 정보

양치기 개, 장미, 바나나는 모두 우리가 다양한 감각을 사용하여 서로 다른 방식으로 그것이 존재한다는 점을 밝힐 수 있는 대상들이다.

1. 어떤 양치기 개를 **보고** 그것의 **소리를 듣는다**는 사실은 우리에게
   (i) 그 양치기 개가 존재한다는 사실에 대한 **논리적으로 가능한** 근거를 제공하는가?

   (ii) 그 양치기 개가 존재한다는 사실에 대한 **합리적으로 의심할 수 없는** 근거를 제공하는가?

   (iii) 그 양치기 개가 존재한다는 사실을 **증명하는** 근거를 제공하는가?

예시 답안은 334면에

실재하는 대상의 냄새를 맡고 맛봄으로써 얻는 정보

2. 어떤 장미의 **냄새를 맡는다는** 사실은 우리에게 그 장미가 존재한다는 사실에 대한 **합리적으로 의심할 수 없는** 근거를 제공하는가?

3. 어떤 바나나를 **맛본다**는 사실은 우리에게 그 바나나가 존재한다는 사실에 대한 **합리적으로 의심할 수 없는** 근거를 제공하는가?

....

....

예시 답안

질문 1의 (i)에 대한 대답은 질문 2와 3에도 마찬가지로 적용된다. 평범한 상황에서 냄새나 맛의 감각은 장미나 바나나가 존재한다는 사실에 대한 합리적으로 의심할 수 없는 증거를 제공할 수 있다 — 설령 지금 나는 장미향이 장미가 있다는 인상을 심어 주기 위하여 어떤 기업체가 만든 상품에서 나는 것이라 할지라도 말이다.

하지만 이런 네 가지 감각 사이에는 어떤 차이가 있다. 미각은 시각이나 청각, 후각보다 더욱 직접적이다. 바나나를 맛볼 때 우리는 바나나와 직접 접촉하는 반면 양치기 개의 모습을 보거나 짖는 소리를 들을 때 또는 장미의 향기를 맡을 때 우리는 대상으로부터 약간 떨어져 있다. 이런 직접적임 또는 직접성 때문에 우리는 미각을 다른 덜 직접적인 감각들보다 더욱 크게 신뢰하는 듯하다 — 이런 직접성은 촉각을 검토할 경우 더욱 놀라운 결론을 낳는다.

자신의 의견

....

....

....

[보충 설명: 이런 차이를 통하여 우리는 감각과 감각의 대상이 되는 사물을 서로 구별하려는 몇몇 철학자들의 시도를 이해하게 된다. 흄과 같은 철학자는 우리가 양치기 개를 직접 인식하는 것이 아니라 우리의 마음 안에 형성된 양치기 개의 표상을 인식하며, 장미의 냄새를 맡는 것이 아니라 우리의 마음 안에 형성된 장미의 표상을 냄새 맡는다고 주장한다. 양치기 개와 장미는 '우리의 외부에' 있지만 우리의 감각은 '우리의 내부에' 있다. '우리 외부'와 '우리 내부' 사이의 구별은 시각과 청각, 후각의

경우에는 그럴 듯하게 들린다. 감각은 우리에게 다가와 때로는 환상과 환각을 일으킬 정도로 확대되기도 한다. 환상과 환각은 '우리 외부'에 존재하는 바가 '우리 내부'에 존재하는 바와 서로 다를 경우에만 발생한다. 이런 구별의 수용을 별로 탐탁지 않게 만드는 측면은 우리의 일상적으로 언어를 사용하면서 거의 이런 구별을 하지 않는다는 점이다. 내가 양치기 개 한 마리를 보고 있다고 말할 때 나는 내가 개의 표상을 보았다는 사실이 아니라 개 자체를 보고 있음을 의미한다. 내가 양치기 개의 표상을 보고 있다고 말할 때 이 말은 통상 내가 개의 사진이나 그림을 보고 있음을 의미하지 내가 양치기 개를 보고 있음을 의미하지 않는다. 리드(Thomas Reid)는 흄이 '인상'과 '관념' 등의 용어를 일상적인 용법으로 사용하지 않는다는 점을 비판하고 거부하면서 바로 이런 논증을 사용한다(Brodie, 1997, 87면 참조).]

지금까지 우리가 사용하는 감각에 관한 탐구는 진정 실재하는 바와 단지 실재하는 듯이 보이는 바를 구별하는 데 도움이 되는, 또 다른 정보의 근원을 우리가 지닐 수도 있다는 가능성을 다루지는 않았다. 위의 92면에서 인용하였던 상어의 능력은 우리가 지닌 다섯 가지 감각을 넘어서는 듯이 보인다. 따라서 우리도 상어와 같은 어떤 능력을 지닐지도 모른다는 가능성을 항상 열어둘 필요가 있다.

실재하는 사물을 감각하기

연습 문제 5.3

실재하는 사물을 '감각함으로써' 얻는 정보

지하의 수맥을 찾는 사람들은 자신들이 지하수나 지하에 수원이 존재한다는 사실을 '감각할 수' 있다고 확신한다.

1. 우리는 수맥을 찾는 사람들이 지하수를 '감각하는' 일이 논리적으로 가능하지 않기 때문에 다섯 가지 감각과는 다른 형태의 감각 능력을 지닌다는 그들의 주장을 거부하여야 하는가?

2. 다섯 가지 감각과는 다른 그 어떤 형태의 '감각 작용'이 지하 특정한 장소에 물이 존재한다는 사실에 대한 **증명**을 우리에게 제공하는가?

예시 답안

1. 그렇지 않다. 지하의 수원을 '감각하는' 일이 지하에 수원이 존재한다는 주장에 대한 근거를 제공한다는 가정에는 어떤 논리적 모순도 없다. 앞서 예를 든 상어의 감각과 유사한 어떤 특별한 감각을 지닌 사람들이 얼마든지 있을 수 있으며 이들은 지하의 수원에서 물이 분출된다는 사실을 감지할 수 있을지도 모른다.
2. 그렇지 않다. 이 질문에 대한 대답은 위의 연습 문제 5.2 1(iii)에 대한 대답과 같다.

자신의 의견

[보충 설명: 위의 연습 문제 4.1에서 우리는 '물리학자들은 전자가 가시광선의 파장보다 더 짧기 때문에 보이지 않는다고 말한다. 우리 눈으로 전자를 확인할 수는 없다. 일반적으로 역전류 검출관을 포함하는 특별한 장치를 통해서만 전자가 일으키는 효과를 탐지할 수 있다'는 점을 지적하였다. 우리의 감각 기관은 전자를 감지하도록 만들어지지 않았다. 따라서 우리의 감각 기관은 전자가 존재한다는 증거를 수집할 수 있는 직접적인 수단을 제공하지 못한다.]

5장에서 지금까지의 논의는 우리가 세계에 대하여 지각한 바가 무언가가 존재한다는 주장의 기초를 형성하는, 논쟁의 여지없는 논거를 제시하지는 못한다는 점을 암시하였다. 이는 어쩌면 우리가 감각으로부터 얻은 정보를 수동적으로 수용하는 측면만을 한정하여 논의하였기 때문인지도 모른다. 이제 물리적 세계에 진정 무엇이 실재하는가에 관한 주장을 펴는 과정에서 여러 역할을 담당하는 행위에 대한 평가를 포함하는 데까지 논의를 확장하려 한다.

실재하는 사물을 만져 보기

연습 문제 5.2에 대한 예시 답안은(아래의 334면) 우리의 감각들 중 미각과 촉각은 나머지 감각들과 질적으로 다르다는 점을 암시한다. 우리는 아직 촉각에 관해서는 논의하지 않았다. 이제 보즈웰(Boswell)이 쓴 사무엘 존슨(Samuel Johnson)의 전기에 등장하는 유명한 예를 검토함으로써 촉각에 관하여 논의하려 한다. 이 예에서 존슨은 자신만만한 실재론자가 행위할 듯한 방식으로 행위한다.

연습 문제 5.4

실재하는 사물을 만져봄으로써 얻는 정보

널리 알려져 있듯이 존슨 박사는 돌을 걷어참으로써 물리적 대상이 오직 우리의 정신과 신의 정신 안에만 존재한다는 버클리(George Berkeley)의 주장을 '반박하였다.'

교회에서 돌아오는 길에 가끔 우리는 멈추어 서서 물체가 존재하지 않으며, 세계의 모든 것은 단지 관념일 뿐이라는 버클리 주교의 천재적인 궤변에 관하여 대화를 주고받았다. 우리는 그의 주장이 옳지 않다는 점에는 동의하였지만 나는 그것을 반박하기는 불가능하다는 점을 깨달았다. 나는 존슨 박사가 재빨리 강력한 반동을 느낄 때까지 큰 돌을 힘껏 걷어찬 모습을 결코 잊을 수 없다 — 그러면서 그는 '이렇게 하여 나는 그를 반박했다네' 라고 말하였다. 보즈웰 (1791, 3부).

1. 우리는 돌을 **만져 보거나** 아니면 **걷어참으로써** 돌의 존재를 합리적으로 의심할 수 없는 근거를 얻을 수 있는가?

2. 존슨 박사는 물리적 대상이 사람들의 정신이나 신의 정신 안에 단지 관념으로서만 존재한다는 버클리의 이론을 반박하는 데 성공하였는가?

예시 답안은 335면에

3. 그가 단지 돌이 그에게 부딪혔다고 느낀 것이 아니라 돌을 걷어찼다는 사실이 중요한가?

질문 3에 대한 예시 답안

지각에서 개인의 활동이 차지하는 중요성은 자주 무시되었다. 영어권의 철학은 지각하는 사람은 순전히 정보를 수용하는 사람에 지나지 않는다는, 지각을 수동적으로 분석한 흄의 견해를 받아들이는 경향을 보인다. 하지만 우리의 경험이 순전히 수용적인 개념인지에 대해서는 의문의 여지가 있다. 나는 무엇이 짖는지를 보려고 특정한 방향을 선택하여 응시할 수 있으며 내가 보고, 냄새 맡을 수 있는 네발 동물을 만지려고 팔을 뻗을 수도 있다. 또한 나는 어떤 개의 자세를 더욱 잘 보기 위하여, 개의 색깔이나 크기에 대한 더욱 정확한 정보를 얻기 위하여 얼마든지 나의 위치를 조정할 수도 있다. 따라서 나의 근육을 움직이는 데서 비롯되는 이런 모든 활동은 수용적인 감각 기관을 통해서 얻은 정보 이상의, 더 정확한 정보를 더해 준다.

이런 더 이상의 정보는 우리가 어떤 돌의 형태와 그 돌이 발견되는 배경의 모습을 형성하는 데 반드시 필요하다는 점은 충분히 논증 가능하다. 세계의 모습을 형성하는 데 한 개인의 활동이 중요한 역할을 담당한다는 주장에 관해서는 아래의 연습 문제 6.1에 대한 대답에서

(100면) 더욱 자세히 살펴보려 한다. 이 주장은 존슨 박사가 단지 돌에 부딪혔다고 느낀 것이 아니라 돌을 걷어찼다는 사실이 매우 중요하다는 점을 암시한다.

자신의 의견

[보충 설명: **연장성(延長性) — 근육을 이용한 푸앵카레의 선험적 연역**

프랑스의 물리학자, 수학자 겸 과학철학자인 푸앵카레는 근육의 움직임으로부터 얻은 감각적 정보를 혼합하는 문제에 관하여 중요한 지적을 하였다. 그는 우리가 단지 외부의 신호를 받아들이기만 해서는 물리적 공간의 개념을 형성할 수 없으며 신호를 만드는 데 참여해야 한다고 주장하였다.

> 우리의 감각을 각각 분리하여 생각할 경우 그 중 어떤 것도 공간의 개념을 만들어 낼 수 없다. 오직 이런 감각들을 서로 연결하는 **법칙을 탐구함으로써** 우리는 공간 개념에 **도달하였다**(푸앵카레 자신의 강조 표시).
>
> 예를 들어 시각의 문제와 관련하여 어떤 대상이 눈앞에서 이동한다면 우리는 '그것을 눈으로 쫓을 수 있으며', 안구의 적절한 운동을 통하여 망막의 동일한 지점에 그것의 상을 계속 유지한다. 우리가 안구의 운동을 인식하는 까닭은 그 운동이 자발적이며 근육의 감각을 동반하기 때문이다.
>
> 이런 점을 전제할 때 위치의 변화를 특징짓는 바, 또 이것을 상태의 변화와 구별해 주는 바는 이것이 항상 근육의 감각이라는 수단에 의해서 **수정될** 수 있다는 점이다. 따라서 우리가 인상들의 집합 A에서 집합 B로 넘어가는 일이 서로 다른 두 가지 방식으로 일어날 수 있다. 첫 번째는 비자발적으로 근육의 감각을 경험하지 않고 일어나며 … 두 번째는 자발적으로 근육의 감각과 함께 일어난다 …
>
> 이로부터 시각과 촉각은 '근육의 감각'이 없이는 우리에게 공간의 개념을 제공하지 못한다는 사실이 도출된다. 이 개념은 하나의 감각 또는 심지어 일련의 감각들로부터도 도출되지 않을 뿐만 아니라 움직이지 않는 존재는 이 개념을 결코 파악할 수 없을 것이다(1952, 58–9면).

푸앵카레가 순전히 수동적인 존재는 공간의 개념을 지닐 수 없다고 생각하면서 이에 대하여 제시한 근거는 공간상에서 대상을 구별하기 위하여 우리는 '외부 대상의 위치 변화가 낳은 결과를 우리의 운동을 통하여 수정할 수 있어야 한다'는 점이다. 그는 이 운동이 자발적이고 감각을 동반하여야 한다는 점을 강조한다. 이런 모든 주장이 함축하는 바는 푸앵카레가 버클리를 반박하려는 존슨 박사의 시도에 찬성하였으리라는 점이다!]

이 장에서는 우리가 사는 세계 안의 물리적 실재에 관한 여러 주장들을 정당화하기 위하여 감각들 각각을 개별적으로 어떻게 사용할 수 있는지를 검토하였다. 실제로 우리는 한 순간에 하나의 감각만을 사용하지는 않으며 오히려 일반적으로 여러 감각들을 서로 결합함으로써 이들의 결합이 무엇이 실재하는가에 관하여 우리에게 말해 주는 바를 검토한다. 연습 문제 5.2, 5.3 그리고 5.4에서 우리는 특수한 감각 기관을 사용함으로써 어떻게 특수한 대상의 존재에 관한 주장을 정당화하는 증거를 제시할 수 있는지를 살펴보았다. 이제 우리가 감각을 결합하여 사용함으로써 하나의 감각만을 분리하여 사용하는 경우보다 실재를 더욱 확고하게 파악할 수 있다는 주장을 살펴보려 한다.

철학적 분석과 실재

6

이 장에서는 무엇이 진정으로 존재하는가에 관한 논의를 계속하려 한다. 5장에서는 우리의 지각이 어떻게 실재와 관련되는가에 초점을 맞추었다. 즉 우리의 감각 기관이 무엇이 존재하는가에 관한 정보를 우리에게 제공하는 방식을 주로 살펴보았다. 이제 6장에서는 감각 기관이 우리에게 제공한 정보를 해석하는 방법을 집중적으로 다루려 한다.

하지만 단지 감각 기관이 우리에게 제공한 정보를 해석하는 방법만을 한정하여 분석하지는 않으려 한다. 연습 문제 6.2를 통해서 이런 정보를 해석할 수 있도록 만드는 몇몇 조건들도 검토할 예정인데 — 이는 경험론에 속하지 않는 철학자들의 특징을 잘 보여 주는 검토 방식이기도 하다. 이런 검토를 해 나감으로써 우리는 철학자들이 사용하는 방법이 그들이 도달한 결론만큼이나 중요하다는 사실을 깨닫게 된다. 이 장의 목적은 경험론에 속하지 않는 철학자들의 접근 방식을 이해하고 이들의 작업을 비판적으로 평가하려는 것이다.

이 장에서

전개되는 기법

- 질문의 분석
- 확대된 답변의 구성

검토되는 논증의 유형

- 선험적 증명

주로 논의되는 철학자

- 칸트
- 푸엥카레

언급되는 철학자

- 흄

방법(2) 진정한 질문에 답하기

이전의 세 연습 문제에서는 양치기 개, 장미, 바나나가 실재하는지를 결정하기 위하여 감각들을 개별적으로 사용하는 방식과 감각을 통하여 지하의 수원을 감지할 수 있는지 그렇지 않은지 등의 문제를 탐구하였다. 이제는 감각들을 서로 결합하여 사용하는 방식에 주의를 기울이려 한다. 이 과정에서 경주용 비둘기(racing pigeon), 즉 특정한 장소를 향해서 날아가도록 훈련받은 비둘기에 초점을 맞추려 한다.

경주용 비둘기를 분석하려는 이유는 세 가지이다. 첫째, 경주용 비둘기는 우리 언어의 발전에 의식적으로 어떤 기여도 하지 않는 물리적 대상이다. 둘째, 이 비둘기는 우리의 모든 감각 기관을 통하여 감지할 수 있는 자극에 반응을 보이며 또 그런 자극을 만들어 낸다. 셋째, 몇몇 사람들은 이 비둘기의 본성과 습관에 대하여 일반인들보다 훨씬 더 많이 알고 있다. 이런 요소들 때문에 비둘기를 탐구함으로써 우리가 물리적 대상의 존재를 인식하는 방식이 지닌 여러 측면을 분석할 수 있다.

이제 경주용 비둘기가 존재한다는 주장을 **합리적으로 의심할 수 없도록** 만드는 근거를 제공하기 위하여 감각들을 결합할 수 있는 가능성을 검토해 보자. 논의가 반복되는 일을 피하기 위하여 앞 장에서 살펴본, 개별적인 감각들에 대한 분석 결과를 활용할 수 있다. 앞 장에서 우리는 개별적인 감각들이 어떤 특정한 경주용 비둘기가 존재한다는 사실을 **논리적으로 가능하게 만드는** 근거를 제공할 수 있다고 지적하였다. 각각의 감각들은 이 비둘기가 존재한다는 주장에 대한 근거를 제공하는 일이 논리적으로 가능하므로, 모든 감각들이 함께 이런 근거를 제공하는 일 또한 논리적으로 가능하다.

지금까지 우리가 대답하였던 질문들 대부분은 이미 더욱 상세한 질문들로 나누어졌으며 우리는 이런 세부 질문들에 대해서도 답하였다. 질문을 분석하여 일련의 세부 질문을 형성하는 과정 자체가 철학자들이 즐겨 사용하는 방법이기도 하다 — '분석'이라는 용어는 복잡한 무언가를 기본적인 요소로 분해하는 것을 의미한다. 그리고 이 과정은 철학적 질문에 대하여 포괄적이고 일관되게 대답하는 기초를 제공한다. 이런 분석은 아무렇게나 이루어져서는 안 된다. 각각의 질문은 우리의 분석을 인도하는 하나의 구조 안에서 이루어져야 한다. 철학의 영역에서 어떤 질문에 답할 경우 우리는 자주 답하기를 원하는 일반적인 대답을 직관적으로 알고 있다. 하지만 이를 체계적인 대답으로 구성하는 일은 결코 쉽지 않다. 이런 일은 대체로 다음과 같은 다섯 가지 과정을 거쳐 이루어진다.

(a) 질문에 대한 분석을 이끄는 구조를 구체화하기.
(b) 질문을 세부 질문들로 분해하기(또는 '해체하기').
(c) 세부 질문들에 대한 대답을 제시하기.
(d) 세부 대답들을 구조 안에 들여놓기.
(e) 질문에 대한 대답을 제시하기.

[보충 설명: 이 목록이 빈틈없이 규정된 것은 아니다. 여기서 어떤 질문에 대한 대답을 구성하기 위하여 반드시 따라야 하는 법칙을 설명하지는 않았다. 이 목록은 질문을 분석하고 대답을 구성하는 **유일한** 방법이 아니라 하나의 방법을 예시한 것에 지나지 않는다.]

이런 절차들을 아무렇게나 적용해서는 안 된다. 이들은 모두 직관적인 일반적 대답을 검토하려는 의도에 따라 인도되어야 한다. 이런 검토를 통하여 이 직관적인 대답이 받아들일 수 없는 것이라는 사실이 드러날 수도 있다. 물론 이런 일이 일어날 수도 있지만 직관적인 대답은 우리의 분석을 위한 출발점으로 가장 중요한 것을 제공한다. 이제 감각을 결합하는 문제로 돌아가 위의 다섯 가지 절차를 적용해 보기로 하자.

연습 문제 6.1 실재하는 사물을 경험한 감각들의 결합

지금 우리가 특정한 경주용 비둘기가 존재한다는 사실을 **합리적으로 의심할 수 없도록** 확립하기 위하여 애쓴다고 가정하자.

1. 우리는 감각들을 결합하여 사용함으로써 감각을 개별적으로 사용할 경우보다 더 나은 근거를 확보할 수 있는가?

2. 만일 그렇다면 어떤 방식으로 그렇게 할 수 있는가?

질문에 대한 분석을 이끄는 틀

질문에 대한 대답은 항상 어떤 체계적 장치 안에 내재하여야 하는 형식을 띠는, 추론된 논증으로 이루어진다. 이 체계의 모습은 논증이 어떤 유형의 방법을 채택하는지 그리고 논증에 어떤 가정이 포함되는지에 따라 결정된다.

독자들이 우리의 대답을 이해하도록 만들기 위하여 어떤 유형의 논증을 채택할 것인지를 밝혀야 한다. 예를 들면 이미 받아들여진 어떤 출발점으로부터 논리적 연역을 사용할 것인지 아니면 그 주장을 지지하는 유추에 호소할 것인지를 밝혀야 한다. 우리가 사용하는 방법은 자주 그 목적에 따라, 즉 우리가 무언가를 증명하려 하는지 아니면 합리적으로 의심할 수 없도록 만들려 하는지 등에 따라 좌우된다. 또한 독자들은 어떤 가정이 도입되는지도 알아야 한다 — 이는 우리가 타당한 것으로 받아들이는 이론 또는 정의에 포함된다.

(a) (i) 위의 질문에 답하기 위하여 당신은 어떤 방법 또는 어떤 유형의 논증을 채택해야 하는지 말해 보시오. 예를 들면 당신의 논증은 경험적인 증거들이 지지하는 내용과 더불어 이미 받아들여진 어떤 이론에서 결론을 연역하는 형태를 취하는가?

(ii) 위의 질문에 답하기 위하여 당신은 어떤 가정을 도입해야 하는지 구체적으로 말해 보시오.

세부 질문들로 분해하기

원래의 질문을 더욱 세부적인 질문들로 나누는 일은 두 측면에서 유용하다. 예를 들면 논의할 문제 2.8 (38면)에서 우리는 어떤 활동을 행한 결과가 그 활동이 무엇인지, 어떻게 관련되는지를 살펴보았다. 이 과정에서 우리는 원래의 질문에 답하는 데 도움을 얻기 위하여 두 가지 세부 질문을 형성하였다. 질문을 나누는 일은 또 다른 이점도 지닌다. 어떤 질문을 세부 질문으로 나누게 되면 독자들이 논증을 따라오기가 쉬워진다. 이는 우리 자신도 주의를 기울일 필요가 있는, 가치 있는 일이며 결국 원래의 질문에 답하는 단계로 나아가야 하는 독자들에게도 큰 도움을 준다.

(b) 마지막 대답을 진술하기에 앞서 답할 필요가 있다고 생각되는 모든 세부 질문들의 목록을 작성하시오.

(c) 당신이 만든 세부 질문들에 대한 대답을 제시하시오.

세부 질문들에 대한 대답을 제시하는 과정에서 또 다른 세부 질문이 등장할 수도 있다. 따라서 과정 (c)와 (d) 사이에서 자주 질문과 대답이 서로 비교되고 수정되기도 한다.

(d) 세부 대답들이 (a)에서 구체적으로 도입된 가정들과 일치하는지 확인하시오.

(e) 원래의 질문에 대한 대답을 제시하시오.

이제 우리는 세부 대답들을 한데 모아 독자들에게 확신을 심어 줄 만한 논증을 제시하여야 하는 위치에 있다. 여기에는 세부 질문들에 대한 우리의 대답에서 가장 중요한 요소가 무엇인지를 확인하는 과정이 포함된다.

예시 답안

[보충 설명: 특별히 연습 문제에 뒤이어 바로 예시 답안을 제시하는 까닭은 철학적 분석을 수행하는 **한 가지** 방법을 보이고 독자들에게 철학에 대한 비경험론적인 접근 방식을 소개하기 위함이다. 이 책을 읽는 것 이외의 별다른 철학적 경험이 없는 초보자들은 이런 상세한 대답을 제시하는 데 크게 신경 쓸 필요가 없다. 철학을 다소 많이 경험한 사람들은 질문에 대답하는 또 다른 전략을 선택할지도 모른다. 하지만 그 전략 또한 아래의 예시 답안과 유사한 논점들을 전개해 나가는 전략일 것으로 생각된다.]

첫 번째 질문에 대한 대답은 기본적으로 '그렇다'이다. 둘 또는 그 이상의 정보가 하나의 정보보다 무언가를 믿는 데 대한 더욱 확고한 근거를 제공하는 일은 **논리적으로 가능하다**. 이런 일은 정보의 조각들 각각이 다른 조각들을 뒷받침하여 확증할 때 일어난다. 이어 질문 (2)에 답한다면, 감각을 결합하여 사용하는 일이 하나의 감각만을 사용하는 것보다 경주용 비둘기가 존재한다는 사실을 더욱 **합리적으로 의심할 수 없도록** 만들 가능성이 크다고 말할 수 있다. 이런 전체적인 대답을 염두에 두고 이제 (a)에서 (e)까지의 과정을 상세히 검토하고 이를 지지하는 철학적 논증을 구성해 보려 한다.

(a) 질문에 대한 분석을 이끄는 틀 — 가정과 방법들

위의 질문에 대답하는 데는 최소한 세 가지 가정이 필요하다. 첫 번째 가정은 여러 근거의 집합들 중 하나의 집합이 다른 집합보다 더 나을 수 있다는 점이다. 두 번째 질문에 답하는 사람은 그 누구라도 은연중에 이 가정을 받아들인다. 이를 받아들이지 않는다면 두 번째 질문에 답하는 것 자체를 거부하는 셈이 되고 만다. 첫 번째 가정은 은연중에 다음과 같은 또 다른 가정을 포함한다. 즉 어떤 정보의 집합이 다른 정보의 집합보다 더 나은 증거를 제공한다는 점을 보이려는 논증은 증명일 수는 없다. 왜냐하면 증명의 목적은 그저 보이는 것이 아니라 확신시키는 것이기 때문이다.

세 번째 가정은 두 번째 질문, 즉 '만일 그렇다면 감각들을 결합하여 사용함으로써 개별 감각을 사용할 때보다 더 나은 근거를 확보할 수 있다면 어떤 방식으로 그렇게 할 수 있는가?' 라는 질문에 대한 대답의 출발점과 관련된다. 이 출발점에서 우리는 현재 논의 중인 경주용 비둘기가 존재한다는 증거를 제공하는 여러 감각들 중 그 어떤 감각도 다른 감각과 모순을 일으키지 않는다고 가정한다. 무언가가 존재한다는 주장을 펼 경우 서로 모순되는 두 가지 감각보다 다른 증거들과 모순되지 않는 하나의 감각이 더 나은 지지 근거가 된다는 점은 명백한 사실이다. 이 가정의 타당성을 증명하기 위한 논증을 전개할 수도 있지만 현 단계에서는 그럴 필요까지는 없을 듯하다. 왜냐하면 이는 각각의 질문에 답하려는 우리의 능력에 크게 보탬이 되지는 않을 듯하기 때문이다.

어떤 가정을 받아들인다는 결정은 동시에 몇몇 결과를 수반한다. 현재의 경우 이런 결정은 어떤 방법들을 선택하지 않을 수 없도록 만든다. 즉 여러 근거의 집합들 중 하나가 다른 집합보다 더 나을 수 있다는 가정은 지금 논의 중인 구체적 경우에서 근거의 집합들 중 하나의 집합이 다른 집합보다 더 낫다는 사실을 증명하지 않을 수 없도록 만든다. 따라서 우리는 감각들을 결합하여 사용하는 일이 하나의 감각만을 사용하는 경우보다 더 낫다는 점에 대한 논쟁의 여지없는 논증 또는 증명을 제시하여야 한다. 하지만 이는 그리 어려운 일이 아니다. 연습 문제 5.2에 대한 예시 답안(334면)에 등장한 논증을 사용하여 증명으로 나아갈 수 있다. 이 논증은 어떤 대상을 보거나 듣는 일이 특정한 양치기 개가 존재한다는 주장의 기초를 제공할 수 있다는 점을 증명한다. 그리고 이는 보는 일과 듣는 일이 어떤 방식으로 결합되더라도 이 또한 특정한 양치기 개가 존재한다는 주장의 기초를 제공할 수 있다는 가능성을 열어 둔다. 여기서 양치기 개를 경주용 비둘기로 바꾼다 하더라도 증명의 타당성은 변화하지 않는다. 이 짧은 증명은 첫 번째 질문에 대한 대답이 되며 감각들을 결합하여 사용하는 일이 하나의 감각만을 사용하는 경우보다 더 나은 근거들을 제공할 수도 **있음을** 우리에게 알려 준다. 이는 첫 번째 질문에 대한 대답이기는 하지만 두 번째 질문에 대한 대답은 아니다. 즉 감각들을 결합하여 사용하는 일이 **실제로** 우리에게 더 나은 근거를 제공하는지 그렇지 않은지에 대해서는 말해 주지 않는다. 그리고 그것이 사실상 더 나은 근거를 제공한다 할지라도 어떻게 그렇게 되는지에 대해서는 아직 알지 못한다.

우리의 두 번째 가정은 어떤 경우를 논증하기보다는 일종의 과정 또는 절차를 서술할 것을 요구하는 두 번째 질문에 답하려고 도전함으로써 등장한다. 여기서 우리는 한편으로 감각들을 결합하여 사용함으로써 이르게 되는 주장을 지지하는 근거와 다른 한편으로 감각을 개별적으로 사용함으로써 이르게 되는 주장을 지지하는 근거를 서로 비교해 보아야 한다. 그 다음으로 우리는 이 두 과정을 비교함으로써 감각들을 결합하여 사용하는 경우가 하나의 감각만을 사용하는 경우보다 우월하나는 사실을 승명한다는 점을 독자들이 받아들일 수 있도록 설득하여야 한다. 이를 위하여 우리는 일종의 비유를 사용하려 하는데 이 비유는 반드시 적절한 것이어야 한다 — 즉 법정에서 서로 다른 여러 증인들이 말하는 증언을 결합한 내용이 지니는 설득력을 서로 다른 감각들로부터 얻은 정보를 결합한 내용이 지니는 설득력에 비유하는 비유를 사용하려 한다.

자신의 의견

우리는 위의 마지막 문단에서 가정에 관한 논의가 하나의 감각보다는 감각들의 결합을 통하여 실재에 더욱더 잘 접근할 수 있는지 그렇지 않은지, 또 어떤 방식으로 그렇게 되는지를 결정할 방법을 구체화하리라는 점을 인정하였다. 이제 우리는 원래의 질문을 세부 질문들로 분해하는 단계로 넘어가려 한다. 이를 통해서 위에서 말한 법정의 비유를 도입하는 계기가 마련된다.

(b) 세부 질문들로 분해하기

원래의 질문은 감각들을 결합하여 사용하는 경우와 하나의 감각만을 사용할 경우를 비교할 것을 요구한다. 이제 이 요구를 세부적인 부분들로 분해해 보자. 우선 우리는 하나의 감각이 특정한 경주용 비둘기가 존재한다는 주장을 얼마나 잘 지지할 수 있는지를 결정하여야 한다. 그 다음에는 하나 이상의 감각을 결합하여 사용하는 일이 개별적 감각 각각이 제공하는 정보를 오염시키는지, 강화하는지 아니면 아무런 변화도 일으키지 않는지를 물어보아야 한다. 이제 이런 질문들을 형식적인 방식으로 언급해 보자.

경주용 비둘기를 훈련시키는 사람은 비둘기의 소리를 듣거나, 냄새 맡거나, 만지거나, 맛볼 수 없고 오직 비둘기가 자신의 위로 날아오르는 것을 볼 수만 있다고 가정해 보자.

(i) 하나의 감각을 사용하여 얻은 정보가 매우 신뢰할 만하여 그 비둘기의 존재를 **합리적으로 의심할 수 없도록** 만드는 것은 어떤 상황에서인가?

이 질문에 답하면서 우리는 위에서 말한 비유를 도입하게 된다. 예를 들면 어떤 상황에서는 법정에서 오직 한 사람의 증인이 말한 증거가 충분히 받아들여지기도 한다. 그 증인이 전문가라거나 법의학적인 증거들이 증언을 명백히 뒷받침할 경우에 그렇다. 우리는 하나의 감각이 전문가인 증인에 해당할 수 있는지 그리고 한 감각이 제시하는 증거가 다른 감각들에 의해서 명백히 뒷받침될 수 있는지를 묻게 된다. 비둘기를 훈련시키는 사람은 오직 하나의 감각만을 사용하여, 현재의 경우 시각만을 사용하여 정보를 수집한다.

(ii) 그는 비둘기가 존재한다는 사실을 **합리적으로 의심할 수 없도록** 만들기 위하여 다른 감각들 중 하나가 아닌 다른 어떤 능력을 사용해야만 하는가?
(iii) 비둘기의 존재를 확립하기 위하여 감각이 아닌 다른 능력을 사용하는 일이 왜 중요한가?

원래의 질문을 다시 제기할 경우, 위의 세 질문에 대한 대답은 감각을 결합하여 사용하는 일이 신뢰할 만하다는 점을 확립하기 위하여 필요하다. 우리는 이 문제를 제기하는 질문을 구성할 수도 있다. 비둘기 훈련자가 시각을 통하여 얻은 증거가 자신의 머리 위로 경주용 비둘기가 날아간다는 사실을 합리적으로 의심할 수 없도록 확립하기에 충분하다고 가정하자. 동시에 그는 비둘기의 냄새를 맡거나 그것을 만져 보거나 맛볼 수는 없지만 비둘기가 날면서 내는 울음소리는 들을 수 있다고 가정하자. 우리는 청각과 시각이 결합하여 하늘에 경주용 비둘기가 존재한다는 사실을 훈련자에게 확신시켜 준다는 점을 지적할 수 있다.

(iv) 시각과 청각의 결합이 개별 감각으로부터 얻은 증거를 약화하는가, 강화하는가 아니면 아무런 변화도 일으키지 않는가?

자신의 의견

(c) 세부 질문들에 대한 예시 답안

(i) 하나의 감각을 사용하여 얻은 정보가 매우 신뢰할 만하여 그 비둘기의 존재를 **합리적으로 의심할 수 없도록** 만드는 것은 어떤 상황에서인가?

법정에서는 대부분 오직 한 사람이 행한 확증되지 않은 증언은 피고인의 유죄를 합리적인 의심의 여지없이 판결하는 데 매우 불확실한 근거로 여긴다. 그렇지만 신뢰 가능성이 매우 높은, 전문가인 증인이 법정을 주도하여 피고인이 합리적인 의심의 여지없이 유죄라고 판결을 이끌어 내기도 한다. 이와 마찬가지 방식으로 만일 비둘기 훈련자의 감각 중 하나가 숙련된 감각이라면 그는 이 감각을 사용하여 경주용 비둘기가 존재한다는 사실을 합리적인 의심의 여지없이 확립할 수 있을지도 모른다. 예를 들면 그는 매처럼 뛰어난 시각을 지녔을 수도 있다.

법정에서는 자주 충분한 법의학적 증거들이 지지할 경우 전문가가 아닌 오직 한 사람만의 증언이 받아들여지기도 한다. 이와 마찬가지로 비둘기 훈련자의 평범한 시각도 이를 더욱 확증하는 다른 증거들과 더불어 경주용 비둘기가 존재한다는 사실을 합리적인 의심의 여지없이 확립할 수 있다. 만일 공중에서 어떤 새의 움직임이 경주용 비둘기의 비행과 유사한 모습을 보인다면 이 특별하고 명백한 증거는 경주용 비둘기가 존재한다는 사실을 합리적인 의심의 여지없이 확립하기에 충분하다.

자신의 의견

비둘기 훈련자는 오직 하나의 감각만을 사용하여, 현재의 경우 시각만을 사용하여 정보를 수집한다.

(ii) 그는 비둘기가 존재한다는 사실을 **합리적으로 의심할 수 없도록** 만들기 위하여 다른 감각들 중 하나가 아닌 다른 어떤 능력을 사용해야만 하는가?

하나의 감각 기관이 제공하는 정보도 일관성을 유지하여야 한다. 어떤 기관이 현재 전하는 정보 각각은 이전에 그 기관이 제공한 정보를 확증하여야 한다. 법정에서 한 사람의 증인이 증언할 경우에도 이와 유사한 일이 일어난다. 그의 증언이 신뢰받기 위해서는 그가 지금 행하는 각각의 증언이 이전에 행했던 증언을 뒷받침하고 입증해야 한다. 한 사람의 증인과 하나의 감각 기관은 일관성 있게 작용하여야 한다.

둘 모두 경우 입증에는 세 가지 형태가 있다. 이들 중 하나는 한 사람의 증인이 수집한 정보에 전문적인 지식을 적용하는 것이며, 다른 하나는 더 이상의 정보를 모으는 활동이며, 세 번째는 증언에 대하여 반대 심문을 하는 것이다. 전문적인 증인이 사용하는 기법은 매처럼 뛰어난 시각을 지닌 비둘기 훈련자의 기법에도 반영된다. 새의 비행을 추적하기 위하여 근육을 움직임으로써 수집한 특별한 정보는 법정에 제시된 특별한 법의학적 증거에 해당한다. 법정에서 증인에 대한 반대 심문을 하는 일은 감각 기관이 제공하는 정보를 검토하고 교차 검토하기 위하여 감각 기관을 계속 조정하고 재조정하는 경우에 해당한다.

이런 형태의 입증은 다른 능력들과 무관하게 오직 감각 기관의 작용만으로는 수행될 수 없다. 자신의 지성과 '근육의 감각'을 사용하지 않는다면 비둘기 훈련자는 시각으로부터 얻은 연속적인 정보가 경주용 비둘기가 자신의 머리 위로 난다는 사실과 일관성을 유지하는지 그렇지 않은지를 결정할 그 어떤 수단도 지닐 수 없다.

[보충 설명: '근육의 감각'이라는 용어는 누군가가 근육을 움직임으로써 얻는 감각을 묘사하기 위하여 푸앵카레가 사용한 용어이다. 그는 이를 위의 인용문에서(96면) 다음과 같이 설명하였다.

> 예를 들어 시각의 문제와 관련하여 어떤 대상이 눈앞에서 이동한다면 우리는 '그것을 눈으로 쫓을 수 있으며', 안구의 적절한 운동을 통하여 망막의 동일한 지점에 그것의 상을 계속 유지한다.

우리가 안구의 운동을 인식하는 까닭은 그 운동이 자발적이며 근육의 감각을 동반하기 때문이다.]

비둘기 훈련자의 지성과 '근육의 감각'은 모두 두 가지 방식으로 작용함에 틀림없다. 한편으로 이들은 다른 '증인들', 즉 감각들로부터의 증언을 조사하고 검토한다. 다른 한편으로 이들은 그의 감각이 말하는 바를 확증함으로써 그 자체로 증인의 역할을 한다. 비둘기 훈련자는 지금 시각을 사용하여 얻는 상들이 이전에 다른 모든 상들을 통해서 자신이 얻은 바를 확증하는지 그렇지 않은지를 확인하기 위하여 자신의 지성을 사용한다.

비둘기 훈련자가 경주용 비둘기가 존재하는지 그렇지 않은지를 결정하려 할 때, 그의 '근육의 감각'은 이중적인 작용을 한다. 눈의 초점을 맞추고, 다시 맞추는 과정에서 비둘기의 비행을 따라가기 위하여 그가 머리를 움직이고 몸의 자세를 바꾸는 일은 오직 그가 경주용 비둘기의 비행과 일치하는 일련의 연결된 상들을 계속 수집할 경우에만 의미를 지닌다. 즉 연속적인 상들이 어떤 의미를 지닌다. 시각은 이런 연속의 의미를 이해하는 무언가를 지향하여야 한다. 그렇지 않다면 시각은 적절한 상들을 수집할 수 없다. 그리고 이는 연속적인 상들을 구성하기 위한 근육의 움직임이 지성에서 입력된 무언가가 필요함을 의미한다. 지성의 추론 능력이 제한되어 경주용 비둘기의 본성을 파악하기 위한 적절한 이론을 제공하지 못한다면 지성은 시각이 적절한 상들을 제공한다는 사실을 확인하기 위하여 '근육의 감각'을 인도하는 데 아무런 도움이 되지 않을 것이다.

'근육의 감각'이 행하는 두 번째 작용은 비둘기 훈련자가 지니는 연속적인 상들과 대립하는 모든 연속적인 상들이 배제되도록 점검하는 것이다. 지금 하늘에 있는 대상은 경주용 비둘기가 아니라 먹이를 쫓는 다른 어떤 새일지도 모른다. 그렇다면 그 새의 크기나 색, 비행 형태 등은 경주용 비둘기와 다른 특징을 보일 것이다. '근육의 감각'은 시각이 제공하는 상들이 잘못 해석되거나 다르게 해석되지 않도록 확인하기 위하여 시각을 통해 얻은 증거를 교차 검토하는 데도 필요하다. 이런 검토 과정 또한 지성에서 입력된 무언가가 필요하다.

[보충 설명: 칸트는 감각이 어떤 방향으로 주의를 기울이도록 만드는 것이 지성의 역할이라는 점을 지적하면서 '직관이 없는 사고는 공허하며, 개념이 없는 직관은 맹목적'이라고 말하였다(A51/B75). 푸앵카레는 '근육의 감각'이 행하는 역할이 지성으로 하여금 물리적 공간의 개념을 가질 수 있도록 만드는 것이라고 지적하였다(위의 96면 참조).]

자신의 지성과 '근육의 감각을 사용하지 않는다면 비둘기 훈련자는 하나의 감각이 적절한 증거를 제공하였는지 그렇지 않은지를 판단하기 위한 정보를 수집할 수 없을 것이다. 따라서 경주용 비둘기의 존재를 **합리적인 의심의 여지없이** 확립하기 위하여 자신의 다른 감각들 외에도 이렇게 다른 능력들이 필요하다.

자신의 의견

(iii) 비둘기의 존재를 확립하기 위하여 감각이 아닌 다른 능력을 사용하는 일이 왜 중요한가?

감각이 아닌 다른 능력을 사용하는 일은 최소한 두 측면에서 중요하다. 지성이라는 정신적 능력과 그것의 구성 요소인 이성 능력을 사용하는 일이 중요한 까닭은 이를 통하여 회의주의의 범위를 제한할 수 있다는 사실 때문이다. '근육의 감각' 이라는 능력을 사용하는 일이 중요한 까닭은 이를 통하여 우리의 감각과 무관하게 진정한 사물들이 존재한다는 사실을 분명히 드러낼 수 있기 때문이다.

비둘기 훈련자가 지금 그의 머리 위로 나는 대상이 진정 경주용 비둘기라는 주장을 받아들이기에 앞서 그의 이성이 시각으로부터 얻은 더 이상의 증거를 계속 요구한다는 사실은 그의 회의를 줄여 나가는 일이 가능함을 의미한다. 즉 그는 서로 다른 수준의 신뢰를 구별할 수 있어야 하므로 존재하는 실재에 관하여 받아들일 수 있는 주장과 그렇지 않은 주장을 구별하기 위한 기준 또한 지녀야만 한다. 이 점은 경주용 비둘기에 대하여 거의 알지 못하는 사람이 시각을 사용하는 경우를 고찰해 보면 더욱 분명해진다. 이런 사람들은 경주용 비둘기가 존재한다는 사실을 확신하기 위하여 비둘기 훈련자보다 훨씬 많은 증거를 필요로 하며, 심지어 경주용 비둘기에 관한 시각적 정보를 평가할 때 그들은 지성의 능력이 부족하기 때문에 실수를 저지를지도 모른다.

[보충 설명: 질문 (iii)에 대한 대답에서 사용되는 논증은 철학적으로 상당히 중요한데 그 까닭은 이 논

증이 회의주의에 영향을 미치기 때문이다. 만일 우리가 대상의 존재에 관한 두 종류의 증거들 중에 어떤 쪽이 더 큰 수용 가능성을 지니는가를 구별할 수 있다면 모든 경험이 대상의 존재를 똑같이 의심스럽게 만들지는 않는다는 점이 명백해진다. 이를 통하여 흄이 제시한 것과 같은 극단적인 회의주의를 비판할 수 있는 길이 열린다.]

무언가가 존재하는지 그렇지 않은지를 판정하기 위하여, 감각으로부터 얻은 정보를 모으는 과정에서 지성은 반드시 어떤 역할을 담당한다는 주장이 낳은 철학적 부산물이 있다. 즉 우리가 감각을 사용하여 펼 수 있는 존재에 관한 주장을 지성이 제한할 수 있다는 점이다. 비둘기 훈련자는 새에 관한 전문 지식이 있기 때문에 자신의 지성을 사용하여 그런 지식이 부족한 일반인들은 펼 수 없는, 새에 관한 여러 주장들을 펴나간다. 이와 마찬가지로 과학자들은 어떤 종류의 과학적 지식을 지니고 과학적 장비를 사용하기 때문에 미립자가 존재한다는 주장을 펼 수 있는데 이는 과학자가 아닌 사람들은 접근하기 어려운 영역이다. 우리의 이성 능력은 감각에 어떤 한계를 부과하기도 한다. 우리가 이 한계를 확장할 수 있다는 사실 자체가 한계가 존재함을 의미한다!

[보충 설명: 이성이 감각에 부과하는 한계는 칸트가 『순수이성비판』에서 다룬 중요한 주제 중 하나이다. 스트로슨(Peter Strawson)은 칸트에 대한 주석서(1966)[1]의 제목에서 이 점을 잘 드러내었다.]

위에서 전개된 논변을 통하여 시각이 제공한 상들이 잘못 해석되거나 다르게 해석되지 않도록 확인하기 위하여 시각으로부터 얻은 증거를 교차 검토하는 데 '근육의 감각'이 필요하다는 점을 확립하였다. 이런 검토 과정은 또한 지성으로부터 입력된 바도 필요로 한다. 무언가가 존재한다고 판단할 경우 우리는 감각 기관을 특수한 방식으로 '교차 검토하기' 위하여 지성이 '근육의 감각'에 무언가를 알려 주는 방법을 해명하여야 한다. 우리의 '근육의 감각'과 지성을 결합하여 사용하는 방식에 의미를 부여하려는 이런 시도는 감각이 제공한 정보가 없이는 아무 것도 존재할 수 없다는 가정과 어울리지 않는 듯하다. 하나의 감각 기관을 어떤

1 [옮긴이 주] 이 주석서의 제목은 『감각의 한계』(*The Bounds of Sense: An Essay on Kant's Critique of Pure Reason*)이다.

방향으로 인도하고 수정하는 행위는 오직 그 감각 기관이 자신이 수용하는 정보와 독립적일 경우에만, 바꾸어 말하면 실재하는 사물이 우리의 감각과 무관하게 존재할 경우에만 이해될 수 있다.

자신의 의견

(iv) 시각과 청각의 결합이 개별 감각에서 얻은 증거를 약화하는가, 강화하는가 아니면 아무런 변화도 일으키지 않는가?

우리는 시각과 청각이 결합하여 비둘기 훈련자로 하여금 하늘에 경주용 비둘기가 존재한다는 사실을 확신하게 만든다는 점을 지적하였다.

이 질문은 다소 소박한 듯이 보인다. 만일 비둘기 훈련자가 다른 감각들이 자신에게 말하는 바를 확증하기 위하여 각각의 감각의 사용하였다면 시각과 청각의 결합이 하나의 감각으로부터 얻은 증거를 강화한다는 말은 매우 자연스러운 주장인 듯하다. 하지만 그가 착각을 일으킬 가능성은 여전히 남으며, 실제로 하나의 감각으로부터 얻은 정보가 다른 감각으로부터 얻은 정보를 계속 오염시킬 가능성도 있다.

이 점을 간단히 요약하면 다음과 같다. 어떤 상황에서 하나의 감각으로부터 얻은 정보가 다른 감각으로부터 얻은 정보를 잘못 해석하게 하는 어떤 기대를 불러일으키기도 한다. 사실 환상은 감각들로부터 얻은 정보가 지각하는 사람에게 어떤 기대를 불러일으키기 때문에 생기는 경우가 많다.

하지만 이는 감각들이 서로를 오염시키는 경우와는 거리가 멀다. 만일 그랬다면 한 개인이 자신이 보는 바와 듣는 바가 모두 경주용 비둘기라는 하나의 대상에 대응하는지 그렇지 않은지를 교차 검토하는 일은 의미가 없을 것이다. 이제 (ii)와 (iii)에 대한 대답에 의지해 보자. 교차 검토 과정을 이해할 수 있게 만드는 조건들을 분석해 보면 이들이 현재 질문에 답하기 위하여 필요한 논변을 모두 제공함을 알게 된다. 다양한 증인들이 제시한 증거를 교차 검토하는 일은 이 증거가 한 사람의 증인이 제시한 증거를 강화할 수 있을 경우에만 의미를 지니는 절차이다.

자신의 의견

(d)와 (e) 세부 대답들이 (a)에서 구체적으로 도입된 가정들과 일치하는지 확인하시오. 그리고 원래의 질문에 대한 대답을 제시하시오(100면의 연습 문제 6.1).

1. 우리는 감각들을 결합하여 사용함으로써 감각을 개별적으로 사용할 경우보다 더 나은 근거를 확보할 수 있는가?
2. 만일 그렇다면 어떤 방식으로 그렇게 할 수 있는가?

지금까지 우리는 감각들을 결합하여 사용함으로써 감각을 개별적으로 사용할 경우보다 더 나은 근거를 확보할 수 있다는 사실을 **증명하려** 하지는 않았다. 하지만 세부 질문들에 답하면서 몇 가지 소규모 증명을 제시하였다. 여기서 사용된 논증들은 이들에 이의를 제기하려는 그 어떤 시도도 받아들일 수 없는 것을 받아들이라는 요구를, 예를 들면 우리 자신의 이성이 행하는 작용을 이해할 수 없는 것으로 만드는 일을 포함한다는 의미에서 논쟁의 여지가 없는 명백한 것들이다.

[보충 설명: 어떤 논증의 결론을 부정하는 모든 사람을 받아들여질 수 없는 희생양으로 만들어 버리는, 그런 논증은 이른바 '선험적(transcendental) 논증'으로 불린다. 우리는 연습 문제 5.1에 대한 예시 답안에서(331면) 왜 앨리스가 무언가를 참이라고 믿는지에 대한 이유를 제시하면서 이런 종류의 논증에 처음 접하였다. '앨리스는 병을 바라보았다. 세계가 의미를 지니려면 그녀는 자신의 감각 경험을 믿을 수 있다는 기본적인 신뢰를 지녀야만 한다.' 이것이 의미하는 바는 만일 그녀가 '"나를 마시세요"라고 또박또박 아름답게 적인 종이가 둘려 있는' 병이 있다는 믿음을 거부한다면 그녀는 자신의

감각 경험을 믿을 수 있다는 신뢰를 포기해야만 한다는 점이다.]

위의 첫 번째 질문을 엄밀한 논리적 질문으로 이해하는 한 우리는 위에서(104면) 연습 문제 5.2에 대하여 답하면서 이미 이 질문에 대답하였다. 감각들을 결합하여 사용함으로써 하나의 감각만을 사용할 경우보다 더 나은 근거를 확보할 수 있다는 점을 전제하고 우리는 결합된 감각들이 서로 충돌하지 않는다는 점을 가정하였다. 그리고 법정의 비유를 통하여 증인들을 교차 검토하는 과정이 감각들을 결합하여 사용할 경우 더 나은 근거를 확보할 수 있다는 주장의 기초를 제공한다는 점을 보였다. 우리의 지성과 '근육의 감각'은 감각들을 교차 검토하는 과정을 이끌며, 감각을 개별적으로 사용하는 경우보다 감각들을 결합하여 사용할 경우에 경주용 비둘기가, 아니 다른 어떤 대상의 경우에도 그것이 존재한다는 사실에 대한 더 나은 근거가 확보된다는 점을 보장해 준다.

[보충 설명: 모든 비유는 단지 비유이기 때문에 어떤 지점에서 한계를 드러내기 마련이다. 법정의 비유도 예외는 아니다. 법정의 비유는 최소한 한 가지 측면에서 한계를 드러낸다. 법정에서 증인들을 교차 검토하는 변호사는 반드시 하나의 관점 또는 동기를 지닐 필요가 없는 반면 감각들을 교차 검토하는 지성은 하나의 동일한 동기를 — 즉 실재를 파악하기 위하여 작용한다는 동기를 — 지닌다. 하지만 이 비유는 감각적 지각이 지닌 더 이상의 한 측면을 드러낸다. 교차 검토를 하는 변호사는 교차 검토의 대상이 되는 사건과 직접 관련되지 않는 관점과 지식에도 의지한다. 이와 마찬가지로 지성은 자신이 시각과 후각, 청각을 교차 검토하기 위하여 '근육의 감각'을 사용하는 순간의 지각과 직접 관련되지 않는 관점과 지식을 활용하기도 한다.]

자신의 의견

방법(3) 선험적 분석: 첫 번째 단계

(상급자를 위한 부분)

5장과 6장에 걸쳐 우리는 감각 경험과 실재 사이의 관계가 지닌 여러 측면을 논의하였다. 이런 논의를 하면서 철학자들은 간접적인 형태의 논증을 자주 사용한다. 예를 들면 위의 연습문제 6.1에 답하면서 사용된 선험적 논증이 이에 속한다(103-114면). 선험적 논증은 철학자들이 감각을 통해서 수집한 정보를 넘어서는 결론을 이끌어 낼 수 있도록 만드는 장점을 지닌다. 우리는 일상적인 일에서도, 예를 들면 상품을 팔고 돈을 받는 일에서도 이런 유형의 논증을 감지하기도 한다. 이런 교환의 결과, 우리는 어떤 대상의 소유권을 다른 사람에게 넘기고 약간의 돈에 대한 소유권을 얻는다. 지금까지 우리는 특별한 유형의 물리적 대상들, 예를 들면 바나나, 지하의 수원, 경주용 비둘기 등과 우리가 지니는 감각 사이의 관계를 검토해 왔다. 돈 또한 특별한 성격을 지닌 특수한 대상이다. 이제 돈이 지닌 여러 성격과 그들 사이의 관계를 탐구해 보자.

무언가가 돈이기 위해서는 반드시 두 가지 성질 또는 특성을 지녀야 하는데, 그 중 하나는 보편적인 교환 수단으로 받아들여져야 한다는 점이며 다른 하나는 가치를 지닌 것으로 통용되어야 한다는 점이다. 나의 금괴가 가치를 지닌다는 점은 의심의 여지없이 분명하다. 하지만 커피 한 잔을 사거나 버스를 타거나 냉장고를 살 때 금괴를 지불 수단으로 사용할 수 없으므로 금괴는 돈이 아니다. 만일 커피 한 잔을 사거나 버스를 타거나 냉장고를 사면서 나의 지폐를 신뢰할 만한 지불 수단으로 사용할 수 없다면 내 지폐는 돈으로서의 기능을 멈추게 된다.

연습 문제 6.2 (상급자를 위한 연습 문제)

돈은 보편적인 교환 수단으로 받아들여지는 무언가로 정의된다.

1. (i) 돈이 교환 수단으로 사용되는 일이 **현실적으로 가능하기 위하여** 돈은 어떤 물리적 특성이나 다른 성격을 지녀야 하는가?

(ii) 만일 어떤 특성이라도 있다면, 이들 중 돈이 교환 수단으로 사용되는 일이 **논리적으로 가능하기 위하여** 필요한 특성은 어떤 것인가?

오직 가치를 지닌 것으로 통용되는 대상만이 보편적인 교환 수단으로 받아들여진다. 우리는 이로부터 돈이 가치를 지닌 것으로 통용되어야만 한다는 사실을 이끌어 낼 수 있다.

2. (i) 돈이 가치를 지닌 것으로 통용되는 일이 **현실적으로 가능하기 위하여** 돈은 어떤 물리적 특성이나 다른 성격을 지녀야 하는가?

(ii) 만일 어떤 특성이라도 있다면, 이들 중 돈이 가치를 지닌 것으로 통용되는 일이 **논리적으로 가능하기 위하여** 필요한 특성은 어떤 것인가?

예시 답안은 337면에

연습 문제 6.2에서 방금 이루어진 분석은 돈이 제 구실을 다하기 위하여 지녀야 하는 특성에 초점을 맞추었다. '선험적 분석'은 돈이 제 구실을 다하기 위하여 필요한 환경적 조건에 주목할 수도 있다. 이제 매매 행위가 이루어지기 위하여 요구되는 조건에 대하여 더욱 깊은 분석을 시도해 보자. 이를 통하여 매매 행위가 우리에게 의미를 지니도록 만드는 조건에 대해서도 검토하려 한다.

논의할 문제 6.3 (상급자를 위한 연습 문제)

1. 어떤 물리적 대상이 판매되는 중이다. 판매 이전에 그 대상은 판매자와 어떤 관계를 유지해야만 하는가?

2. 상품 거래가 **논리적으로 불가능한** 사회를 서술해 보시오.

3. 더욱 일반적인 (상급자를 위한) 질문

사회란 사람들이 상호작용을 주고받는 장이다. 무언가가 사회가 되려면 그것은 어떤 특성을 소유해야만 한다. 예를 들면 사람들 사이에서 어떤 행위는 받아들여지고 어떤 행위는 받아들여지지 않는 지를 규정하는 규칙들을 지녀야만 한다.

어떤 사회가 사회로서 제대로 작용하기 위하여 지녀야만 하는 특성 또는 필요한 과정은 무엇인가?

예시 답안은 339면에

이제 5장과 6장에서 했던 작업을 정리해 보자. 우리는 사물들이 진정으로 존재한다는 주장의 기초를 탐구하는 것으로 논의를 시작하였다. 첫 번째 탐구는 감각을 개별적으로 사용하는 것과 서로 결합하여 사용하는 것에 초점을 맞추었다. 그 다음에는 우리가 근육의 운동을 이끄는 방식이 중요하다는 사실을 검토하였으며, 특히 이런 운동을 감각의 사용과 어떻게 통합할 수 있는지를 살펴보았다. 이런 모든 검토 과정에서 우리는 감각 기관이 제공하는 정보의 신뢰 가능성에 주의를 집중하였다.

또한 우리는 감각 기관의 신뢰 가능성이 사물들이 실제로 존재하는지 그렇지 않은지에 관한 논증과 관련되는 유일한 문제가 아니라는 점도 발견하였다. 『이상한 나라의 앨리스』에서 인용한 대목에 관하여 논의하면서 우리는 연습 문제 5.1의 네 번째 질문에 대한 예시 답안을 통하여 '앨리스는 병을 바라보았다. 세계가 의미를 지니려면 그녀는 자신의 감각 경험을 믿을 수 있다는 기본적인 신뢰를 지녀야만 한다'는 점을 지적하였다. 앨리스는 세계에 의미를 부여하려 하였다. 이런 활동을 수월하게 하기 위하여 필요한 요소 중 하나는 자신의 감각 경험을 신뢰할 수 있다는 그녀의 믿음이다. 이 신뢰 가능성은 그녀가 자신이 뛰어든 세계를 파악하기 위해서 반드시 필요하다.

그 후 연습 문제 6.2에서는 매매 행위와 관련된 조건을 논의하였다. 이런 종류의 분석은 어떤 과정이나 활동을 직접 검토하지는 않는다. 그 대신 그런 과정이나 활동을 제한하거나 가능하게 하는 요소들에 주목한다. 이런 분석은 일반적으로 '선험적 분석 또는 논증'으로 불린다.

[보충 설명: 이런 논증의 예는 우리가 이전에 논의하였던 몇몇 확대된 분석에서도 발견된다. 예를 들면 '근육을 사용한 푸앵카레의 선험적 연역'에서(96면) 우리는 공간 개념을 전개할 능력이 '근육의 감각'을 사용하여 명확한 대상을 따라 추적할 수 있는 능력에 의존한다는 점을 지적하였다. 푸앵카레의 연역은 일종의 선험적 논증이다.]

우리는 또한 감각 경험이 제대로 작용하기 위하여 필요한 조건들을 더욱 깊이 있게 분석할 수도 있다. 예를 들면 우리는 '우리가 무언가를 보거나, 만지거나, 듣거나, 맛보거나, 냄새 맡거나 움직이기 위하여 필요한 조건은 무엇인가?'라는 질문을 던질 수도 있다. 아니면 '무언가를 보거나, 만지거나, 듣거나, 맛보거나, 냄새 맡거나, 움직이는 일이 우리에게 의미를 지니기 위해서는 어떤 조건이 필요한가?'라는 질문을 던질 수도 있다.

[보충 설명: 위의 두 질문은 모두 선험적 논증을 제시하는 철학자들이 전형적으로 던지는 것들이다. 예를 들면 그들은 우리가 서로 의사를 전달할 수 있기 위하여 필요한 조건은 무엇인가 등을 탐구한다. 우리가 감각 경험을 할 수 있기 위하여 필요한 조건은 무엇인가라는 질문은 칸트가 『순수이성비판』 중 '선험적 감성론'에서 자신에게 던졌던 질문이다.]

5장과 6장에서는 '물리적 사물들이 얼마나 실재적인가?' 라는 질문에 답하기 위한 시도들을 다루었다. 논의의 첫머리에서 우리는 사물들 일반의 실재에 대한 질문과 특정한 사물의 실재에 대한 질문을 서로 구별하였다. 그리고 우리는 특정한 사물이 실재의 일부를 형성한다는 주장을 정당화하는 데 우리의 감각이 기여할 수 있는 방식에 초점을 맞추었다. 이제 우리는 분석의 범위를 확장하여 특정한 사물이 실재의 일부를 형성한다는 주장을 정당화하는 데 우리의 의식적 경험이 기여할 수 있는 또 다른 측면들을 살펴보려 한다.

사고, 믿음 그리고 실재 7

5장과 6장에서 우리는 감각을 통하여 얻은 정보와 물리적 실재 사이의 상호 작용을 검토하였다. 또한 이런 정보가 각각의 감각 기관을 통하여 그저 들어오는 것이 아니라 우리의 근육 운동을 통하여 목적에 맞게 검색된다는 점도 지적하였다. 간단히 말하면 우리는 단지 수동적으로 정보를 받아들이고 그에 따라 반응하는 로봇이 아니다. 물리적 실재를 파악하기 위해서는 우리의 능동적 참여가 필요하다. 각각의 감각 기관이 제공하는 정보가 다른 감각 기관이 우리에게 알려 주는 바를 확증하는지 그렇지 않은지를 교차 검토하기 위해서는 정보를 얻는 과정을 계속 감독하여야 한다. 또한 우리는 시각이 제공하는 내용이 예를 들면 청각이나 촉각이 전하는 내용과 같은지를 확증하는 작은 실험을 계속 수행해야 한다.

이 장에서는 감각을 통하여 정보를 얻는 과정과 물리적 실재 사이의 관계를 분석하려 한다. 이 과정에는 물리적 실재나 다른 실재의 개념에 따라 정보를 조직화하는 과정이 포함된다. 또한 이 과정은 규칙에 따라 수행되어야 하므로 규칙과 관찰 가능한 실재의 본성 사이의 관계도 탐구하려 한다. 이를 행하면서 다음의 세 질문을 던질 것이다.

> 우리는 언제 무언가를 '존재'라고 부를 수 있는가?

> 사고는 실재하는 '존재'를 만들어 낼 수 있는가?

> 지식, 믿음 그리고/또는 신앙은 실재하는 '존재'와 어떻게 관련되는가?

이런 질문들을 던지면서 우리는 철학에서 이루어진 가장 중요한 구별 중 하나를 — 즉 아프리오리(a priori)와 아포스테리오리(a posteriori) 사이의 구별을 — 접하게 된다. 이 구별의 시초는 17세기 철학자인 라이프니츠(Leibniz)와 데카르트(Descartes)의 저술에까지 거슬러 올라간다. 아프리오리한 지식은 감각의 작용과 무관하게 얻어지는 반면 아포스테리오리한 지식은 감각에 의존한다.

이 장에서 우리는 실재의 본성에 초점을 맞추어 '존재론적 수제들'을 다루려 한다. 이는 인식론의 주요 관심사인 실재에 관한 지식의 본성과도 밀접하게 관련된다. 이는 또한 우리가 12장에서 수행할, 지식의 본성에 대한 검토의 예비 작업이라는 성격도 지닌다.

이 장에서

논의되는 개념
- 아프리오리
- 아포스테리오리
- 자연적 종류
- 사회적 종류
- 존재론

검토되는 논증의 유형
- 선험적 증명
- 귀류법

주로 논의되는 철학자
- 칸트
- 콰인

언급되는 철학자
- 흄
- 리드

'쳇, 당신은 형이상학자이구려!'

위의 연습 문제 6.1에서 우리는 감각들을 결합하여 사용함으로써 감각을 개별적으로 사용할 경우보다 어떻게 실재를 더 잘 파악할 수 있는지에 대한 분석을 확대하여 시도하였다. 여기서 제기된 주장은 감각 경험이 수동적 과정이 아님을 드러내었다. 우리는 감각 기관이 제공한 정보를 검토하고 교차 검토하면서 근육의 운동을 사용한다. 또한 우리는 서로 다른 감각 기관으로부터 얻은 다양한 단편적인 정보들이 서로 조화를 이룬다는 점을 확증하기 위하여 근육의 운동을 사용한다. 우리는 정보를 받아들이는 데 가장 적합한 자세를 취하며 고개를 돌려 눈과 귀의 방향을 바꾼다. 그리고 각각의 감각 기관이 제공하는 정보가 다른 감각 기관들의 정보와 조화를 이루는지 그렇지 않은지를 교차 검토하기 위한 재조정을 계속한다. 만일 예상치 못한 큰 소리를 듣는다면 우리는 그것에 대한 정보를 얻기 위하여 눈을 그쪽으로 돌리는데 이는 감각이 제공하는 정보에 예상치 못한 요소가 더해지는 과정을 설명하는 데 도움을 준다. 그리고 이는 내가 감각 기관을 사용하려면 감각 기관이 세계에 의미를 부여하기 위하여 내게 필요한 정보를 얻을 수 있도록 나의 신체를 조절하여야 함을 의미한다.

이런 주장으로부터 더 이상의 잠정적인 결론 두 가지가 도출된다.

[보충 설명: 연습 문제 6.1에서는 거기서 제기된 주장이 낳는 또 다른 구체적 질문, 즉 만일 우리가 감각들을 결합하여 사용함으로써 감각을 개별적으로 사용할 경우보다 무언가가 존재한다고 믿을 더 나은 근거를 확보할 수 있다면 어떻게 그렇게 할 수 있는가라는 질문과 관련해서 위와 같은 점들이 분명히 언급되지는 않았다.]

- 우리는 오직 우리의 감각 기관이 모을 수 있는 정보만을 모은다.
- 우리는 세계에 있는 무언가를 파악하기 위하여 감각으로부터 얻은 정보를 가공하여야 한다.

[보충 설명: 이 두 결론에 대한 분석은 칸트의 『순수이성비판』에서 핵심적인 위치를 차지한다. '선험적 분석론'에서 칸트는 감각이 모을 수 있는 정보의 종류를 규제하는 규칙들이 있다고 주장한다. '선험적 논리학'에서 그는 우리가 정보를 가공하는 방식을 규제하는 규칙들이 있다고 주장한다. 그는 이 두 종류의 규칙들이 작용하는 방식이 우리가 살아가는 세계에 관한 무언가를 말해줄 수 있는지 그렇지 않은지를 밝히려 한다.]

일종의 입문서에 해당하는 이 책에서 『순수이성비판』에 등장하는 논증들을 상세히 검토하기는 적절치 않다. 하지만 에딩턴(Sir Arthur Eddington)이 1939년에 행한 강의에 등장하는,

물고기에 관한 이야기를 인용함으로써 칸트가 사용했던 논증이 어떤 종류인지를 이해할 수 있을 듯하다. 에딩턴은 한 어류학자 — 물고기의 자연사를 연구하는 학자 — 이야기를 들려준다.

연습 문제 7.1

에딩턴이 1938년에 행한 타너 강의(Tarner Lectures)에서 인용

한 어류학자가 대양 생물을 조사 중이라고 가정해 보자. 그는 바다에 그물을 던져 물고기 표본을 잡아 올린다. 자신이 잡은 물고기들을 조사한 후 그는 과학자 특유의 태도로 자신이 발견한 바를 체계화한다. 이 결과 그는 두 개의 일반적 결론에 이르렀다.

1. 바다에 사는 어떤 물고기도 길이가 2인치 이상이다.
2. 바다에 사는 모든 물고기에게는 아가미가 있다.

그가 잡은 물고기들에 비추어 보면 이 두 결론은 모두 참이다. 그래서 그는 물고기 잡는 일을 얼마나 자주 반복하든 간에 이 두 결론은 계속 참일 것이라고 잠정적으로 가정한다.

1. 진술 1과 2는 모두 참인가, 둘 중 하나만 참인가 아니면 모두 참이 아닌가?

에딩턴은 이 어류학자가 사용한 그물의 코가 2인치이며 따라서 이 그물로는 2인치 이하의 물고기는 잡을 수 없다고 말한다.

2. 그물의 본성이 바다에 어떤 유형의 물고기가 사는지에 영향을 미치는가?

3. 만일 그물의 본성이 바다에 어떤 유형의 물고기가 사는지에 관한 어류학자의 결론에 영향을 미친다면 어떻게 미치는가?

4. 만일 그물의 본성이 위의 진술의 참, 거짓에 영향을 미친다면 어떻게 미치는가?

예시 답안은 340면에

에딩턴의 관심은 이 장에서 우리가 보일 관심보다 더 폭넓다. 그는 과학자들이 직면하는 어떤 한계를 확인하기 위하여 이 어류학자의 비유를 사용한다. 예를 들면 과학 이론과 실험 장비가 과학자에게 한계로 작용한다. 그는 연습 문제 7.1에서 인용한 부분에 뒤이은 다음과 같은 대목에서 우리가 지식을 얻는 데 사용하는 감각적, 지적 장비를 언급함으로써 이 점을 명백히 드러낸다.

> 이 비유를 적용하면 **잡힌 물고기**는 자연과학을 구성하는 지식의 본체에 해당하며, **그물**은 **지식을 얻는 데 사용되는 감각적이고 지적인 장비**에 해당한다. 그물을 던지는 일은 관찰에 대응된다. 왜냐하면 관찰을 통해서 얻어지지 않은 또는 얻을 수 없는 지식은 자연과학의 영역에 들어올 수 없기 때문이다.
>
> 한 구경꾼이 위의 첫 번째 일반적 진술이 틀렸다고 반박할지도 모른다. '길이가 2인치 이하인 물고기도 얼마든지 있다. 단지 당신의 그물로는 그것을 잡을 수 없을 뿐이다.'
>
> 그러자 어류학자는 이런 반박을 얕보면서 무시해 버린다. '내 그물로 잡을 수 없는 모든 것들은 바로 그런 사실 때문에 어류학적 지식의 영역에 속하지 않는다.' 간단히 말하면 **'내 그물로 잡을 수 없는 것은 물고기가 아니다.'**
>
> 또는 — 비유를 사용하지 않고 말하자면 — '만일 당신이 그저 상상하는 것이 아니라 물리적 우주에 관한 지식을 주장하면서 자연과학의 방법이 아닌 다른 어떤 방식으로, 이른바 자연과학의 방법을 통해서 검증되지 않는 어떤 방식으로 지식을 발견할 수 있다고 생각한다면, 쳇, 당신은 형이상학자이구려!' 에딩턴(1939).

[보충 설명: 에딩턴에서 인용한 이 대목은 원래 한 문단이었다 — 그리고 강조 표시 등은 내가 첨가하였다. 에딩턴은 '형이상학자'라는 용어를 초자연적인 요소와 연결하면서 다소 경멸적으로 사용한다.

이런 부정적인 의미는 '형이상학적'이라는 용어에 대하여 『옥스퍼드 영어사전』에 제시된 세 번째 정의, 즉 '비물질적이고 형체가 없는, 초감각적인 것에 적용되는'이라는 정의에 기초한다. 이로부터 또 다른 정의가 등장하기도 한다. '우스울 정도로 독단적이고 둘러 말하자면 상상에 불과한' 그리고 '공상적인']

위의 대목에서 에딩턴은 '어류학적 지식'을 언급함으로써 과학의 본성 몇 가지를 간섭적으로 지적한다. 어류학자의 과학적 방법에 관해서는 아래의 13장 과학철학에서 다시 논의할 예정이다. 현재 우리의 관심은 실재와 그런 실재로서 존재하는 바에 초점이 맞추어진다. 특히 **'내 그물로 잡을 수 없는 것은 물고기가 아니다'** 라는 어류학자의 주장이 타당한지를 살펴보려 한다.

연습 문제 7.2

에딩턴의 주장을 다음과 같이 변형해 보자. '나의 다섯 가지 감각 기관이 감지할 수 없는 바는 실재하지 않는다.'

1. 나의 다섯 가지 감각 기관이 감지할 수 없는 **물리적인** 것을 서술해 보시오.

2. 나의 다섯 가지 감각 기관이 감지할 수 없는 **감정**을 서술해 보시오.

3. 나의 다섯 가지 감각 기관이 **직접** 감지할 수 없는 **사회적 실재**를 서술해 보시오.

4. 그것의 존재가 나의 다섯 가지 감각 기관이 감지**할 수 있는 바와 무관한** 무언가를 서술해 보시오.

5. '나의 다섯 가지 감각 기관이 감지할 수 없는 바는 실재하지 않는다'는 진술은 참인가 거짓인가?

예시 답안은 343면에

연습 문제 7.2의 질문 5에 등장하는 진술이 거짓임을 보이기 위하여 사용할 수 있는 또 다른 전략은 우리가 사회적 삶에 관하여 이해하고 말하는 방식을 검토하는 것이다. 우리는 은행, 정부, 대학 등의 사회적 '대상들'이 실재함을 논증할 수 있다. 왜냐하면 이들은 우리가 일상적으로 언급하는 나무나 강 등의 실재하는 유형의 대상과 동일한 속성을 지니기 때문이다. 이런 사회적 '대상들'을 우리의 다섯 가지 감각을 통해서 직접 경험할 수 없지만 우리는 다섯 가지 감각을 통해서 직접 경험할 수 있는 실재하는 대상에 대하여 말하는 것과 동일한 방식으로 이들에 대해서도 말한다. 은행과 정부, 대학 등의 사회적 대상들이 실재한다는 점을 부정하려면 우리는 '실재한다'는 단어의 의미를 무시해야 할 듯하다. 이 문제는 1987년 당시 영국 수상이었던 대처(Margaret Thatcher)가 『여성 자신』(*Woman's Own*)이라는 잡지와의 대담에서 다음과 같이 말한 직후 잠시 동안 논쟁거리가 되었다.

> 나는 너무나 많은 사람들이 자신에게 어떤 문제가 일어나면 그것을 해결하는 일은 당연히 정부의 몫이라고 여겨 온, 그런 시대를 살았다고 생각합니다. '내게 문제가 일어났으니 정부 보조금을 타야겠다', '나는 집이 없으니 정부가 주택을 제공해야 한다.' 그들은 자신의 문제를 사회 탓으로 돌립니다. 하지만 아시다시피 사회라는 **존재**는 실제로 존재하는 것이 아닙니다. 개인으로서의 남성과 여성이 존재하며, 가족이 존재할 뿐입니다. 사람들을 통

> 해서가 아니면 정부도 아무 일도 할 수 없습니다. 그런데 사람들은 우선 자기 자신을 돌보아야만 합니다. 우선 우리 자신을, 그 다음에 우리 이웃을 보살피는 일은 우리의 의무입니다. 사람들은 자신의 의무를 다하지 않으면서 지나치게 권리를 내세웁니다. 누군가가 우선 자신의 의무를 다하지 않는다면 권리와 같은 것은 존재하지 않습니다(강조 표시는 내가 첨가하였다).

여기서 대처는 '사회'라는 용어가 실재하는 무언가를 지시하지 않는다고 주장한다. 하지만 그녀는 어떤 실재하는 사회적 대상도 존재하지 않는다고 주장하지는 않는다. 사실 그녀는 가족, 몫, 보조금 같은 사회적 대상들을 언급한다. 그녀는 은연중에 정부가 일종의 '존재'라는 사실을 받아들인다. 설령 '사람들을 통해서가 아니고는 어떤 정부도 아무 일도 할 수 없다 할지라도' 정부는 여러 일들을 처리할 능력을 지닌다. 정부는 존재하며 실재한다. 따라서 나의 다섯 가지 감각으로 직접 감지할 수 없는 몇몇 사회적 존재들이 실재한다는 결론을 내릴 수 있다 이들의 실재성을 부정한다면 이는 언어를 사용하는 방식을 무의미하게 만들 듯하다.

[보충 설명: 이는 리드가 흄을 비판하면서 사용한 논증을 변형한 것이다 — 위의 91면 참조.]

자신의 의견

....

....

....

위에서 제시된 대처의 대담은 또한 도덕적 문제와도 관련된다. 그녀는 도덕적 책임이 '존재'가 아닌 실재의 속성이 될 수는 없다는 합리적인 가정을 하였다. 도덕적 책임은 사람의 속성일 수는 있고 가족에도 적용될 수 있지만 사회의 속성일 수는 없다. 대처의 대담에서 제기된 도덕적 책임의 문제는 아래의 16장에서 다시 검토하려 한다. 현재는 실재와 우리가 실재에 관한 정보를 얻는 방법 사이의 관계에만 관심을 기울이려 한다.

사고와 실재

(상급자를 위한 부분)

연습 문제 7.2의 질문 5에 대한 예시 답안에서 우리가 무언가의 활동이 낳는 결과를 감지할 수 있다면 그것이 존재한다는 주장은 정당화된다는 점을 지적하였다. 우리의 감각은 정부를 감지할 수 없는 것과 마찬가지로 무선 전파를 감지할 수 없다. 하지만 무선 전파나 정부의 활동이 낳는 결과는 감지할 수 있는 듯이 보인다. 이런 결과를 감지한다는 사실은 무선 전파와 정부가 존재한다는 주장을 정당화한다. 따라서 무선 전파 또는 정부의 활동이 낳는 결과를 감지하는 우리 감각의 작용이 우리의 사고 및 추론 능력의 작용과 무관한 활동이 아니라고 결론지을 수 있다.

감각이 무전 전파나 정부가 낳는 결과를 감지할 수 있는가 그렇지 않은가라는 질문은 우리가 감각으로부터 얻는, 해석하는 방법에 의존하는 듯하다. 내가 듣는 바는 다이얼이 달린 상자 모양의 이 작은 라디오에 무선 전파가 영향을 미친 결과인가? 나는 내 감각을 향상시켜 이 라디오를 사용하지 않고도 무선 전파의 결과를 감지할 수 있는가? 무선 전파가 내가 듣는 소리들을 만들어 낸다고 말할 때 나는 그 소리를 제대로 해석하는가?

이런 질문들은 우리의 감각이 감지할 수 있는 바에 관한 지식의 본성을 탐구한다. 지식의 본성에 관한 질문은 '인식론적 질문' 이라고 불리는데 이에 관해서는 4부에서 다룰 것이다. 현재 우리는 '존재론' 의 질문을(즉 존재 그리고/또는 실재의 본성에 관한) 검토 중이다. 어류학자의 비유를 통해서 우리는 우리의 감각 기관과 추론 방식이 실재에 관한 우리의 지식을 제한할 수도 있음을 깨달았다. 이제 대처의 주장은 다음 두 질문을 던지도록 이끈다. 그녀는 이름을 지닌 무언가가, 예를 들면 사회가 곧 '존재' 는 아니라고 말하였다. 이로부터 다음과 같은 질문이 등장한다.

> 우리는 언제 무언가를 '존재' 라고 부를 수 있는가?

[보충 설명: 브로드(C. D. Broad, 1925, 141면)는 '인식론적 대상' 과 '존재론적 대상' 을 구별함으로써 '존재' 와 존재가 될 수 있는 무언가 사이의 대비를 시도하였다. 그는 '인식론적 대상' 을 어떤 인식이 실재하는 사건에 대응하든 아니면 환상이나 환각에 불과하든 이와 무관하게 '인식 작용에 의해서 파

악되는' 대상으로 정의한다. 또 그는 '존재론적 대상'을 '어떤 인식이 실재하는 사건과 대응할 경우 인식 작용에 의해서 파악되는 실재하는 것'으로 정의한다. 대처는 사회가 아예 대상이 아니기 때문에 인식론적 대상조차도 될 수 없다고 말하는 듯이 보인다.]

대처는 존재하지 않는 것, 즉 사회와 개인으로서의 남성과 여성 및 가족을 대비한다. 이는 개인으로서의 남성과 여성 및 가족은 '존재'라는 점을 암시하는 듯하다. 또한 이는 우리에게 다음과 같은 질문을 던지게 만든다. 사람들의 집합이 언제 '존재'가 되는가? 우리는 사회적 관계를 생각함으로써 가족과 같은 존재를 만들어 낼 수 있는가? 바꾸어 말하면,

사고는 실재하는 '존재'를 만들어 낼 수 있는가?

우선 '우리는 언제 무언가를 "존재"라고 부를 수 있는가?'라는 첫 번째 질문에 주목해 보자. 연습 문제 7.2에서 우리는 골프공을 '존재'라고 부를 수 있는 것과 같은 근거에서 무선 전파도 정당하게 '존재'라고 부를 수 있다는 점을 지적하였다. 두 경우 모두 그들을 존재라고 정당하게 부를 수 있는 근거는 골프공을 치거나 라디오의 주파수를 조정하는 우리의 행위가 의미를 지니기 때문이다. 첫 번째 행위는 우리가 존재한다고 여기는 대상의 위치를 변화시키는 직접적인 결과를 낳는다. 골프공은 공기 중을 날아가 홀이 위치한 그린에 접근한다. 두 번째 행위는 라디오의 스피커에 이전과 다른 어떤 변화를 일으킴으로써 우리가 존재한다고 여기는 대상에 간접적인 결과를 낳는다. 라디오의 주파수를 조정함으로써 우리는 라디오의 내부 장치에 변화를 일으켜 서로 다른 주파수를 지닌 무선 전파가 스피커의 반응 방식을 규정하도록 만든다. 두 경우 모두 우리가 감지할 수 있는 어떤 결과를 낳기 위하여 우리는 무언가에 영향을 미치는 행위를 한다. 골프공이나 무선 전파를 '존재'라고 부르지 않는다면 우리의 행위에 의미를 부여할 수 없다.

이제 사회가 무선 전파가 지닌 것과 유사한, 우리가 감지할 수 있는 속성을 지니는 일종의 '존재'라는 점을 암시하는 사회적 사건들을 검토해 보자. 사회가 하나의 '존재'처럼 작용하는지 그렇지 않은지를 결정하려는 것이 이런 검토의 목적이다. 우리는 일종의 사회적 라디오의 주파수를 조정하여 사회가 이에 반응하고 우리가 감지할 수 있는 결과를 낳도록 할 수 있는가?

연습 문제 7.3 (상급자를 위한 연습 문제)

다양한 사건들이 한 조직이나 개인의 본성을 바꿀 수 있다. 휴대용 전화기와 무전기가 경찰관들에게 처음 지급되었을 때 경찰력은 큰 변화를 겪었다고 말할 수 있다. 공적인 사회의 모든 구성원은 체포당함으로써 시민권을 제한받을 수 있다. 영국 경찰학교 생도들은 경찰관으로 선서함으로써 일반 시민의 권리를 넘어서는 체포권을 부여 받는다.

1. 경찰 장비나 경찰서 건물을 전혀 바꾸지 않으면서도 경찰력을 변화시킬 수 있는 방법을 서술하시오.

2. 질문 1에서 확인되는 변화가 낳는 결과를 서술하시오.

3. 경찰력은 일종의 '존재' 인가? 만일 그렇다면 우리는 그 사실을 어떻게 아는가?

질문1과 2에 대한 예시 답안은 345면에

질문 3에 대한 예시 답안

대답은 '그렇다' 이다. 우리가 경찰력을 정당하게 일종의 '존재' 라고 부를 수 있는 까닭은 그것이 '존재임' 의 기준을 만족시키는 여러 속성을 지니기 때문이다. 이 기준은 '자연적 종류의 존재' 와 '사회적 종류의 존재' 를 확인하고 이들을 서로 구별하는 데 사용된다. 만일 경찰력이 일종의 존재라면 그것은 사회적 종류에 속한다.

[보충 설명: 철학에서 '종류' (kind)라는 용어는 그 집합의 구성원이 아닌 것들과는 구별되는, 어떤 공

통의 특성을 지닌 구성원들로 구성된 실재의 집합을 지시하는 데 사용된다. '사회적 종류'는 그 구성원을 구별해 주는 특성이 사람들 사이의 인식적 상호작용에 의존하는 특성을 포함하는 집합이며, '자연적 종류'는 그 구성원을 구별해 주는 특성이 사람들 사이의 인식적 상호작용과 무관한 특성을 포함하는 집합이다.]

무언가를 정당하게 존재라고 부를 수 있으려면 그것은 본질적으로 두 가지 기준을 만족시켜야 한다. 첫 번째 기준은 '존재임'의 후보가 사람들, 다른 사회적 실재들 그리고/또는 물리적 대상들과 상호작용을 주고받을 수 있어야 한다는 점이다. 모든 상호작용은 일종의 변화를 포함하므로 '존재임'의 후보는 자신을 다른 '존재'와 구별해 주는 특성을 유지하면서도 변화할 수 있어야만 한다. 이 변화는 다른 것들과의 관계에서 비롯되는 사소한 위치의 변화일 수도 있고 아니면 색의 변화일 수도 있다(단 위치나 색이 그것을 규정하는 특성이 아니어야 한다). 하지만 아무리 변화하더라도 그것은 자신을 확인해 주는 특성을 여전히 유지할 수 있어야 한다. 두 번째 기준은 그런 상호작용을 한 사람 이상의 개인이 감지할 수 있어야만 한다는 점이다. 이는 위에서 말한 변화가 우리가 받아들일 수 있는 어떤 객관적인 기준을 통해서 측정 가능해야 한다는 점을 암시하는 듯하다. 예를 들어 오직 한 사람만이 변화를 감지하는 것으로는 충분하지 않다. 만일 엘우드 다우드(Elwood Dowd, 체이스(Mary Chase)의 연극 『하비』(*Harvey*)의 등장인물)가 크기가 6피트 3과 1/2인치(1.94m)에 이르는 거대한 흰 토끼인 하비를 감지할 수 있는 유일한 인물이라면 그가 감지하는 바는 '존재'가 아니다.

경찰력이 이 두 기준을 만족시킨다는 점은 명백하다. 군대나 정부 다국적 기업과 마찬가지로 경찰력은 어떤 속성을 얻을 수 있으며, 경찰의 전체 인원은 바뀔 수 있고 또 경찰은 많은 사람들의 행동을 변화시킬 수 있다. 이는 경찰력이 첫 번째 기준을 만족시킴을 의미한다. 경찰력은 또한 두 번째 기준도 만족시키는데 그 까닭은 한 사람 이상의 개인이 경찰력을 감지할 수 있기 때문이다. 따라서 경찰력이 일종의 '존재'라고 결론지을 수 있다. 만일 이 사실을 부정한다면 우리의 언어 사용이 무의미해진다.

자신의 의견

이제 대처의 질문을 검토해 보자.

연습 문제 7.4 (상급자를 위한 연습 문제)

사회와 같은 것이 존재하는가?

예시 답안은 346면에

믿음과 실재

(상급자를 위한 부분)

이 장의 첫머리에서 우리는 세 가지 질문을 던졌다. 그 중 첫 번째 질문은 다음과 같다.

우리는 언제 무언가를 '존재' 라고 부를 수 있는가?

이 질문은 존재하는 바뿐만 아니라 우리가 인식하는 바와도 관련된다. 이는 인식론과 존재론의 주제를 모두 다룬다. 이 점은 연습 문제 7.3의 질문 3에 대한 예시 답안을 통하여 '존재임'의 기준을 찾는 과정에서 드러났다. 어떤 개념의 사용을 정당화하는 기준을 적용해 보면 우리는 무언가를 인식하는 방법, 바꾸어 말하면 인식론적 주제와 관련하게 된다. 이 질문이 지니는 인식론적 측면에 관해서는 아래의 4부에서 논의하려 한다.

이 장에서 우리의 논의는 '사물' 의 존재, 그리고 가능적 실재와 현실적 실재를 구별해 주는 바와 관련된다. 우리는 어떤 실재가 단지 간접적일지라도 우리의 지각에 영향을 미치는 능력을 지닌다는 점이 그것을 진정한 '존재' 로 여기는 데 필요한 어떤 성질이라는 결론이 이르렀다. 대처는 '사회' 가 이 기준을 통과하지 못한다고 주장하였다. 사회가 일종의 '존재' 라는 반대 주장은 사회가 이 기준을 통과한다는 사실에 기초하여 성립한다. 연습 문제 7.4에 대한 예시 답안은 사회가 사회적 존재들이 작용하는 환경을 제공하기는 하지만 그 자체로 사회적 존재는 아니라는 근거에서 이런 반대 주장을 거부한다. 이런 주장을 펴면서 대처는 정치적 논점을 형성할 뿐만 아니라 의식적 존재에 의해서 정의되는 것이라면 무엇이든 사실상 일종의 '존재'가 된다는 믿음에 이의를 제기한다.

사실 그 어떤 사회적 존재에 대해서도 다시 정의를 내리는 일이 가능하다는 생각은 포스트모더니즘(post-modernism)의 몇몇 흐름과 연결된다.

[보충 설명: 포스트모더니즘 자체가 계속 다시 정의되는 대상이기도 하다. 현재 일반적으로 통용되는 '모더니즘'(modernism)에 대한 정의는 홀(Hall)과 기벤(Gieben)의 『근대성의 형성』(*Formations of Modernity*, 1992) 6면에 등장한다. 여기서 홀은 근대 사회의 특징으로 다음 네 가지를 든다. 세속적 정치권력의 우세, 화폐가 교환수단으로 통용되는 경제, 전통적 사회 질서의 쇠퇴, 종교적 세계관의 쇠퇴. 포스트모더니즘은 모더니즘을 전복하려는 시도, 즉 '모더니즘의 이론과 실천을 거부하려는 태도와 사상을 보이는 학파'(Collins English Dictionary)를 의미한다.]

여기서 포스트모더니즘의 사회 이론들 사이의 논쟁을 상세히 살펴볼 필요는 없을 듯하다. 그 대신 그들의 논쟁이 낳은 질문 하나를 던지려 한다.

사고는 실재하는 '존재'를 만들어 낼 수 있는가?

이제 포스트모더니즘이 심각하게 고민할 만한, 토끼 한 마리를 만들어 내는 사고의 경우를 검토해 보자.

연습 문제 7.5 (상급자를 위한 연습 문제)

엘우드 다우드(Elwood Dowd)는 1940년대 미국 중서부의 작은 마을에 살았다. 그에게는 한 결같은 친구가 하나 있었는데 그것은 크기가 6피트 3과 1/2인치(1.94m)에 이르는 거대한 흰 토끼인 하비였다.

1. 엘우드가 하비와 상호작용을 주고받는다는 사실이 하비가 실제로 존재한다고 말할 수 있는 충분한 근거를 제공하는가?

하비와 엘우드는 모두 체이스(Mary Chase)가 연극 『하비』(*Harvey*)를 위하여 만들어 낸 등장인물이다. 엘우드 말고는 어느 누구도 하비를 볼 수 없다. 1950년 유니버설(Universal) 영화사가 이 연극을 영화로 만들었다. 엘우드 역은 제임스 스튜어트(James Stewart)가, 엘우드를 요양원에 보내려 하는 여동생 베타(Veta) 역은 조세핀 헐(Josephine Hull)이 맡았다. 이야기가 전개되면서 베타는 결국 자신이 하비를 보았음을 인정하게 되어 엘우드 대신 베타가 요양원에 보내진다.

2. 만일 엘우드와 베타가 연극과 영화의 등장인물이 아니라 실재하는 사람이었다면 하비 또한 실재한다고 정당하게 말할 수 있는가?

제임스 스튜어트의 팬들이 하비 동호회를 만들었다고 가정해 보자. 그리고 그들이 매년 만찬 모임을 갖는데 하비를 명예회원으로 초대하여 식탁의 상석에 그를 위한 특별한 자리를 마련하였다고 가정해 보자.

3. 이제 하비가 존재한다고 정당하게 말할 수 있는가?

미키 마우스(Mickey Mouse)는 월트 디즈니(Walt Disney)의 상상력이 만들어 낸 산물이다. 그런데 미키 마우스는 실재하는 데 필요한 조건들 대다수를 만족시키는 듯이 보인다. 실재하는 존재를 흉내 내듯이 얼마든지 '그를' 흉내 낼 수 있다. '그는' 어린이들을 위한 파티를 열기도 하며 심지어 '그는' 상표로 등록되었다.

4. 오직 상상력을 통해서 실재하는 존재를 만들어 낼 수 있는가?

예시 답안은 347면에

지금까지의 이야기: 간략한 요약

7장에서 우리는 사고와 믿음 그리고 실재성 사이의 관계를 다루었다. 지금까지는 우리의 사고 과정이 우리가 '실재하는' 존재를 지각하는 방법과 어떻게 관련되는지에 주의를 기울였다. 이를 통하여 실재하는 것에 관한 정보를 모으고 해석하는 데 사용되는 몇몇 방법을 검토하였다. 특히 실재하는 대상으로부터 우리의 의식적 경험에 이르는, 정보의 흐름을 조절하는 과정에 초점을 맞추었다. 하지만 우리의 의식적 경험이 '실재하는' 대상의 본성을 어떻게 제한할 수 있는가에 대해서는 다루지 않았다. 하지만 마지막 부분에 등장하는 하비 이야기는 의식적 경험이 '실재하는' 대상의 본성에 어떻게 영향을 미치는지를 검토하도록 만든다. 여기서 우리는 감각이 감지하는 바가 실재하는지 그렇지 않은지를 결정하는 과정에 대한 질문을 던지지 않을 수 없다.

이런 모든 논의에서 우리는 정보를 모으고 해석하는 과정이 반드시 규칙의 지배를 받아야 한다는 사실을 전제하였다. 에딩턴의 물고기 이야기에 관하여 논의하면서 우리는 이 규칙들이 '실재하는' 대상들과 의식적 경험 사이의 관계를 어떻게 지배하는가라는, 전형적인 칸트식의 질문을 던졌다. 이 규칙들은 우리가 접근할 수 있는 정보를 조절하고 제한하는 여과 장치처럼 작용한다. 예를 들면 규칙들은 삼차원의 물리적 대상이 아닌 것은 우리가 결코 경험하지 못하도록 만든다. 바로 앞의 두 장에서는 두 가지 관찰로부터 비롯된 내용을 논의하였는데 이는 위의 123면에서 확인하였다.

- 우리는 오직 우리의 감각 기관이 모을 수 있는 정보만을 모은다.

- 우리는 세계에 있는 무언가를 파악하기 위하여 감각으로부터 얻은 정보를 가공하여야 한다.

[보충 설명: 우리는 이 두 주장이 칸트의 『순수이성비판』 중 '선험적 감성론'과 '선험적 분석론'에서 등장한 논증의 기초를 제공한다는 사실을 이미 지적하였다.]

우리는 또한 정보를 모으고 가공하는 일이 우리 자신의 정신적, 육체적 활동과 무관하지 않게 작용한다는 점도 지적하였다. 우리는 다양한 이유로 특수한 유형의 정보를 찾아내려 하지만 특히 우리가 지닌 실재의 상이 우리가 지금까지 얻었고 앞으로 얻을 수 있는 모든 정보와 조화를 이룬다는 점을 확증하기 위하여 그렇게 한다. 바꾸어 말하면 우리의 활동은 아무렇게나 이루어지지 않는다. 우리의 활동은 일종의 의미를 만들어 내기 위한 맥락 안에서 이루어진다. 이제 이로부터 세 번째 관찰을 이끌어 낼 수 있다.

- 정보를 모으고 가공하면서 우리는 어떤 이론이나 신념을 받아들이는 기초 위에서 그렇게 한다. 어떤 이론이나 신념을 받아들이면서 우리는 그 이론이나 신념이 지닌 실재에 관한 모든 가정 또한 받아들인다. 이런 가정은 자주 사변(speculation)에 속한다.

[보충 설명: 이런 사변은 넓은 의미에서 '사변적 형이상학'에 포함된다. 그리고 이는 『순수이성비판』의 3부 '선험적 변증론'의 기초를 형성한다. 여기서 칸트는 사변적 형이상학을 강력하게 공격하면서, 이성은 우리의 감각이 도달할 수 있는 영역을 넘어선 존재를 가정하는 그 어떤 사변도 결코 정당화될 수 없다고 결론짓는다.]

이 장의 마지막 부분에서는 '분석철학자들'이 시도한 사변적 형이상학에 대한 분석을 검토하려 한다. 이 과정에서 더욱 일반적인, 이 장의 세 번째 질문을 던지려 한다.

사고는 실재하는 '존재'를 만들어 낼 수 있는가?

존재론적 개입

(상급자를 위한 부분)

유령이 존재한다고 믿는 사람들이 있다. 이런 믿음은 자주 이들의 행위와 연결된다. 예를 들면 이들은 폐허가 된 성에서 유령이 존재한다는 증거를 찾기도 한다. 이런 사실 때문에 일련의 믿음 그리고/또는 특수한 유형의 행위가 누군가로 하여금 어떤 유형의 사물이 존재한다는 사실을 받아들이도록 만든다는 주장을 검토할 필요가 있다.

연습 문제 7.6 (상급자를 위한 연습 문제)

어떤 이론이나 믿음은 감각을 통해서 결코 직접 감지할 수 없는 실재들이 존재한다는 사실을 가정한다.

1. 감각을 통해서 결코 직접 감지할 수 없음에도 불구하고 어떤 사람들이 실재한다고 또는 실재하였다고 믿는 것의 예를 다섯 가지만 들어 보시오.

2. 질문 1에서 든 예 중에 두 가지를 골라 사람들로 하여금 그것이 존재한다는 사실을 은연중에 받아들이도록 만드는 이론, 믿음 또는 행위 방식을 서술해 보시오.

예시 답안은 349면에

연습 문제 7.6에서 우리는 어떤 행위가 한 개인으로 하여금 무언가가 존재한다는 사실을 받아들이도록 만드는 이례적이고 제한적인 경우를 검토하였다. 이를 통하여 우리는 이른바 '존재론적 개입'에 — 이는 1948년 콰인(W. V. Quine)이 새로 만든 용어인데 — 대한 형식적 정의에 이르게 된다.

'존재론적 개입' 이란 한 개인의 행위 그리고/또는 믿음에서 유래한 어떤 실재가 존재한다는 사실을 은연중에 시인하는 것을 의미한다. 한 개인의 행위를 어떤 '존재' 를 가정하지 않고는 이해할 수 없는 경우, 이 존재를 X라고 부르기로 하자. 그렇다면 우리는 그 개인이 X의 존재에 은연중에 존재론적으로 개입하였다고 말할 수 있다.

이는 어떤 특수한 방식으로 행위함으로써 그 개인이 X가 존재한다는 주장을 시인함을 의미한다. 예를 들어 한 개인이 종교 행사에 참가한다는 사실은 그 개인이 신이 존재한다는 사실을 받아들인다는 점을 은연중에 드러낸다. 또 다른 예를 들면 한 개인이 입자 가속기를 사용한다는 사실은 그 개인이 특수한 유형의 소립자가 존재한다는 사실을 받아들인다는 점을 은연중에 드러낸다.

사람들과 이데아의 실재성 8

5장과 6장, 7장에서 이루어진 논의는 우리의 의식적인 경험이 지닌 내부적 요소가 우리가 실재를 구성하는 근본 요소의 역할을 담당한다는 가정을 기초로 삼았다. 이 가정은 경험 주체와 실재 사이에 두 가지 간격을 만들어 낸다. 첫 번째는 우리가 인식한 '내적 경험'과 우리가 인식하지 못한 '외부 세계', 즉 앞의 세 장에서 논의하였던 세계 사이의 간격이며, 두 번째는 우리가 인식한 '내적 경험'과 우리가 인식하지 못한 경험의 주체, 즉 나 사이의 간격이다.

[보충 설명: 흄은 『인간 본성에 관한 논고』(*Treatise of Human Nature*)의 부록 중 유명한 한 대목에서 (1888, 633면) 자신의 이론에 부적절한 측면이 있음을 인정한다. 감각으로부터 받아들인 정신적 인상이 실재에 대한 지식의 근본 요소라는 가정 때문에 자기 자신이라는 경험 주체에 대한 지식을 전혀 얻지 못하였다는 것이다.]

이제 우리는 우리 자신의 내적 경험이 아닌 다른 무언가가 실재를 구성하는 근본 요소라고 주장할 수 있는지 그렇지 않은지를 살펴보려 한다. 우리는 아래의 12장에서 지식의 본성에 관하여 논의하면서, 또한 15장에서 개인의 본성에 논의하면서 위에서 말한 두 가지 '간격'을 다시 검토할 것이다. 이전 철학자들은 우리의 정신적 인상이 아닌 다른 다양한 것들이 실재를 구성하는 근본 요소라고 주장해 왔다. 이 장에서는 이런 주장들 중 가장 널리 알려진 두 가지를 논의하려 한다. 첫 번째 주장은 사람들 또는 인식 주체가 실재를 구성하는 근본 요소라는 주장인데 이는 다음과 같은 구체적인 질문을 일으킨다.

사람들은 얼마나 실재적인가?

두 번째는 자주 형상이라고 불리기도 하는 보편적 이데아가 실재를 구성하는 근본 요소라는 주장인데 이는 다음과 같은 구체적인 질문을 일으킨다.

이데아는 얼마나 실재적인가?

첫 번째 주장은 '실존주의자'로 분류되는 철학자들과 관련되며, 두 번째 주장은 고대 그리스 철학자인 소크라테스 및 플라톤과 관련된다.

[보충 설명: 이런 분류가 그리 엄격한 것은 아니다. 다른 철학적 전통에 속하면서도 현대의 실존주의에 가까운 태도를 보이는 철학자들도 있다. 중세 스콜라철학자인 스코투스(Duns Scotus)는 지성과 의지로 이루어진 정신이 근본 실재라고 주장하였는데 18세기 철학자 리드(Thomas Reid) 또한 그렇게 생각하였다.]

우리는 우선 '실존주의자들'의 몇몇 주장을 검토한 후 플라톤의 '형상 이론'으로 넘어가려 한다. 이 두 부분은 서로 독립적인 주제를 다루므로 각 부분을 분리해서 읽어도 좋다. 전반부에서는 지난 두 세기 동안 — 물론 그 이전의 근원도 살펴볼 것이지만 — 유럽 대륙의 철학에 영향을 미쳐 온 몇몇 사상들을 소개하려 한다. 여기서 등장하는 논증들은 파악하기 쉽지 않기 때문에 어쩌면 여러 차례 읽어야 할지도 모른다. 특히 설령 이들을 거부하는 쪽으로 결론을 내린다 할지라도 이들은 인간이 처한 조건에 대한 나름대로의 통찰을 제공하기 때문에 얻는 바가 적지 않다. 147면부터 시작되는 후반부에서는 '형상 이론'을 매우 간략하게 분석하려 한다.

이 장에서

논의되는 개념

- 지향성
- 플라톤의 '이데아' 또는 '형상'

논의되는 이론

- 실존주의
- 플라톤의 '형상 이론'

전개되는 기법

- 이론의 분석
- 확대된 질문의 구성

주로 논의되는 철학자

- 스코투스
- 플라톤

언급되는 철학자

- 흄
- 키르케고르

실재하는 사람들 — 실존주의 소개

(상급자를 위한 부분)

우리는 앞 장에서 특수한 행위 방식 또는 신앙이나 일련의 믿음을 받아들이는 일이 우리가 어떤 특수한 실재가 존재한다는 사실을 인정하게 만드는 존재론적 개입을 시작하였다. 실존주의자들도 이와 유사한 접근 방식을 택하지만 이 둘은 확연히 서로 다르다. 실존주의자들은 인식적 경험이 수동적 현상이 아니라고 주장한다. 그것은 경험 주체의 능동적인 동의를 포함한다. 그리고 이 동의는 의지의 작용이다.

> 따라서 경험은 의지와 지성을 지닌 주체, 달리 말하면 한 개인의 존재를 전제한다.

『옥스퍼드 영어사전』은 실존주의를 다음과 같이 정의한다. 실존주의는 '자유롭고 책임을 지는 개인을 강조하면서 그가 스스로 행하는 바는 의지 작용을 통하여 자신의 본질을 실현해 나가는 과정이라고 주장하는 이론이다.' 그리고 다음과 같이 덧붙인다. 실존주의는 '그리 행복하지 못했던 덴마크의 철학자 키르케고르(Søren Kierkegaard)에서 유래한 철학이다.'

현재 우리의 관심사는 실재의 본성이다. 우리는 아래의 4부에서 개인의 본성에 대한 질문과 더불어 우리 자신에 대해서도 살펴보려 한다. 여기서는 실재의 본성과 관련하여 우리 자신을 고찰하면서 오직 실존주의의 철학적 접근 방식으로 널리 받아들여지는 부분만을 논의하려 한다. 또한 실존주의의 몇몇 핵심 주제들, 예를 들면 개인과 구조, 존재와 부조리, 상호 소통의 본성 등을 깊이 있게 다루지는 않을 것이다. 하지만 자유와 관련된 주제, 선택의 본성과 중요성 등은 3부에서 도덕적 가치를 논의하면서 검토하려 한다.

우리는 직접적인 접근 방법을 사용하여 실존주의 철학을 평가하지는 않을 것이다. 그 대신 인간이 경험하는 여러 일들에 대한 우리의 반응을 살펴봄으로써 접근하려 한다. 우리는 유사한 경험을 반복하는 일에 대하여 우리가 반응하는 방식에 주의를 기울이려 하는데 이렇게 하는 까닭은 그런 경험이 반복된다는 인식은 그것이 특정한 유형의 경험이라는 사실을 우리가 의식함을 의미하기 때문이다 — 바꾸어 말하면 우리가 반응하는 까닭은 경험에 자기 관찰의 요소가 있기 때문이다.

그 다음에는 설령 어떤 경험이 반복되지 않는다 할지라도 그 경험에 대한 반응을 우리의 의지를 사용하여 조절할 수 있는지 그렇지 않은지를 물어볼 것이다. 마지막으로 의지를 사용하여 한 개인이 근본 실재라고 주장하는 근거를 확보할 수 있는지 그렇지 않은지를 물어보려 한다. 즉 의지가 분리된 존재인지 그렇지 않은지를 — 즉 다른 실재와의 관계를 통해서 완전히 결정되는 존재인지 그렇지 않은지를 — 물어보려 한다.

연습 문제 8.1 (상급자를 위한 연습 문제)

당신이 무언가를 처음으로 경험하였다고 가정하자. 이 경험은 긍정적일 수도, 부정적일 수도 아니면 중립적일 수도 있다. 그것에 대한 두 번째 또는 그 이후의 경험 또한 긍정적일 수도, 부정적일 수도, 중립적일 수도 있다.

1. 다음의 여러 일들에 대하여 두 번째 또는 그 이후의 경험이 첫 번째 경험에 비하여 더욱 또는 덜 긍정적인지, 더욱 또는 덜 부정적인지 아니면 첫 번째 경험과 동일한 가치를 지니는지 말해 보시오.

첫 번째 경험	이후의 경험이 더욱 / 덜 긍정적 / 부정적인가?
(i) 아이스크림을 먹는 일	....
(ii) 특정한 농담을 듣는 일	....

(iii) 특정한 추리소설을 다시 읽는 일 ....

(iv) 다양한 색상을 띠는 석양을 보는 일 ....

(v) 피타고라스 정리를 증명하는 일 ....

(vi) 체포된 후 심문에 대답하는 일 ....

(vii) 직선 도로에서 자전거를 타는 일 ....

(viii) 연극에서 특정한 배역을 맡는 일 ....

2. 위에서 든 일들 중 당신 자신의 정신적 노력을 통해서 반복되는 경험이 더욱 긍정적이 되고 덜 부정적이 되는 일들을 골라 보시오. 이런 경험 중 하나를 들어 어떻게 더욱 긍정적이 되는지 서술해 보시오.

....

....

3. 만일 당신이 위의 일들 중 하나가 긍정적으로 상승될 수 없다고 주장한다면 특정한 경우를 들어 왜 불가능한지를 설명해 보시오.

....

....

4. 우리가 경험을 조절할 수 있다는 사실이 우리 자신이 경험보다 더욱 근본적인 실재임을 의미하는가?

....

....

....

예시 답안은 351면에

연습 문제 8.1에 대한 예시 답안은 실존주의의 가능성을 제시한다. 언뜻 보기에 이는 개인이 근본 실재라는 주장을 지지하는 사례를 포함하는 듯하다. 만일 우리가 경험하는 정신적 인상이 조절될 수 있다면 이런 조절 작용을 하는, 인상 자체와는 다른 무언가가 존재함에 틀림없다. 이는 다시 인상 자체와는 다른 무언가가 근본 실재로서 존재함을 의미한다. 자신이 조절 작용을 행한다고 믿는 개인은 근본 실재의 후보로 추가될 만한 존재이다. 최소한 우리는 그렇게 존재하는 실재로서의 개인이 그의 의식 안에 존재하는 현상 못지않게 근본적이라고 말할 수 있다.

이제 우리는 단지 언뜻 보기에 그런 사례 이상의 무언가가 존재할 가능성을 고려해 보려 한다. 이를 위해서는 약간의 준비 작업이 필요하다. 실존주의를 제대로 이해하고 평가하려면 실존주의의 주장을 지지하거나 거부하는 데 사용되는 논증이 무엇인지를 파악하여야 한다. 하지만 이런 일은 상당히 깊이 있는 탐구가 필요한데 이는 이 책의 범위를 넘어서는 일이다. 따라서 여기서는 실존주의의 두 측면만을 한정하여 고찰하려 한다. 이 중 첫 번째는 이 장에서 다룰 내용으로 의지와 지성을 지닌 유일한 실재인 정신의 기본적인 본성을 살펴보는 것이다. 두 번째는 4부에서 다루려 하는데 의지 작용을 통하여 자신의 본질을 스스로 실현하며, 자신의 정체성을 창조하고 유지하고, 자신의 행위에 대하여 책임지는, 자유롭고 책임지는 존재로서의 개인이라는 관념에 대하여 논의하는 것이다.

하지만 분석에 강조점을 두려는 우리의 태도가 분석보다는 오히려 종합을 추구하려는 욕구가 강한 실존주의의 원리 전체를 다룬 것은 아니라는 사실을 인정하지 않는다면 우리는 실존주의를 올바르게 다룰 수 없을 것이다. 분석은 각 구성 요소들의 역할을 이해하기 위하여 이들을 분리하여 검토하는 과정인 반면, 종합은 통합된 전체가 어떻게 작용하는지를 살펴보기 위하여 구성 요소들을 한데 모으는 과정이다. 만일 어떤 이론이 통합된 실재가 근본 실재라고 주장한다면 그 이론을 분석하려는 시도 자체가 애초부터 모순되기 때문에 근본 실재에 대한 그 어떤 분석을 통해서도 그 이론을 정당하게 평가할 수 없다.

이런 단서를 기억하면서 이제 실존주의에 대한 첫 번째 검토를 진행해 보자. 연습 문제 8.1에 대한 예시 답안에서 우리는 정신이 경험을 조절한다는 사실을 지적하였다. 또한 우리는 위에서(96면) 푸앵카레가 정지 상태에 있는 개인은 물리적 공간의 개념을 형성할 수 없으리라고 주장하였음을 지적하였다. 스스로 '근육의 감각'을 사용하여 자신의 운동과 운동하는 신체에 주의를 기울이지 않는다면 개인은 삼차원의 공간 개념을 형성할 수 없다. 이제 이 문제를 확대하여 단지 물리적 공간을 파악하는 데 도움을 주는 경험뿐만 아니라 모든 형태의 경험에 우리가 그렇게 주의를 기울여야 하는가라는 질문을 던지려 한다. 즉 우리는 인식과 관련되는 경험에서 정신이 항상 대상을 향하여 주의를 기울이는지 그렇지 않은지를 (바꾸어 말하면 정신이 의지와 지성을 지닌, 유일한 근본 실재인지 그렇지 않은지를) 물어보려 한다.

이 질문에 대한 대답은 이 장의 전반부에서 다룰 논의의 핵심을 형성한다. 독자들은, 특히 철학적 분석을 그리 많이 접해 보지 않은 독자들은 연습 문제 8.2에 대하여 그리 상세히 대답하려고 애쓰지 않아도 좋다. 하지만 이에 답하려는 노력은 충분히 가치 있는 일이다. 또한 핵심 논의가 등장하는 아래의 본문을 두 번 이상 읽은 후에 예시 답안을 보는 것도 좋은 방법이다.

논의할 문제 8.2 (상급자를 위한 연습 문제)

1. 한 개인이 어떤 대상을 향하지 않는 경험을 지니는 일이 가능한가?

위의 99면에서 제시된 것과 유사한, 질문을 확대하기 하기 위한 도식을 사용하여 대답의 윤곽을 잡은 다음 전체 대답을 구성하기 바란다.

[보충 설명: 어떤 질문에 대한 대답이 하나의 특정한 도식을 엄격하게 따를 필요는 없다. 현재 제기된 특정한 질문이 구체적으로 요구하는 바를 주의 깊게 살펴볼 필요가 있지만 모든 도식은 위의 99면에 제시된 것과 유사한 근본 구조를 지님에 틀림없다.]

(a) 당신이 질문에 답하는 데 사용할 논증 방법 또는 유형이 무엇이지를 보이시오. 즉 질문에 대한 분석을 이끄는 요소들을 구체적으로 제시하시오.

(b) 원래의 질문을 세부 질문들로 분해하시오(또는 '해체하시오').

(c) 세부 질문들에 대한 대답을 제시하시오.

(d) 세부 대답들이 질문에 대한 분석을 이끄는 요소들과 일치하는지 확인하시오.

(e) 원래 질문에 대한 대답을 형성하시오.

2. 질문 1에 대한 대답이 개인이 근본 실재인가 그렇지 않은가라는 질문에 어떤 영향을 미치는가?

예시 답안은 354면에

이 장을 시작하면서 우리는 실재를 구성하는 데 사용되는 유일한 근본 요소는 오직 우리가 경험하는 현상뿐이라는 생각을 반박하는 두 주장을 검토하겠다는 의도를 드러내었다. 논의할 문제 8.2에 관한 논의는 경험의 주체가 실재를 구성하는 또 다른 근본 요소라는 주장을 강력하게 내세운다. 이에 대한 예시 답안에서 사용된 논증은 일종의 '선험적 논증'이다. 이 논증의 핵심은 아래의 359면에 등장한다.

스코투스는 두 개의 선험적 논증을 사용한다. 우선 그는 사고가 계속 유지되기 위해서는 의지의 작용이 필요하다고 말한다. 그 다음으로 지성이 의식의 내용에 작용할 수 있기 위해서는 지성이 의지와 결합하여야 한다고 말한다. 바꾸어 말하면 최소한 지성과 의지로 구성되는 정신은 하나의 통합적인 실재라는 것이다.

논의할 문제 8.2에 대한 예시 답안에서 우리는 언뜻 보기에 경험의 주체가 근본 실재라는 실존주의의 주장을 어느 정도 받아들이도록 만드는 근거를 확립하였다.

[보충 설명: 어쩌면 이는 흄이 『인간 본성에 관한 논고』의 부록 중 한 대목에서(633면) 직면하였던 문제를 설명하는 길로 나아가는 듯도 하다. 여기서 흄은 자신의 의식 안에서 발견되는 인상들 중 경험의 주체를 찾으려 하였지만 실패하고 만다.]

이 장에서 우리의 논의는 실존주의 철학자들이 관심을 보이는 중요 주제들을 그리 폭넓게 해명하지는 못했다. 우리는 자유롭고 책임지는 존재로서의 개인이 의지 작용을 통하여 자신의 본질을 스스로 전개함으로써 어느 정도 자기 자신을 형성할 수 있는가라는 질문이 지닌 단지 한 측면을 살펴보았을 뿐이다. 또한 우리는 실존주의와 관련되는 다른 주제들, 예를 들면 선택의 본성과 중요성, 개인과 구조, 존재와 부조리, 상호 소통의 본성 등은 전혀 다루지 않았다. 하지만 이제 우리가 경험하는 현상이 존재하는 가장 근본적인 것이라는 생각에 도전하는 두 번째 주장으로 주의를 돌리려 한다.

실재하는 이데아와 플라톤의 '형상 이론'

이 장의 전반부에서는 우리의 의식적인 경험이 지닌 내부적 요소가 우리가 그것을 가지고 실재를 구성하지 않을 수 없는 근본 요소의 역할을 담당한다는 가정을 거부하는 실존주의의 견해를 살펴보았다. 실존주의 철학자들 모두가 우리의 내적 감각 경험이 실재를 구성하는 요소라는 주장을 거부하지는 않는다. 오히려 그들은 내적 경험이 근본적인 요소를 제공한다는 주장에 이의를 제기한다. 이제 '내적 감각 경험이 무엇보다 우선한다는 이론'을 전적으로 그리고 완벽하게 부정하는, 무려 2,400년이나 된 이론을 검토해 보자.

[보충 설명: '내적인 감각 경험이 무엇보다 우선한다는 이론'이라는 표현이 일반적으로 통용되는 철학적 표현은 아니다. 여기서 이 표현은 감각을 통해서 얻은, 우리 안에 존재하는 인상들이 존재를 구성하는 근본 요소라고 생각하는 철학적 이론들을 지칭하기 위하여 사용한 것에 지나지 않는다. 이런 이론들은 존재하는 모든 것들은 이런 인상들로부터 도출된 바라고 주장한다.]

기원전 5세기와 4세기에 걸쳐 소크라테스와 플라톤은 감각 경험이 실재의 본성에 관한 그 어떤 주장이라도 펼 수 있다는 가능성을 완전히 부정하는 이론을 전개하였다. 그들의 이론은 플라톤의 저술 여러 군데서, 특히 『파이돈』(*The Phaedo*)에서 정교하게 제시되지만 가장 널리 알려진 설명은 『국가』(*The Republic*)에 등장한다. 우리는 앞의 복습 문제 3.3에서(78면) 관념의 실재성을 산, 나무, 집의 실재성과 비교하면서 이미 이 이론을 접하기도 하였다.

일반적인 철학 입문서에서 플라톤의 '형상 이론'을 제대로 설명하기란 불가능하다. 사실 이 이론은 실재의 본성에서 도덕적 가치의 기초와 지식의 본성에 이르는, 철학의 전 영역과 관련된다. 따라서 연습 문제 8.3을 통하여 플라톤이 자신의 이론을 옹호하기 위하여 사용한 논증의 개요만을 검토하려 한다. 또한 이것이 플라톤이 사용한 유일한 논증도 아니다. 『국가』에서 그는 독자들이 자신의 논증 중 몇몇 측면을 받아들이도록 유도하기 위하여 국가와 개인 사이의 비유를 사용하기도 한다. 아래의 연습 문제를 통하여 우리는 그의 이론 중 어떤 측면이 존재론(즉 무엇이 존재하는가에 대한 이론)과 관련되며 또 어떤 측면이 인식론(지식의 본성에 대한 이론)과 관련되는지를 확인하게 된다.

이 장에서 플라톤의 이론에 관한 논의는 그것이 존재하는 근본 실재에 관하여 알려 주는 바만을 다룬다. 연습 문제 8.3에는 모두 아홉 개의 언명이 등장하는데 이들은 플라톤이 자신의 이론을 옹호하기 위하여 사용한 논증 중 하나의 개요를 분석한 것이다. 이들 언명은 플라톤의 논증을 제시하기 위한 것이므로 각 언명의 순서를 그리스 문자로 표시하였다.[1]

[보충 설명: 플라톤의 이론을 상세히 분석하면서 단지 개요만을 사용하기 때문에 다음과 같은 부정확성의 문제가 일어난다는 점을 인정하지 않을 수 없다. 첫째, 우리는 현대어 번역을 통해서 무려 2,400년 전에 쓴 원전을 해석하려 하기 때문에 플라톤의 그리스어가 지닌 의미상의 미묘한 차이를 제대로 읽어 내기 어렵다. 둘째, 어떤 논증을 요약하여 압축하면 논증 자체는 어떤 식으로든 손상되기 마련이다 — 플라톤의 논증을 압축한 형태로 제시하면서도 그것의 본질적 특성을 조금도 손상하지 않고 모두 포착하는 일은 아마도 플라톤 자신이나 할 수 있을 것이다! 아래의 연습 문제를 풀기 전에 독자들이 『국가』나 『파이돈』을 미리 읽는다면, 아니 상세히 탐구한다면 이상적일 듯하다. 더 나아가 포스트모더니즘의 관점에서는 개요를 이끌어 내는 과정 자체가 근대 이후의 개념을 플라톤의 이론에 덧씌우

1 [옮긴이 주] 저자의 의도는 충분히 이해하지만 ζ, η, ι 등의 익숙하지 않은 문자는 오히려 혼동을 일으킬 듯하여 옮긴이가 영어로 바꾸었다.

는 일이므로 고대 그리스의 사고방식을 무시할 가능성이 매우 높다는 비판도 등장할 수 있다. 하지만 아래의 연습 문제는 더욱이 '이성주의'의 논증을 분석하는 계기를 제공한다는 점에서 무척 유용하다.]

연습 문제 8.3 (상급자를 위한 연습 문제)

플라톤이 자신의 '형상 이론'을 옹호하기 위하여 사용한 논증 중 하나를 요약한 다음의 개요를 고찰해 보자.

a. 우리의 감각 경험은 항상 우리에게 부정확하고 끊임없이 변화하는, 세계에 대한 인상을 제공한다.

b. 부정확하고 끊임없이 변화하는 인상은 우리에게 실재에 관한 지식을 제공하지 못한다 — 지식은 확실해야 한다.

우리의 관념 중 일부는 결코 변하지 않는, 완벽하게 형성된 추상적 대상에 대한 관념이다. 예를 들면 완벽한 원과 완벽한 정삼각형에 대한 수학적 관념, 절대적인 아름다움에 대한 미적 관념, 절대적 선이라는 도덕적 개념 등이 이에 속한다.

c. 완벽하고, 불변하고, 추상적인 관념들 또는 '형상들'이 존재한다.

절대적인 아름다움의 관념을 통해서 우리는 왜 사물들이 아름다운지를 설명할 수 있으며(『파이돈』, 99d–101a) 완벽한 원의 관념을 통하여 원운동을 설명할 수 있다.

d. 완벽한 '형상'을 통해서 우리는 부정확하고 끊임없이 변화하는 경험 안에서 지각하는 사물들의 속성을 파악하고 설명할 수 있다.

우리가 실재를 인식하는 방식과 실재의 본성 사이에는 어떤 관계가 있음을 알 수 있다.

e. 어떤 대상 또는 사건이 지니는 속성에 대한 설명은 그 대상 또는 사건보다 더욱 근본적인 무언가에 기초하여 이루어진다.

f. 완벽하고, 불변하는, 추상적인 '형상'은 우리가 지니는 구체적이고, 부정확하고, 끊임없이 변화하는 경험보다 근본적인 실재이다.

g. 끊임없이 변화하는 우리의 경험이 지각하는 존재들은 어떤 속성을 지닌 '형상'에 대응함으로써 각각의 속성을 얻는다.

h. 다른 능력들의 방해를 받지 않는, 오염되지 않은 이성만이 이런 근본적이고 진정으로 실재하는 존재들의 본성에 관한 지식을 우리에게 제공한다.

i. 불변하는 완벽한 형상들은 서로 완벽한 조화를 이루는 관계를 유지한다. 이 조화는 최고의 '형상'인 '선의 형상'에 의하여 제공되고 유지된다. '선의 형상'은 최고의 또는 근본적인 '형상'이다.

이어서 플라톤은 철학의 목적에 관한 가치 판단을 내린다.

j. 철학을 연구하는 목적은 이성 능력을 길러 이 최고의 또는 근본적인 '형상'에 이르는 것이다.

1. 위에서 제시된 각각의 진술이 우리의 경험에 대한 주장을 펴는지 아니면 실재의 본성 그리고/또는 실재에 관한 우리의 지식에 대한 주장을 펴는지 표시하시오. 가능하다면 당신이 각각의 진술을 참이라고 생각하는지 아니면 거짓이라고 생각하는지도 표시해 보시오.

진술	경험	실재	지식	참 또는 거짓
a				
b				
c				
d				
e				
f				
g				
h				
i				
j				

2. 당신이 지금까지 플라톤의 '형상 이론'에 관하여 배운 바에 기초하여 다음의 그림에 등장하는 질문에 대하여 플라톤 자신은 무엇이라고 대답했을지 한번 생각해 보시오. 당신은 플라톤이 이 책이 실재한다는 사실을 받아들이리라고 생각하는가?

예시 답안은 361면에

이 장에서 우리는 내적인 감각 경험이 실재를 구성하는 근본 요소를 제공한다는 생각에 의문을 제기하는 철학적 견해 두 가지를 검토하였다. 우리는 비교적 최근의 철학자들이 제시한 이론을 논의하는 데서 시작하여 고대 그리스 철학자 플라톤의 이론으로 논의를 마무리 지었다.

특히 후반부에서 우리는 오늘날까지도 전 세계 철학자들이 계속 논의 중인 이론을 검토하였다. 뒤이은 복습 문제에서도 플라톤의 이론과 관련된 질문을 다시 던지려 하며, 과학적 지식 대부분이 아직 유아기 수준을 벗어나지 못했던 오래 전에 등장한 플라톤의 이론에 왜 아직도 많은 철학자들이 관심을 보이는지를 해명하려 한다. 이런 작업을 충실히 행하려면 플라톤의 '형상 이론'이 지닌 또 다른 중요한 두 측면, 즉 윤리학과 인식론의 측면에까지 이해의 폭을 넓혀야 할 듯하다. 3부와 4부에서는 바로 이들을 다루려 한다.

2부: 요약

2부에서 우리는 앨리스가 이상한 나라로 여행을 시작하면서 겪은 특이한 사건들을 논의하면서 실재의 본성에 관한 탐구에 착수하였다. 그리고 우리는 다음의 질문을 던졌다.

> 물리적 존재들은 얼마나 실재적인가?

이 질문에 답하면서 우리의 여행도 시작되었는데 앨리스와 마찬가지로 우리도 몇몇 우회로를 따라 걸었다.

우회로

우리는 철학자들이 마치 자신의 전유물처럼 자주 사용하는 기법을 배우기 위하여 우회로를 다소 천천히 걸어 나갔다. 5장의 두 번째 부분에서 우리는 무엇이 진정으로 존재하는가에 관한 여러 주장의 수용 가능성을 평가하는 데 사용되는 기준들을 논의하였다. 그런데 이들은 실재에 관한 주장의 평가에만 한정되지 않는 일반적인 기준들이다. 수용 가능성의 가장 낮은 단계는 그 주장이 **논리적으로 가능하다는** 것이었으며, 그 다음 단계는 그 주장의 타당성을 우리가 **증거의 우세**를 통하여 확신할 수 있어야 한다는 것이었다. 하지만 우리는 연습 문제에 등장한 주장 중 어떤 것을 평가하면서도 이 기준을 사용하지는 않았다. 우리가 가장 자주 사용한 기준은 그 주장이 타당하게 확립된다는 점을 **합리적으로 의심할 수 없어야 한다**는 것이었다. 그 주장의 타당성에 대해서 의심의 여지를 남기지 않아야 한다는 기준은 결국 그 주장이 **증명**될 수 있음을 의미한다. 바꾸어 말하면 그 주장은 **논쟁의 여지없이** 명백하다. 수용 가능성의 여러 단계 사이에 이루어지는 것과 유사한 구별이 법정에서도 사용된다. 이런 우회로를 택한 까닭은 위의 19면에서 제시한 철학적 탐구의 목표 중 몇몇을 이루기 위함이었는데 특히 논증의 평가와 관련해서 제시한 여섯, 일곱, 여덟 번째 기법이 강조되었다.

6. 우리가 받아들일 수 있는 논증들을 판정하고 정식화하는 능력.
7. 엄밀한 논리적 논증들과 반대논증들을 판정하고 정식화하는 능력.
8. 철학의 다양한 주제와 영역에 등장하는 정의(定義), 주장, 이론 그리고 가설들을 정식화하고, 전개하고, 판정하는 능력.

6장에서 걸었던 두 번째 우회로에서 우리는 두 가지 기법을 발전시켰는데 이들 각각이 6장의 전반부와 후반부에 해당한다. 이들 각각에서 우리는 논증을 평가하는 능력보다는 구성하는 능력에 초점을 맞추었다. 두 기법 중 첫 번째는 어떤 질문에 답하기 위하여 논증을 체계화하는 방법에 관한 일반적인 기법이었다. 우리가 답하였던 질문에는 감각을 결합하여 사용하는 일이 어떻게 하나의 감각만을 분리하여 사용하는 경우보다 무언가가 존재한다는 사실을 받아들이도록 만드는 더욱 확고한 근거를 제공하는가에 대한 설명이 포함된다. 연습 문제 6.1(100면)에서 우리는 논증을 구성하는 다섯 단계에 따르면서 이런 단계들이 철학적 논증을 구성하는 데 유용한 길잡이 역할을 하는 일종의 체계를 제시한다고 주장하였다.

6장의 후반부에서는 선험적 분석을 접하였는데 이는 철학에서 자주 사용되는 유형의 논증인 동시에 칸트의 저술과 밀접하게 관련되는 것이기도 하다. 또한 연습 문제에서 실제로 선험적 논증을 구성하기도 하였다.

본격적인 여행

위의 여러 우회로는 존재론의 세 영역을 살펴보려는 진짜 여행에서 경치를 제대로 즐기기 위하여 필요한 준비물이었다. 세 영역 중 첫 번째는 5장에서 살펴보았는데 이를 통하여 우리는 물리적 존재의 실재와 우리가 감각을 통해서 얻은 정보 사이의 관계를 탐구하였다. 여기서 우리의 다섯 가지 감각으로는 감지할 수 없는 감각적 정보를 받아들이는 능력을 발전시킨 다른 생명체들이 있음을 지적하였다. 또한 한편으로 촉각과 미각이 제공하는 정보와 다른 한편으로 시각과 청각, 후각이 제공하는 정보 사이에는 어떤 차이가 있다는 점도 지적하였다. 즉 지각하는 사람과 지각되는 대상 사이에서 촉각과 미각은 어떤 거리도 없이 직접 이루어지는 반면 시각과 후각은 어떤 거리를 두고 이루어진다는 점이 이런 차이를 가장 잘 드러낸다.

하지만 우리는 어떤 대상이 존재한다는 주장의 지위와 관련하여 우리의 모든 감각이 지니는 어떤 공통점이 있다는 사실을 발견하였다. 즉 그런 주장이 오직 감각을 통해서 받아들인 정보에 의존하는 한 그 대상이 존재한다는 어떤 증명도 성립할 수 없다는 점이다. 어떤 대상이 존재한다는 사실을 전개할 수 있는 가장 강력한 형태의 논증도 단지 합리적으로 의심할 수 없는 수준에 그친다. 하지만 몇몇 철학자들의 이론에서는, 특히 버클리가 전개한 유명한 이론에서는 이런 의심이 계속 이어져 결국 우리의 관념을 제외하고는 그 어떤 것도 존재하지 않는다는 결론에 이른다.

큰 돌을 걷어참으로써 버클리의 이론을 '반박한', 유명한 존슨 박사에 관한 논의를 통하여 우리는 '물리적 존재들이 얼마나 실재적인가?' 라는 질문에 대한 대답의 적절성에 영향을 미치는 두 가지 요소를 고찰하였다. 이 두 요소는 모두 감각으로부터 정보를 모으고 가공하는 과정에 작용하는 우리의 능동적 역할과 관련된다. 첫 번째 요소는 우리가 감각이 산출한 정보를 가공한다는 점이다. 즉 우리는 정보를 그저 흡수하지 않는다. 두 번째 요소는 첫 번째와 관련하여 우리의 인식적 경험은 무언가를 향하며 어떤 목적을 추구한다는 점이다. 우리는 우리 정신이 받아들인 내용 중 오직 어떤 측면에만 주의를 집중하며 그 측면만을 가공한다. 특히 우리의 감각은 임의로 작용하지 않는다. 그 대신 우리가 적절하다고 여기는 정보를 모으기 위해서 '근육의 운동'을 사용하여 무언가를 향한, 목적을 추구하는 방식으로 작용한다. 이 두 요소는 마지막 두 장에서 수행한 탐구의 핵심 주제를 제공하였다. 7장에서 우리는 실재에 관한 정보를 해석하기 위하여 우리가 사용하는 인식 기법 및 기관과 실재 사이의 관계를 탐구하였다. 우리는 다음 세 질문에 대답하였다.

> 우리는 언제 무언가를 '존재'라고 부를 수 있는가?

> 사고는 실재하는 '존재'를 만들어 낼 수 있는가?

> 지식, 믿음 그리고/또는 신앙은 실재하는 '존재'와 어떻게 관련되는가?

8장의 전반부에서는 감각을 통해서 우리에게 주어진 현상이 실재를 구성하는 근본 요소를 제공한다는 주장을 거부하는 철학적 접근 방식을 논의하였다. 이 논의는 다음 질문에 초점을 맞추었다.

사람들은 얼마나 실재적인가?

이 논의는 우리가 의식적 경험을 수정하는 방식을 탐구함으로써 시작되었다. 이는 우리의 인식적 지각이 지닌, 목적을 지향하는 측면의 중요성에 관한 탐구로 이어졌다. 이런 탐구의 일부로 우리는 한 개인이 어떤 대상을 향하지 않는 경험을 지닐 수 있는가 그렇지 않은가라는 질문을 던졌다. 이 질문은 다시 인지 능력을 지닌 존재의 경험과 그렇지 않은 존재의 경험을 구별하는 논의로 이어졌다. 그리고 357면의 예시 답안에서 우리는 실존주의 철학을 규정하고 인도하는 핵심적인 생각을 확인하였다.

인지 능력을 지니지 않은 존재와 비교해볼 때 인지 능력을 지닌 존재는 경험의 대상을 생각함으로써 그 대상과 소통할 수 있는 의식을 소유한다고 주장할 수 있다.

실존주의자들은 의식적 사고가 어떤 목적을 추구한다고 믿는다. 경험이 지닌, 이런 목적 지향적 측면을 분석함으로써 우리는 브렌타노(Franz Brentano), 하이데거(Martin Heidegger), 사르트르(Jean-Paul Sartre) 등의 철학자로 하여금 현상학과 실존주의로 나아가게 만든 원동력을 이해하게 된다. 우리는 또한 논의할 문제 8.2에서 철학에 대한 이런 접근 방식의 근원이 명민한 박사(Doctor Subtilis)라는 별명으로 불렸던 스콜라철학자 스코투스의 저술에서도 발견됨을 지적하였다.

8장의 후반부에서는 유럽철학에서 가장 유명한 저술 중 하나인 플라톤의 『국가』등장하는 견해를 논의하였다. 우리는 다음 질문에 초점을 맞추었다.

이데아는 얼마나 실재적인가?

플라톤은 일상적인 사물들의 속성이 영원불변하는 이데아 또는 형상들로부터 도출된다고 주장하였는데 이데아 또는 형상은 일상적인 사물들과는 분리되어 존재한다. 우리는 그가 제시한 논증의 개요를 분석하였다. 2부의 전반부에서와 마찬가지로 여기서도 우리는 두 가지를 목표로 삼았다. 첫째는 우리가 논의 중인 철학 이론을 이해하는 것이었으며, 둘째는 분석 기법을 예리하게 다듬는 것이었다. 플라톤의 '형상 이론'에 대한 분석을 통하여 이들 둘을 모두 추구하였다. 그런데 이들은 이 책의 첫머리에 해당하는 19면에서 제시한 철학 탐구의 여덟 가지 목표와 일치하는 것이기도 하다.

복습 문제

복습 문제 5.1과 6.1

나의 정원에서 가스 냄새가 난다. 이 냄새는 3년 전쯤 배관공 몇 사람이 가스관을 묻은 것으로 기억되는 곳 부근에서 나는 듯하다. 하지만 나는 가스를 보거나, 맛보거나, 만지거나, 그 소리를 들을 수는 없다.

1. 이는 시각이나 촉각, 청각, 미각의 증거가 없이는 내가 나의 정원에 가스가 떠다닌다는 사실을 결코 합리적으로 의심할 수 없는 수준으로 확립할 수 없다는 점을 의미하는가?

이웃 중 한 사람이 내 정원에 왔는데 그도 가스 냄새를 맡았다고 가정해 보자.

2. 내 이웃이 정원에 가스가 떠다닌다는 나의 주장을 확증하였다는 점은 정원에 가스가 떠다닌다는 사실을 합리적으로 의심할 수 없는 수준으로 확립하기에 충분한가?

예시 답안은 363면에

복습 문제 5.2와 6.2

데카르트는 난롯가에 앉아 있었다. 그는 따듯함을 느꼈으며 이 때문에 잠시 졸았다. 그는 고개를 까딱거리며 얕은 잠에 빠졌다. 비몽사몽 간에 그는 재와 불꽃과 불타는 장작을 보았다. 그는 탁탁거리는 장작의 소리도 들을 수 있었다.

1. 이 증거는 난로가 있었다는 사실을 합리적으로 의심할 수 없는 수준으로 확립하기에 충분한가?

2. 이 증거는 데카르트 자신이 존재한다는 사실을 합리적으로 의심할 수 없는 수준으로 확립하기에 충분한가?

예시 답안은 364면에

복습 문제 5.3과 6.3 (이를 통하여 논의할 문제 4.2를 다시 한 번 검토하려 한다)

우리의 직접적인 지각에 의존하는 책이 존재한다는 지식이 우리가 직접 지각할 수 없는 전자가 존재한다는 지식보다 더욱 확실한가?

예시 답안은 365면에

복습 문제 5.4와 6.4

러다이트(the Luddite)는 산업혁명 당시 새로운 기계들이 자신들의 일자리를 빼앗으리라고 생각하여 기계를 파괴한 직공의 무리를 의미한다. 이들은 기계 파괴자로 알려졌다. 파괴 활동의 지도자인 러드(Ned Ludd)는 영국 중부 셔우드 포리스트(Sherwood Forest)에 본부를 차렸다는 소문이 떠돌았다. 하지만 러드를 직접 보았다는 사람은 아무도 없었다.

1. '러드는 존재하였다'는 진술이 참이 되는 경우가 논리적으로 가능한가? 증거의 우세를 근거로 '러드는 존재하였다'는 진술을 참으로 받아들일 수 있는가? 이 진술은 합리적으로 의심할 수 없는가? 아니면 이 진술은 논쟁의 여지없이 확실한가?

2. '러드는 존재하지 않았다'는 진술에 대해서도 위의 질문들을 던져 보시오.

예시 답안은 366면에

복습 문제 7.1

현대 과학자들이 지닌 감각 기관은 중세 과학자들이 지녔던 감각 기관과 동일한 방식으로 작용한다.

현대 과학자들이 지닌 무엇이, 특히 중세 과학자들도 지녔던 것 중에 무엇이 그들로 하여금 전자나 디옥시리보핵산(DNA) 분자가 존재한다고 주장하도록 만드는가?

예시 답안은 367면에

복습 문제 8.1

스코투스는 정신이 의지와 지성이 통합된 실재인데 의지는 감각 경험의 산물을 지배하는 법칙에 따르지 않는다고 주장하였다. 그는 우리의 감각이 제공하는 것과 같은, 우리 외부에서 생겨난 어떤 자극이 우리에게 도달하여 형성된 사고는 의지에 의해서 의식 안에 유지되지 않는다면 사라져 버릴 것이라고 주장하였다.

1. 만일 의지가 자연법칙에 따르는 무언가라면 상상력은 새로운 관념을 만들어 내기 위하여 작용할 수 있는가?

한 개인의 눈이 푸른 하늘의 인상을 받아들일 경우 하늘의 푸름은 그 개인이 변화시킬 수 없는 것인 듯하다. 푸름은 의식의 주체와 무관하게 그저 주체에 도달할 뿐이며 따라서 변화될 수 없다.

2. 감각 중 하나가 낳은 인상을 변화시킬 수 없다는 사실은 인상이 의식의 주체보다 더욱 근본적인 실재의 구성요소임을 의미하는가?

예시 답안은 368면에

복습 문제 8.2

플라톤의 '형상 이론' 은 등장한지 이천 년이 넘었지만 오늘날에도 여전히 이에 대한 논의가 이루어진다. 당신은 이 이론이 이렇게 오래 지속된 이유는 무엇이라고 생각하는가? 그 이유를 몇 가지 들어 보시오.

예시 답안은 369면에

더 읽어 볼 만한 책들

조지 버클리: 『새로운 시각 이론에 관한 시론』(*A New Theory of Vision*, Collins, 1710). 이 책에서 버클리는 경험과 경험된 대상 사이의 관계에 대한 자신의 이론을 제시한다.[1]

플라톤: 『국가』(*The Republic*) 어떤 분야든 간에 철학에 관심이 있는 사람이라면 누구나 반드시 읽어야 할 책이다. 여기서 플라톤은 자신의 '형상 이론'을 비교적 이해하기 쉽도록 명확하게 제시한다. 이에 대한 영어 번역은 수없이 많지만 컨퍼드(Francis Cornford)의 번역이 가장 뛰어나다고 생각된다.[2]

Walsh, W. H.: *Kant's Criticism of Metaphysics* (Edinburgh University Press, 1975). 사변적 형이상학에 대한 칸트의 비판을 가장 명확하게 설명한 책 중 하나이다. 우리가 대상에 대하여 지식을 지닌다는 그 어떤 주장도 우리의 경험에 대한 판단에 의해서 제한된다는 칸트의 생각을 잘 드러낸다.

1 [옮긴이 주] 최근 출판된, 이 책의 뛰어난 우리말 번역을 소개한다. 조지 버클리, 『새로운 시각 이론에 관한 시론』, 이재영 옮김 (아카넷, 2009).

2 [옮긴이 주] 컨퍼드의 번역서는 다음과 같다. *The Republic of Plato*, tr. F. M. Cornford (Oxford University Press, 1951).

PART 03

가치와 의무

2부의 마지막 부분에서 우리는 플라톤이 제시한 '형상 이론'의 개요를 검토하였다. 하지만 누군가는 실재를 다루는 장에서 이를 검토한 것이 과연 적절한지 의문을 가질지도 모른다. 플라톤의 형상 이론에 관한 논의는 가치를 다루는 장에서 검토하더라도 전혀 무리가 없다. 왜냐하면 이 이론의 중요 관심사는 올바른 삶의 본성을 결정하는 것이기 때문이다. 플라톤은 이 이론을 상당히 통합적인 개념으로 생각한다. 우리는 여기서 인식론과 존재론이 '선의 형상'과 결합함을 발견한다. 바꾸어 말하면 도덕적 가치는 우리가 인식하는 바, 존재한다고 생각하는 바에 영향을 미치며 또 영향을 받기도 한다. 플라톤은 예술은 기껏해야 실재를 모사할 뿐이라고 보고 그 가치를 인정하지 않았지만 아름다움 자체의 본성에 대해서는 그런 태도를 전혀 보이지 않았다(위의 148면에서 인용한 『파이돈』 참조). 그의 이론 전반이 지니는 본성은 한마디로 통합적이라고 할 수 있다. 그에게서는 현재 우리가 미적 가치라고 부르는 바가 도덕적 가치와 분리되지 않으며, 개인의 도덕적 가치가 사회적 가치와 융합된다.

이후의 분석 과정에서 어떤 특정한 가치 이론이 다른 이론보다 수용 가능성이 높다는 식의 가정은 전혀 하지 않으려 한다. 하지만 우리는 통합적 가치 이론이 타당할 수 있다는 가능성을 인정하며 또한 도덕적 가치와 미적 가치가 가치 일반의 서로 다른 측면일 수 있음도 인정한다. 동시에 도덕적 가치와 미적 가치가 서로 독립적일 수 있다는 가능성도 인정하며 따라서 이들을 서로 분리하여 검토하려 한다. 9장에서는 우리가 지닌 도덕적 가치와 미적 가치의 근원을 발견하기 위한 약간의 준비 작업으로 우리의 일상적 행위를 지배하는 규칙들을 탐구하려 한다.

10장과 11장에서는 서로 다른 접근 방식을 사용하여 미학과 윤리학을 논의하려 한다. 미학에 관한 논의는 아름다움의 개념이 발전한 과정과 '예술이란 무엇인가?' 라는 질문에 답하는 데 초점을 맞추려 한다.

[보충 설명: 철학 전반을 다룬 많은 책들에서 미학은 거의 또는 아무런 주목도 받지 못한다. 예를 들면 러셀은 790면에 이르는 자신의 철학사 전체를 통틀어 미학이라는 단어를 단지 세 번 언급하였다. 이 단어가 세 번째로 등장한 부분에서 그는 독자들에게 다음과 같이 말한다. 듀이(John Dewey)는 '철학자들뿐만 아니라 교육학, 미학 그리고 정치 이론을 연구하는 사람들에게까지도' 영향을 미쳤다(1946, 774면). 이를 보면 그는 미학자와 철학자를 서로 구별한다. 모든 것을 아는 체하는 허풍쟁이가 되기 위한 철학 입문서라는 재미있는 책(1985)을 쓴 핸킨슨(Jim Hankinson)도 미학을 전혀 언급하지 않았다. 어쩌면 미학 교사들이 그를 고소하겠다고 위협할지도 모를 일이다.

지금까지의 사정은 이렇지만 나는 철학의 입문서인 이 책의 논의 주제에 미학을 포함시켰는데 그 이유는 두 가지이다. 첫째, 인간이 처한 상황을 제대로 이해하기 위해서는 여러 미학 이론에 대한 통찰이 반드시 필요하다. 둘째, 미학을 포함시킴으로써 특별한 인간 활동의 본성에 관하여 기본적인 철학적 질문을 던지고 이를 통하여 몇 가지 철학적 분석을 시도할 기회를 얻을 수 있다. 하지만 공간의 제약 때문에 다른 주제에 관한 논의에서는 이와 같은 기본적인 질문을 던지지 못하였다. 예를 들면 12장에서 인식론이 의미하는 바를 분석하지는 않으려 한다.]

윤리학에 관한 논의는 더욱 폭넓게 다섯 가지 이론을 포함시켜 진행하려 한다. 우선 우리의 도덕적 행위를 인도하는 도덕적 가치와 원리들이 이성 능력의 작용과 관련된다고 보는 두 이론을 검토함으로써 논의를 시작하려 한다. 첫 번째로 논의할 이론은 도덕적 가치를 인간의 덕(인간의 탁월성)에서 찾고, 다양한 도덕적 가치를 덕을 추구하는 개인에서 찾으려 한 아리스토텔레스의 윤리학이다. 뒤이어 이성의 인도를 강조하는 칸트의 의무론(의무에 관한 이론)을 살펴보려 하는데 칸트는 개인이 도덕적 입법자인 동시에 도덕적 행위자이며, 도덕적 가치는 입법자인 동시에 행위자로서 개인이 발휘하는 자유에서 찾을 수 있다고 본다.

그 다음에는 이 두 이론은 도덕적 가치를 쾌락에서 찾으려 하는 이론들, 대표적으로 밀(John Stuart Mill)의 공리주의 윤리학 및 시지윅(Henry Sidgwick)의 윤리적 이기주의와 대비하려 한다. 이런 대비는 주로 도덕 규칙의 형성과 작용을 통해서 이루어진다. 밀과 시지윅의 이론 모두에서 도덕 규칙은 인간의 본성적 욕구와 충동을 규정하기 때문에 물리학의 법칙과 유사한 것으로 여겨진다.

윤리학 이론들에 관한 다섯 번째 논의에서는 도덕적 가치와 자유가 서로 밀접하게 연결된다는 칸트의 생각을 변형한 이론을 검토하려 한다. 칸트는 도덕적 가치가 어떤 행위의 준칙을 자유롭게 선택하는 데서 성립한다고 생각한 반면 실존주의자들은 인간이 지닌, 행위의 자유에 있다고 여긴다. 니체(Friedrich Nietzsche)는 이런 생각을 기존의 도덕 규칙에 반발하는 기초로 사용하는데 이는 칸트와 완전히 대비되는 측면을 드러낸다. 사르트르(Jean-Paul Sartre)는 다른 개인의 자유를 인식함으로써 각 개인이 자신의 자유를 인식할 수 있다고 믿는다.

서로 다른 다섯 가지 윤리 이론에 관한 논의는 이들을 서로 비교함으로써 이들에 대한 평가에 필요한 분석 기법을 더욱 발전시키는 계기를 제공한다. 이런 작업은 11장의 마지막 부분에서 행하려 한다.

가치와 가치들 9

3부 전체의 서론에 해당하는, 비교적 짧은 이 장에서는 주로 윤리학과 미학의 본성을 살펴보려는 3부의 탐구에 필요한 몇 가지 기초 작업을 행하려 한다.

위의 66면에서 우리는 '윤리학'(또는 '도덕철학')을 '옳음, 그름, 좋음, 나쁨, 의무와 책임 등의 본성과 옳음, 그름, 좋음, 나쁨, 의무와 책임 등에 관한 이론들의 본성을 탐구하는 철학의 분과'로 정의하였다. 또한 68면에서는 '미학'을 '아름다움의 본성과 아름다움에 관한 이론들을 탐구하는 현대 철학의 분과'로 정의하였다. 미학에 대한 정의에는 '현대'라는 용어가 등장하지만 윤리학에 대한 정의에는 이 용이가 등장하시 않는 이유에 대해서는 아래의 10장에서 밝히려 한다. '좋음', '나쁨', '옳음', '그름', '아름다움', '추함' 등은 모두 가치와 관련되는 용어이다. 이들 각각은 인간이 만들어 낸 가치와 어떤 관련성을 지닌다. 그리고 이는 이런 용어들이 결코 중립적으로 사용될 수 없음을 의미한다. 헤어(R. M. Hare)는 도덕에서 사용되는 언어에 관한 논의를 시작하면서(1952, 8면) 이런 용어들이 단지 가치 용어에 그치지 않음을 다음과 같이 지적한다.

> '나쁨'은 가치 용어이며 따라서 규정적이기도 하다. 마찬가지로 목적론적 윤리 이론은 '옳음'을 'Z에 도움이 되는'으로 해석하면서 Z의 자리에 '만족'이나 '행복' 등의 가치 용어를 대입하며, 이렇게 함으로써 이런 용어들을 분석하는 데서 발생하는 난점을 스스로 잠시 묻어 두려 한다.

[보충 설명: '목적론'은 목적 추구에 대한 탐구를 의미한다. 따라서 목적론적 가치 이론은 가치가 행위나 개인, 심지어 유기체가 추구하는 목적에서 발견된다고 주장하는 이론이다.]

이런 몇몇 난점을 피하기 위하여 우리는 약간의 준비 작업을 한 후 가치의 근원이 될 수 있는 바를 탐구하려 한다.

이 장에서

논의되는 개념
- 주관적 가치
- 객관적 가치
- 상호 주관적 가치
- 이성주의적 가치
- 내재적 가치
- 외재적 가치

전개되는 기법
- 개념의 분석
- 논증의 분석

검토되는 논증의 유형
- 무한 소급

주로 논의 되는 철학자
- 아리스토텔레스

언급되는 철학자
- 로크

가치와 가치들의 추구

'가치' (value)와 '가치들' (values)이라는 두 용어는 서로 밀접하게 관련됨과 동시에 분명히 구별되어야 하는 두 개념을 표현한다. 가치의 근원을 제대로 탐구하려면 이 구별을 반드시 이해하여야 한다. 철학에서 사용되는 '가치' (value 또는 worth)라는 용어는 다음과 같이 정의된다.

> 어떤 존재가 실제로 지니거나 지닌다고 여겨지는 값어치, 유용성 또는 중요성에 따라 그 존재에 부여되는 상대적 지위 또는 그 존재에 대한 평가. 철학과 사회과학에서는 특히 개

인이나 집단과 관련해서 언급됨(『옥스퍼드 영어사전』).

이 사전의 정의에서 가치가 실재하는지 아니면 가상적인지에 대해서는 어떤 주장도 등장하지 않는데 이는 올바른 태도라 할 수 있다. 왜냐하면 가치가 실재한다는 또는 가상적이라는 주장을 지지하는 논증을 펴는 일은 철학자의 임무이기 때문이다. 가치라는 용어의 복수형인 '가치들'은 약간 다른 의미로 사용된다. 『옥스퍼드 영어사전』은 '가치들'을 다음과 같이 정의함으로써 이 차이를 드러낸다. '삶에서 무엇이 값어치 있고 중요한지를 개인적으로 또는 사회적으로 판단하는, 개인이나 사회의 원리들 또는 기준들.' 이런 의미에서 가치들(원리들)은 일종의 가치에 의존하며, 가치와 가치들 사이의 관계는 경험과 무관하다. 우리가 일련의 원리들이 무엇인지 인식하기만 하면 이들을 지지하는, 인간과 관련된 가치를 결정하는 데 경험은 필요하지 않다. 왜냐하면 이 가치는 원리들에 대한 정의를 통해서 주어지기 때문이다.

현재 우리의 관심사는 미적으로 또는 도덕적으로 가치 있는 바를 결정하는 가치들 또는 원리들의 본성을 파악하려는 것이다. 이를 위해서 사람들이 자신의 판단과 행위를 정당화하기 위하여 제시하는 근거를 살펴보는 일이 훌륭한 출발점이 될 듯하나. 행위의 정당화는 어떤 종류의 가치에 기초한 규칙을 근거로 삼을 경우에만 의미를 지니게 된다. 우리는 위의 2장에서 이미 특정한 방식으로 행위하는 데 대한 결과 자신인 이유와 본질 자신인 이유에 관하여 논의하였다. 그리고 논의할 문제 2.2에서는 식당의 주방 보조로 일하는 사람이 왜 접시를 닦아야 하는지에 대한 결과 자신인 이유와 본질 자신인 이유를 다루었다. 또한 연습 문제 2.7에서는 화학을 공부하도록 사람들을 이끄는 결과주의적인 이유와 본질주의적인 이유를 검토하였다.

앞서 등장한 결과주의와 본질주의에 관한 논의는 우리가 행위를 정당화하기 위하여 제시하는 근거 또는 이유를 오직 두 유형으로만 한정하여 탐구하도록 만든다. 즉 행위 자체의 본성을 중요시하거나 아니면 행위의 결과에 초점을 맞추도록 — 바꾸어 말하면 행위의 가치가 행위 자체에서 발견되거나 아니면 행위가 낳은 가치 있는 무언가에서 발견된다고 생각하도록 — 만든다. 가치의 근원에 관한 이 두 가지 외에 다른 근원들도 얼마든지 행위를 정당화하는 데 사용될 수 있다. 다른 근원들이 존재하는지 살펴보기 위하여 다음의 예를 검토하고 여기서 가치의 또 다른 근원이 발견되는지 고찰해 보자.

연습 문제 9.1

한 회사의 경영자가 회사 자산을 그리 크게 발전하지 못한 도시 지역에 복합 놀이 시설을 짓는 사업에 투자하기로 결정하였다고 가정해 보자. 그 경영자는 자신이 승인한 투자가 정당하다고 주장한다. 예를 들면 그는 자신의 주장을 정당화하기 위하여 전적으로 자신의 감정에 기초한 **결과주의적인** 이유를 들 수도 있고, 자신의 감정과 무관한 **본질주의적인** 이유를 들 수도 있다.

1. 이 경영자가 오직 자신의 감정을 고려할 경우에만 따를 수 있는 **결과주의적인** 행위 규칙을 제시해 보시오.

2. 이 경영자가 자신의 감정과 무관하게 따를 수 있는 **결과주의적인** 행위 규칙을 제시해 보시오.

3. 이 경영자가 오직 자신의 감정을 고려할 경우에만 따를 수 있는 **본질주의적인** 행위 규칙을 제시해 보시오.

4. 경영자가 자신의 감정과 무관하게 따를 수 있는 **본질주의적인** 행위 규칙을 제시해 보시오.

5. 1에서 4까지 각각의 경우에 대하여 그 규칙에 따르는 것을 정당화하기 위하여 들 수 있는, 가치 있는 무언가를 말해 보시오.

예시 답안은 371면에

가치들(원리들)의 유형

연습 문제 9.1의 질문과 대답은 모두 개인의 감정에 기초한 가치가 성립할 수 있음을 가정한다. 가치와 관련하여 철학자들은 '주관적'과 '객관적'이라는 용어를 사용하는데 이들은 전문적인 의미로 다음과 같이 정의된다.

'주관적 가치들'은 한 개인의 인식적 경험에 의존하여 그로 하여금 어떤 행위나 사건 또는 대상이 어느 정도의 가치를 지니는지 평가하도록 만드는 **원리들 또는 기준들**이다. 예를 들면 '아름다움은 결국 제 눈의 안경'이라는 격언이 표현하는 아름다움의 기준은 주관적 가치들에 기초한다.

'객관적 가치들'은 한 개인의 인식적 경험과 무관하게 그로 하여금 어떤 행위나 사건 또는 대상이 어느 정도의 가치를 지니는지 평가하도록 만드는 **원리들 또는 기준들**이다. 예를 들면 옳음은 십계명에 의해 규정된다는 원리는 객관적 가치들에 기초한다.

주관적 가치들(원리들)에 의해서든 아니면 객관적 가치들(원리들)에 의해서든 간에 구체화된 규칙에 따르는 일은 자주 실천적 감정(예를 들면 산출된 쾌락)과 같은 가치의 근원에 호소함으로써 정당화된다. 하지만 이것만이 유일한 정당화의 유형은 아니다. 철학자들은 이와는 다른 두 가지를 가치의 근원으로 제시하는데 이들은 모두 상당히 추상적이다. 이제 앞의 86면에서 연습 문제 5.1의 질문 3에서 등장하였던 내용, 즉 앨리스가 '병 목에 "나를 마시세요"라고 또박또박 아름답게 적인 종이가 둘려 있었던' 병의 내용물을 마신 이유와 관련되는 질문 두 개를 던지고 이에 답함으로써 가치의 근원 두 가지를 파악해 보기로 하자.

위의 질문 3에 대한 예시 답안은 그녀가 병에 든 내용물을 마신 이유가 분별력을 지닌 사람이라면 누구나 행하는 바에 기초하였음을 암시한다. 그리고 다음의 내용을 잊어서는 안 된다. '앨리스는 불에 타거나 야수에게 먹히거나 다른 나쁜 일을 당한 아이들이 나오는 끔찍한 이야기를 몇 가지 읽은 적이 있었다. 이야기 속의 아이들이 그런 상황에 부닥친 까닭은 빨갛고 뜨거운 부지깽이를 너무 오래 쥐고 있으면 덴다든지, 손가락이 칼에 아주 깊게 베이면 대개 피가 난다는 따위의, 친구들이 가르쳐 준 간단한 주의 사항을 따르려 하지 않았기 때문이다. 그 가운데서도 앨리스가 절대로 잊지 않는 사실은 '독약' 이라고 쓰인 병에 든 것을 너무 많이 마시면 머지않아 배탈이 날 것이 거의 확실하다는 점이었다.'

연습 문제 9.2

앨리스는 어떻게 행위해야 할지를 결정하면서 자신의 이성 능력을 사용하였다. 그녀는 또한 친구들이 가르쳐 준 규칙에도 호소하였다. 여기서 그녀의 행위를 정당화할 수 있는, 가치의 근원 두 가지가 등장한다.

1. 앨리스가 자신의 이성 능력을 발휘하여 따를 수 있었던 행위 규칙을 제시해 보시오.

2. 앨리스가 친구들이 알려 준 규칙에 의지하여 따를 수 있었던 행위 규칙을 제시해 보시오.

예시 답안은 373면에

여기서 등장한 두 질문과 이에 대한 대답은 주관적인 가치들과 객관적인 가치들 외에도 가치들의 또 다른 두 유형이 있음을 알려 준다. 그 중 하나는 '실천 이성' 능력의 작용이며, 다른 하나는 주변 사람들의 상호 동의이다. 우리는 병의 내용물을 마시기로 한 앨리스의 결정이 과연 무엇에 따른 것인지에 대해서 그리 엄밀하게 분석하지는 않았다. 지금까지의 분석은 엄격하고 형식적인 가치 체계를 구성하는 데 사용되는 원리들을 암시하기 위하여 시도된 수준에 그친다. 어쨌든 앨리스는 일관되게 행위하려 하였다. 그녀는 자신이 행한 바가 이성을 사용하는 적절한 방식을 결정하는 규칙들과 조화를 이룬다는 점을 확인하여 하였다 — 이 조화는 그녀에게 무척 가치 있는 것이었다. 이런 종류의 조화에 기초한 도덕적 가치는 바로 칸트의 『실천이성비판』에서 발견되는 유형에 속하는데, 이는 이성주의 가치 체계에 기초한다.
'이성주의적 가치들' 은 한 개인으로 하여금 어떤 행위, 사건 또는 대상이 가치 있는지를 평가할 수 있도록 하는, 개인의 '이성' 을 지배하는 규칙들에 기초한 원리나 기준들이다. 아래의 11장에서 논의하려 하는 칸트의 '정언 명령' 이 이런 규칙의 좋은 예이다.

[보충 설명: '가치' 를 이성 능력 안에 두려는 시도와 '가치들' (원리들)을 이성의 발휘에 기초하여 이끌어 내려는 시도는 서로 구별되어야 한다. 아래의 11장에서 아리스토텔레스는 가치를 이성 능력 안에 둔 반면 칸트가 생각한 가치들은 — 그의 도덕 규칙 체계를 떠받치는 원리들은 — 이성의 발휘에 기초한다는 점을 살펴보려 한다. 에코(Umberto Eco)는 『중세 시대의 예술과 아름다움』(*Art and Beauty in the Middle Ages*, 1986, 85-6면)에서 스코투스가 아름다움을 크기, 형태, 색 등의 집합체로 보았다고 말한다. 그리고 에코는 다음과 같이 덧붙인다. '하지만 형상이 다수임을 주장하는 그의 이론은 그의 미학이 관계라는 기초 위에 성립됨을 의미한다. 이 때문에 그는 더욱 분석적이며 덜 통합적인 아름다움의 개념에 이르게 되었다.' 또한 이 때문에 그는 아리스토텔레스적인 가치 개념으로부터도 멀어지게 되었는데 이에 관해서는 11장에서 검토하려 한다.]

위의 두 번째 질문과 그에 대한 대답은 사람들 사이의 관계에서 성립하는 가치들(원리들)을 탐구하도록 만든다. 하버마스(Jürgen Habermas)를 비롯한 몇몇 유럽 대륙의 철학자들은 이런 관계에서 행위를 정당화하는 기준을 찾으려 한다. 이들은 가치의 근원이 '상호 주관성' 에 있다고 본다(Peter Dews, 1999, 124면 이하 참조). 상호 주관성은 그리 간단한 개념이 아니므로 이에 관한 논의는 더욱 전문적인 철학서에서 다루는 편이 적절하리라 생각한다. 하지만 윤리학과 미학 이론들의 기초에 관한 논의에서 상호 주관성에 대한 정의 정도는 기억할 필요가 있다.

'상호 주관적인 가치들' 은 사람들 사이의 상호 수용 가능성에 의존하여 한 개인으로 하여금 어떤 행위나 사건 또는 대상이 어느 정도의 가치를 지니는지 평가하도록 만드는 원리들 또는 기준들이다.

내재적 가치와 외재적 가치

이 장의 논의는 사람들이 자신의 판단과 행위를 정당화하기 위하여 제시하는 근거를 검토하면서 시작되었다. 결과주의적인 정당화와 본질주의적인 정당화를 검토함으로써 우리는 가치들을 규정하는 속성이 네 가지 영역으로, 즉 주관적, 객관적, 이성주의적 그리고 상호 주관적 영역으로 분류됨을 확인하였다. 이런 가치들은 (행위를 지배하는 원리들은) 가치를 지니는 바에 의존하는데 아직 우리는 도덕적으로 또는 미학적으로 무엇이 실제로 가치를 지니는지를 명시하지는 않았다. 이 작업은 다음 두 장에서 시도하려 한다. 그렇게 하기에 앞서 우리가 주의를 기울여야 하는 준비 작업이 한 가지 더 있는데 이는 '내재적' 가치와 '외재적' 가치를 명확히 구별하는 일이다. 사실 내재적 가치를 지닌 그 무언가라도 존재하는지를 확립하는 문제는 반드시 필요한 작업이기도 하다.

연습 문제 9.3

a. 모든 기예와 탐구, 그리고 모든 실천적 행위와 선택은 어떤 선을 목표로 삼는 듯하다. 따라서 모든 것이 목표로 삼는 바를 최고선이라고 적절하게 부를 수 있다.

아리스토텔레스는 만일 가치를 지닌 무언가라도 존재한다면 내재적 가치를 지닌 것 또한 반드시 존재하여야 한다고 주장하였다(『니코마코스 윤리학』(이하 *NE*로 약칭) 1094a 18–24). 위의 주장 a를 지지하기 위한 아리스토텔레스의 논증은 아래에 등장하는 a에서 e까지의 진술을 통해서 이루어진다. 이들 진술은 아리스토텔레스의 저술에 대한 로스(W. D. Ross)의 영어 번역본을 이해하기 쉽게 재구성한 것이다. 이는 아래의 진술이 아리스토텔레스의 생각을 정확하게 반영하지 못할 수도 있음을 의미한다. 그리고 그는 자신의 주장을 아래에서처럼 a, b, c 등으로 분류하지도 않았다. 어쨌든 각각의 주장을 검토하고 뒤이은 질문에 답하기로 하자.

a. 모든 기예와 탐구, 그리고 모든 실천적 행위와 선택은 어떤 선을 목표로 삼는 듯하다.

1. 이는 아리스토텔레스의 전제 중 하나이다. 이 전제는 참인가?

b. 기예와 실천적 행위 그리고 학문은 다양한 목적들을 추구한다. 수많은 행위와 기예, 학문이 있으므로 목적들 또한 많을 수밖에 없다. 예를 들면 의술의 목적은 건강이며, 조선술의 목적은 배이고, 전술의 목적은 승리, 가정 경제의 목적은 부이다.

2. 이 진술은 참인가? 만일 그렇다면 **이성적** 근거에서 참인가 아니면 **경험적** 근거에서 참인가?

c. 그런데 기예와 행위, 학문들 중에는 주요한 것이 있고 그 아래에 놓이는 것들이 있다. 예를 들면 말고삐를 만드는 기술을 비롯하여 마구를 제작하는 모든 기술은 마술(馬術) 아래에 놓인다.

d. 주요한 기예, 행위, 학문의 목적은 그 아래 놓이는 것들의 목적들보다 더욱 욕구할 만하다. 왜냐하면 아래 놓이는 것들의 목적은 오직 주요한 것들의 목적을 위해서만 추구되기 때문이다. 말고삐를 만드는 기술이 추구하는 목적은 마술(馬術)이 추구하는 목적 아래 놓인다.

3. 누군가가 사람들을 건강하게 만들려는 근거 이외에 다른 어떤 근거에서 의술을 배울 수도 있는가? 만일 그렇다면 이는 위의 진술 d가 거짓일 수 있음을 의미하는가?

e. 만일 모든 목적이 다른 어떤 목적 아래에 놓인다면 어떤 목적을 추구하는 과정은 무한히 계속될 것이며, 이 경우 목적을 추구하려는 우리의 욕구는 공허하고 헛된 일이 되고 말 것이다. 그리고 위에서 언급한 학문들의 경우와는 달리 우리가 추구하는 목적이 그 자체를 추구하

는 활동인지 아니면 그 외의 다른 무언가를 추구하는 활동인지 구별할 수 없게 만들 것이다.

무한히 계속되는 과정을 철학에서는 '무한 소급'이라고 부른다. 위의 인용문에서 아리스토텔레스는 무한 소급이 터무니없는 결론에 이른다고 말한다. 무한 소급이 터무니없는 결론에 이르는 경우를 '악순환'(vicious regress)이라고 부른다. 반면 무한 소급이 그리 해가 없는 결론에 이르는 경우는 '선순환'(benign regress)이라고 부른다. 악순환을 피하기 위해서는 모든 목적이 다른 목적 아래에 놓인다는 주장을 거부하여야 한다. 이 경우 무한 소급이 터무니없는 결론에 이른다고 말함으로써 아리스토텔레스는 귀류법을 사용한다. 하지만 다른 모든 목적들이 목표로 삼는 어떤 목적이 존재해야만 한다는 결론을 명확히 언급하지는 않는다.

4. 진술 e에서 아리스토텔레스는 일종의 '악순환'을 묘사하는가? 아니면 사람들이 어떤 대상이 낳는 선이 무엇인지를 알지 못하면서도 그 대상을 추구하는 일이 가능한가?

예시 답안은 374면에

f. 따라서 만일 우리가 추구하는 것 중에 오직 그 자체로서 추구하는 (다른 모든 것은 오직 이를 위하여 추구하는) 어떤 궁극 목적이 있다면 … 이는 명백히 선하며 더 나아가 최고선임에 틀림없다.

진술 f에 관한 논의는 잠시 미루려 한다. 아리스토텔레스의 저술에서 이후에 이어지는 주장은 11장의 첫 부분에서 덕 윤리(virtue ethics)를 검토하면서 살펴보려 한다.

아리스토텔레스는 우리가 그 자체를 위하여 원하거나 추구하는, 내재적 가치를 지닌 '궁극 목적'과 다른 무언가를 위하여 원하거나 추구하는, 외재적 가치를 지닌 '하위 목적'을 서로 구별한다. 그의 논증은 내재적 가치를 지닌 유일한 무언가가 존재함에 틀림없다는 주장을 지지하기 위하여 마련되었다.

연습 문제 9.4

1. 위의 연습 문제 9.5에서 제시된 아리스토텔레스의 논증을 A에서 F까지의 점수로 평가해 보시오. A는 탁월함을, F는 전혀 적합하지 않음을 나타낸다.

2. 그런 점수를 준 근거를 제시하시오.

예시 답안은 376면에

이 장의 요약

이 장에서 행한 작업은 기초를 다지는 노동자(under-labourer)의 작업에 비유될 수 있다. 여기서 기초를 다지는 노동자의 의미는 로크(Locke)가 사용한 것을 빌려 왔다. 그는 철학자를 거친 돌멩이들을 깨끗하게 치워 뛰어난 건축가가 손쉽게 훌륭한 건물을 지을 수 있도록 만드는 사람에 비유하였다.

> 현재 학문의 나라에는 학문의 진보를 목표로 삼는 위대한 설계도를 가지고 후세에 길이 칭찬받을 만한 대단한 기념비를 세울 뛰어난 설계자가 없지 않다. 하지만 모든 사람이 보일(Boyle)이나 시드넘(Sydenham)[1]처럼 되기를 바라서는 안 된다. 위대한 호이헨스(Huygens)나 비길 데 없는 뉴턴(Newton)과 같은 대가를 낳은 시대에도 지식으로 나아가

1 [옮긴이 주] 시드넘(Thomas Sydenham, 1624-89)은 영국의 의사로 임상의학과 역학의 기초를 세운 인물이다. 그는 환자에 대한 자세한 관찰과 정확한 기록의 유지를 강조했기 때문에 영국의 히포크라테스로 불린다.

> 는 길의 바닥을 조금 깨끗하게 하고 그 길에 놓인 거친 돌을 치우는, 기초를 다지는 노동자가 되기를 기꺼이 바라며 이를 위하여 애쓰는 사람들이 있기 마련이다.(John Locke 1690: '독자들에게 보내는 편지')

이제 우리는 미학과 윤리학의 뛰어난 건축가들이 자신의 자재와 도구를 가지고 인간적 가치에 관한 여러 유형의 이론을 세울 수 있도록 기초를 조금 다졌을 뿐이다. 선과 악, 아름다움과 추함은 모두 서로 다른 유형의 인간적 가치와 관련된다. 또한 우리는 이런 자재와 그 구성 요소를 사용하여 가치를 인식하는 방법을 규정하는 원리들을 세우는 다양한 방식들을 검토하였다. 우리는 인간 행위의 몇몇 측면들을 간략히 검토하였고 이를 통해서 '주관주의', '객관주의', '상호 주관주의', '이성주의' 등의 다양한 원리가 어떻게 발견되는지를 밝혔다. 그리고 우리는 서로 다른 유형의 구성 요소가 있을 수 있다는 점도 지적하였다. 즉 어떤 이론은 '내재적 가치'를 지닌 자재로 구성되기도 아니면 '외재적 가치'를 지닌 자재로 구성되기도 한다. 기초를 다지는 노동자의 작업은 뛰어난 건축가들이 어떤 미학 이론을 세웠는지를 살펴보는 데 큰 도움이 된다. 하지만 공간의 제약 때문에 이들의 이론을 모두 검토하기는 어렵다. 허치슨(Francis Hutcheson), 흄, 칸트, 크로체(Benedetto Croce), 톨스토이(Leo Tolstoy), 무어(G. E. Moore), 콜링우드(R. G. Collingwood)의 다양한 이론들 그리고 피히테(Fichte), 셸링(Schelling), 헤겔(Hegel)이라는 세 철학자의 주장 등은 지금보다 더욱 전문적인 연구를 위해 남겨 두는 편이 좋을 듯하다. 다음 장에서는 미학 이론을 평가하거나 구성하는 데 반드시 필요한 질문을 던지고 이에 대한 대답을 모색하는 정도로 만족하려 한다.

그 다음 장에서는 도덕철학의 이론들 세운 위대한 건축가들과 (예를 들면 아리스토텔레스, 칸트, 밀, 사르트르 등과) 더불어 도덕 규칙 자체를 거부하였던 니체에 관한 논의로 넘어가려 한다.

예술, 아름다움, 취미에 관한 이론들 10

9장에서 이루어진, 가치의 근원에 관한 탐구를 통하여 우리는 철학자들로 하여금 정교한 미학 이론을 제시하도록 만든 몇 가지 생각들을 검토하였다. 미학 이론을 정교하게 제시하면서 이들은 우리가 앞서 4장 끝부분에서 언급한, 미학에 대한 두 번째 정의에 따라 연구를 수행함을 알 수 있다.

'미학'은 아름다움의 본성과 아름다움에 관한 이론들을 탐구하는 현대 철학의 분과이다. 예술은 아름다움과 밀접하게 관련되므로 미학은 또한 예술의 본성에 관한 이론들에도 관심을 보인다.

이 장의 전반부에서는 17, 18세기에 유럽의 대학들에서 일어난, 학문적 주제의 중요한 변화를 간단히 살펴보려 한다. 오늘날 우리가 이해하는 미학이 학문적 주제로 등장하고 또 미학이라는 이름을 얻은 것은 바로 이 시기였다. 이 부분에서는 순전히 역사상의 사실만을 다루므로 연습 문제를 내지 않았다. 후반부에서는 우리가 '아름다움'과 '예술'을 통하여 무엇을 의미하는가라는 질문을 던지려 한다. 이런 주제들을 다루면서 취미(趣味, taste)가 무엇을 의미하는지도 함께 논의하려 한다.

이 장에서

논의되는 개념

- 미학
- 아름다움
- 예술

전개되는 기법

- 개념의 분석
- 이론의 평가

언급되는 철학자

- 샤프츠버리
- 크로체
- 듀이
- 니체
- 아리스토텔레스
- 마르크스
- 무어
- 허치슨
- 플라톤
- 플로티노스
- 사르트르
- 톨스토이
- 피히테
- 칸트
- 흄

미학의 탄생

'미학' 이라는 용어의 사용과 미학이라는 학문 분과

미학이라는 주제가 하나의 독립된 학문 분과로 등장한 것은 철학사에서 그리 오래되지 않은 일이다. 바움가르텐(Alexander Baumgarten)이 『미학』(*Aesthetica*, 1750-8)이라는 미완성의 저술을 쓰기 이전까지 '에스테틱스' (aesthetics)라는 용어는 오직 우리의 다섯 가지 감각이 작용하는 방식에 관한 탐구만을 의미하는 것으로 사용되었다. 바움가르텐은 감각의 목적을 아름다움과 연결하면서, 논리적 지식의 목적과 감각적 또는 감성적 지식의 목적을 서로 대비하였다. 즉 논리적 지식은 진리를 추구하는 반면 감성적 지식은 아름다움을 추구한다. '에스테틱스' 라는 용어는 '감각을 통해서 지각될 수 있는 바' 를 의미하는 그리스어 아에스테티카(aesthêtica)에서 유래하였다.

'에스테틱스' 라는 용어를 감각과 세계에 대한 지식 사이의 관계를 다루는 분야를 지칭하는 것으로 사용하는 관행은 18세기 후반까지도 여전히 널리 퍼져 있었다. 1781년 칸트는 『순수이성비판』(*Kritik der reinen Vernunft*)을 출판하였는데 이 중 '선험적 감성론' (die transzcendentale Ästhetik)이라는 제목이 붙은 부분에서 그는 감각이 우리에게 제공하는 바를 제대로 이해하기 위하여 필요한 조건을 분석한다 — 여기서 칸트는 '에스테틱스' 라는 용어를 원래의 전통적 의미로 사용한다. 하지만 1790년 『판단력비판』(*Kritik der Urtheilskraft*)을 출판하면서 그는 '에스테틱스' 라는 용어에 현재 우리가 사용하는 것과 가까운 의미를 부여한다.

그러므로 예술을 위하여 반드시 필요한 바는 상상력, 오성, 영혼 그리고 취미*이다. … 아름

> 다움은 (이것이 자연의 아름다움이든 아니면 예술의 아름다움이든 간에) 일반적으로 미적 관념들의 표현이라 할 수 있다. (*주: '앞의 세 능력은 네 번째 능력을 통해서 처음으로 하나로 통합된다.')(강조 표시는 칸트 자신이 한 것임)(C3, 320면)

프랑스에서는 계몽주의 '철학자들'이 '에스테틱스'라는 용어의 새로운 의미를 서둘러 받아들였나. 이 용어가 새로운 의미로 사용된 예는 (1751년에서 1772년에 걸쳐 모두 11권으로 출판된) 『백과전서』(*Encyclopédie*)의 초판에서는 등장하지 않지만 1781년 출판된 판에서는 발견된다 — 이 두 판 모두 디드로(Denis Diderot)가 감수하였다.

> 미학이라는 … 새로운 용어는 오직 최근 몇 년 사이에 형성된 학문을 지칭하기 위하여 만들어졌다. 이는 예술에 관한 철학을 의미한다(*Encyclopédie* XIII 84-6면).

이 용어가 영어권으로 건너와 새로운 의미로 쓰이는 데는 시간이 좀 더 걸렸다. 유럽과 북아메리카 철학계 전반에서 이 용어가 널리 사용되기 시작한 것은 1820년대 독일에서 헤겔이 『미학』(*Aesthetik*)을 출판한 이후의 일이다. 『옥스퍼드 영어사전』에 따르면 이 용어가 영어에서 처음 사용된 때는 1832년이며, 이 당시의 정의는 다음과 같다. '미학(Æsthetics 또는 Æsthetik)은 독일 저술가들이 철학적 탐구의 한 분과에 붙인 명칭인데 이 분과의 탐구 대상은 아름다움에 관한 철학적 이론이다.'

영어권에서 이 용어 자체는 비교적 늦게 받아들였을지 몰라도 아름다움을 우리의 감각 작용이 지닌 기능 중 하나로 보고 이에 대한 분석을 시도한 것은 영미권이 가장 앞선다. 오늘날 우리가 이해하는 미학이라는 분야의 근원은 1690년대 후반 로크의 제자 중 한 사람이었던 샤프츠버리(Anthony Shaftesbury)의 저술에까지 거슬러 올라간다. 하지만 그의 주요 관심사는 미학 이론보다는 덕 이론을 전개하려는 것이었다. 이 과정에서 그는 로크에 반대하면서 덕이 다른 감각들과 유사한 방식으로 작용하는 '도덕감'(moral sense)에 기초하며 이를 통해서 도덕적 성질들을 파악할 수 있다고 주장하였다. 도덕감은 자비와 아름다움 그리고 정의를 일종의 조화로운 체계로 인식한다. 이 체계에서 도덕감은 우리의 시각이 색이나 형태를 인식하는 것과 같은 방식으로 조화를 인식한다. 따라서 감각과 아름다움 사이의 연결점이 확보된다. 1725년 스코틀랜드 계몽주의의 대표적 인물 중 한 사람인 아일랜드 철학자 허치슨은 아름다움에 관한 자신의 이론에서(1994, 7-45면) 이 연결점을 특히 강조하였다. 그는 비록 인간의 능력보다는 물리적 감각의 측면에서 아름다움에 관하여 언급하였지만 칸트가 시도하였던 것과 같은(위를 참조), 아름다움에 관한 체계적인 형태의 탐구를 시도한 최초의 인물이었다. 흄은 내적 감각에 (그는 '미적 감각' 이라는 표현을 사용하지 않았다) 기초하여 취미에 대한 분석을 시도하였는데 이는 샤프츠버리와 허치슨의 생각을 적절히 변형한 것이었다.

학문적 주제로서의 예술

미학이 철학의 여러 주제들 중 비교적 늦게 등장하였다는 사실은 예술을 하나의 학문적 주제로 여긴 것 또한 그리 오래되지 않았다는 사실과 관련된다. 이렇게 된 까닭은 고대 그리스인들이 지녔던 아름다움의 관념 중 두 측면이 계속 유지되면서 18세기에 이르기까지 유럽 사상에 상당한 영향력을 발휘하였기 때문이다. 이 두 측면 중 하나는 무엇이 아름다운가라는 질문과 관련되며, 다른 하나는 아름다움과 도덕성의 관념 사이의 관계와 관련된다.

고대 그리스인들은 시각적인 예술이 시나 음악보다 열등하다고 보았다. 시각 예술을 지칭하는 용어는 기예였다(techne — 이로부터 기술(technique), 공학(technology) 등의 단어가 유래하였다). 그리고 예술 작품이 불러일으키는 인상은 예술가 자신보다는 예술 작품에 속한 것으로 여겼다. 예술이 일종의 기예로 간주되면서 예술가의 활동도 그가 만든 예술 작품도 다섯 가지 감각을 통하여 지각한 바를 재현한 것 이상의 의미를 지니지 않는다고 생각되었다. 또한 덕과 전쟁도 모두 '기예' 로, 즉 전자는 삶을 위한, 후자는 승리를 위한 기예로 여겨졌다. 플라톤은 『파이돈』에서 아름다움을 논의하면서 시각 예술에 관해서는 언급하지 않는다. 그는 시각 예술을 모방의(mimesis — 이로부터 흉내 내는(mimic)이라는 단어가 유래하였다) 형식으로 여긴다. 또한 『국가』(10권)에서는 예술을 강력하게 비판하면서 예술은 실재로부터 이중으로 멀어진다고 말한다. 왜냐하면 예술 작품은 단지 형상의 복제품을 모사한 것에 지나지 않기 때문이다. 중세에 이르면 예술은 크게 두 유형으로 명확히 나누어져 한편에는 시와 음악, 다른 한편에는 회화, 조각, 건축 등의 시각 예술이 속하게 되었다. 시와 음악은 주로 학교를 중심으로 연구와 교육이 이루어진 반면 회화, 조각, 건축 등은 예술가 조합에서만 다루었다.

시각 예술을 단지 전문적 기예의 표현 이상으로 재인식하려는 움직임이 명확히 드러난 것은 16세기 이탈리아에서였다. 당시에 이미 설립된 지 오백년이 지났던, 볼로냐(Bologna) 등지의 이탈리아 대학들에서 학자들은 서로 다른 '인문 학예들' 이(liberal arts — 이 용어는 오늘날 우리가 이해하는 것과 같은 의미로 사용되었다) 지닌 상대적인 장점을 놓고 논쟁을 벌이기 시작하였다. 이 논쟁에 크게 기여한 인물은 다빈치(Leonardo da Vinci)였는데 그는 『일 파라고네』(*Il Paragone*)에서 시보다 회화가 우월함을 주장하였다. 하지만 다빈치는 회화가 일종의 과학임을 보이는 데 열중하였다. 예술과 과학의 분리는 이때 막 시작된 단계였지만 아직도 갈 길이 멀었다. 예를 들면 1727년 출판된, 체임버스(E. Chambers)의 『백과사전』(*Cyclopaedia*) 초판에서 회화는 광학, 건축, 조각 등과 함께 '수학적 과학'의 범주로 분류되었다.

현재 우리가 접하는 것과 같은 인문 학예들 사이의 통합은 17세기와 18세기를 거치면서 이루어졌다. 앞서 살펴보았듯이 잉글랜드에서는 샤프츠버리가, 그 뒤를 이어 스코틀랜드에서는 허치슨과 흄이 아름다움을 모든 인문 학예들에 공통적으로 적용될 수 있는 내적 감각에 기초하는 것으로 해석하였다. 프랑스에서는 1714년 크루사즈(J. P. Crousaz)가 『아름다움에 관하여』(*La Traite du Beau*)를 출판하였는데 여기서 그는 시각 예술, 시, 음악 등이 모두 아름다움에 관한 일반 이론 아래 속한다고 보았다. 이 뒤를 이어 1746년 바토(Charles Batteaux)는 『동일한 원리로 환원된 예술』(*Les beaux arts réduits à un même principe*)이라는 제목의 저술을 출판하였다.

이 마지막 저술의 제목은 17세기와 18세기에 걸쳐 일어난 변화를 여실히 드러낸다. 즉 여러 인문 학예들이 모두 하나의 개념적 틀 안에 포섭되었을 뿐만 아니라 이들 모두가 추구하는 아름다움의 본성이 하나의 원리로 설명됨을 암시한다. 그런데 이런 통합 과정은 분리 과정과 병행해서 이루어졌다.

학문적 주제로서의 예술과 다른 가치 이론들의 분리

18세기 초까지 아름다움과 도덕적 선은 동일한 현상이 지닌 서로 다른 두 측면으로 여겨졌지만 동시에 이때부터 둘을 서로 분리하려는 움직임 또한 감지되기 시작한다. 당시까지도 아름다움과 도덕이 덕을 갖춘 삶 안에서 서로 얽혀있다는 고대 그리스적인 생각이 여전히 유럽인들의 의식에 굳게 자리 잡고 있었다. 이를 보여 주는 예로 앙드레(Père André)는 1741년 출판한 『아름다움에 관한 시론』(*L'Essai sur le Beau*)에서 아름다움에는 신성한 아름다움, 자연의 아름다움, 인공적인 아름다움의 세 종류가 있다고 주장하면서 도덕의 아름다움은 정신의 산물에서 발견된다고 말한다. 샤프츠버리를 비롯한 당시의 영국 철학자들도 아름다움과 도덕 사이의 연결을 주장하였는데 특히 그는 — 아래 343면의 연습 문제 7.2에 대한 예시 답안에서 지적하듯이 — 도덕적 가치와 미적 가치를 모두 내적 감각과 결합한다.

도덕적 가치와 미적 가치의 분리는 허치슨의 저술에서 시작되며 이후 칸트의 저술에서도 드러난다. 허치슨은 샤프츠버리와 달리 도덕적 선과 아름다움을 인식하는 내적 감각을 서로 분리해야 한다고 주장한다. 그에 따르면 도덕감은 도덕적 가치를 산출하는데 이는 미적 감각이 낳는 미적 원리들과는 서로 다르다.

칸트의 이론에서 이들 둘은 서로 분리되지만 근본적으로 분리되지는 않는다. 그가 생각한 분리는 도덕적 또는 미적 판단을 가능하게 만드는 조건을 충족시키는 데 필요한 전제들로부터 가치를 이끌어 내는 과정에서 유래한다. 따라서 도덕 판단을 가능하게 만드는 조건과 미적 판단을 가능하게 만드는 조건은 서로 다르다. 하지만 이 둘 모두 이성 능력의 발휘에 기초한다. 이는 도덕적 가치와 미적 원리 사이의 분리를 단지 외견상의 것으로 만든다 — 왜냐하면 둘은 모두 이성이라는 하나의 능력을 발휘함으로써 규정되기 때문이다.

결론

18세기 유럽에서는 미학을 하나의 독립된 학문으로 확립하려는, 서로 다른 세 계기가 등장하였다. 그 중 첫째는 르네상스 시대 이탈리아에서 뿌려진 씨에서 싹튼, 아름다움에 대한 학문적인 탐구가 시와 음악에만 한정되어야 한다는 견해를 거부하려는 움직임이었다. 이로부터 여러 인문 학예를 하나의 개념적 틀 안에 모으고 아름다움의 본성을 설명하는 하나의 통합적 원리를 찾으려는 시도가 등장하였다. 둘째, 미학이 점점 감각 능력과 연결되기 시작하였다 — 즉 인간은 미적 가치를 인식하는 내적 감각을 소유한다는 생각이 등장하였다. 바로 이 때문에 '에스테틱스' 라는 용어가 미학이라는 의미를 지니게 되었다. 셋째, 도덕적 가치와 미적 가치를 분리하려는 움직임이 등장하였다. 이런 모든 계기를 거치면서 미학과 아름다움 사이의 확고한 연결은 여전히 유지되었다. 하지만 유지되지 않은 바도 있는데 그것은 바로 아름다움의 개념이었다.

아름다움이란 무엇인가?

앞서 9장에서 가치의 근원을 분석하면서 우리는 가치가 가치 있는 대상을 경험하는 개인으로부터 또는 대상 자체로부터, 아니면 대상과 개인들 사이의 어떤 상호 작용으로부터도 유래할 수 있음을 발견하였다. 그리고 이런 사실은 가치가 무엇인가라는 문제와 관련하여 상당한 불확실성을 남겨 놓는다. 미학의 역사를 간략히 살펴보는 과정에서 드러났듯이 예술과 아름다움에 대한 정의가 시대에 따라 변한다는 사실은 이런 불확실성을 증가시킨다. 예술과 아름다움의 의미는 자연과학에서 사용되는 용어들의 의미처럼 확고하지 않은 듯하다. 예를 들면 '고체' 에 대한 정의는 아름다움의 의미를 둘러싸고 벌어지는 것과 같은 논쟁을 낳지 않는다. 철학자가 아닌 사람들도 '예술이란 무엇인가?' 라는 질문에는 쉽게 답하지 못하지만 '물리학이란 무엇인가?' 라는 질문에 대해서는 그리 큰 어려움 없이 답한다.

고체라는 용어가 의미하는 바를 발견하는 방법 중 하나는 다양한 사물들을 경험하는 것이다. 고체로 불리는 대상과 그렇지 않은 대상을 구별하고 나면 고체인 대상과 그렇지 않은 대상을 구별하는 기준을 구체적으로 언급할 수 있다. 이 같은 방법을 아름다움과 예술에도 적용해 보자. 우선 우리가 '아름다움' 이라는 단어를 어떻게 사용하는지를 검토함으로써 논의를 시작하려 하는데 어떤 특정한 관점에서, 예를 들면 허치슨처럼 우리가 미적 감각을 지니므로 청각이 소리를 감지하는 것과 같은 방식으로 아름다움을 감지한다고 생각하는 사람의 관점에서 이런 일을 시도하려 한다. 하지만 이런 방법을 사용한다고 해서 우리가 촉각, 후각, 청각, 미각, 시각 등의 다른 감각들과 더불어 미를 감지하는 어떤 별도의 감각을 지닌다는 믿음을 받아들이는 것은 아니다.

연습 문제 10.1

'앙드레에 따르면(『아름다움에 관한 시론』, 1741) 아름다움에는 신성한 아름다움, 자연의 아름다움, 인공적인 아름다움의 세 종류가 있다' 톨스토이(Tolstoy, 1930, 95면).

애리조나 주 고원지대에 있는 페인티드 데저트(Painted Desert)에 해가 지는 광경은 아름답다고 여겨진다.

1. 추하다고 여겨지는 자연의 대상, 물리적 특성 또는 사건을 들어 보시오.

2. 사람이 만든 인공물 중에 아름답다고 여겨지는 것을 들어 보시오.

3. 자연의 아름다움과 인공적 아름다움이 서로 다르다는 앙드레의 주장은 옳았는가?

18세기 중반 허치슨은 우리가 '미적 감각'을 사용하여 아름다움의 인식에서 일어나는 정도의 변화를 고찰함으로써 경험적 방법을 사용하여 아름다움을 분석하였다. 허치슨에 따르면 '우리에게 아름다움의 관념을 불러일으키는 도형은 다양성 가운데 단일성을 지닌 듯이 보인다' (1995, 15면). 그는 계속해서 다음과 같이 말한다. 우리가 단일성을 지닌 대상을 볼 때 그 대상의 다양성이 증가하면 대상의 아름다움 또한 증가하게 된다. 그는 이 점을 보이기 위하여 수학적인 예를 든다. '정삼각형의 아름다움은 정사각형만 못하며, 정사각형의 아름다움은 정오각형만 못하고, 다시 정오각형의 아름다움은 정육각형만 못하다.'

4. 허치슨은 옳았는가?

(i) 단일성은 아름다움의 필연적 속성인가? 허치슨의 예를 사용하면 정사각형은 항상 직사각형보다 더욱 아름다운가?

(ii) 다양성이 증가하면 아름다움도 증가하는가? 허치슨의 예를 사용하면 팔각형은 항상 20개의 변을 지닌 다각형보다 덜 아름다운가?

19세기로 넘어가는 전환기에 피히테는 아름다움이 직관을 통해서 인식될 수 있다고 주장하였다. 아름다움은 노란 색과 같은 방식으로, 즉 우리가 감각을 통해서 바로 인식할 수 있는 방식으로 세계 안에 존재하지 않는다. 이와는 반대로 아름다움은 아름다운 영혼 안에 존재한다. 영혼은 세 영역에서 작용한다. 감각 경험의 '감각적' 영역과 정신적 경험의 도덕적 영역 그리고 미적 영역이 그 셋인데 미적 영역은 앞의 두 영역을 서로 연결하는 수단을 제공한다. 아름다움은 그것을 보는 사람의 눈뿐만 아니라 영혼 안에도 존재한다.

백설공주와 일곱 난쟁이 이야기에서 사악한 왕비는 마법 거울에게 세상에서 가장 아름다운 여자가 누구냐고 묻는다. 이 질문은 아름다움이 모든 사람이 보편적으로 판단할 수 있는 속성일 경우에만 의미를 지닌다.

5. 우리가 왕비의 질문을 이해할 수 있다는 사실은 아름다움이 단지 그것을 보는 사람의 눈이나 영혼 안에만 존재하는 것이 아니라는 주장을 정당화하기에 충분한가?

헤겔은 피히테의 이론을 더욱 발전시켜 아름다움은 물리적 영역이 아니라 정신적 영역에 속한다고 주장하였다. 그에 따르면 오직 영혼만이 진정으로 아름다운데 이는 정신의 본성적 아름다움을 반영할 경우에만 자연이 아름다울 수 있음을 의미한다.

6. 자연의 아름다움은 오직 정신이 지닌 본성적 아름다움의 반영일 뿐인가?

『옥스퍼드 영어사전』에 등장하는 아름다움에 대한 정의는 위의 두 이론을 요약하여 일반적인 범주로 표현한다.

(i) '우리의 감각들에 예민한 쾌락을 제공하는 성질 또는 성질들의 결합'.
(ii) '우리가 느끼는 우아함이나 적절한 어울림, 우리가 원하는 목적 등을 통하여 지적인 또는 도덕적인 능력을 매료시키는 성질 또는 성질들의 결합'.

허치슨의 이론은 아름다움을 감각에 영향을 미치는 성질로 보는 유형인 반면 피히테와 헤겔의 이론은 아름다움을 지적 또는 도덕적 능력에 매료된 상태로 보는 유형에 속한다.

어떤 이론을 다른 이론과 비교하여 평가하는 데 사용할 수 있는 '방법' 중 하나는 그 이론이 우리 자신의 생각과 얼마나 잘 들어맞는지를 살펴보는 것이다. 이는 주관적인 방법에 해당한다.

7. 이렇게 서로 반대되는 두 이론 사이에서 어떤 결정을 내리려 할 때 당신이 사용할 수 있는 객관적인 방법은 무엇인가?

8. 당신이 질문 7에서 제시한 방법을 사용하여 허치슨의 미학 이론과 피히테의 미학 이론이 지니는 상대적인 장점을 간단히 평가해 보시오.

예시 답안은 377면에

예술이란 무엇인가?

철학자들은 일반적으로 과학자들에 비하여 더욱 반성적인 이론을 전개하는 데 관심을 보인다. 과학자들과 마찬가지로 철학자들도 세계를 이해하려 한다. 하지만 철학자들은 이런 이해 자체를 이해하려 한다. 우리가 아름다움에 관한 이론을 탐구하는 까닭은 단지 아름다운 것들을 만들어 내는 방법을 이해하기 위해서만은 아니다. 우리는 그 이상 나아가려 한다 — 마치 철학자들이 인간이 처한 상황을 더욱 깊이 이해하려 하듯이. 바로 앞의 연습 문제에서 우리는 자신의 활동과 가치에 관한 이론들을 전개해 나가는 방법 몇 가지를 통찰하였다. 이제 예술의 본성에 대해서도 이와 유사한 탐구를 해 나가려 한다.

연습 문제 10.2

1. 일종의 추구 또는 직업으로서의 예술을 생각해 보자. 어떤 활동을 예술로 여기기 위하여 반드시 필요한 특성을 두 가지 들어 보시오.

2. 일종의 추구로서의 예술이 지닌 서로 다른 목적을 세 가지 들어 보시오.

3. 이들 중 당신이 예술의 목적이라고 생각하는 바와 가장 가까운 견해는 어떤 것인가?

예시 답안은 382면에

예술이 무엇인가에 대한 견해가 일치하지 않음에도 불구하고 '예술'이라는 용어가 계속 사용된다는 사실은 예술과 미학이 인간의 경험을 통해서 정의될 수는 없다는 점을 암시한다. 이들은 적어도 물리학이라는 용어와는 다르다. 왜냐하면 물리학의 본성이 무엇인가에 관한 논쟁은 거의 일어나지 않기 때문이다. 이제 우리는 인간과 관련된 가치들에 관한 탐구 중 두 번째에 해당하는 윤리학에로 눈을 돌려 윤리학도 예술이나 미학처럼 다루기 어려운 속성을 지니는지를 검토하려 한다.

도덕적 가치, 도덕적 가치들 그리고 의무 11

이 장의 주된 목적은 두 가지이다. 하나는 도덕적 가치에 관한 몇몇 주요 이론들을 이해하는 것이며, 다른 하나는 고대 그리스 이후 여러 시대를 거치면서 철학자들이 발전시켜 온 특수한 도덕적 가치들을 살펴보는 것이다. 또한 이 장의 부수적인 목표는 여러 도덕 이론들을 수월하게 평가하거나 비판하기 위하여 필요한 비판적 기법들을 습득하는 것인데 이를 위해서는 여러 이론들의 주요 특징을 파악하여야 한다. 왜냐하면 어떤 가치 이론 또는 가치들의 (원리들의) 체계에 대한 비판은 그것과 대립하는 이론 또는 체계의 관점에서 이루어지기 때문이다.

앞서 4장에서 우리는 '윤리학' (또는 '도덕철학')을 옳음, 그름, 좋음, 나쁨, 의무와 책임 등의 본성과 이런 개념들과 관련되는 이론의 본성을 탐구하는 철학의 분과라고 정의하였다. 그리고 9장 첫머리에서 '"나쁨"은 가치 용어이며 따라서 규정적이기도 하다'는 헤어의 언급을 인용하였다. 그에 따르면 가치 용어들은 인간의 행위와 관련하여 중립적이지 않으며 어떤 특정한 방식으로 행위하도록 우리에게 압박을 가한다. 간단히 말하면 이들은 우리로 하여금 의무를 지게 만든다. '나쁨' 뿐만 아니라 '옳음', '그름', '좋음', '악함', '의무', '책임' 등도 모두 가치 용어이며 따라서 규정적이다. 물리학자가 중력과 같은 물리적 힘의 본성을 탐구하고 설명하려 하는 것과 마찬가지로 도덕철학자는 가치 용어들이 우리에게 가하는 압박의 본성을 탐구하고 설명하려 한다. 물리학자가 단지 중력만을 연구하지는 않듯이 도덕철학자도 가치 용어의 역할만을 분석하지는 않는다. 하지만 이런 분석은 20세기 중후반에 활동한, 헤어와 같은 '분석' 철학자들의 주요 임무였다.

이 장에서 우리는 다음 두 질문을 던지려 한다.

> 도덕적 태도로 행위하려 할 때 한 개인이 느끼는 압박의 본성은 무엇인가?
> 이 압박은 도덕적 가치와 어떻게 관련되는가?

이런 질문에 대한 대답을 찾으면서 우리는 사람들로 하여금 특정한 방식으로 행위하도록 만드는 도덕적 가치 또는 도덕적 가치들의 체계가 지닌 압박의 본성을 설명하는 다섯 가지 이론을 살펴보려 한다. 이 다섯 가지는 아리스토텔레스의 덕 윤리, 칸트의 의무론, 밀의 공리주의, 시지윅의 윤리적 이기주의 그리고 개인이 발휘하는 자유에서 도덕적 가치가 드러난다는 니체와 사르트르의 이론이다. 이들 중 칸트의 이론이 가장 추상적이므로 이를 제대로 이해하는 데는 다소 시간이 걸릴 듯하다. 그리고 그의 이론은 도덕적 가치에 관한 니체 및 사르트르의 이론과 밀접하게 관련되기도 한다. 따라서 공리주의와 윤리적 이기주의를 다룬 다음에 이들을 검토하려 한다.

위의 다섯 가지가 가장 기본이 되는 이론이기는 하지만 윤리학의 설명 방식은 크게 둘로 — 즉 도덕적 행위자 중심의 설명과 도덕적 행위 중심의 설명으로 — 나뉜다. 간단하게 말한다면 행위자 중심의 설명은 행위를 하는 사람에게서 도덕적 가치를 찾는 반면, 행위 중심의 설명은 그 사람이 하는 행위에 초점을 맞춘다. 하지만 이런 구별이 마치 칼로 자르듯 선명한 것은 아니다. 왜냐하면 행위자 중심의 설명도 행위자가 하는 행위를 통해서 그의 도덕적 가치가 드러난다는 점을 인정해야 하기 때문이다. 마찬가지로 행위 중심의 설명 또한 보는 도덕적 행위가 어떤 행위자가 행하는 행위에 근원을 둔다는 점을 인정하여야 한다. 행위자 중심의 도덕 이론과 행위 중심의 이론을 구별함으로써 얻게 되는 장점 중 하나는 칸트의 의무론을 더욱 쉽게 이해할 수 있다는 점이다. 칸트의 이론에서 도덕적 가치는 자신의 도덕 법칙을 스스로 형성하며 따라서 '자유롭게' 행위하는 행위자들 사이의 관계에 놓여 있다.

이 장에서

논의되는 개념

- 실체
- 최고선

논의되는 이론

- 덕 윤리
- 공리주의
- 의무론
- 최고선으로서의 자유
- 윤리적 이기주의

전개되는 기법

- 개념의 분석
- 이론의 평가
- 원전의 분석

검토되는 논증의 유형

- 무한 소급
- 논점 상이의 오류

언급되는 철학자

- 아리스토텔레스
- 칸트
- 밀
- 시지윅
- 니체
- 사르트르
- 노직

아리스토텔레스 — 배경 지식

『니코마코스 윤리학』의 첫머리에서 아리스토텔레스는 내재적 가치를 지니는 것이 하나 있다고 주장하였다. 그는 위의 9장 연습 문제 9.3에서 소개한 진술 a를 근거로 삼아 자신의 논증을 구성하면서 우리의 모든 활동이 마지막으로 추구하는 목적 또는 목표에서 내재적 가치를 찾는다. 진술 a를 다시 언급하면 다음과 같다. '모든 기예와 탐구, 그리고 모든 실천적 행위와 선택은 어떤 선을 목표로 삼는 듯하다. 따라서 모든 것이 목표로 삼는 바를 최고선이라고 적절하게 부를 수 있다.'

그가 제시한 논증의 전제는 이 진술의 앞 문장에, 결론은 뒤 문장에 등장한다. 아리스토텔레스는 전제와 결론 사이를 잇는 여러 단계를 우리가 b에서 f까지로 이름 붙였던 진술들을 통하여 제시한다(위의 175면). 우리는 연습 문제의 질문 1에서 전제의 타당성을 의심하였으며, 그의 전제를 받아들이기 어려운 것으로 판단하면서 다음과 같은 반례를 들었다. 즉 도둑이 되려는 기예나 탐구, 실천적 행위는 우리를 어떤 선으로 인도하지 않는다. 하지만 이 연습 문제에 대한 예시 답안에서 언급하였듯이 고대 그리스인들은 어떤 선을 목표로 삼지 않는 기예나 탐구, 실천적 행위 등은 아예 적절한 행위에 속하지 않는다고 생각하였을 듯하다 — 즉 아리스토텔레스가 도둑질 같은 행위를 어떤 선을 추구하는 행위로 보는 초보적인 오류를 범하지는 않았을 듯하다.

아리스토텔레스는 도덕적 가치가 우리의 행위나 활동의 목표 또는 목적에서 발견된다고 보았다. 이런 믿음이 받아들여질 수 있는지를 검토하려면 이것의 의미를 제대로 알아야 하고, 다시 이렇게 하기 위해서는 도덕철학에서 잠시 벗어나 아리스토텔레스가 어떤 대상 또는 활동의 목적을 그것의 본성과 어떻게 연결하는지를, 특히 인간으로서 우리의 목적과 우리의 본성을 어떻게 관련짓는지를 살펴보아야 한다.

그는 인간이 독립적으로 존재하는 것들의 집합 중 일부를 형성한다고 보았으며 이렇게 독립적으로 존재하는 것들을 '실체' 라고 불렀다. 예를 들면 어떤 말 한 마리는 실체지만 (그 말이 흰색일 경우) 흰색이나 그 말이 끄는 짐수레는 실체가 아니다 — 즉 흰색이나 짐수레는 독립적으로 존재하지 않는다. 무인가가 독립적으로 존재하는지 그렇지 않은지를 결정하면서 아리스토텔레스는 자신의 이른바 '사원인설' 에 의지한다. 여기서 '원인들' 은 존재의 본성 및 본성의 변화를 낳는 장치를 모두를 설명하는 데 도움이 된다. 즉 앞의 세 원인은 왜 무언가가 현재와 같은 모습인지를 설명하며, 네 번째 원인(목적인)은 왜 그것이 변화하는지를 설명한다. 아리스토텔레스는 네 원인 각각에 대하여 다음과 같은 예를 든다.

1. '질료인' 은 무언가를 만드는 재료 또는 원료이다. 아리스토텔레스는 청동으로 만든 조각상의 질료인은 청동이라는 예를 든다. 이렇게 무언가의 재료가 되는 질료는 다양한 형태로 드러나는 잠재성을 지닌다.
2. '형상인' 은 무언가의 본질 또는 본성이다. 아리스토텔레스는 아테네(Athena) 여신의 조각상을 만들려고 할 경우 그것의 형상인은 아테네 여신의 모습이라는 예를 든다.
3. '동력인' 은 무언가를 존재하도록 만드는 원인이다. 아리스토텔레스는 부모가 자식의 동력인이라는 예를 든다. 즉 부모는 자식의 근원이 된다.
4. 어떤 존재 또는 과정의 '목적인' , 즉 그것의 텔로스(telos)는 그것이 존재하는 또는 행해지는 목적이다. 아리스토텔레스는 건강이 육체적 훈련의 목적이라고 말한다.

그는 '실체' 를 자신의 목적인을 지니는 존재로 정의한다. 이런 정의가 의미하는 바에 따르면 말이 끄는 짐수레는 실체가 아니다. 왜냐하면 그것이 만들어진 목적은 그것을 만든 장인의 마음 안에 있기 때문이다. 이와는 대조적으로 말의 존재 목적은 오직 그 말 안에서만 발견된다. 말의 목적인은 '말이라는' 그것의 본질 안에 포함되어 있다. 현대 과학자들이 사용하는 표현을 빌리면 아리스토텔레스는 말의 목적인은 말의 유전자 구조 안에 암호처럼 내재하는 반면 짐수레의 유전적 또는 심지어 화학적 구조는 그것의 목적인을 포함하지 않는다고 말하는 셈이다. 말과 짐수레를 모는 마부 또한 자신의 본질 안에 목적인을 포함하는 실체이다.

연습 문제 11.1

다음 대상들의 질료인, 형상인, 동력인, 목적인은 각각 무엇인가? 그리고 어떤 것이 실체인가?

1. 자동차 한 대 2. 벚나무 한 그루 3. 구름 한 조각

예시 답안은 385면에

인간의 목적인 또는 텔로스(즉 우리가 존재하는 목적)라는 개념은 도덕적 주제들에 대한 아리스토텔레스의 분석에 기초를 제공한다. 『니코마코스 윤리학』에서 상당히 길고 상세한 분석을 시도한 후 그는 인간이 존재하는 목적이 에우다이모니아(eudaimonia)에 이르는 것이라고 결론짓는다. 에우다이모니아에 가장 가까운 번역어로 흔히 '행복'(happiness)이 사용된다. 하지만 아리스토텔레스의 저술에서 에우다이모니아는 관능적 쾌락이 아니라 한 인간으로서 자신에게 주어진 역할을 충실히 완수하는 데서 얻는 행복을 의미한다. 다른 모든 동물들과 마찬가지로 인간도 한 개인으로서 그리고 한 종으로서 자신의 생존을 목표로 삼는 능력들을 지닌다 — 인간은 음식을 먹고 자식을 낳기 위하여 감각을 사용한다. 하지만 인간은 영혼의 능력인 이성을 지님으로써 동물과 구별된다. 따라서 인간의 목적은 이성 능력을 기르는 데 있으며, 아리스토텔레스는 진정한 행복 또는 에우다이모니아에 이르는 수단을 이성 능력을 기르는 과정에서 찾고 또 그곳에서 발견한다.

아리스토텔레스 — 덕과 도덕적 가치

아리스토텔레스는 행복을 상세히 분석한 후 '인간의 선은 덕에 따르는 영혼의 활동임이 드러난다'고(*NE*, 1권 7장) 결론짓는다. 덕(virtue)이라는 용어에 대하여 아리스토텔레스가 사용한 원어는 아르테(aretê)인데 이는 모든 종류의 탁월성을 의미한다. 하지만 그는 특별히 두 종류의 덕을 마음에 두었다. 『니코마코스 윤리학』 중 위의 인용문 조금 후에 등장하는 대목을

검토하면서 이 두 종류의 덕이 무엇인지 살펴보기로 하자.

연습 문제 11.2

다음 인용문을 읽고 물음에 답하시오.

> 덕에는 두 종류가, 지적인 덕과 도덕적인 덕이 있다. 지적인 덕은 그 기원과 성장을 주로 가르침에서 찾는다. 따라서 그것은 경험과 시간을 필요로 한다. 반면 도덕적인 덕은 습관의 결과로 생긴다. 이 때문에 도덕을 일컫는 에티케(êthikê)라는 용어도 습관을 의미하는 에토스(êthos)를 조금 변형하여 얻어졌다. 이로부터 도덕적 덕들 중 어떤 것도 본성적으로 우리에게 주어지지 않았음이 분명해진다. 왜냐하면 본성적으로 그런 것은 그 무엇이든 본성과 반대되게 습관 들일 수 없기 때문이다. 예를 들면 돌은 본성적으로 아래로 떨어지도록 되어 있기 때문에 돌을 위로 올라가도록 습관 들일 수는 없다. 돌을 수만 번 위로 던져 위로 올라가도록 습관을 들이려 해도 도저히 그렇게 할 수는 없다. 이와 마찬가지로 불을 아래로 내려가도록 습관 들일 수도 없으며, 그 어떤 것도 자신의 본성과 다르게 움직이도록 훈련을 통하여 습관 들일 수는 없는 일이다. 그렇다면 덕들은 우리 안에 본성적으로 생겨나지도 않으며 본성에 반하여 생겨나지도 않는다. 오히려 우리는 덕들을 본성적으로 적절히 받아들인 후 습관을 통하여 완성한다(*NE*, 2권 1장을 나소 변형하여 인용하였음).

1. 아리스토텔레스는 도덕적 덕들 각각이 인간 본성의 일부가 아니라는 주장의 근거로 무엇을 내세우는가?

2. '그 어떤 것도 자신의 본성과 다르게 움직이도록 훈련을 통하여 습관 들일 수는 없다'는 아리스토텔레스의 말은 옳은가?

3. 아리스토텔레스에 따르면 우리의 도덕적 구성 요소 중 본성으로부터 얻는 것은 어떤 부분인가?

예시 답안은 386면에

위의 인용문에서 아리스토텔레스는 두 유형의 덕 또는 탁월성이 — 즉 지적인 것과 도덕적인 것이 — 있는데 우리가 도덕적인 덕을 얻기 위해서는 지적인 덕이 필요하다고 말한다. 계속해서 그는 이 두 유형의 덕에서 하나의 가치가 발견되는데 그것은 바로 인간의 행복(eudaimonia)이라고 주장한다. 여기서 그의 가치 이론이 단지 윤리적 행위에만 한정되지 않는다는 사실이 드러난다. 지적인 덕도 직접 에우다이모니아를 추구하는데 그 까닭은 지적인 덕을 기름으로써 인간은 인간으로서의 목적에 — 즉 이성을 기르는 데 — 도달할 수 있기 때문이다. 아리스토텔레스는 지적인 덕의 최고 수준은 이론적인 관조이며 도덕적인 덕은 — 이는 우리가 이 장에서 특별히 관심을 보이는 바이기도 한데 — 사람들이 습관을 기르는 행위에 초점을 맞추어야 한다고 믿었다(또한 '윤리학'(ethics)이라는 용어의 어원이 습관을 의미하는 에토스(ethos)를 약간 변형한 것이라는 점도 지적할 만하다). 그렇다면 도덕적인 덕을 통하여 아리스토텔레스는 과연 무엇을 의미하였는가?

'인간의 선은 덕에 따르는 영혼의 활동임이 드러난다' 고 말한 후 그는 뒤이어 '도덕적 덕은 선택과 관련되는 성품의 상태' (*NE*, 2권 6장)라고 덧붙인다. 여기서 선택이란 지나침과 모자람의 극단으로 특징지어지는 악덕과 이런 극단을 피하는 것으로 특징지어지는 덕 사이의 선택을 말한다. 악덕은 아무런 제약도 없는 상태이므로 규칙의 지배를 받는 이성 능력과 서로 대립한다. 따라서 악덕은 통제받아야만 한다. 이성과 조화를 이룸으로써 도덕적인 덕을 낳는 성품의 상태는 무제한적인 두 극단 사이에 놓인 중용 또는 중간이다. 용기라는 덕은 비겁함과 무모함이라는 두 극단 사이에 위치하며, 적절한 긍지라는 덕은 '공허한 허영심이라는 지나침' 과 '자기 비하라는 모자람' 사이에 위치한다.

신체적 특징이 개인마다 다르듯이 무제한적인 악덕 사이에 놓이는 도덕적 중용 또한 그렇다. 한 개인의 목적은 자신에게 어울리는 도덕적 중용을 발견하고 이에 도달함으로써 인간으로서의 행복에 이르는 것이다. 이제 다음의 인용문을 통하여 아리스토텔레스가 어떻게 이런 주장을 정당화하는지를 살펴보기로 하자.

연습 문제 11.3

『니코마코스 윤리학』에서 인용한 다음 대목을 읽고 물음에 답하시오.

> 이제 덕이 감정 및 행위와 관련하는 한에서 지나침은 실패의 한 형태이며 모자람 또한 마찬가지이다. 반면 적절한 중간점은 칭찬받는 성공의 한 형태이다. 칭찬받고 성공으로 여겨진다는 점은 모두 덕의 특성이다. 따라서 덕은 일종의 중용이다. 왜냐하면 방금 보았듯이 중용은 적절한 중간점을 목표삼기 때문이다.
>
> 다시 한 번 말하지만 실패의 가능성은 여러 가지인* 반면 성공의 가능성은 오직 하나뿐이다. 바로 이 때문에 실패는 쉽지만 성공은 어렵다. 또한 이런 이유들 때문에 지나침과 모자람은 악덕의 특징인 반면 중용은 덕의 특징이다. …
>
> 그렇다면 덕은 선택과 관련하여 중용에 머무는 성품의 상태이다. 그런데 중용은 우리가 어떤 상태인가에 따라 상대적으로 성립하므로 이성적 원리에 의해 결성되어야 한다. 즉 실천적 지혜를 지닌 사람이 사용하는 원리에 의해 결정되어야 한다(*NE*, 2권 6장).[1]
>
> *(왜냐하면 악에는 제한이 없는 반면 … 선은 제한적이기 때문이다.)

여기서 아리스토텔레스는 왜 우리가 적절한 중간점을 목표로 삼는 덕을 받아들여야 하는지에 대한 서로 다른 두 이유를 제시한다. 그 중 하나는 사람들이 실제로 행하는 바에 대한 경험적 관찰에 기초하고 다른 하나는 성공과 실패, 지나침과 모자람 그리고 적절한 중간점의 개념에 대한 분석에 기초한다.

1. 당신은 아리스토텔레스가 제시한 이유들이 타당하다고 생각하는가? 두 이유를 A에서 F까지의 점수로 평가해 보시오. A는 탁월함, F는 전혀 적합하지 않음을 나타낸다.

---

1 [옮긴이 주] 원문에는 4장으로 표시되어 있지만 실제로 이 인용문은 6장(1106b25-1107a3)에 등장하므로 옮긴이가 바로 잡았다.

위의 인용문 중 마지막 문장에서 아리스토텔레스는 선택과 관련하는 성품의 상태가 상대적이라고, 즉 모든 사람에게 동일하지 않다고 말한다.

2. 이 원리는 상대방의 덕이 내리는 도덕적 명령이 나의 덕이 내리는 명령과는 다르다고 주장하도록 만드는가? 만일 그렇다면 이 원리는 도덕적 덕에 관한 아리스토텔레스의 이론을 받아들일 수 없도록 만드는가?

예시 답안은 387면에

이 장의 첫머리에서 우리는 다음과 같은 두 질문을 던졌다. '도덕적 태도로 행위하려 할 때 한 개인이 느끼는 압박의 본성은 무엇인가?' 그리고 '이 압박은 도덕적 가치와 어떻게 관련되는가?'

아리스토텔레스는 한 개인이 도덕적 태도로 행위하려 할 때 느끼는 압박을 그 개인의 자아와 그의 텔로스(목적) 사이의 조화에 기초하여 설명한다. 이성적 존재로서 우리의 본질적 자아와 조화를 이루려는 욕구 때문에 우리는 두 가지를, 즉 지적인 덕과 도덕적인 덕을 기르게 된다. 그리고 도덕적인 덕 또는 탁월성은 무제한적인 지나침과 모자람이라는 두 극단 사이의 중용을 발견하는, 그런 행위의 특성을 기르는 일이다. 탁월성의 기준은 보편적인 것이 아니라 개인에 따라 다르며 그 개인의 본성 또는 본질(형상인)에 의존한다. 개인의 텔로스(목적인)는 자신의 행위와 그 자신에게 고유한 탁월성의 기준을 서로 조화시키는 것이다. 이런 조화에 이름으로써 그는 에우다이모니아 — 즉 인간으로서의 행복을 발견한다. 위의 두 질문에 대한 아리스토텔레스의 대답을 다음의 두 원리로 요약할 수 있다.

이성적 존재로서, '인간으로서의 행복' 에 이르려는 우리의 목적이
우리를 도덕적인 덕 또는 탁월성에로 나아가게 한다.

아리스토텔레스가 생각한 '도덕적 가치'는 인간으로서의 행복이라는 본성적인 현상에서 발견된다. 그의 도덕적 가치는 행위자 중심적이며 객관적이다.

> 도덕적인 덕은 개인의 본성과 조화를 이루는 성품의 상태에 이름으로써
> '인간으로서의 행복'을 성취한다.

따라서 아리스토텔레스가 생각한 '도덕적 가치들', 즉 우리를 도덕적으로 선한 행위로 인도하는 원리들 또한 행위자 중심적이며 객관적이다.

칸트 — 의무와 도덕적 가치들

아리스토텔레스의 덕 윤리는 도덕적 가치를 이성의 작용에서 발견한다. 따라서 그가 생각한 도덕적 가치의 근원은 이성주의적이다. 우리의 행위를 인도하는 원리들은 도덕적 중용 이론에서 드러나는데, 중용은 도덕적인 덕 또는 탁월성을 발전시킴으로써 발견되고 완성된다. 칸트는 아리스토텔레스보다 한 걸음 더 나아가 '도덕적 가치'와 '도덕적 가치들'을 모두 이성주의적 원리에 기초하여 이끌어 낸다. 칸트에 따르면 이성은 우리가 윤리적 체계를 구성하는 데 필요한 기초와 건축 자재를 모두 제공한다. 하지만 칸트와 아리스토텔레스의 윤리적 체계에 공통되는 요소도 한 가지 드러난다. 둘 모두의 경우에서 행위의 도덕적 가치는 행위가 인간의 이성과 얼마나 조화를 이루는가로부터 도출된다.

칸트 윤리학에서 의무의 개념

아리스토텔레스의 도덕 이론에 관하여 논의하면서 우리는 그의 윤리학을 본격적으로 다루기에 앞서 일종의 배경 지식으로 '사원인설'이라는 설명 방식을 살펴보았다. 칸트에 관하여 논의하면서는 이 순서를 바꾸어 그의 윤리학을 먼저 검토하고 그 후에 그의 윤리학 이론이 이론철학에서 차지하는 위치와 맥락을 살펴보는 방식으로 진행하려 한다. 따라서 칸트가 제시한 도덕 법칙의 전형을 검토함으로써 논의를 시작하려 한다. 예를 들면 『실천이성비판』(*Critique of Practical Reason*, 이하 C2로 약칭) 1권 첫 장에서 그는 자신의 핵심적인 생각 중 하나를 다

음과 같이 표현한다.

> '네 의지의 준칙이 항상 동시에 보편적인 입법의 원리로서
> 타당하도록 행위하라' (C2: 1권, 1장).

이는 명백히 우리가 따라야만 하는 일종의 명령이다 — 즉 이는 우리의 의무가 무엇인지를 알려 준다. 이는 우리가 어떻게 행위해야만 하는지를 말하기 때문에 일종의 명령인데 '정언 명령' (Categorical Imperative)이라는 이름으로 널리 알려져 있다. 이 명령은 우리가 오직 모든 사람이 따르는 규칙이 될 수 있는 준칙만을 받아들일 것을 요구한다.

그런데 칸트가 준칙은 명령이 아니라 일종의 원리라고 말하였다는 점을 반드시 기억하여야 한다. 즉 준칙은 강제라기보다는 충고에 해당하는 행위 기준이다. 이 기준이 행위 규칙과 합쳐질 때 준칙은 명령이 된다.

[보충 설명: 칸트는 『도덕 형이상학의 기초』(*Fundamental Principles of the Metaphysics of Morals*)에서는 '정언 명법'을 다음과 같은 형태로 변형하여 표현하였다.]

> '너 자신의 인격에서든 다른 어떤 사람의 인격에서든
> 인간성을 단지 수단으로서만 대우하지 말고
> 항상 동시에 목적으로 대우하도록 행위하라' (FPMM: 2장 4절).

'정언 명령'의 중요성을 언급하기에 앞서 준칙과 명령 사이의 관계를 검토해 보자.

연습 문제 11.4

1. 우리가 차를 언제 어떻게 운전해야 하는지, 규제하는 **준칙**과 **명령**을 서술해 보시오.

2. 그 **준칙**이 보편 법칙이 될 수 있는지 그렇지 않은지 설명해 보시오.

3. 당신이 초등학교 교사라고 가정하고, 학생들에 대한 당신의 행위를 규제하는 **준칙**과 **명령**을 서술해 보시오.

4. 그 **준칙**이 일종의 **법칙**으로 전환될 수 있는지 그렇지 않은지를 설명해 보시오.

5. 질문 3에 대하여 당신이 대답한 **준칙** 또는 **명령**이 도덕 규칙인가?

예시 답안은 389면에

첫 번째 질문에 대한 예시 답안에서 모든 준칙이 법칙으로 전환될 수는 없음이 드러났다. 어떤 준칙은 논리적 문제 때문에 법칙으로 전환될 수 없다. 칸트가 행하는 바는 우리가 제시하는 행위 규칙이 보편적인 도덕 규칙이 **될 수 있는지 그렇지 않은지를** 결정하기 위한 기준을 제시하려는 것이다. 만일 어떤 규칙이 '정언 명령'을 통한 검토를 통과하지 못한다면 우리는 그 규칙이 도덕 법칙이 될 수 없음을 알게 된다.

두 번째 질문에 대한 예시 답안에서는 어떤 행위 규칙이 '정언 명령'이 제시하는 조건을 만족시킨다고 해도 도덕 법칙이 되기에 충분하지는 않을 수도 있다는 점이 드러난다. 한편으로 우리는 (초등학교 교사들이 실제로 그렇게 하듯이) 학급일지를 시간별로 기록하는 일이 법칙이 될 수 있다고 생각하며 따라서 그렇게 하겠다는 준칙은 그것이 도덕 법칙이 되는 길에 놓인 첫 번째 장애물을 극복하게 된다. 하지만 이것이 곧 모든 장애물을 극복하였다는 말은 아니다. 다른 한편으로 우리는 학급일지를 분 단위로 기록하는 일이 보편적인 규칙이 될 수 없음을 알며 따라서 이렇게 상세한 학급일지를 기록하라는 주장은 정언 명령의 검토를 통과할 수 없으므로 도덕 법칙이 될 수 없다.

이렇게 '정언 명령'을 간단히 검토한 결과 우리는 그것이 어떤 규칙이 도덕 법칙이 되기 위한 필요조건을 제공하기는 하지만 **충분**조건을 제공하지는 못한다고 결론지을 수 있다. 칸트에 따르면 정언 명령이 제공하는 바는 우리가 따라야 할 명령인데, 이는 우리의 행위가 우리가 반드시 행해야 할 바와 일치한다는 점을 보장해 준다. 즉 '정언 명령'에 따름으로써 우리는 자신의 행위가 도덕적으로 악할 수 없으며, 도덕적으로 선할 수 있는 **강력한 기회**를 얻는다는 점을 인식한다.

칸트 윤리학에서 도덕적 가치

'정언 명령'을 제시한 후 칸트는 우리의 준칙 중 어떤 것이 따를 만한 가치를 지니는가를 결정하기 위한 기준을 만들려 한다. 정언 명령은 그 자체만으로는 왜 우리가 정언 명령과 일치하는 준칙들에 따라야만 하는지를 말해 주지 않는다 — 즉 정언 명령은 '도덕적 태도로 행위하려 할 때 한 개인이 느끼는 압박의 본성은 무엇인가?'라는 우리의 첫 번째 질문에 대한 대답을 제공하지 않는다. 따라서 우리는 과연 무엇이 우리로 하여금 '정언 명령'이 제시하는 명령에 따르도록 만드는가를 고찰해 보아야 한다. 이에 대한 칸트의 기본적인 대답은 아리스토텔레스의 대답과 매우 유사하다. 첫째, 우리는 최고선(Summum Bonum)을 발견하려는 목표 때문에 도덕적인 쪽으로 나아가게 된다 — 최고선은 내재적인 선으로서 인간의 모든 행위와 행동, 활동 등은 이를 궁극적인 목표로 삼는다. 둘째, 최고선은 자아와 이성 능력 사이의 조화로운 관계에서 인식된다. 하지만 최고선에 대한 칸트의 분석은 아리스토텔레스의 분석과 차이를 보이는데 특히 아리스토텔레스는 덕이 인간의 행복 자체와 정확하게 일치한다고 본 반면 칸트는 덕을 행복할 자격으로 정의하면서 이런 덕을 최고선과 동일시하였다는 점에서 그렇다.

'(행복할 자격으로서의) 덕은
우리에게 바람직하게 드러나는 모든 것들의 최상 조건이며,
따라서 행복을 얻으려는 우리의 모든 노력의 최상 조건이며,
그 때문에 바로 최고선이다' (C2: 2권, 2장).

앞서 칸트는 어떤 행위의 도덕적 가치는 아무런 조건 없이 도덕 법칙에 따른다는 사실로부터 결정된다고 주장하였다.

'행위의 도덕적 가치에서 본질적인 요소는
도덕 법칙이 의지를 직접 규정한다는 점이다' (C2: 1권, 3장).

이 두 문장에서 칸트가 표현한 핵심적인 생각은 어떤 행위의 도덕적 가치를 결정하면서 그것을 통하여 그 누가 얻는 이익도 결코 고려해서는 안 된다는 점이다. 도덕적으로 가치 있는 행위는 행위자가 처한 특수한 상황을 고려해서 강요되어서는 안 된다. 바꾸어 말하면 어떤 행위가 도덕적으로 가치 있기 위하여 그 행위는 행위자 자신이 형성하고 받아들인 규칙에 아무런 조건 없이 따르는 행위여야만 한다. 예를 들면 일상적인 행위를 하면서 도덕적 행위자는 정직해야 한다는 준칙에 따른다. 그가 이런 준칙에 따르는 이유는 두 가지이다. 첫째, 그는 이 준칙이 모든 행위에 적용되는 보편적인 규칙이 될 수 있으며 따라서 정언 명령이 될 수 있다는 사실을 알기 때문이다. 둘째, 그가 자신의 준칙에 따라 정직하게 행위하는 까닭은 오직 '정언 명령' 에 따른 것일 뿐 그 행위로부터 누군가가 얻을 이익을 고려하지는 않기 때문이다. 그렇다면 그가 도덕 규칙을 형성하는 일, 그런 도덕 규칙에 따르려는 태도 그리고 그의 행위가 지닌 도덕적 가치는 서로 직접 연결된다.

칸트는 바로 이런 연결이 그의 행위가 반드시 자유로워야만 한다는 필연성을 부여한다고 주장한다. 이 필연성은 도덕적 행위자가 도덕 규칙을 결정하는 입법자인 동시에 그것에 따르는 개인이기도 하다는 사실에 기초한다. 도덕적 가치가 자신의 자유를 발휘하는 데 놓여있음을 인식할 때 그 개인의 이성은 다른 사람들의 자유 또한 인정하여야 한다고 말한다. 이를 통해서 그는 자신이 다른 개인들을 단지 수단으로서만이 아니라 동시에 목적으로 대우해야 함을 인식한다. 다른 사람들에 대하여 행위하면서 그는 도덕적 행위자로서 그들의 자유를 인정해

야만 한다 — 이로부터 칸트는 위에서 인용한(201면) '정언 명령'의 두 번째 형식을 이끌어 낸다.

> '너 자신의 인격에서든 다른 어떤 사람의 인격에서든
> 인간성을 단지 수단으로서만 대우하지 말고 항상 동시에 목적으로 대우하도록 행위하라.'

[보충 설명: 우리는 이 장의 뒷부분에서 도덕에 관한 사르트르의 견해와 도덕에 반대하는 니체의 견해를 검토하면서 도덕적 가치와 자유 사이의 관계를 다시 한 번 논의하려 한다. 논의할 문제 8.2에 대한 예시 답안을 통하여(354면) 우리는 의지와 지성이 합쳐져 통합된 정신을 구성한다는 둔스 스코투스의 이론을 언급하면서 개인이 자유롭다는 주장의 기초를 암시하였다. 하지만 의지의 자유를 지지하는 둔스 스코투스의 논증은 전혀 인용하지 않았다. 그의 논증을 비롯하여 개인이 자유로울 수 있는가라는 더욱 폭넓은 질문과 그런 자유의 본성에 관해서는 아래의 16장에서 간략히 논의하려 한다.]

이제 '도덕적 가치'에 관한 칸트의 주장 및 그것과 '도덕적 가치들' 사이의 관계를 다음과 같이 요약할 수 있다.

1. 어떤 목적에 대한 수단이 되는 무언가를 행하는 일은 도덕적 가치의 본질이 아니다.
2. 도덕적 세계는 어떤 목적에 대한 수단의 세계가 아니라 목적 자체의 세계이다 — 그것은 **목적의 왕국**이다.
3. 한 개인이 채택하는 도덕 규칙은 **목적의 왕국**을 형성하고 유지하는 것을 목표로 삼아야 한다.

이제 칸트가 생각한 도덕적 가치의 개념과 그것이 '정언 명령' 및 '목적의 왕국'과 어떻게 관련되는가에 관한 몇 가지 질문을 던지려 한다.

연습 문제 11.5

1. 어떤 의무를 이기적 동기에서 수행한다면 그런 행위의 가치는 조금이라도 낮아지는가?

2. 우리가 인식할 수 있는 그 어떤 행위라도 결과와 전혀 무관하게 수행될 수 있는가?

칸트는 어떤 행위가 도덕적 가치를 지니려면 '도덕 법칙이 의지를 직접 규정해야 한다' 고 말한다.

3. 이 말은 그가 가치 있는 행위는 지적인 심사숙고와는 무관하다고 믿었음을 의미하는가?

(상급자를 위한 질문) 내가 나의 행위 결과로부터 생길지 모를 이익이나 불이익과 무관하게 나의 의무에 따라 행위하겠다는 행위 준칙을 지닌다고 가정해 보자.

4. (i) 이런 나의 준칙은 '보편적 입법의 원리로서 타당' 할 수 있으며 '정언 명령' 이 될 수 있는가?

(ii) 이런 나의 준칙이 '정언 명령' 이 되는데 내가 그것에 따르는 이유는 그렇게 할 경우 더 기분이 좋아지기 때문이라고 한다면 그 준칙에 따르는 나의 행위는 칸트적인 도덕적 가치를 지니는가?

예시 답안은 391면에

이 연습 문제에 등장한 질문들 자체의 본질을 놓고 보더라도 칸트가 자신의 이론을 비판하려는 사람들을 몹시 난처하게 만든다는 점을 알 수 있다. 이런 난처함은 칸트가 모든 도덕적 가치를 이론적이고 추상적인 수준에서 다루면서 경험적 근거에서 자신을 비판할 가능성을 아예 제거해 버린다는 사실로부터 기인하는 듯도 하다 — 즉 우리는 특수한 경험을 예로 들면서 이런 경험이 그의 도덕 가치 이론과 양립 불가능하다고 말할 수 없다. 이는 경험적 근거에서 검증될 수 있는 아리스토텔레스의 이론과 대비되는 측면이기도 하다. 도덕적 중용이 개인에 따라 다르다는 아리스토텔레스의 생각 또한 몇몇 경험적 측면과 양립 불가능한지도 모른다. 즉 경험적 탐구를 통하여 모든 개인이 동일한 도덕적 중용을 지니며 이는 도덕적 중용이 보편적이라는 사실을 암시한다고 주장할 수 있을지도 모른다. 하지만 경험을 통해서 얻어진 지식들은 아리스토텔레스 이론의 타당성을 확보하는 데 상당히 중요하다. 이와는 대조적으로 칸트의 이론은 경험을 통하여 검증할 수 있는 영역을 넘어선다.

아리스토텔레스 윤리학과 칸트 윤리학 사이의 이런 차이는 다시 다른 차이와도 밀접하게 관련된다. 아리스토텔레스의 이론이 지닌 목적론적 성격은 순전히 본질주의적인 칸트 이론의 성격과 대조를 이룬다. 또한 아리스토텔레스의 이론은 도덕적으로 선한 행위가 '텔로스'(목적)에 의해서 인도된다는 원리에 기초하는 반면 칸트의 이론에서 도덕적으로 선한 행위는 목적이 아니라 그 행위에 동반되는 마음의 상태에 의해서 인도된다. 아리스토텔레스 윤리학의 목적론적 측면은 공리주의 윤리학과 공통되는 요소이지만 곧 살펴보게 되듯이 둘 사이의 공통점은 그리 많지 않다.

밀 — 공리주의와 도덕적 가치들

공리주의 윤리학은 아리스토텔레스의 윤리학과 마찬가지로 인간의 행복과 관련된 어떤 텔로스의 성취에 관심을 보인다. 하지만 공리주의 윤리학과 아리스토텔레스의 윤리학 사이에는 인간 행복의 본성에 관한 의견의 불일치 외에도 또 다른 근본적인 두 가지 차이점이 드러난다. 첫째, 아리스토텔레스 윤리학에서 텔로스는 행위자 자신의 인간적인 행복인 반면 공리주의 윤리학에서 텔로스는 모든 개인들의 행복 또는 쾌락의 **총합**이다. 둘째, 도덕적 가치를 만들어 내는 방법이 서로 다르다. 아리스토텔레스의 경우 텔로스는 이성을 사용하여 자신이 처한 고유한 상황에서 '중용'을 발견하는, 개인의 자기발견과 자기발전 과정을 통해서 성취된다. 반면 공리주의 윤리학에서 텔로스는 행복을 극대화하는 일반 규칙에 따름으로써 성취된다. 아리스토텔레스의 윤리학 체계에서 목적은 도덕적 가치를 지닌 사람들을 **만들어 내는** 것인 반면 공리주의에서 목적은 도덕적 가치를 지닌 행위를 **이끌어 내는** 것이다. 이는 행위를 인도하는 가치들이 아리스토텔레스의 윤리학과 공리주의 윤리학에서 모두 객관적임을 의미한다. 하지만 전자는 행위자 중심의 체계이며 후자는 행위 중심의 체계라는 점에서 차이가 드러난다.

[보충 설명: 윤리학 이론들을 제대로 이해하려면 목적론적 이론과 결과주의적 이론을 구별할 줄 알아야 한다. 앞서 2장에서 결과주의적 설명은 행위나 사건의 결과를 고려하는 반면 본질주의적 설명은 사물이나 사건이 지닌 근본적인 속성에 초점을 맞춘다는 점을 지적하였다. 목적론적 윤리 이론은 인간 행위의 목적에 초점을 맞춘다. 공리주의에서 목적은 행복을 경험하게 하는 사건을 산출하는 것이다 — 따라서 공리주의는 결과주의적이다. 반면 아리스토텔레스의 윤리학에서 행위의 결과는 그리 큰 중요성을 지니지 않으며 그의 윤리 체계에서 목적은 훌륭한 인간을 만드는 것이다 — 따라서 아리스토텔레스의 윤리학은 본질주의적이다.]

공리주의 윤리학이 지닌 행위 중심적인 성격은 공리주의 계열에 속하는 철학자들의 저술에서 명확하게 드러난다. 이제 공리주의를 대표하는 철학자인 밀(John Stuart Mill)이 사용한 정확한 표현과 더불어 그가 우리의 행위를 인도하는 것으로 제시한 행위 중심적인 원리를 살펴보자. 『공리주의』(*Utilitarianism*) 1장에서 최고선에 관하여 일반적인 언급을 한 후 밀은 어떤 행위가 옳은지 그른지를 나타내는 원리를 다음과 같이 정의한다.

> 도덕의 기초로서 유용성 또는 최대 행복의 원리를 받아들이는 사람들은 다음과 같이 주장한다.

행위는 그것이 행복을 증진하는 정도에 비례하여 옳고, 불행을 증진하는 정도에 비례하여 그르다.

> 여기서 행복이란 쾌락 또는 고통의 부재를 의미하며, 불행은 고통 또는 행복의 결핍을 의미한다(1962, 257면)(네모 안에 넣은 형식은 내가 첨가하였다).

첫 번째 문장에서 밀은 자신이 생각하는 도덕적 가치들이 지닌 본질적 특성을 확인한다. 이들은 행위의 옳음을 결정하는 원리인데 최고선의 증진에 기초한다. 두 번째 문장에서 그는 최고선을 간단하게 쾌락 그리고 고통의 부재를 경험하는 것과 동일시한다.

연습 문제 10.1의 질문 7(381면)에 대한 예시 답안에서 우리는 서로 경쟁하는 이론들의 상대적 지위를 평가하면서 경험적인 방법 두 가지를 사용하였다. 이제 밀이 제시한 공리주의를 평가하면서도 이들 방법을 사용하려 한다. 첫 번째 방법은 어떤 이론이 세계 안에서 실제로 일어나는 일과 가장 잘 들어맞는가를 확인하는 것이며, 두 번째 방법은 풍부한 설명력을, 즉 어떤 이론이 우리가 경험하는 모든 현상들에 대하여 더욱 풍부한 설명을 제공하는가를 고려하는 것이다. 이제 두 '방법'을 사용하여 공리주의를 평가하여 그것의 수용 가능성이 어느 정도인지, 그것으로부터 어떤 적절한 이론에 이르기를 기대할 수 있는지를 검토해 보자.

이 두 방법 외에 세 번째 방법, 즉 사고 실험의 방법도 사용하려 한다. 사고 실험은 논증을 구성하고 이론과 가설을 검증하는 데 (과학과 인문학에서 모두) 가장 널리 사용되는 방법 중 하나이며, 공리주의를 논의하면서도 다양한 사고 실험이 등장하였다. 우리는 가장 유명한 사고 실험 중 하나인 노직(Robert Nozick)의 '경험 기계'라는 방법을 사용하려 하는데 이는 위의 두 방법에 더하여 도덕적 가치뿐만 아니라 도덕적 가치들에 관한 밀의 이론을 탐색하는 강력한 도구가 되리라 기대한다.

연습 문제 11.6

당신이 원하는 그 어떤 경험이라도 기꺼이 제공하는 경험 기계가 있다고 가정해 보자. 탁월한 신경 심리학자들이 당신의 뇌를 자극하여 당신이 위대한 소설을 쓰거나, 친구를 사귀거나 아니면 재미있는 책을 읽는 중이라고 생각하고 느끼도록 만들 수 있다. 당신은 뇌에 전극을 연결한 채 항상 경험 기계 안의 공간을 떠다닐 것이다. 과연 당신은 당신이 원하는 삶의 경험들을 미리 입력하고 기계 안에 들어가 기계를 켤 것인가?(Nozick; 1974, 42면)

공리주의에 관한 논의를 진행하기 위하여 노직이 제시한 경험 기계가 현실적으로 가능한지에 대한 논박은 하지 않기로 하자.

[보충 설명: 앞의 5장에서 논의하였던 주제, 즉 삼차원의 공간 개념을 형성하는 과정에서 근육의 감각이 담당하는 중요한 역할에 관한 논의가 경험 기계의 현실적 가능성을 문제 삼는 근거를 제공할지도 모른다. '고성능' 컴퓨터 시뮬레이션은 한 개인의 욕구를 미리 예상하고 근육의 감각을 포함한 그의 정신적 활동 각각에 적절하게 반응할 준비를 갖출 수 있을 듯하다. 우리의 정신이 행하는 모든 정신적 활동을 예상할 수 있다는 가능성은 뇌와 정신의 작용이 본질적으로 동일하다는 가정을 포함한다. 이 가정은 신경 생리학자들 사이에서 뿐만 아니라 철학자들 사이에서도 여전히 논쟁의 대상이다.]

1. (i) '과연 당신은 이 기계를 켤 것인가?' 라는 노직의 질문은 공리주의적인 도덕적 가치의 타당성을 검증하려 한다. 이 질문은 어떤 방식으로 그것을 검증하는가?

(ii) 노직의 기계를 사용하여 최대 행복의 원리를 통해서 구체하되는, 공리주의적인 도덕적 가치의 타당성을 검증하는 질문을 구성해 보시오.

2. (i) 이런 경험 기계를 만들 의무는 공리주의 원리에 포함되는가?

(ii) 어떤 사람으로 하여금 공리주의자처럼 행위해야겠다고 느끼게 만드는 압박은 무엇인가?

실험실과 같은 조건이 적용되지 않는 개방된 세계에서는 어떤 행위가 행복이나 불행을 얼마나 증진하는지를 계산하는 일이 불가능하다.

3. 이 주장은 최대 행복의 원리가 도덕적 가치들의 근거를 제공하기에 부적절함을 의미하는가?

엘우드 다우드와 그의 친구인 하비, 즉 크기가 6피트 3과 1/2인치(1.94m)에 이르는 거대한 흰 토끼에 관한 이야기에서(133면) 엘우드는 어려움에 빠진 모든 사람들 돕고 어느 누구에게도 알면서 해를 입히지는 않는 더없이 친절한 사람으로 묘사된다. 이 이야기를 쓴 체이스는 독자들이 엘우드에게 매우 큰 동정심을 느끼게 만들어 그를 요양원에 가두는 것은 부당한 일이라는 결론을 내리도록 유도한다.

4. 가끔씩 환영을 보기도 하는 사람들을 요양원에 가두어 치료받게 하는 것은 행복을 증진한다고 가정할 때 엘우드를 요양원에 보내야 하는가?

5. 공리주의는 경험 기계와 엘우드에 대한 질문을 보고 사람들이 느끼는 반응을 적절하게 설명하는가?

6. (i) 도덕적 가치에 관한 공리주의적 이론은 사람들이 실제로 가치를 두는 바나 현실에서 행위를 인도하기 위하여 사용하는 바와 얼마나 잘 들어맞는가? 경험적 내용을 기준으로 A에서 F까지의 등급으로 평가해 보시오. A는 탁월함을, F는 전혀 적합하지 않음을 나타낸다.

(ii) 도덕적 행위와 관련하여 인간이 처한 상황의 모든 측면들을 공리주의는 얼마나 잘 설명하는가? 풍부한 설명력을 기준으로 A에서 F까지의 등급으로 평가해 보시오. A는 탁월함을, F는 전혀 적합하지 않음을 나타낸다.

예시 답안은 393면에

이 절에 등장하는 짧은 논의를 통해서도 우리는 공리주의에서 생각하는 인간적인 가치의 개념이 모든 사람들이 도덕적으로 가치 있다고 생각하는 바와 항상 들어맞지는 않는다는 점을 발견하였다. 즉 모든 사람들이 경험 기계를 켜지는 않을 것이며, 설령 환영을 보는 사람을 요양원에 보내는 일이 행복을 증진하는 규칙과 일치한다 할지라도 친절하고 다른 사람들에게 해를 입히지 않는 사람을 오직 가끔씩 환영을 본다는 이유만으로 요양원에 가두어야 한다고 주장할 사람은 더욱 적을 것이다. 쾌락에 기초한 공리주의의 가치 개념과 이와는 다른 가치의 근원들이 명백히 서로 일치하지 않는다는 사실을 근거로 무어(G. E. Moore)는 공리주의가 '자연주의적 오류'를 범한다고 — 도덕적 가치를 자연적인 현상인 쾌락과 동일시함으로써 — 주장하였다.

하지만 연습 문제 11.6, 질문 2 (ii)에 대한 예시 답안에서 지적하였듯이 밀은 도덕적 가치를 쾌락과 연결하면서도 동시에 쾌락으로부터 벗어나 동정심의 감정에 기초하여 최대 행복의 원리를 수용하려 한다. 동정심의 감정에 의지할 경우 공리주의의 타당성은 인간이 지니는 동기에 관한 탐구가 제공하는 증거들에 의존하게 된다. 그리고 이런 연결점은 결과주의적 이론에 속하는 윤리적 이기주의에서 훨씬 더 명확하게 드러난다 — 이는 행위의 결과가 지닌 유용성에 기초하는 또 다른 목적론적 이론인데 바로 다음 절에서 이에 관하여 논의하려 한다.

[보충 설명: 밀은 또한 쾌락의 질에 관하여 논의함으로써 — 즉 '어떤 쾌락을 다른 쾌락보다 더욱 가

치 있게 만드는 것이 있다'고 말함으로써(1962, 259면) — 쾌락만이 도덕적 가치의 유일한 기초를 형성한다는 생각에서도 벗어난다. 이는 그의 공리주의에 대한 또 다른 비판을 낳지만 이에 관해서는 논의하지 않으려 한다. 아래의 220면에서 윤리학 이론들을 평가하면서 우리는 '자연주의적 오류'에 관해서만 살펴볼 것이다.]

시지윅 — 윤리적 이기주의

윤리적 이기주의에 관하여 논의하면서는 처음부터 이 이기주의가 무엇을 의미하지 않는지를 충분히 강조할 필요가 있다. 즉 이 이기주의는 '지나치게 자기 자신만을 생각하는 악덕, 자만심, 자기과시, 자기중심의 이기심'을(『옥스퍼드 영어사전』) 의미하지 않는다. 이들은 자기이익을 도덕의 기초로 여기는 이론으로서의 '윤리적 이기주의'와는 전혀 다른 태도이다.

또한 '윤리적 이기주의'를 다른 형태의 이기주의, 예를 들면 '심리적 이기주의'나 '합리적 이기주의'와도 구별하여야 한다. 윤리적 이기주의는 그 명칭이 암시하는 바대로 도덕적 가치 이론과 여러 도덕적 가치들 중 하나를 통합하려는 도덕 이론인데 앞으로 살펴보게 되듯이 이런 가치들 중 그 어떤 것도 일상적이 의미에서 이기적일 필요는 전혀 없다.

윤리적 이기주의는 두 유형으로, 즉 본질주의적인 유형과 결과주의적인 유형으로 나뉘는데 우리는 특히 후자를 집중적으로 살펴보려 한다. 결과주의적인 윤리적 이기주의자는 도덕적 가치를 인간의 행복으로 보고 또 이 행복을 쾌락으로 해석한다는 점에서 공리주의자와 의견을 같이 한다. 하지만 도덕적 가치들의 본성이 무엇인지에 관해서는 다른 의견을 보인다. 윤리적 이기주의는 최대 행복의 원리를 사용하는 대신 행위자의 행복이라는 원리에 눈을 돌린다. 윤리적 이기주의의 기본 원리를 다음과 같이 표현할 수 있다.

> 어떤 도덕적 행위자의 행위는
> 그 행위자의 행복을 증진하는 정도에 비례하여 옳으며,
> 그의 불행을 증진하는 정도에 비례하여 그르다.

윤리적 이기주의를 지지하는 대표적 철학자 중 한 명인 시지윅은 이 원리가 모든 윤리 체계들의 기초를 형성한다고 주장하기에 이른다.

> 요약하자면 이기주의는, 우리가 이 말을 통하여 오직 자기실현을 목표 삼는 방법만을 의미한다면, 자신의 본질적인 특성을 전혀 변형하지 않고도 거의 모든 윤리 체계를 포괄하는 형식이 되리라고 본다.(1907, 1권, 7장, 2절)

도덕적 가치(인간의 쾌락)에 관한 윤리적 이기주의 이론은 바로 앞 절에서 살펴본 공리주의의 주장과 동일하다. 이제 도덕적 가치들에 관한 윤리적 이기주의의 이론을 살펴보자.

연습 문제 11.7

연습 문제 11.6, 질문 1 (ii)에 대한 예시 답안을(394면) 떠올려 보자.

1. 어떤 윤리적 이기주의자가 가능한 한 많은 사람들을 경험 기계 안에 들어가게 한 후 기계를 켜는 상황이 일어날 수 있는가?

2. 왜 윤리적 이기주의자가 반드시 일상적인 의미의 이기주의자는 아닌지, 그 이유를 설명해 보시오.

3. 윤리적 이기주의에 따르면 한 개인으로 하여금 도덕적인 태도로 행위하게 만드는 압박의 본성은 무엇인가?

예시 답안은 398면에

지금까지 논의하였던 윤리적 이기주의 이론은 도덕적 행위자 자신의 행복을 증진하는 것을 목표로 삼는다 — 따라서 이는 결과주의적이다. 이와 더불어 본질주의적인 형태의 윤리적 이기주의 또한 발전되어 왔다. 심지어 아리스토텔레스의 덕 윤리가 성취 목표로 행복을 행위자 개인의 행복으로 해석함으로써 덕 윤리를 윤리적 이기주의의 한 형태로 볼 수도 있다. 하지만 아리스토텔레스 윤리학의 도덕적 가치는 윤리적 이기주의의 그것과 동일한 반면 아리스토텔레스 윤리학의 도덕적 가치들은 '한 사람을 선하게, 그가 자신의 역할을 잘 행하게 만드는 성품의 상태를' (*NE*, 2권 3장) 발견하는 데 기초한다. 이런 본성적인 성질은 개인의 경험과 무관하며 따라서 객관적이다. 따라서 이는 윤리적 이기주의의 영역 밖에 위치한다.

다음 절에서는 행위자에 의존하는 도덕적 가치라는 주제를 유지하면서 윤리적 이기주의의 행위 중심적인 특성에서 벗어나 행위자 중심적인 윤리 이론으로 나아가려는 시도를 검토하려 한다. 이 이론은 도덕적 가치가 개인의 특징적인 상태에 — 즉 다른 사람들이 형성한 도덕 규칙의 지배를 받지 않는 상태에 — 있다고 주장한다. 이제 이런 이론을 주장하는 두 철학자, 니체와 사르트르의 저술을 살펴보려 하는데 이들은 모두 실존철학과 관련된다.

니체와 사르트르 — 자유로서의 도덕적 가치

니체의 저술에서 도덕 자체는 강력한 공격의 대상이 된다. 그는 독자들로 하여금 다른 도덕 이론들, 예를 들면 아리스토텔레스의 덕 윤리나 칸트의 의무론 또는 밀의 공리주의를 거부하게 만드는 도덕 체계를 제시하려 하지 않는다. 그 대신 그는 도덕 원리들이 일관된 도덕적 가치에 따라 형성될 수 있다는 생각 자체에 도전하려 한다. 그는 도덕 규칙들이 우리의 본성에 상반되며, 개인이 참된 본성을 전개하는 것을 가로막는다고 생각한다.

> 도덕은 '삶을 부정하려는 의지', 감추어진 파괴 본능, 몰락과 비난과 비방의 원리, 종말의 시작이 아닌가? 그래서 모든 위험 중 가장 큰 위험이 아닌가?(『비극의 탄생』 첫머리 '자기비판의 시도', 5절[2])

2 [옮긴이 주] 원문에는 그냥 6절이라고만 나와 있는데 이는 잘못이므로 옮긴이가 바로 잡았다.

니체가 도덕을 이렇게 거친 표현을 사용하여 공격하는 까닭은 개인을 구속하는 그 어떤 규칙도 자유롭게 행위하는 것을 근본적인 조건으로 삼는 인간의 본성과 상반된다고 생각하기 때문이다. 진정한 인간이 되기 위하여 필요한 바와 조화를 이루는 유일한 방법은 오직 자신의 자유의지에 따라 행위하는 것뿐이다. 어떤 규칙의 지배를 받는 일은 나약함의 표시, '저급한 무리의 정신 상태'에 굴복하였다는 표시에 지나지 않는다 — 이는 도덕적 행위자를 선악의 저편으로 옮겨 놓을 뿐이다. 니체는 이 점을 『선악의 저편』(*Beyond Good and Evil*)에서도 마찬가지로 강력하게 주장한다.

> '자유롭지 않은 의지'는 하나의 신화이다. 실제 삶에서 중요한 것은 오직 강한 의지와 약한 의지라는 문제뿐이다 — 한 사상가가 그 모든 '인과적 결합'과 '심리적 필연성' 안에서 강제, 곤궁, 복종의 상태, 압박감, 부자유 등을 감지한다면 그것은 이미 거의 그 자신에게 결함이 있음을 드러내는 징후이다. 과연 이런 느낌을 갖는지 의심스럽다 — 이는 곧 자신의 비밀을 드러내는 것이기 때문이다(*BGE*, 21절).

개인의 궁극 목표가 자유의지의 표현이라는 생각은 사르트르의 저술에서도 발견된다. 하지만 그의 자유 개념은 니체의 자유 개념과는 다르다. 크랜스턴(Maurice Cranston)은 '자유는 모든 가치들의 기초'라는 것이 사르트르의 견해라고 지적한다. 그는 사르트르를 인용하여 다음과 같이 말한다.

> 가장 중요한 점은 훌륭한 믿음을 지닌 사람의 행위는 자유를 그 자체로서 추구한다는 사실이다. … 우리는 어떤 특수한 상황에서도 오직 자유를 위하여 자유를 원한다. 그리고 자유를 이렇게 원하면서 우리는 우리의 자유가 전적으로 다른 사람들의 자유에 의존하며 다른 사람들의 자유 또한 우리의 자유에 의존함을 깨닫는다(1962, 81면).

여기서 우리는 사르트르가 자유의 개념에 상호성이라는 요소를 도입한다는 사실을 발견한다 — 그리고 자유는 인간의 최고선이다. 이제 인간으로서의 행복이 아니라 자유가 개인의 최고선이라는 생각을 검토해 보자.

연습 문제 11.8

1. 모든 행위의 궁극적인 목표가 행복 또는 쾌락이 아니라 자유라는 주장을 지지하는 경험적인 증거가 있는가?

연습 문제 11.6, 질문 4에서(210면) 우리는 공리주의자의 관점에서 어느 누구에게도 해를 입히지 않고 더없이 친절한 엘우드 다우드를 과연 요양원에 보내야 하는지 그렇지 않은지에 관한 질문을 던졌다.

2. 만일 자유가 모든 가치의 기초라는 주장을 받아들인다면 우리는 엘우드 다우드를 요양원에 보내야 하는가 아니면 그렇게 하지 말아야 하는가?

3. (**상급자를 위한 질문**) 도덕 규칙들은 개인의 자유와 어느 정도 양립 가능한가?

예시 답안은 400면에

위의 질문 2와 3에 대한 예시 답안을 통하여 우리는 이 장의 첫머리에서 제기하였던 질문에 대하여 개인의 최고선이 자유에서 발견된다고 믿는 사람의 관점에서 대답할 수 있다. '도덕적 태도로 행위하려 할 때 한 개인이 느끼는 압박의 본성은 무엇인가?' 라는 질문에 대한 사르트르의 대답은 '이렇게 자유를 원하면서 우리는 우리의 자유가 전적으로 다른 사람들의 자유에 의존함을 깨닫는다' 는 그의 선언에서 드러난다. 우리 자신의 자유를 주장하는 데 포함된 논리는 우리가 다른 사람들의 자유도 증진하여야 함을 요구한다.

[보충 설명: 개인의 자유와 다른 사람의 자유가 지닌 도덕적 가치에 대한 사르트르와 칸트의 견해는 상당히 유사하다. 두 철학자는 모두 '나의' 자유와 다른 사람의 자유 사이에 논리적 연관성이 있다고 생각한다. 이들 사이의 차이점은 자유의 본질과 관련해서 드러난다. 칸트의 체계에서 자유는 보편적인 규칙을 형성하고 그에 따를 수 있는 능력인 반면 사르트르의 체계에서 자유는 어떤 개인도 규칙의 지배를 받아서는 안 된다는 사실을 인식하는 것이다.]

니체의 주장을 액면 그대로 받아들인다면 우리는 도덕이 행위를 인도한다고조차 생각해서는 안 된다. 그리고 이는 도덕적 태도로 행위하려 할 때 한 개인이 느끼는 압박의 본성에 관한 우리의 질문을 지나치게 가치에 의존하는 것으로, 즉 니체의 이론이 부정하려 하는 바로 그 가치를 가정하고 이에 의존하는 것으로 만든다. 이런 상황에서 우리의 질문은 부적절할 수밖에 없으며 비판자들은 이 질문이 논점 상이의 논리적 오류를 범하였다고 주장할 것이다. 이 오류는 어떤 이론이 주장하지 않은 내용을 그 이론에 포함시키고 이를 근거로 그 이론을 비판할 때 발생하는 오류이다.

이제 도덕적 가치 및 도덕적 가치들에 관한 서로 다른 다섯 가지 이론을 간략하게나마 살펴보았으므로 어떤 도덕 이론의 수용 가능성을 어떻게 평가할 수 있는지를 검토하면서 이 장을 마무리 지으려 한다.

방법 (4) 윤리 이론들의 평가

(상급자를 위한 부분)

무엇이 진정으로 존재하는가에 관한 여러 주장들의 타당성을 살펴본 이전의 논의에서 우리는 수용 가능성의 네 가지 기준을 제시하였다(위의 5장, 88면). 이를 충족시키는 최소한의 기준은 어떤 주장이 논리적으로 가능해야 한다는 점이었다. 그 다음 수준의 수용 가능성은 그 주장을 받아들이도록 만드는 증거의 우세였으며, 다시 그 다음에는 그 주장을 합리적으로 의심할 수 없어야 한다는 기준이 등장하였다. 그리고 수용 가능성의 최고 수준은 그 주장이 논쟁의 여지없이 확실해야 한다는 것이었다. 이제 이 장에서 논의한 윤리 이론들을 평가하면서도 이와 동일한 기준을 사용하려 한다.

어떤 이론이 이런 가준들 각각을 얼마나 잘 만족시키는지를 결정하려면 적절한 방법을 사용하여야 한다. 예를 들면 어떤 주장이 한 이론 안에서 논리적으로 가능한지를 결정하려면 그것이 그 어떤 종류의 오류 논증이라도 사용하지 않는지를 면밀히 검토하여야 한다. 이런 오류 논증 중 가장 흔히 등장하는 것은 거짓 전제에 기초한 추론, 받아들일 수 없는 결론을 낳는 추론, 사용된 용어의 의미가 변화하는 가운데 이루어진 추론('애매어 사용의 오류'로 알려진) 그리고 '후건 긍정' 같은 논리적 오류 등이다.

한 이론을 평가할 때 우리는 어떤 기준을 사용하여 그 이론을 평가하는지, 우리가 사용하는 방법이 과연 적절한지에 모두 신경을 써야 한다. 예를 들어 어떤 이론의 주장이 논리적으로 가능한지 그렇지 않은지를 살펴보면서 경험적 증거를 사용한다면 이는 부적절하다. 또한 어떤 이론이 합리적으로 의심할 수 없이 확실한지를 검토하면서 어떤 경험적 증거도 사용하지 않는다면 이 또한 부적절할 것이다. 이와 마찬가지로 어떤 이론이 논쟁의 여지없이 확실하다는 점을 보이려 하면서 사용 가능한 모든 방법을 동원하지 않는다면 이 또한 부적절하다.

위에서 제시한 다섯 가지 윤리 이론 각각을 수용 가능성의 네 기준을 가지고 검토한다면 이것만으로도 최소한 20개의 절차가 필요할 것이다. 하지만 앞에서 등장한 연습 문제에서 몇몇 이론들의 수용 가능성을 검토하기 위한 질문들을 이미 제기하였다. 아래의 연습 문제에 등장하는 질문 2, 3, 5를 통해서는 몇몇 질문들을 재검토하려 하는데 그 목적은 다음 두 가지이다. 우선 한 이론을 평가하는 데 어떤 종류의 방법이 사용되는지를 구체적으로 지적하고, 그 다음에는 그 이론이 수용 가능성의 네 기준 중 어떤 것을 목표 삼는지를 결정하려 한다. 질문 1과 4에서는 몇몇 철학자들이 자신의 주장과는 상반되는 이론을 비판하기 위하여 도입한 대표적인 논증을 살펴보려 한다.

연습 문제 11.9 (상급자를 위한 연습 문제)

『인간 본성에 관한 논고』(*Treatise of Human Nature*)의 유명한 한 대목에서 흄은 무엇이 **존재하고** 무엇이 **존재하지 않는다**는 진술로부터 무엇을 **행해야만 하고** 무엇을 **행해서는 안 된다**는 진술로 교묘하게 넘어가는 도덕철학자들을 비판한다 — 이는 '존재'와 '당위'의 분리를 선언하는 진술인데 또한 앞서 지적한 '사실-가치의 이분법'과도 관련된다(위의 65면 참조).

내가 지금까지 접했던 모든 도덕 체계들에서 항상 주목하였던 바는 각 체계의 저자들이 어느 정도까지는 일상적인 방식으로 추론을 진행하다가 느닷없이 신의 존재를 확립하고 인간사에 관한 여러 가지를 관찰한다는 점이다. 그리고 도덕 체계에서는 명제의 일반적인 계사인 이다와 아니다 대신에 해야만 한다와 해서는 안 된다로 연결되지 않은 명제가 없다는 사실을 발견하고 나는 매우 놀랐다. 이러한 계사의 변화는 부지불식간에 이루어지지만 매우 중요한 것이다. 해야만 한다거나 해서는 안 된다는 것은 어떤 새로운 관계 또는 단언을 표현하기 때문에 이는 반드시 지적되고 설명되어야만 한다. 동시에 이러한 새로운 관계가 자신과는 전혀 무관한 다른 관계들로부터 어떻게 연역되는가에 대한 근거도 반드시 제시되어야만 한다. 왜냐하면 이는 거의 불가능한 일로 보이기 때문이다(1888, 469면).

아리스토텔레스의 『니코마코스 윤리학』은 덕은 탁월성의 추구라는 주장과 더불어 시작한다.

1. (i) 위의 198면에서 등장하였던, 우리는 탁월성을 추구**하여야만 한다**는 주장을 어떻게 정당화할 수 있는가? 이런 정당화가 타당한지를 어떻게 결정할 수 있는가?

흄은 사실에 관한 신술에서 가치에 관한 진술로 교묘하게 넘어가는 이론들을 비판한다. 그는 이론들이 수용 가능성의 기준을 통과하는지를 평가하기 위한 분석 방법으로 '존재/당위의 방법'을 사용한다.

(ii) '존재/당위의 방법'으로 이론들을 평가한다면 다음 중 어떤 기준에 따르는 것인가? (a) **논리적 가능성**, (b) **증거의 우세**, (c) **합리적으로 의심할 수 없음**, (d) **논쟁의 여지없이 확실함.**

연습 문제 11.5, 질문 3의(205면) 가정은 칸트가 생각한 도덕적 가치의 개념을 의문시하였다. 하지만 그 어떤 경험적 증거도 인용하지 않았다.

2. 칸트의 이론을 이렇게 의문시하는 데는 위의 네 기준 중 어떤 것이 사용되었는가?

연습 문제 11.6, 질문 3에서 최대 행복의 원리가 지닌 효능을 논의하면서 우리는 실험실과 같은 조건이 적용되지 않는 개방된 세계에서는 어떤 행위가 행복이나 불행을 얼마나 증진하는지를 계산하는 일이 불가능하다는 점을 지적하였다.

3. 공리주의 이론을 이렇게 의문시하는 데는 위의 네 기준 중 어떤 것이 사용되었는가?

20세기 윤리학에 가장 큰 영향을 미친 책 중 하나인 『윤리학 원리』(*Principia Ethica*)에서 무어는 공리주의와 윤리적 이기주의가 '자연주의적 오류'를 범한다고 주장한다. 즉 이 두 이론 모두 선을 쾌락이라는 자연적 현상과 동일시하였다고 비판한다(1903, 6-17면). 무어는 '쾌락은 선한가?' 라는 질문이 동어반복이 아니라는 사실이 쾌락은 선과 동일하지 않음을 알려 준다고 말한다.

4. 공리주의를 비판하면서 '자연주의적 오류'를 지적하는 것은 경험적 증거의 사용을 포함하는가? 무어는 공리주의와 윤리적 이기주의를 평가하면서 위의 네 기준 중 어떤 것을 사용하였는가?

실존주의가 생각하는 도덕적 가치는 모든 행위의 궁극적 목표가 행복이나 쾌락보다는 자유라는 주장에 기초한다. 연습 문제 11.8, 질문 1에서 이 주장을 지지하는 경험적 증거가 있는지를 물었다.

5. 실존주의의 도덕적 가치를 평가하기 위한 이 질문은 위의 네 기준 중 어떤 것을 사용하는가?

칸트의 도덕 이론은 도덕적 가치 및 도덕 규칙을 구성하는 데 하나의 개념(의무)을 사용한 반면 공리주의는 두 개념(최고선으로서의 쾌락과 최대 행복의 원리를 지지하는 데 필요한 동정심이라는 정서)을 사용하였다.

6. 칸트가 더욱 적은 개념으로 자신의 이론을 제시하였다는 사실이 우리가 공리주의 이론보다 칸트의 이론을 선호할 만한 기준을 제공하는가?

예시 답안은 402면에

이 연습 문제들을 통하여 우리는 여러 기준들을 가지고 윤리 이론을 얼마나 잘 평가할 수 있는지에 관한 질문들을 던졌다. 이들은 윤리 이론들의 본성과 지위를 더욱 잘 이해하는 데 도움을 주는 철학적 질문들이다. 이들은 어떤 이론이 단지 **논리적으로 가능할** 뿐인지, 우리가 수집한 증거가 한 이론이 다른 이론에 비하여 **더욱 큰 수용 가능성을** 지닌다고 결정하는 데 도움을 주는지 그렇지 않은지, 또 우리가 어떤 이론이 **논쟁의 여지없이 확실하다고** 결정할 수 있는지 그렇지 않은지 등을 논의하는 데 큰 도움이 된다.

이런 질문들을 던짐으로써 우리는 어떤 이론에 사용된 개념의 분석이 그 이론의 타당성에 관한 정보도 전해 준다는 사실을 발견한다. 예를 들면 위의 질문 2와 4에 대한 대답은 도덕적 가치에 관한 칸트의 이론 또는 공리주의 이론이 논리적으로 가능하지 않을 수도 있다는 점을 알려 준다. 또한 질문 5에 대한 대답은 한 질문이 어떤 이론의 타당성보다는 현실적인 적용 가능성을 검토할 수도 있다는 점을 알려 준다.

이론들에 대한 평가는 철학 활동 전반에 포함되는 중요한 한 측면인데 이런 작업은 '인식론'의 핵심 영역에 속한다. 이제 다음 장에서는 이 인식론이라는 철학 분과와 씨름하려 한다.

3부: 요약

9장에서 우리는 가치와 일련의 가치들 사이의 구별을 도입하였다. 미학 또는 윤리학 이론들은 각각 무언가가 가치를 지닌다는 가정에 기초하는데, 여기서 '가치' 라는 용어는 '어떤 존재가 실제로 지니거나 지닌다고 여겨지는 값어치, 유용성 또는 중요성에 따라 그 존재에 부여되는 상대적 지위 또는 그 존재에 대한 평가' 를 의미한다(『옥스퍼드 영어사전』). 그렇다면 그 무엇이든 간에 가치를 지닌 것은 미학과 윤리학에서 우리의 판단을 규정하고 우리의 행위를 결정하는 가치들 또는 원리들의 기초를 형성한다 — 여기서 '가치들' 이라는 용어는 '개인이나 사회의 원리들 또는 기준들' 을 의미하며 따라서 '가치' 라는 용어의 복수형과는 구별되어야 한다.

'가치' 와 '가치들' 이라는 두 개념 사이의 구별은 르네상스 이후 도덕 이론들에 대한 분석이 예술과 아름다움에 관한 이론들로부터 점차 분리되는 과정에서 그런 분리의 기초를 형성하였다. 10장에서 우리는 이런 분리 과정을 추적함과 동시에 이와 더불어 발생한 다른 두 과정도 살펴보았는데, 이들 중 하나는 탐구 영역들 사이에 경계를 설정하려는 시도이며 다른 하나는 인간 행위와 자연 현상을 모두 설명하는 통합적인 원리의 추구였다. 윤리학으로부터 분리된 예술과 아름다움에 관한 이론은 미적 성질들을 감지하는 미적 감각과 제휴하려는 경향을 보였다 — 이런 경향은 18세기에 이르러 '에스테틱스' (aesthetics)라는 용어의 의미가 감각의 본성을 탐구하는 학문에서 아름다움의 본성을 탐구하는 학문으로 변화하였다는 사실에서 상징적으로 잘 드러난다. 우리는 '에스테틱스' 라는 용어의 의미 변화가 바움가르텐이 지성에 관한 탐구와 감각에 관한 탐구를 구별하여 이 용어를 사용한 데서 시작되었음을 지적하였다. 즉 그는 논리학으로 불리는 전자는 진리에 관한 지식을 대상으로 삼는 탐구이며 미학으로 불리는 후자는 아름다움에 관한 지식을 대상으로 삼는 탐구라고 보았다.

이런 역사적 배경은 아름다움과 예술의 본성에 관한 탐구로 나아가는 출발점을 제공하였다. 이 두 주제에 관한 탐구에서 모두 보편적인 의견의 일치를 발견하기 어렵기 때문에 우리는 주제 자체보다는 여러 이론들의 본성에 초점을 맞추어 논의하였다. 아름다움에 관하여 크게 두 유형의 이론을 살펴보았는데 그 중 하나는 샤프츠버리, 허치슨, 흄 등 17-8세기 영국 경험론자들이 옹호하였던 이론이며 다른 하나는 피히테, 헤겔 등의 독일 관념론자들이 옹호하였던 이론이다. 경험론자들은 시각이 색을 감지하듯이 특별한 감각에 의해서 감지될 수 있는 사물의 성질을 아름다움으로 여기는 반면 관념론자들은 아름다움을 정신의 속성으로 여긴다.

서로 대립하는 이론들이 지니는 상대적인 설득력에 관하여 논의하면서 우리는 앞서 5장에서 논의하였던(88면), 대상의 존재에 관한 여러 주장들의 지위를 평가하는 데 사용하였던 네 가지 기준을 다시 도입하여 이들을 분석을 위한 철학적 방법으로 활용하였다. 어떤 주장의 수용 가능성을 평가하는 기준은 (1) 그 주장이 **논리적으로 가능해야** 하며, (2) **증거의 우세**가 그 주장을 수용 가능하도록 만들어야 하며, (3) 그 주장의 진리성을 **합리적으로 의심할 수 없어야** 하며, (4) 그 주장이 **논쟁의 여지없이 확실해야** 한다는 것이었다. 연습 문제 10.1에서 우리는 아름다움에 관한 이론들이 이 네 기준을 통해서 얼마나 잘 평가될 수 있는지를 측정하는 데 두 가지 경험적 방법이 사용될 수 있음을 보였다. 첫째, 우리는 아름다움을 설명하는 이론들 각각이 아름다움에 대하여 사람들이 실제로 생각하는 바와 얼마나 일치하는가에 따라 그 이론을 평가할 수 있음을 지적하였으며 둘째, 각각의 이론이 인간의 경험 전반을 얼마나 잘 설명하는가에 따라, 바꾸어 말하면 얼마나 풍부한 설명력을 지니는가에 따라 그 이론을 평가할 수 있음을 지적하였다. 그리고 11장의 마지막 절에서 그 앞의 다섯 절에서 논의한 윤리 이론들을 평가하면서도 이와 동일한 두 방법을 사용하였다.

11장에서 다섯 절에 걸쳐 우리는 도덕적 가치에 관한 네 가지 이론과 더불어 도덕적 가치들과 관련된 서로 다른 다섯 가지 체계를 살펴보았다. 이를 통하여 아리스토텔레스의 덕 윤리 이론은 도덕적 가치를 도덕적 행위자의 덕 또는 탁월성에서 찾으며, 지나침과 모자람이라는 두 극단 사이에 놓인 중용 또는 중간점에서 도덕적 가치들을 발견한다는 점을 깨달았다. 칸트의 의무론은 도덕적 가치가 '정언 명령'으로 구체화되는 도덕적 가치들에 아무런 조건 없이 따르는 데 있다고 생각한다. 밀의 공리주의와 시지윅의 윤리적 이기주의는 모두 도덕적 가치가 쾌락이라고 생각하지만 인간 행위를 인도하는 원리가 무엇인지에 관해서는 서로 다른 견해를 보인다. 공리주의자는 모든 개인의 최대 행복을 낳는 것이 목표라고 생각하는 반면 윤리적 이기주의자는 도덕적 행위자 자신의 최대 행복을 낳는 것이 목표라고 생각한다. 니체와 사르트르는 (칸트와 더불어) 도덕적 가치가 도덕적 행위자가 누리는 행위의 자유에 놓여있다고 여긴다. 이는 이들이 모두 도덕적 가치를 고려하면서 일정하게 규정된 행위 규칙의 준수가 어떤 행위의 도덕적 가치를 떨어뜨린다고 결론지었음을 의미한다 — 하지만 사르트르는 한 개인의 자유는 반드시 다른 사람들의 자유를 인정할 경우에만 성립한다고 주장하였다.

11장에서 우리의 목표는 우선 도덕적 가치에 관한 주요 이론들을 이해하고, 이와 더불어 도덕적 가치에 관한 각 이론과 연결된 특수한 도덕적 가치들을 검토하는 것이었다. 이를 위하여 우리는 다음 두 질문에 대한 대답을 시도하였다.

> 도덕적 태도로 행위하려 할 때 한 개인이 느끼는 압박의 본성은 무엇인가?
> 이 압박은 도덕적 가치와 어떻게 관련되는가?

이들 질문에 대하여 대답하는 과정에서 11장의 두 번째 목표가 자연스럽게 등장하는데 이는 여러 이론들을 평가하거나 비판하는 일을 쉽게 만드는 비판적 기법들을 발전시키는 것이었다. 11장의 마지막 부분에서 우리는 앞서 연습 문제 10.1에서 사용하였던 분석 기법에 기초하여 서로 다른 다섯 가지 윤리적 접근 방식을 평가하기 위한 기법들을 더욱 발전시키려고 시도하였다.

복습 문제

복습 문제 9.1

1. (i) 몇몇 사람들이 가치 있다고 여기는 행위나 행동을 다섯 가지만 들어 보시오.

(ii) 위에서 든 각각이 왜 가치 있는지, 그 이유를 제시해 보시오.

(iii) 이들 중 하나의 가치가 어떻게 변화할 수 있는지 (또는 왜 변화할 수 없는지) 설명해 보시오.

2. 가치 있는 무언가와 연결되지 않는 행위 규칙을 들어 보시오.

예시 답안은 408면에

복습 문제 10.1

샤프츠버리는 아름다움이 크기나 형태 또는 색과 유사한 방식으로 인간의 감각에 의해서 감지될 수 있는, 세계 안에 존재하는 사물들의 특성이라고 생각하였다. 즉 인간은 색을 감지하는 눈과 유사한, 아름다움을 감지하는 감각을 지닌다. 그는 예술의 목적이 이런 특성을 만들어 내는 것, 따라서 아름다운 사물을 만들어 내는 것이라고 믿었다.
사르트르는 예술의 목적이 개인을 일상생활의 구속에서 벗어나게 하는 것, 따라서 개인이 지닌 선택의 자유를 신장하는 것이라고 생각하였다.

1. 이렇게 서로 대립하는 주장들이 지니는 상대적 장점을 평가할 수 있는 경험적 방법을 서술해 보시오.

2. 이들 주장을 비교하는 데 경험적 방법을 사용하는 일은 합리적인가?

예시 답안은 409면에

복습 문제 11.1

'살인하지 말라'는 규칙은 대부분의 윤리 체계에서 등장하는 법칙이다.

1. 이 규칙이 다음의 윤리 체계에서 도덕 법칙이 될 수 있는가?
   (i) 아리스토텔레스의 덕 윤리.
   (ii) 칸트의 의무론 체계.
   (iii) 밀의 공리주의.
   (iv) 시지윅의 윤리적 이기주의.
   (v) 자유를 도덕적 가치로 보는 사르트르의 이론.

2. 도덕 법칙이 되는 경우 왜 그렇게 되는지 이유를 설명해 보시오.

예시 답안은 410면에

더 읽어 볼 만한 책들

Hursthouse, Rosalind: *On Virtue Ethics* (Oxford University Press, 2000). 덕 윤리의 모든 측면을 명쾌하게 서술하고, 최근의 논의를 바탕으로 검토한 권위 있는 해설서 — 덕 윤리를 더욱 상세히 이해하려는 모든 사람의 필독서.

Sheppard, Anne: *Aesthetics: an Introduction to the Philosophy of Art* (Oxford University Press, 1987).

Tolstoy, Leo: *What is Art? and Essays on Art*, translated by Aylmer Maude (Oxford University Press, 1930). 이 작은 고전은 여전히 판을 거듭하여 출판 중이며 한 세기 이상이 지났지만 읽어 볼 만한 가치가 있음.

PART 04

지식과 믿음

4부에서는 이전에 이미 살펴보았던 다양한 주제들을 조금 다른 관점에서 검토하려 한다. 2부와 3부에서 우리는 인간의 존재와 관련되는 두 영역, 즉 물리적 세계와 가치의 세계에 관한 의식과 이해, 지식의 유형들에 대하여 논의하였다. 이제 우리의 초점을 지식과 믿음의 **내용**에서 지식과 믿음의 **본성**으로 전환하려 한다. 이런 전환을 통하여 우리는 존재론과 윤리학/미학이라는 철학적 주제에서 인식론으로 눈을 돌리게 된다.

지식의 본성을 탐구하면서 철학자들은 서로 관련된 두 가지 기본적인 도전에 직면한다. 첫 번째는 지식을 지식이 아닌 것과 구별하는 방법을 찾으려는 도전이고, 두 번째는 한 종류의 실재에 관한 지식을 다른 종류의 실재에 관한 지식과 구별해 주는 — 예를 들면 자연에 관한 지식과 사회에 관한 지식을 구별해 주는 — 요소를 확인하려는 도전이다.

우선 12장에서는 서로 다른 지식의 원천들을 추적하고 이들이 서로 다른 범주의 지식과 어떻게 영향을 주고받는지를 살펴보려 한다. 전통적으로 인간의 능력 중 세 가지가 기본적인 지식의 원천을 제공한다고 여겨져 왔는데 이 세 가지는 경험, 이성 그리고 상상력이다. 이성은 논쟁의 여지없는 확실한 지식을 산출하며, 경험은 기껏해야 합리적으로 회의할 수 없는 지식을 산출한다고 여겨져 왔다. 그리고 상상력이 산출하는 지식의 본성에 관해서는 논쟁이 계속되어 왔다. 우리는 분석 작업을 통하여 이런 지식의 원천들을 우리에게 제공하는, 인간의 네 가지 능력을 확인하려 하는데 이 네 능력이란 감각이라는 물리적 능력, 정보를 해석하는 능력, 해석들에 관하여 그리고 해석들을 제한하는 조건에 관하여 추론하는 능력 그리고 아직 경험하지 못한 무언가를 추측하고 상상하는 능력이다.

12장과 13장에서는 서로 다른 두 범주에 속하는 지식을 검토함으로써 서로 다른 유형의 지식에 대하여 깊이 있게 이해하려 하는데, 두 범주 중 하나는 우리가 경험하는 물리적 세계에 관한 지식을 산출한다고 주장하는 과학이며 다른 하나는 경험 가능한 영역을 넘어선 세계에 관한 지식을 산출한다고 주장하는 신 존재 증명이다. 이들을 선택한 이유는 이후에 그 어떤 인식론적 주제라도 분석하기에 충분할 정도로 이해의 폭을 넓히기 위해서이다.

인식론 — 지식의 원천과 지위 12

이 장에서

논의되는 개념

- 아프리오리
- 아포스테리오리
- 분석 판단
- 종합 판단

주로 논의 되는 철학자

- 칸트
- 리드

언급되는 철학자

- 아리스토텔레스
- 플라톤
- 흄

이 장에서는 우리가 이전에 살펴보았던 몇몇 탐구 유형을 한데 모아 검토하려 한다. 앞서 4장에서 우리는 '인식론'에 관하여 간단히 논의하면서 이를 '지식의 본성과 범위 그리고 지식이 주장하는 바의 신뢰 가능성을 탐구하는 철학의 한 분과'로 정의하였다(62면). 또한 우리는 우리가 지닌 어떤 특수한 믿음이 참이라는 사실의 신뢰도를 높이거나 낮게 만드는 몇몇 사건들을 서술해 보라는 연습 문제 4.1을 통하여 인식론에 속하는 연습 문제를 처음 접하기도 하였다. 이 연습 문제는 인식론적 주제를 논의하는 길을 열었지만 인식론의 핵심 문제를 다루지는 않았다. 인식론의 핵심 문제는 다음과 같다.

> 지식이란 무엇인가?

이 질문은 인식론의 주요 주제 세 가지를 형성하는데 우리는 이들 각각을 이전의 여러 장들에서 이미 언급하였다. 이들 각각은 다음과 같은 세부 질문에 답하도록 철학자들을 인도한다.

1. **한 이론의 본성과 지위** — 이는 다음의 질문을 낳는다.
   - 그 이론은 어떤 범주의 주제에 관한 주장을 펴는가?
   - 그 이론이 그런 주장을 펴는 원천은 무엇인가?
   - 그 이론이 사용하는 설명의 본성은 무엇인가?
   - 그 이론이 펴는 주장을 지지하는 데 사용되는 방법 또는 수단은 무엇인가?
   - 그 이론이 그런 주장을 펴는 원천과 그 이론이 사용하는 방법은 어떻게 관련되는가?

2. **한 이론의 범위** — 이는 다음의 질문을 낳는다.
   - 그 이론의 주장은 스스로 포괄한다고 공언하는 주제의 영역을 제대로 포괄할 수 있는가?
   - 그 이론의 주장이 더 이상 넘어설 수 없는 정당한 한계는 무엇인가?

3. **한 이론이 펴는 주장의 적절성** — 이는 다음의 질문을 낳는다.
   - 어떤 특수한 이론이 펴는 주장의 수용 가능성은 어떤 수준인가?
   - 한 이론이 펴는 주장의 수용 가능성 수준은 무엇이 결정하는가?
   - 한 이론은 어떤 상황 아래에서 수용 불가능한 것으로 거부되는가?

철학 전반에 대한 입문서에 해당하는 이 책에서 모든 유형의 이론에 대하여 위의 모든 질문에 대한 대답을 제시하기는 어렵다. 하지만 우리는 이미 이들 중 몇몇 질문에 대한 대답을 추구하였고 — 또 발견하였다. 2부의 5장, 6장 그리고 7장에 걸쳐 우리는 실제로 존재하는 바에 관한 지식을 주장하는 데 필요한 기초를 검토하였다. 이에 관한 논의는 앨리스가 이상한 나라를 여행하면서 그 세계가 어떤지 관찰한 내용에 대한 분석에서 시작하여(84면) 플라톤이 '형상 이론'에서 지식과 실재의 본성에 관하여 주장한 바를 평가하는 것으로 마무리 되었다(150면).

이런 논의에서 우리의 일차적 관심은 실재에 관한 지식을 얻는 방법이었다. 우리가 존재하는 바에 관한 특정한 주장들에 관심을 보인 까닭은 실재하는 바와 그렇지 않은 바를 구별하려는 의도 때문이었다 — 즉 우리는 실재와 현상을 구별하려 하였다. 이 목표를 이루기 위하여 우리는 5장 2절에서(88면) 존재하는 바에 관한 주장을 평가하는 데 사용되는 기준들을 논의하였다. 연습 문제 4.1 이하에서 우리는 인식론을 두 번째로 경험하였다. 그리고 11장의 마지막 절에서 윤리 이론들을 평가하면서 인식론을 세 번째로 경험하였다.

또한 우리는 지식의 본성을 인식론의 또 다른 측면에서 논의하기도 하였다. 주장과 이론들의 적설성에 대한 평가와는 대조적으로 이런 논의는 그리 자주 이루어지지는 않았다. 하지만 우리는 분명히 두 계기를 통하여 지식을 검토하였다. 첫 번째 계기는 플라톤의 '형상 이론' 을 간단히 분석한 대목인데(150면) 여기서는 지식을 인식하는 과정을 추상적인 '이데아들' 을 관조하는 정신의 상태로 간주하였다. 지식의 본성에 관한 두 번째 논의는 아리스토텔레스의 '사원인설'(四原因設)을 언급하면서 이루어졌는데(193면) 이는 설명의 본성에 관한 이론이었다. 아리스토텔레스의 이론을 검토한 까닭은 주로 그의 윤리 이론에 포함된, 인간 행위에 관한 설명을 이해하기 위해서였다. 하지만 아리스토텔레스의 설명 이론은 다른 영역에까지도 폭넓게 적용된다. 설명이 무엇으로 구성되는가라는 문제는 지식의 본성과 관련된 핵심적인 문제이며 따라서 인식론의 핵심 주제이기도 하다. 이는 우리가 다음 장에서 과학철학을 다루면서 다시 접하게 될 문제인데 거기서는 변화를 과학적으로 설명하려는 시도가 지닌 설득력을 주로 검토하려 한다.

지식의 원천

하지만 설명은 우리가 얻은 정보를 적절하게 구성한 다음에 등장하는 문제이므로 정보가 설명을 형성하며 어쩌면 조건 짓는지도 모른다. 따라서 우리는 지식과 그것을 얻는 방법들 사이의 관계를 검토하면서 인식론에 관한 탐구를 시작하려 한다.

앞서 2부에서 우리는 지식을 얻는 세 가지 방법이 특별한 유형의 지식 — 즉 우리의 물리적 환경에 관한 지식에 미치는 영향을 검토하는 데 관심을 집중하였다. 이 세 방법은 다음과 같았다.

1. 한 개인의 **수동적인 감각 경험** 그리고 **능동적인 근육의 감각**.

2. **감각 경험에 대한** 한 개인의 **해석**. 예를 들면 5장에서는 양치기 개, 장미, 바나나의 존재에 관한 지식을 얻기 위하여 감각으로부터 얻은 정보를 어떻게 수집하고 해석해야 하는지를 논의하였다.
3. 한 개인이 **사용하는 이성**. 예를 들면 7장의 첫 번째 절에서 에딩턴의 물고기 이야기를 논의하면서(123면) 우리가 정당하게 감각 경험을 검토할 수 있는 범위를 결정하는 데 이성 능력이 어떻게 작용하는지를 쉽게 풀어 살펴보았다. 이를 통하여 우리 지식의 범위를 탐구하였다.

5장과 6장, 7장에 걸친 논의는 비록 감각 경험이 이성을 사용함으로써 변형되기도 하지만 실재에 관한 우리의 지식을 구성하는 기본 요소는 결국 감각 경험에 의해서 제공된다는 가정을 은연중에 포함하였다. 그리고 8장에서는 이런 가정의 정당성을 의심하는 두 유형의 이론을 논의하였다. 이들 중 첫 번째는 실존주의 철학자들이 전개한 것으로서 이들은 실재에 관한 우리의 이해를 구성하는 데 사용되는 기본 요소가 자아라고 (지향성을 지닌 행위자라고) 주장하였다(141면). 두 번째는 플라톤의 도전이었는데 이는 감각의 영향에 오염되지 않은 이성을 사용하는 것이 기본적이고 진정한 지식의 원천이라는 주장이었다.

이제 이런 중요한 출발점들을 기초로 삼아 또 다른 지식의 원천들을 탐구하려 하는데 우선 이성이 경험을 체계적으로 정리한다는 문제부터 살펴보려 한다. 이성이 한 개인의 경험을 체계적으로 정리하기 위해서는 몇몇 조건들을 적용해야 하는데 바로 이런 조건들에 관한 탐구가 우리에게 지식의 원천을 제공한다. 인간의 어떤 활동이 가능하려면 반드시 적용하여야 하는 조건들을 면밀히 검토한 철학자로는 칸트가 가장 먼저 떠오른다. 하지만 우리는 칸트와 같은 시대 철학자인 리드(Thomas Reid)가 전개한 논증에 초점을 맞추려 한다. 칸트와 마찬가지로 리드 또한 모든 지식이 감각 경험에서 도출된다는 이론에 기인한 흄의 회의주의에 맞서려 하였다.

연습 문제 12.1

교단에서 물러난 후 리드는 『인간의 지적 능력에 관한 시론』(*Essays on the Intellectual Powers of Man*, 1785)을 썼는데 이 책은 그가 30년 이상을 가르쳤던 다양한 철학 사상을 담고 있다. 이전에 리드가 도덕철학 교수로 재직했던 글래스고(Glasgow)대학에 현재 논리학과 수사학

교수로 있는 브로디(Alexander Brodie)는 앞의 책에서 다음과 같은 대목을 인용한다. '사람들은 함께 추론하기에 앞서 우선 제1 원리들에 동의하여야 한다. 상대방과 공통되는 원리를 전혀 지니지 않는 사람과 함께 추론하기란 불가능하다' (1997, 94면).

뒤이어 리드가 드는 제1 원리들 중 하나는 다음과 같다.

> 성질들은 반드시 형태를 갖추고, 색을 띠고, 단단하거나 부드럽고, 움직이거나 저항력을 지니는 무언가에 속해야만 한다. 우리가 '물체' 라고 부르는 바는 이런 성질들이 아니라 이런 성질들이 속하는 주체이다. 만일 어느 누구라도 바로 이런 것들이 성질이라는 사실이나 성질들이 어떤 주체를 필요로 한다는 사실을 부정하려 든다면 나는 그를 제1 원리를 부정하기 때문에 함께 추론하기에 적합하지 않은 사람으로 여기고 그저 그가 자신의 의견을 즐기도록 내버려 둘 것이다(같은 책, 98면).

1. 리드에 따르면 우리는 제1 원리들이 존재한다는 사실을 어떻게 알 수 있는가?

2. 우리는 색이나 운동 같은 성질들이 색을 띠거나 운동 중인 물체에 속한다는 사실을 어떻게 알 수 있는가?

예시 답안은 412면에

리드는 우리가 개념을 형성하고 개념을 통하여 다른 사람들과 소통하는 방법에 관한 추론 과정이 지식의 원천을 제공할 수 있다고 주장한다. 이는 우리가 2부와 3부에서 행하였던 작업을 통하여 확인하였던 물리적, 인식적 능력을 **넘어선** 지식의 원천을 제시하는 데로까지 확장된다. 이제 우리는 지식의 원천을 다음의 세 범주로 나누어 생각할 수 있다.

1. 물리적 능력을 사용하는 경우.

(i) 정보를 기록하는 감각 능력의 사용.

(ii) 감각을 어떤 방향으로 향하게 하는 근육의 사용.

2. 인식적 능력을 사용하는 경우.

(iii) 감각 경험을 해석함.

3. 논리적 능력을 사용하는 경우.

(iv) 감각 경험을 가능하게 하는 조건들에 관한 추론.

(v) 사고 일반을 가능하게 하는 조건들에 관한 추론.

(vi) 다른 사람들과의 논의를 가능하게 하는 조건들에 관한 추론.

(vii) 수학적, 논리적 추론.

이 예비 목록이 철학자들이, 아니면 철학자가 아닌 사람들도 전제하는 지식의 원천 모두를 포함하는 포괄적인 것은 아니다. 각 범주에 속하는 모든 요소들은 인간의 활동 또는 경험과 관련되며 또한 각각은 어떤 형태의 경험적 내용을 지닌다. 예를 들면 (i)에서 (iv)에 이르는 지식이 경험과 결합된다는 사실은 2부에서 이루어진 논의의 성격에서 잘 드러난다. 하지만 2부에서의 논의는 지식의 본성보다는 실재의 본성에 초점을 맞추었는데 — 이런 논의의 초점은 인간 경험과 관련되지 않을 수 없다. 이제 탐구의 폭을 넓혀 경험과 어떤 연결점도 지니지 않는 지식이 존재할 가능성을 모색해 보자.

연습 문제 12.2

1. 위의 (i)에서 (vii)에 더하여 또 다른 지식의 원천이 있다면 그 목록을 제시해 보시오 — 경험과 무관한 것을 포함하여도 좋다.

2. 이런 원천들 중 우리를 논쟁의 여지없이 확실한 지식으로 이끌 수 있는 것과 그렇지 않은 것을 분류해 보시오.

예시 답안은 413면에

지금까지 우리의 논의에서 모두 열 가지의 서로 다른 지식의 원천이 등장하였다. 즉 일곱 가지는 236면에서 제시되었으며, 나머지 세 가지는 연습 문제 12.2에 대한 예시 답안에 등장한다. 하지만 이런 원천들을 서로 결합하여 어떤 지식을 산출할 가능성에 대해서는 분석하지 않았다 — 이는 인식론을 전문적으로 다루는 책에나 어울릴 만한 분석이다. 또한 이런 원천들 각각으로부터 산출되는 지식의 지위를 규정하기 위한 그 어떤 논증도 제시하지 않았다. 특히 지식과 믿음을 어떻게 구별할 수 있는가라는 주제에 관해서도 언급하지 않았으므로 이제 이 질문으로 주의를 돌리려 한다.

지식과 믿음

5장에서 우리는 물리적 대상이 존재한다는 주장의 수용 가능성을 결정하기 위한 세 가지 기준을 제시하였는데 이들 중 가장 엄격한 것은 그 주장이 논쟁의 여지없이 확실하다는 기준 — 즉 '그 주장이 거짓임을 보일 수 있는 어떤 수단도 존재하지 않아야 한다' 는 (88면) 기준이었다. 이제 우리는 어떤 주장이 단지 수용 가능한 수준 이상인지 그렇지 않은지를 — 즉 그 주장이 지식으로 여겨질 수 있는지 그렇지 않은지를 결정하는 문제에 관심을 보이려 한다. 이런 관심은 그 주장이 의심의 여지없이 확실한 것 이상이라는 점을, 즉 그것이 증명 가능하다는 점을 명시하도록 우리를 이끌지도 모른다(무언가가 의심의 여지없이 확실하다는 점과 그것이 증명 가능하다는 점 사이에는 작지만 매우 중요한 차이가 존재한다. 수학에서 리만 가설(Riemann hypothesis)은 현재 의심의 여지없이 확실하지만 이것이 참이라는 점도 아니면 거짓이라는 점도 아직 증명되지 않았다 — 수백만 가지의 경우에서 그것이 참이라는 사실이 밝혀졌지만 아직까지 아무도 그것이 항상 참이라는 사실을 증명하지는 못하였다). 이런 측면에서 우리가 실제로 지식이 의심의 여지없이 확실해야 한다는 점을, 또는 심지어 그것이 증명가능해야 한다는 점을 요구하는지 그렇지 않은지를 살펴보기 위하여 우리가 무언가를 안다고 말할 때 그 말이 의미하는 바를 간단히 검토하려 한다.

연습 문제 12.3

1. 다음 여러 주장들 중 어떤 것은 지식이며 어떤 것은 단지 믿음에 그치는가?
   (i) 삼각형은 세 각을 지닌다.
   (ii) 미켈란젤로(Michelangelo)는 지난 천년 동안 등장한 조각가들 중 가장 뛰어났다.
   (iii) 1932년 코크로프트(John Cockroft)와 월턴(Ernest Walton)은 최초로 원자를 분열시켰다.
   (iv) 내가 생각하고 있을 때 나는 존재한다.

2. 위의 주장들 각각에 대하여 왜 그것이 지식 또는 믿음으로 여겨지는지, 그 근거를 제시하시오. 또 그 근거들이 경험과 무관한지 그렇지 않은지 밝히시오.

3. 위의 주장들 중 지식으로 여겨지는 것은 논쟁의 여지없이 확실해야만 하는가?

4. 나는 무언가가 참이라고 믿는다. 내가 무언가가 참이라는 점을 '명석하고 판명하게' 지각한다는 사실이 내가 그것을 지식이라고 여기기에 충분한가?

예시 답안은 415면에

지식과 믿음을 구별하는 문제가 아무런 논쟁의 여지도 없는 활동은 아닌 듯하다. 철학자들은 무언가가 지식인지 아니면 믿음인지를 결정하는 데 도움을 주기 위하여 두 가지 구별을 사용하였는데 그 중 하나는 **분석적/종합적**(analytic/synthetic) 사이의 구별이며 다른 하나는 **아프리오리/아포스테리오리**(a priori /a posteriori) 사이의 구별이다. 다음 두 절에서는 이들에 관하여 주로 논의하려 한다.

분석 판단과 종합 판단

(상급자를 위한 부분)

수학의 진리들은 일반적으로 논쟁의 여지없이 확실한 것으로 여겨지며 따라서 지식으로 간주된다. 이와 마찬가지로 '모든 스위스인은 유럽인이다' 와 같은 판단 또한 논쟁의 여지없이 확실하다. 왜냐하면 이 판단이 참이라는 사실은 오직 여기서 사용된 용어들의 의미에만 의존하기 때문이다. 칸트는 이런 유형의 판단을 사용된 용어의 의미를 검토하는 것만으로는 진리값을 결정할 수 없는 판단, 예를 들면 '스위스인은 대부분 프랑스어를 알아듣는다' 와 같은 판단과 구별한다. 그는 전자를 '분석 판단', 후자를 '종합 판단' 이라고 부른다.

> 따라서 **분석 판단**은 (긍정 판단일 경우) 주어와 술어 사이의 연결을 우리가 동일성의 측면에서 생각할 수 있는 판단인 반면 **종합 판단**은 그렇게 할 수 없는 판단이다. 또한 우리는 전자를 해명의 판단, 후자를 추가의 판단이라고 부를 수 있다. 왜냐하면 전자의 경우 술어가 주어 개념에 아무것도 더하지 않기 때문이다. 주: … 경험적인 판단은 그 자체로 모두 종합 판단이다(강조 표시는 내가 더하였다)(CPR A7/B10).

칸트의 구별에 따르면 유럽인이라는 사실은 스위스인이라는 개념에 아무것도 더해 주지 않는 반면 프랑스어를 알아듣는다는 사실은 스위스인이라는 개념에 무언가를 더해 준다. 다음의 연습 문제를 통하여 몇몇 판단들이 '분석적' 인지 아니면 '종합적' 인지를 결정하는 훈련을 하려 한다.

연습 문제 12.4

1. 다음 판단은 칸트가 분석 판단과 종합 판단 사이의 구별에 관하여 논의하면서 사용한 것들이다. 이들 중 어떤 것이 **분석 판단**이며 어떤 것이 **종합 판단**인가?
   (i) '모든 물체는 무게가 나간다.'
   (ii) '모든 물체는 연장성을 지닌다(즉 공간상에서 측정 가능하다).'
   (iii) '일어나는 모든 일에는 원인이 있다.'
   (iv) '이 세계에는 반드시 최초의 시작이 있어야 한다.'

2. 다음 중 어떤 것은 **분석 판단**이며 어떤 것은 **종합 판단**인가?
   (i) '현재 미국 대통령은 나이가 50살이 안됐다.'
   (ii) '신은 전지하다(즉 모든 것을 안다).'
   (iii) '현재 미국 대통령은 나이가 30살이 안됐다.'
   (iv) '신은 존재한다.'

예시 답안은 418면에

마지막 연습 문제에서 검토한 몇몇 판단들이 참이라는 사실은 경험에 의존한다. 예를 들면 연습 문제 중 2 (i)에 등장하는 판단이 참인지 아닌지를 결정하려면 현재 미국 대통령이 몇 살인지 알아야 한다. 반면 다른 판단들은 어떤 형태의 경험과도 전혀 무관하다. 예를 들어 신이 전지한지 그렇지 않은지는 그 어떤 형태의 경험과도 무관하다. 칸트는 '일어나는 모든 일에는 원인이 있다' 나 '이 세계에는 반드시 최초의 시작이 있어야 한다' 와 같은 경험과 무관한 동시에 종합 판단이라고 주장한다. 그는 원인이 없는 사건은 존재하지 않는다는 개념은 경험으로부터 얻어지지만 그것의 진리성은 경험에 의해서 결정될 수 없다고 본다. 만일 과학자들이 원인을 발견하지 못한다면 그것은 그들의 이론 또는 방법이 적절하지 않기 때문이다 — 원인이 없다는 사실을 결정할 수 있는 그 어떤 검토 방법도 고안될 수 없다.

[로버츠(Thomas Roberts)의 보충 설명: 위의 마지막 언급은 그 자체로 분석적이다. 왜냐하면 '원인과 결과' 의 개념 안에는 이미 '검토 방법' 의 개념이 포함되어 있기 때문이다.]

아프리오리한 지식과 아포스테리오리한 지식

몇몇 과학적 주장들이 경험과 무관하다는 사실은 우리가 이미 연습 문제 7.1에 대한 예시 답안에서(340면) 접했던 바이다. 거기서 우리는 그물의 코가 2인치인 그물을 사용한 어류학자가 펀 두 주장에 관하여 논의하였다. 그러면서 '바다에 사는 어떤 물고기도 길이가 2인치 이상' 이라는 그의 첫 번째 주장은 아프리오리하게 (어떤 특수한 경험과도 무관하게) 참이며, '바다에 사는 모든 물고기에게는 아가미가 있다' 는 두 번째 주장은 아포스테리오리하게 (경험에 의존하여) 참이라고 여겼다.

다음의 연습 문제에서는 아프리오리/아포스테리오리 사이의 구별과 칸트가 말한 분석적/종합적 사이의 구별이 어떤 관계를 지니는지를 검토하려 한다.

연습 문제 12.5 (상급자를 위한 연습 문제)

아포스테리오리한 다음 두 판단을 고찰해 보자.

(i) 현재 미국 대통령은 나이가 50살이 안됐다.

(ii) 지금 탁자 위에 사과 두 개와 배 세 개가 있다. 따라서 탁자 위에 있는 과일은 모두 다섯 개다.

1. 이들 각각은 어떤 상황 아래에서 거짓이 되는가?

아프리오리한 다음 두 판단을 고찰해 보자.

(iii) 현재 미국 대통령은 나이가 30살이 안됐다.

(iv) 7+5=12 (칸트가 제시한 예)

2. 이들 각각은 어떤 조건 아래에서 거짓이 되는가?

3. 위의 판단 (iii)과 '바다에 사는 어떤 물고기도 길이가 2인치 이상'이라는 어류학자의 주장을(123면) 검토하여 어떤 종합 판단이 논쟁의 여지없이 확실할 수 있다면 어떤 상황 아래에서 그렇게 되는지를 규정해 보시오.

4. 어류학자가 '바다에 사는 어떤 물고기도 길이가 2인치 이상'이라는 지식을 얻는 방식과 그것을 정당화하는 방식 사이에는 어떤 차이가 있는가?

예시 답안은 420면에

아프리오리/아포스테리오리 사이의 구별에 관한 논의에서 두 결론이 도출된다. 첫째, 두 요소가 명제의 진리성을 미리 결정한다. 이 중 첫 번째 요소는 우리가 사용하는 단어의 의미와 올바른 사용법을 결정하는 규칙들이며, 두 번째 요소는 그 명제의 진리성에 관한 정보를 수집하기 위하여 우리가 사용하는 방법이다. 규칙이나 방법이 변화하는 상황에서는, 예를 들면 위의 판단과 관련하여 미국 대통령으로 출마할 수 있는 나이나 어류학자의 그물코 길이가 변화하는 상황에서는 원래 명제의 진리값도 변화한다 — 하지만 이 진리값은 여전히 그 어떤 특수한 경험과도 무관하다. 반면 규칙이나 방법이 변화하지 않는 상황에서는, 예를 들면 7+5=12의 진리성의 경우에는 이 명제의 진리값이 변화하지 않는다. 둘째, 우리는 지식의 정당성을 입증하기 위하여 항상 지식의 원천을 사용하지는 않는다. 즉 우리가 정보를 수집하는 데 사용하는 수단과 (바꾸어 말하면 우리가 참인 명제를 형성하는 데 사용하는 수단과) 그 명제가 참인지 그렇지 않은지를 결정하는 데 사용하는 수단이 반드시 일치하지는 않는다.

[보충 설명: 연습 문제 8.3에 등장하는 진술 d는(149면) 플라톤이 '형상 이론'에서 지식의 원천과 정당화를 서로 구별하였음을 보여 준다. 부정확하고 끊임없이 변화하는 경험이 지식의 원천인 반면 이런 경험을 설명하는 데 필요한 지식은 완전하고 불변하는 '형상'을 통하여 이성으로부터 도출된다.]

지식의 원천과 지식을 정당화하는 방법 사이의 구별에 관해서는 다음 장에서 과학철학을 다루면서 다시 한 번 논의할 예정이다. 그렇게 하기에 앞서 이 장에서 인식론을 다루면서 등장하였던 몇몇 논점들을 요약하려 한다.

인식론 — 요약

인식론의 핵심 질문은 다음과 같다.

지식이란 무엇인가?

지식을 지닌다는 말은 무언가를 설명하는 주장을 펴고, 그 주장을 정당화할 수 있음을 의미한다 — 바꾸어 말하면 어떤 이론을 주장하고 지지함을 의미한다. 이는 다시 지식이란 무엇인가라는 질문을 던짐으로써 인식론을 연구하는 학자들이 이론의 구성과 정당화, 전개 과정의 본성에 관한 세 가지 유형의 탐구를 수행함을 의미한다. 232면에서 확인한 바와 같이 이 세 가

지 유형은 어떤 이론의 지위, 범위 그리고 그 이론이 주장하는 바의 적절성이다.

이런 질문에 답하기에 앞서 우리는 존재론, 미학, 윤리학 등을 논의하면서 인식론적 분석을 함께 행하였다. 특히 우리는 5장의 방법 (1) '무언가가 진정으로 존재한다는 주장에 대한 평가' (88면)와 11장의 방법 (4) '윤리 이론들의 평가' (217면)에서 어떤 주장의 적절성을 상당히 자세히 살펴보았다. 더 나아가 11장에서 아리스토텔레스의 '사원인설' 에 관하여 논의하면서 설명의 본성이 지닌 몇몇 측면도 검토하였다.

이런 이전 작업들을 출발점으로 삼아 우리는 **지식의 원천**으로부터 시작하여 다른 몇 가지 질문들에 답하려 하였다. 이전 여러 절들에서 도달하였던 결론을 한데 모아 정리하면서 우리는 이미 지식의 원천 일곱 가지를 확인하였고 여기에 셋을 더하여 — 다음과 같이 모두 열 가지에 이르는 지식의 원천을 확인하였다.

1. 물리적 능력을 사용하는 경우.
   (i) 정보를 기록하는 감각 능력의 사용.
   (ii) 감각을 어떤 방향으로 향하게 하는 근육의 사용.

2. 인식적 능력을 사용하는 경우.
   (iii) 감각 경험을 해석함.

3. 논리적 능력을 사용하는 경우.
   (iv) 감각 경험을 가능하게 하는 조건들에 관한 추론.
   (v) 사고 일반을 가능하게 하는 조건들에 관한 추론.
   (vi) 다른 사람들과의 논의를 가능하게 하는 조건들에 관한 추론.
   (vii) 수학적, 논리적 추론.

4. 상상 능력을 계발하는 경우.
   (viii) 상상력의 사용(형이상학적 사변이나 사고 실험).
   (ix) 계시 또는 종교적 경험에 대한 반응(외부적인 또는 외적 원인에 의한 충동).
   (x) 직관 또는 영감에 대한 반응(내부적인 또는 내적 원인에 의한 충동).

이 목록은 이들 중 어떤 원천을 사용함으로써 의심의 여지없이 확실한 주장을 펴는 이론을 구성하기에 이를 수 있는지 그리고/또는 지식과 믿음 사이의 구별을 파악할 수 있는지 등의 질문을 던지게 만들었다. 그리고 뒤이어 철학자들이 지식을 분류하는 데 사용한 두 가지 구별을 해명하였는데 이는 **분석적/종합적**의 구별과 **아프리오리/아포스테리오리**의 구별이었다.

이 장에서는 지식 이론에 관한 일반적인 질문들을 검토하였다. 이제 다음 두 장에서는 지식의 특별한 영역, 즉 자연에 관한 지식과 신에 관한 지식에 초점을 맞추려 한다.

과학철학 13

이전에 논의하였던 주제들을 고려하여 우리는 과학철학의 몇몇 핵심적인 영역만을 한정하여 탐구하려 하는데 이렇게 함으로써 그런 영역들을 더욱 깊이 살펴볼 수 있기 때문에 이런 시도는 충분한 근거를 지닌다고 생각한다. 앞서 62면에서 '과학철학'을 물리적 세계에 관하여 우리가 지니는 지식의 본성을 탐구하는 인식론의 한 분과로 정의하였다. 또한 과학철학이 과학적 진보에 관한 평가와 설명도 — 이는 사회과학의 철학에 속하는 편이 더욱 어울릴 듯도 한 주제인데 — 포함한다는 점을 지적하였다. 이를 과학철학에 포함시켜 이 장에서는 세 가지 주된 주제를 다루려 하는데 이들은 각각 위에서 제시한(231면) 인식론의 세 주제와 대응한다. 이 세 가지는 과학의 본성, 과학적 설명의 본성 그리고 과학적 진보의 본성이다.

이 장에서

논의되는 개념

- 반증 가능성
- 패러다임
- 정상 과학
- 과학혁명
- 공약 불가능성

전개되는 기법

- 이론의 평가

주로 논의되는 철학자

- 헴펠
- 포퍼
- 쿤

언급되는 철학자

- 아리스토텔레스
- 플라톤

이 장의 처음 두 절에서는 과학 이론의 본성, 지위 그리고 범위를 탐구하면서 과학을 과학 아닌 것과 구별해 주는 바는 무엇이며 과학적 설명은 다른 형태의 설명과 서로 어떻게 다른가라는 질문을 던지려 한다. 세 번째 절에서는 과학적 진보로 이어지는 새로운 과학 이론들의 수용 가능성에서 어떻게 변화가 일어나는지를 설명하는 몇몇 이론들에 관하여 논의하려 한다. 과학철학의 근본에 해당하는 세 질문은 다음과 같다.

과학적 지식은 다른 형태의 지식과 어떤 차이가 있는가?

과학에서 설명의 본성은 무엇인가?

그리고

어떤 조건 아래에서 과학적 설명은 부적절하게 여겨지는가?

과학과 비과학의 차이

앞서 1부에서 철학의 본성에 관하여 논의하면서 우리는 철학을 예를 들면 물리학이나 정원 가꾸기와 구별해 주는 특성들을 확인하였다(40면). 철학과 달리 이들의 주제는 그것에 대한 우리의 지식과 무관하게 작용하는 것으로 여겨졌다. 물리학과 관련해서 이런 무관함은 물리학을 탐구하는 데 사용되는 방법에 영향을 미치며, 실험 과정은 사물들이 어떻게 작용하는가에 관한 물리학자의 지식을 낳는 데 중대하게 기여한다.

특히 물리학에서 그리고 일반적으로 과학에서 우리가 탐구하는 사물들의 본성을 알 수 없다는 사실은 물리학을 다른 활동들과 구별하는 기준을 제시한다. 물리학자들이 탐구하는 사물들이 물리학 이론들과 무관하게 작용한다는 사실은 예를 들면 물리학을 심리학과 구별해 준다. 과학 실험실에서 사용되는 방법은 또 다른 기준을 제시하는 듯하다 — 이는 탈레스의 가설 2와(330면) 톰슨이 전자를 발견하였다는 자신의 주장을 정당화하는 데 사용한 방법을

(350면) 논의하면서 이미 지적한 바이기도 하다. 사물들이 어떻게 작용하는지를 조사하고 탐구하기 위하여 물리학자들이 실험실 안에 외부와는 차단된 특별한 상황을 만들어 낼 수 있다는 점은 또한 물리학과 사회학을 구별해 준다. 사회학자들은 이렇게 특별히 차단된 상황을 만들어 낼 수 없는 상태에서 추론을 진행한다.

현대 과학은 과학자들의 실험에 기초한 경험적 활동이다. 이런 실험을 통하여 과학자들은 특별한 상황 안에서 정보를 조사하고 수집한 후에 이를 해석함으로써 특별한 사물들의 작용을 설명한다. 그런데 사물들은 이런 조사나 수집, 해석과는 무관하게 작용한다. 이제 과학을 경험적 활동으로 여길 수 있는 범위를 고찰해 보자.

[보충 설명: 과학이라는 용어는 매우 다양한 서로 다른 의미를 지닌다. 과학은 지식의 조직을 의미하기도 하고 심지어 기법을 의미하기도 한다. 이 장에서 과학이라는 용어는 '물질적, 물리적 세계의 본성과 작용에 관한 체계적 탐구'라는 의미로 사용하였다(『콜린스 영어사전』(*Collins English Dictionary*). 체계적 탐구가 되기 위하여 현재의 맥락에서 과학은 일종의 활동으로 간주된다.]

연습 문제 13.1

1. 어떤 종류의 사건이나 현상은 자연과학이 탐구하지 않는가?

2. 다음 중 어떤 것이 사물들이 중력에 반응하는 방식을 설명하는 근원이 될 수 있는가? 그리고 어떤 것이 설명을 정당화하는 방법이 될 수 있는가?
   (i) 사과 한 개가 떨어져 사람의 머리에 맞는 일.
   (ii) 많은 사과가 떨어져 많은 사람의 머리에 맞는 일을 관찰함.
   (iii) 많은 사과가 떨어져 많은 사람의 머리에 맞는 일에 관하여 생각함.
   (iv) 깃털 하나와 서로 다른 크기의 포탄을 피사의 사탑 위에서 떨어뜨리고 어떤 것이 먼저 지면에 닿는지를 관찰함.
   (v) 입자들에게 감지 가능한 질량을 '부여하는', '보손'(bosons, 힉스 입자(Higgs particles))의 존재에 관하여 생각함.

(vi) 델포이 신전의 신탁에 의지함.

[보충 설명: (iv) 갈릴레오의 기록에 따르면 그는 피사의 몇 군데 높은 건물에서 이와 같은 실험을 하였다. 실험 결과는 무거운 물체가 가벼운 물체보다 더 빨리 떨어진다는 아리스토텔레스의 중력 이론을 반박하기에 충분하였다. (vi) 신탁이란 고대 그리스에서 신들이나 여신들이 자신의 뜻을 인간들에게 전하여 알리기 위한 수단이었다. 신탁은 주로 신전의 어둡고 신비한 성소에 자리 잡은 여사제가 전하였다. 델포이 신전의 신탁은 고대 그리스 세계에서 가장 높은 권위를 지닌 것 중 하나였다.]

3. 현대 과학자들은 자신의 주장을 정당화하기 위해 실험실에서 행해지는 여러 방법을 사용한다. 어떤 주장을 정당화하는 데 사용되는 비과학적인 방법을 서술해 보시오.

예시 답안은 422면에

이 연습 문제에서 등장한 여러 질문에 대한 대답들은 과학적 지식을 다른 형태의 지식과 구별하게 해 주는 어떤 실마리를 제공한다. 하지만 이들이 결정적인 대답은 아니다. 우리는 과학을 과학이 아닌 활동과 구별해 주는 두 요소를 이미 알고 있는데 그 중 하나는 과학이 탐구하는 대상의 범주이며, 다른 하나는 과학이 자신의 주장을 정당화하는 데 사용하는 방법이다. 우리가 과학적 지식을 산출하고 발전시키는 데 사용하는 원천들이 제3의 요소를 제공한다고 볼 수도 있다. 이 세 요소가 서로 의존적이라는 사실은 이들 중 어느 하나도 그 자체만으로는 과학과 과학 아닌 것을 구별하는 기준을 낳기에 충분하지 않다는 점을 의미한다.

과학이 탐구하는 대상이 과학자들이 전개하는 설명의 유형과 무관하게 작용한다는 사실은 과학자들로 하여금 실험실 안에서 이루어지는 전문 기술을 사용할 수 있도록 만든다. 이런 기술들 자체는 실험실 안에서 분리된 대상의 성질들이 실험실 밖에서도 마찬가지로 작용한다는, 바꾸어 말하면 실험실과 무관하게 작용한다는 점을 가정한다. 전문 기술과 그런 기술을 통해서 탐구하는 바 사이에는 어떤 상호 관계가 성립한다. 탐구되는 성질은 어떤 상황에서 발견되든 간에 **변화 없이** 작용하는 것으로 여겨져야 한다 — 이런 사실은 변함없이 음전하를 지니는 전자의 경우에서 명백하게 드러난다.

또한 과학에서 전개되는 설명 유형과 자연 상태에서는 인식할 수 없는 대상의 성질을 탐구하는 데 사용되는 전문 기술 사이에도 밀접한 공생 (상호 작용을 주고받는) 관계가 성립한다. 과학자들이 어떤 유형의 실험실을 만들고 어떤 장비를 갖추는가에 따라 그들이 수집할 수 있는 정보의 유형과 범위가 결정된다. 예를 들어 전자가 지닌 성질에 관한 여러 주장들을 정당화하기 위하여 과학자들은 전자가 환경에 미치는 영향을 기록하는 장비뿐만 아니라 전자의 진행 방향을 변경할 수 있는 장비까지도 갖추어야 한다. 이런 장비가 없다면 전자는 현재 보손(힉스 입자)처럼 단지 이론적인 실재로 남을 것이다. 장비의 구성과 사용은 그것을 통한 과학 활동이 어떤 유형의 설명을 제공하려 하는가에 크게 의존한다.

결국 어떤 설명의 본성은 자신이 설명하려는 주제의 본성을 완전히 결정하지는 않는다 할지라도 제한할 수 있다. 한편으로 어떤 설명이 사건들을 인용하는 것으로 이루어진다면 그 설명에서 다루어지는 주제 또한 사건에 관한 것으로 제한되기 쉽다. 예를 들어 어떤 과학자가 최근 천년 동안 밀물과 썰물의 변화 유형을 인용하여 현재 조수의 변화를 설명한다면 이 설명에서 다루어진 주제는 일련의 사건들, 즉 조수의 유형이다. 이 과학자는 설명을 위하여 오직 일련의 사건들만을 조사한다. 다른 한편으로 어떤 설명이 사물들의 작용 방식을 기술하는 것으로 이루어진다면 이 설명에서 다루어지는 주제는 사물과 그것의 작용을 포함하기 쉽다. 한 과학자가 질량이 매우 큰 물체에 작용하는 중력의 성질과 지구 및 해의 운동을 기술함으로써 조수의 변화를 설명한다면 그의 설명은 일련의 사건보다는 대상의 성질을 필요로 한다. 두 경우에서 모두 정보를 수집하는 방법과 정보에 대한 해석은 서로를 강화하며 다른 설명 방식을 배제하려는 경향을 보인다.

앞서 11장 첫 번째 절에서 우리는 아리스토텔레스의 '사원인설'을 다루면서 그의 설명 이론을 논의하였다. 이제 그보다는 다소 현대적인 설명 이론들을 살펴보려 하는데 이들은 특히 과학적 설명에 주의를 기울인다.

과학에서 이루어지는 설명

과학에서 이루어지는 설명에 가장 큰 영향을 미친 이론 중 하나는 포퍼(1959)와 헴펠(1965)이 제시한 연역적 설명 모델이다. 포퍼-헴펠 이론에 따르면 과학에서 어떤 사실을 설명하려할 때 우리는 두 유형의 전제로부터 논리적 연역을 시도하는데 두 전제 중 하나는 보편적인 과학법칙이며 다른 하나는 어떤 현상의 발생 이전에 효력을 발휘하는 특수한 상황에 관한 기술이다. 예를 들어 왜 어떤 빵은 오븐에서 굽는 동안 부풀어 오르는지를 설명하려면 우리는 다음과 같은 작업을 하게 된다.

1. 효모를 포함한 빵 반죽은 어떤 온도에 이르면 부풀어 오른다는 일반 법칙에 의지한다.
2. 어떤 빵 반죽이 놓이게 될 특별한 상황을 서술한다.
3. 빵 반죽이 부풀어 오르는 결과를 **연역하기** 위하여 (1)과 (2)를 활용한다.

이런 설명 이론을 지지하는 사람들은 이것이 그리 과학적이지 않은 일상적인 사건을 설명하는 데도 적용될 수 있다고 주장한다. 예를 들어 소포로 배달된 꾸러미에 왜 그 내용물이 주문한 책이라고 쓰여 있는지를 설명해 보자. 이에 대한 설명에는 어떤 회사가 주문받은 책을 발송할 때 항상 소포를 이용한다는 전제가 은연중에 포함된다. 이 설명에는 또한 위의 (2)와 같은 특수한 상황도 제시되지만 위의 (1)과 같은 일반 법칙이 작용한다는 묵시적인 가정이 더욱 중요한 역할을 한다.

하지만 과학자들은 자주 **왜** 법칙이 반드시 포함되어야 하는지를 알려고 한다. 즉 이들은 왜 효모를 포함하는 빵 반죽이 일정한 온도에 이르면 부풀어 오르는지에 대한 설명을 요구한다. 바꾸어 말하면 이들은 왜 진술 (1)이 참인가에 대한 설명을 요구한다.

연습 문제 13.2

1. 하나의 사건을 설명하는 데 포퍼-헴펠 설명 이론을 적용할 때 그것이 얼마나 성공적인지를 A에서 F까지의 등급으로 평가해 보시오. 단 A는 탁월함을, F는 전혀 적합하지 않음을 나타낸다.

2. 보편 법칙을 설명하는 데 포퍼-헴펠 설명 이론을 적용할 때 그것이 얼마나 성공적인지를 A에서 F까지의 등급으로 평가해 보시오. 단 A는 탁월함을, F는 전혀 적합하지 않음을 나타낸다

[보충 설명: 포퍼와 헴펠은 연역적 설명 모델이 오직 사실을 설명하는 데만 적용된다고 주장하였다.]

예시 답안은 424면에

논의할 문제 13.3

연역적인 설명 모델은 왜 어떤 일반 법칙이 타당한가를 설명하기에 적합한가? 즉 이 모델은 왜 자유롭게 움직이는 자석이 항상 북쪽을 가리키는지를 설명하는 데 사용될 수 있는가?

예시 답안은 425면에

논의할 문제 13.3에서 제기된 질문은 인식론적인 질문이다. 왜냐하면 이는 설명 모델의 적합성을 평가하기 때문이다. 19세기 물리학자들은 오랫동안 자연에 대한 결정적인 서술로 여겨져 왔던 뉴턴 역학의 적합성에 관하여 이와 유사한 인식론적 질문을 던지기 시작하였다. 이들은 뉴턴의 모델이 관찰 가능한 모든 현상들을 충분히 설명하기에 적합한지 그렇지 않은지를 묻기 시작하였다.

이 질문은 양자 역학과 상대성 이론 물리학의 발전을 통하여 물리학을 크게 변화시키는 결과를 낳았다. 거의 혁명에 가까운 이런 변화는 수많은 과학철학자들로 하여금 현존하는 지식을 확장함으로써 진보에 기여하였다고 지금까지 여겨져 온 물리학에서 이런 근본적인 변화가 일어난 까닭은 무엇인가를 묻도록 만들었다. 이런 질문을 제기함으로써 지금까지 오직 지식의 누적을 통하여 진화적으로 이루어진다고 여겨졌던 과학의 발전이 이제 불연속적으로, 혁명적으로 일어날 수도 있다고 여겨지게 되었다.

과학의 발전

앞 장에서 우리는 인식론의 세 가지 주제를 제시함과 동시에 이런 주제를 고찰하도록 만든 몇몇 질문들도 언급하였다. 그 중 마지막 질문은 '한 이론은 어떤 상황 아래에서 수용 불가능한 것으로 거부되는가?' 였다. 이 질문은 과학에서 일어난 변화를, 특히 진화적이기보다는 혁명적인 종류의 변화를 설명하기 위한 분석에서 핵심적인 것으로 자리 잡았다. 과학적 변화를 설명하는 이론들을 검토하기 위하여 이 질문을 다소 변형하여 더욱 폭넓은 질문을 던져 보자.

> 어떤 과학적 설명을 부적합한 것으로 만드는 조건은 과연 무엇인가?

20세기의 대표적인 과학철학자 중 한 사람인 포퍼는 이런 유형의 질문이 과학과 비과학을 구별해 주는 바가 무엇인가에 관한 이전의 질문에 대한 대답도 자극한다고 생각하였다.

> 포퍼는 어떤 이론이 과학적이라고 여겨지기 위해서는
> 원리상 **반증** 가능해야만 한다고 주장하였다.
> 그 이론이 거짓일 수도 있음을 보이는 일이 이론상으로조차도 불가능하다면
> 그 이론은 과학적인 것이 아니다.

예를 들면 '모든 물체는 연장성을 지닌다' 나 '7+5=12' 같은 '분석 판단' 은 (위의 239면 참조) 반증 가능하지 않기 때문에 과학적이 아닌 반면 '어떤 물체의 중력 가속도는 9.81m/s²이

다' 는 반증 가능하기 때문에 과학적이다.

포퍼는 계속해서 과학이 어떻게 한 이론을 받아들이는 데서 다른 어떤 이론을 받아들이는 데로 나아가는지를 설명하면서도 이 기준을 사용한다. 간단히 표현하면 그는 반증 가능하지만 아직 반증되지는 않은 이론이, 그 이론을 반증하는 증거가 발견되기 전까지 과학에서 받아들여진다고 주장한다. 그 이론을 반증하는 증거가 발견되면 바로 그 순간 이 이론은 거부되고 다시 반증 가능성을 지닌, 새롭고 더 나은 이론을 추구하게 된다.

연습 문제 13.4

1. (i) **분석** 판단이면서도 반증 가능한 주장의 예를 들어 보시오.

(ii) **종합** 판단이면서도 반증 가능하지 않은 주장의 예를 들어 보시오.

포퍼는 어떤 이론을 지지하는 증거가 수없이 많이 발견된다 할지라도 그 이론이 완벽하게 참이라는 사실을 증명할 수는 없다고 주장한다. 이와는 대조적으로 단 하나의 반례만 발견되더라도 그 이론이 거짓임을 보이기에 충분하다(검증 가능성과 반증 가능성은 논리적으로 모순대당 관계를 이룬다).

이제 내가 피사의 사탑에서 포탄을 떨어뜨렸는데 그 포탄의 중력 가속도가 9.5m/s^2로 측정되었다고 가정해 보자.

2. (i) 나는 중력 가속도가 9.81m/s^2라는 이론을 반증하였는가?

(ii) 만일 나의 실험이 그 이론을 반증한 것이 아니라면 나는 그것이 반증되었다는 사실을 어떻게 알 수 있는가?

....

....

(상급자를 위한 질문) 현재 과학자들은 왜 소립자들이 질량을 지니는지를 설명해 주는 '보손'(힉스 입자)을 발견하려는 노력을 계속 중이다. '보손'을 발견할 수 있는 이론적 기법이 아직 전혀 알려지지 않았기 때문에 과학자들은 이런 기법을 고안하는 데 노력을 집중하고 있다. 그런 방법이 발견되기 이전까지 보손의 존재를 가정하는 이론은 반증될 수 없다.

3. 그렇다면 그 이론은 비과학적인가?

....

....

예시 답안은 427면에

한 이론이 언제 반증되었는가를 인식하는 문제는 다음과 같은 또 다른 문제와 밀접하게 관련된다. 어떻게 더욱 적합한 새로운 이론이 등장하는가? 이는 현재 우리의 관심을 넘어서는, 사회 이론에 관한 전문적인 지식을 필요로 하는 질문이다. 즉 과학의 혁신을 낳는 사회적 원동력에 대한 분석이 필요하다. 하지만 이 질문에 대답하기 위하여 사회학자에게 필요한 조건에 대해서는 철학 입문서인 이 책에서도 다루어 볼만 하다. 철학자들이 자주 제기하는 질문으로 다음을 들 수 있다.

> 어떤 특정한 과학적 설명이 부적합할 경우
> 더욱 적합한 설명을 낳도록 만드는 조건은 무엇인가?

쿤은(1970) 이 질문을 분석하기 위하여 '패러다임'(paradigm)이라는, 이중의 의미를 지니는 개념을 도입한다. '패러다임'의 개념은 두 측면을 지닌다. 우선 그것은 과학의 진화적 측면을 설명하며, 그 다음으로는 혁명적인 측면을 설명한다. '패러다임' 의 개념이 이 두 역할을 어떻게 수행하는지를 이해하기 위하여 그것에 대한 정의로부터 논의를 시작해 보자.

'패러다임' 은 일종의 성과이다 — 일군의 과학자들이 과학적 탐구의 기본 문제와 방법이 무엇인지에 관하여 공유하는 신념의 집합체이다.

한 사람의 과학자로서 나는 패러다임이 없이는 이론들을 선택하거나 평가하고 비판할 수 없다. 나의 선택과 평가, 비판이 받아들여질 수 있으려면 다른 과학자들이 나의 패러다임을 공유하여야 한다. 예를 들어 중세 과학자들은 당시를 지배했던 기독교의 정통설에 따라 지구가 우주의 중심이며 모든 것이 지구의 주위를 회전한다는 주장 위에서 자신의 이론을 전개하여야만 하였다. 1632년 갈릴레오가 '태양은 우주의 중심이며 동쪽에서 서쪽으로 움직이지 않는다' 고 말한 이유로 종교 재판소에서 유죄 판결을 받아 집을 떠나서는 안 되며 매주 시편을 암송하라는 처벌을 받을 때까지도 과학에 대한 규제가 계속되었다.

과학자가 어떤 패러다임의 영역 안에서 활동한다는 점을 전제한 후 쿤은 과학에는 두 측면이 있다는 이전의 언급으로 되돌아간다. 첫째, 이른바 '정상 과학' 이 있는데 이는 어떤 패러다임이 과학 활동을 수행하고 평가하는 기준을 제공하는 경우이다. 둘째, '과학 혁명' 이 있는데 이는 패러다임 자체가 의문시될 경우에 발생한다. 과학 혁명은 말하자면 '젊은' 과학자들의 과감한 제안에서 비롯된, 새로운 패러다임의 등장이 자연 선택에 따라 진화론적인 과정을 거치는 단계라 할 수 있다. 이 과정을 통하여 가장 강력한 이론이 살아남아 새로운 정상 과학으로 확립된다.

쿤은 과학 혁명에 내재된 근본적인 변화와 비교해 볼 때 정상 과학의 단계는 이미 받아들여진 패러다임이 무엇이 과학적 문제인가에 대한 인식을 더욱 강화함으로써 패러다임을 변화시키려는 그 어떤 시도도 과학의 주류에서 배제하는, 말하자면 보수주의적인 과학이라는 특징을 드러낸다. 이 단계는 또한 과학 활동에서의 성공이 보장되는 특징을 보이기도 한다. 이런 보장은 다음과 같은 요소를 통하여 현실화된다.

1. 발전할 만반의 준비를 갖추었다고 여겨지는 영역에서 지식의 확장.
2. 여러 변수 안에서 구체적인 사실들을 확증함으로써 이미 받아들여진 지식의 주요부 강화.

예를 들면 뉴턴의 운동 법칙에 따라 세계를 보면 힘은 속도 변화의 비율과 비례하는 것으로 여겨지는데 이런 견해는 물리학자들이 속도의 변화 비율 자체가 변화할 수도 있다고 생각할 가능성을 가로막는다. 이 '패러다임' 은 맥스웰(James Clerk Maxwell)의 등식에 의해서 무너지게 되는데 이 등식은 아인슈타인(Albert Einstein)의 상대성 이론을 낳는 기초로 작용하였다. 뉴턴적인 패러다임이 무너진 일은 일종의 과학 혁명이었다. 정상 과학의 주도적인 정통성이 신뢰의 위기를 맞이하게 되는 바로 그 지점에서 한 패러다임은 무너지게 된다. 기존의 패러다임에 도전하는 다양한 새로운 패러다임들이 등장하며 다시 자연 선택의 과정을 거쳐 새로운 주도적 정통설이 모습을 드러낸다.

[보충 설명: 서로 경쟁하는, 그리 강력하지 않은 여러 이론들 중에 과연 어떤 것이 '강력한' 상대성 이론과 양자 역학에 의해서 강력함을 잃게 되었는지는 아직 분명하지 않다.]

논의할 문제 13.5

'늙은 개에게 새로운 재주를 가르칠 수는 없다' 는 속담은 사람들이 한 번 어떤 방식으로 세계를 보기 시작하면 그 방식을 바꾸기가 몹시 어렵다는 점을 의미하는 듯하다.

1. 쿤은 단지 일반적인 상식을 복잡한 듯이 보이는 이론으로 바꾸어 놓았을 뿐인가?

어떤 두 가지를 서로 상대방을 통해서 측정하거나 평가할 수 없다면 이 둘은 공약 불가능하다고 말한다. 쿤은 연속되는 두 패러다임이 서로 공약 불가능하며 어느 하나가 다른 하나보다 더 뛰어나다고 말할 수 없다고 주장하였다.

2. 이 주장은 참인가? 예를 들면 우리에게는 지구가 우주의 중심이라는 중세의 이론과 해가 태양계의 중심이라는 코페르니쿠스의 이론을 비교할 방법이 전혀 없는가?

예시 답안은 248면에

과학의 발전을 설명하려는 시도는 대답만큼이나 많은 문제들을 제기해 온 듯하다. 이 장에서 우리가 다루지 않은 영역 중 하나는 존재론과 인식론 사이의 관계에 대한 검토이다. 이 관계는 앞서 2부에서 과학자인 푸앵카레가 세계에 대한 개념을 형성하는 방식과 정보를 수집하고 해석하는 방식 사이의 관계를 분석한 내용을 살펴보면서 잠시 논의하였다. 거기서는 우리가 인식할 수 있는 실재의 본성을 파악하는 데 관심을 기울인 반면 지금은 실재에 관하여 우리가 지니는 지식의 본성을 파악하는데 관심이 집중된다. 이 두 경우 모두 인식론과 존재론 사이의 관계를 파악하는 일은 매우 중요하다. 이 주제를 더욱 깊이 살펴보기 원하는 독자들은 과학 이론들에 대한 우리 지식의 본성과 이런 이론들 중 어떤 것을 선택할 때 사용되는 기준의 본성과 관련하여 인식론과 존재론 사이의 관계를 집중적으로 분석하면 큰 성과를 거두리라 생각한다.

이제 자연의 세계보다는 초자연의 세계에 관한 지식을 낳는다고 주장하는 다른 여러 이론들을 검토해 보기로 하자 — 다음 장에서는 신의 존재를 증명하기 위한 여러 논증에 관하여 논의하려 한다.

신의 존재 14

이 장에서

전개되는 기법
- 논증의 평가

검토되는 논증의 유형
- 우주론적 논증
- 존재론적 논증
- 설계 논증

주로 논의되는 철학자
- 안셀무스
- 페일리
- 둔스 스코투스

언급되는 철학자
- 데카르트
- 흄
- 칸트
- 아퀴나스

비교적 짧은 이 장에서는 우리가 감각을 통해서는 그 존재를 직접 지각할 수 없는 신의 존재를 확립한다고 주장하는 세 가지 논증에 관하여 논의하려 한다. 이들 논증은 우리가 지각할 수 없는 바의 존재를 증명하는 일이 그리 새로운 시도가 아니라고 주장한다. 앞서 과학철학을 검토하면서도 우리는 지각 가능한 자연의 대상이 지닌 속성을 다루는 이론만을 제한적으로 탐구하지 않았다. 만일 그랬다면 우리의 감각으로 감지하는 일이 논리적으로 불가능한 (63면의 연습 문제 4.1에서 지적하였듯이) 전자의 움직임을 설명하기 위한 물리학자의 이론 등은 아예 무시했어야만 했다. 하지만 지각 불가능한 입자들의 존재에 관한 이론은 이런 입자들이 낳는 지각 가능한 결과와 이런 결과를 일으키는 신뢰할 만한 방법이 존재한다는 주장을 펴기에 충분하다.

신의 존재에 관한 논증들은 이런 수준을 넘어서서 자연법칙에 얽매이지 않을 뿐만 아니라 그것을 넘어서는 능력을 지니는 무언가가 존재한다고 주장하기에 이른다. 『옥스퍼드 영어사전』은 신을 '자연과 인간의 운명을 관장하는 능력을 지녔으므로 숭배의 대상이 되는 초인간적 인격체'로 정의한다.

[보충 설명: 자연을 관장하는 능력은 단지 신이 또 다른 속성들을, 예를 들면 편재(遍在, 즉 어디에나 있음), 전지 그리고 무한한 자비 등을 지닐 가능성을 암시할 뿐이다. 어떤 존재가 자연을 관장하는 능력을 지닌다는 점을 확립하는 논증이 그 존재가 이런 속성들까지도 지닌다는 점을 필연적으로 확립하지는 않는다.]

과학은 자연법칙을 탐구한다. 과학자들이 자연을 이해하기 위하여 사용하는 방법은 자연 안의 사물들이 고정된 규칙에 따라 작용한다는 점을 전제한다. 이 규칙을 바꿀 수 있는 무언가가 존재한다는 생각은 과학적 탐구의 기본 가정과 서로 모순된다. 우리는 실험실에서 이루어지는 활동에 (자연에서 발생하는 사건의 유형에 관여하여 자연에 관한 질문을 던지고 그 다음에는 결과를 관찰하여 대답을 시도하는 활동을 포함하여) 기초한 논증들에 더 이상 의지할 수 없다. 실험 중 언제라도 신이 사건의 유형을 바꿀 수 있기 때문이다. 실험실에서 우리는 자연에 관한 질문을 던지고 자연은 이에 대답한다. 이는 자연이 불변하는 규칙에 따르기 때문에 가능하다. 자연의 규칙이 결코 변화하지 않는다는 가정이 성립되지 않으면 과학은 제 기능을 발휘할 수 없다. 따라서 과학은 자연법칙에 따르지 않는 존재를 탐구할 수 없다.

이 사실은 신이 존재한다는 주장을 지지하는 데 사용되는 논증이 과학의 논증과는 다른 것이어야만 함을 의미한다. '자연과 인간의 운명을 관장하는 능력'을 지닌 무언가가 존재한다는 점을 확립하려면 과학과는 다른, 즉 과학과 무관한 어떤 유형의 탐구와 논증이 필요하다. 자연을 관장하는 최고의 존재는 자연의 지배자로서 자신의 활동을 사람들이 감지하지 못하도록 만들 수도 있다. 만일 신이 존재한다는 점을 보이려 한다면 우리에게 주어지는 선택지는 다음의 두 가지이다.

1. 오직 경험 가능한 영역을 넘어서는 무언가를 다루는 방향으로 나간다.
2. 경험과 경험 가능한 영역을 넘어서는 무언가 사이의 간격을 메운다.

신앙에 기초한 종교는 선택지 (1)을 택하는 반면 신 존재 증명은 선택지 (2)를 택한다. 지각 가능한 바와 지각 불가능한 바 사이의 간격을 메우려는 논증은 경험 가능한 영역을 넘어서며 따라서 '초월적'이 된다.

[보충 설명: 칸트는 '초월적'(transcendent)이라는 용어를 가능한 경험의 영역을 넘어서는 모든 것을 지칭하는 데 사용하며, '선험적'(transcendental)이라는 용어는 경험을 가능하게 만드는 조건이 되는 모든 것을 지칭하는 데 사용한다.]

이제 위의 선택지 (2)와 관련하여 신의 존재를 증명하는 세 가지 표준적인 논증을 검토하려 한다. 각각의 논증에 대하여 그것이 어떤 점에서 경험 가능한 영역과 그것을 넘어서는 영역 사이의 간격을 메우는지를 확인하는 방식으로 논증을 평가할 것이다.

존재론적 논증

존재론적 논증의 기원은 11세기까지 거슬러 올라가는데 이를 처음 제시한 인물은 안셀무스(St Anselm)였다. 그는 이탈리아에서 태어난 베네딕트 수도회 수사였는데 후에는 캔터베리(Canterbury)의 대주교가 되었다. 이후 데카르트와 라이프니츠는 이 논증을 지지하여 되살렸으며 흄과 칸트는 이를 비판하였다. 이 논증은 현존과 완전성의 개념을 분석하여 지각 가능한 바와 지각 불가능한 바 사이의 간격을 메우려 한다. 이 논증의 핵심은 현존하지 않은 완전한 존재의 개념이 모순을 일으킨다는 주장에 놓여있다. 따라서 이 논증은 귀류법을 사용한다. 이제 신의 존재에 관한 첫 번째 연습 문제에서 안셀무스의 증명 방식을 검토해 보자.

연습 문제 14.1

a. 신보다 더 위대한 존재는 생각할 수 없다.

b. 그렇다면 두 가지 가능성이 성립한다.

  1. 그런 존재가 나의 상상 안에만 현존한다.
  2. 그런 존재가 실제로 현존한다.

c. 실제로도 현존하고 나의 상상 안에서도 현존하는 존재가 오직 상상 안에서만 현존하는 존재보다 더 위대하다.

d. 그보다 더 위대한 것을 생각할 수 없는 존재가 최고로 위대하지 않은 경우는 불가능하다.

e. 따라서 그보다 더 위대한 것을 생각할 수 없는 존재는 현존한다.

위의 논증을 검토한 후 다음 질문에 답하시오.

1. 그보다 더 위대한 것을 생각할 수 없는 존재로서의 신의 개념과 자연을 관장하는 능력을 지닌 초인간적인 인격체로서의 신의 개념은 동일한가?

2. 안셀무스의 논증은 어떤 지점에서 경험 가능한 영역과 그것을 넘어서는 무언가 사이의 간격을 메우는가?

3. 그보다 더욱 위대한 것을 생각할 수 없는 섬은 현존하는가? 만일 그런 섬이 현존한다면 안셀무스의 논증이 실패하였다고 말할 수 있는가?

예시 답안은 430면에

설계 논증 (목적론적 논증)

설계 논증(the argument from design)은 존재론적 논증보다도 훨씬 더 오랜 역사를 자랑한다. 고대 그리스와 로마인들도 다양한 형태의 설계 논증을 제시하였으며, 아퀴나스도 1272년 출판한 『신학대전』 중 '신을 증명하는 다섯 가지 방법'에서 다섯 번째 방법으로 이를 언급하였다. 가장 자주 논의되는 설계 논증은 페일리(William Paley)가 제시한 것이다(1802). 페일리는 자신의 저서 첫머리에서 다음과 같은 평범한 경험을 언급함으로써 논증을 시작한다.

> 황야를 걷다가 발이 어떤 돌에 걸려 넘어지면서 이 돌은 어떻게 여기 있게 되었는가라는 질문을 던진다고 가정해 보자. 나는 아마 내가 실제로 아는 바와는 반대로 그 돌이 오래전부터 거기에 있었다고 답할 것이나. 하지만 이 대답이 잘못이라는 점을 보이기도 그리 쉽지 않을 듯하다. 반면에 내가 땅 위에서 **시계** 하나를 발견하고 어떻게 시계가 그곳에 있게 되었는지를 묻는다고 가정해 보자. 이 경우에는 내가 앞에서 했던 대답, 즉 그 시계가 원래부터 항상 거기에 있었다는 대답을 하기가 몹시 어려운데 바로 이것이 내가 실제로 주장하려는 바이다. 하지만 왜 이 대답을 시계뿐만이 아니라 돌에도 적용해서는 안 되는가? 두 번째 경우에는 용인되는 대답이 왜 첫 번째 경우에는 용인되지 않는가?

페일리는 위의 내용을 단순하면서도 상당히 흥미로운 논증의 출발점으로 사용한다. 이 논증의 핵심 전제는 시계처럼 정교한 질서를 갖춘 모든 것은 반드시 어떤 목적을 위해 설계되었음에 틀림없다는 점이다. 두 번째 전제는 만일 무언가가 설계되었다면 반드시 설계자가 존재해야만 한다는 것이며, 세 번째 전제는 우주가 정교한 질서를 갖추고 있다는 점이다. 이런 전제들로부터 페일리가 이끌어 낸 결론은 우주의 설계자가 있으며, 그 설계자는 신이라는 점이다.

[보충 설명: (1) 이런 설계에서 드러나는 목적 지향적인 측면은 왜 이 논증이 또한 '목적론적 논증'으로 불리는지를 알려 준다. 아리스토텔레스의 '사원인설'에서(193면) 어떤 존재의 목적인은 그것의 텔로스(telos) — 즉 그것의 목적이었다. (2) 흄은 『자연 종교에 관한 대화』(*Dialogues on Natural Religion*)에서 설계 논증에 대한 흥미롭고 균형 잡힌 비판을 제시한다.]

연습 문제 14.2

1. 페일리의 첫 번째 전제는 참인가? 정교한 질서를 갖춘 장치는 반드시 어떤 목적을 위하여 설계되어야만 하는가?

2. 페일리의 세 번째 전제는 참인가? 우주에는 정교한 질서가 존재하는가?

페일리의 결론은 우주의 설계자가 신이라고 말함으로써 경험과 가능한 경험을 넘어서는 영역 사이의 간격을 메우려 한다.

3. 우주의 설계자는 자연과 인간의 운명을 관장하는 능력을 지녀야만 하는가?

예시 답안은 432면에

우주론적 논증

(상급자를 위한 부분)

설계 논증과 마찬가지로 우주론적 논증도 고대 그리스에서 시작되었다. 플라톤은 『법률』(10권)에서, 아리스토텔레스는 『형이상학』(12권)에서 이런 형태의 논증을 전개하였다. 중세에 아리스토텔레스의 철학을 부활시킨 아퀴나스는 아리스토텔레스의 우주론적 증명 또한 되살렸으며 몇 해 뒤 둔스 스코투스도 그런 시도를 하였다. 라이프니츠는 자신의 예정조화설에 기초하여 우주론적 증명을 제시하였다. 반면 칸트는(CPR, 3장, 5절) 이 증명에 대한 강력한 비판을 제시하였다.

모든 형태의 우주론적 증명은 **현존하는** 무언가와 **그것을 현존하도록 만들었음에 틀림없는** 무언가를 이끌어 내는 연역을 전제로 삼아 출발한다 — 이 때문에 우주론적 증명은 어떤 주어진 현상이 가능하려면 반드시 적용되어야 하는 조건들을 찾는 '선험적 논증'의 형태를 띤다. 다음에 등장하는, 신 존재 증명에 관한 마지막 연습 문제에서는 둔스 스코투스가 특유한 방식으로 변형한 우주론적 증명을 검토하려 한다 — 이 논증은 본성상 매우 미묘하므로 중세 학자들이 그를 명민한 박사(Doctor Subtilis)라고 불렀던 이유를 알 수 있다.

연습 문제 14.3 (상급자를 위한 연습 문제)

스코투스의 증명을 쉽게 풀어쓴 다음의 여섯 명제를 고찰해 보자.
(이해를 돕기 위한 설명을 괄호 안에 덧붙였다.)

a. 이 세계에는 무언가의 결과로 변화가 발생한다 — 이것이 주어진 상태이다.
(**현존하는** 이것을 X라고 부르기로 하자.)

b. 무언가의 결과로 발생하는 각각의 변화는 그 자신과는 다른 무언가에 의해서 일어남에 틀림없다. 왜냐하면
1. 어떤 결과도 그 자신에 의해서 일어날 수는 없기 때문이다.
2. 어떤 결과를 낳는 원인들이 고리를 형성하는 일은 불가능하기 때문이다.
(**X를 현존하게 하는 원인임에 틀림없는** 무언가를 Y라고 부르기로 하자.)

c. 따라서 각각의 결과는 인과적 결과의 연속 중 일부를 형성한다.
(X가 현존한다면 **반드시 현존해야만 하는** 이 연속을 S라고 부르기로 하자.)
(그런데 S는 무작위로 발생한 것일 수도 있고 질서를 갖춘 연속일 수도 있다.)

d. 만일 S가 무작위로 발생한 원인들의 연속이라면 질서를 갖춘, 무작위가 아닌 원인들의 연속 OS도 존재한다. 우리가 이 진술을 받아들여야 하는 까닭은 다음과 같다.
1. 연속 S 안에서 어떤 사건이 발생하는 까닭은 어떤 진행 과정 P의 작용 때문이다.
2. 진행 과정들은 무작위로 작용하지 않는다.
1과 2로부터 다음의 결론을 이끌어 낼 수 있다.

3. 진행 과정 P는 무작위의 연속 S와는 구별되는, 질서를 갖춘 원인들의 연속 OS의 일부여야만 한다.

(만일 S가 현존한다면 이런 질서를 갖춘 연속 OS 또한 **현존하여야만 한다**.)

(따라서 만일 X가 현존한다면 S든, OS든 간에 질서를 갖춘 연속 또한 **현존하여야만 한다**.)

e. 질서를 갖춘, 무작위가 아닌 원인들의 연속이 무한히 이어지는 일은 불가능하다. 왜냐하면
1. 인과적 행위자 Y가 그 자체만으로 완전한 방식으로 인과적 능력을 소유하는 일은 논리적으로 불가능하기 때문이다.
2. 어떤 행위자가 인과적 능력을 소유하는 까닭은 다른 어떤 인과적 행위자로부터 이 능력을 부여받았으며, 인과적 연쇄를 거슬러 올라가면 이 다른 행위자에게 의존하기 때문이다.
3. 의존한다는 말은 곧 불완전함을 의미한다.
4. 만일 Y와 같은 그 어떤 행위자도 다른 행위자에 의존하지 않고는 인과적 능력을 소유하는 일이 불가능하다면 모든 Y는 불완전한 방식으로 인과적 능력을 소유한다.

(진술 e (1)과 e (4)는 서로 모순 관계를 이룬다.)

(진술 e (1)이 필연적으로 참이기 때문에 진술 e (4)는 거짓이다.)

(만일 X가 현존한다면 질서를 갖춘 유한한 연속 OS가 **현존하여야만 한다**.)

f. 따라서 전혀 불완전하지 않은 방식으로 인과적 능력을 소유하는 제일의 운동자(최초의 인과적 행위자)가 현존한다. 바꾸어 말하면 신의 현존한다.

1. 명제 b (1)과 (2)는 **분석적**인가 아니면 **종합적**인가?

2. 둔스 스코투스가 위의 d 단계로 나아가 오직 무작위가 아닌 연속이 무작위의 연속을 뒷받침할 경우에만 무작위의 연속이 현존할 수 있음을 보이려 한 까닭은 무엇인가?

둔스 스코투스는 e 단계에서 진술 e (1)은 반드시 참이어야 하는 반면 e (4)는 반드시 거짓이어야 한다고 주장함으로써 지각 가능한 바와 지각을 넘어서는 바 사이의 간격을 메우려 한다.

3. 둔스 스코투스가 시도한 연역을 A에서 F까지의 등급으로 평가해 보시오. 단 A는 탁월함을, F는 전혀 적합하지 않음을 나타낸다.

예시 답안은 434면에

[보충 설명: 둔스 스코투스의 논증을 살펴볼 만한 가치가 있음은 오직 그것이 미묘하기 때문만은 아니다. 그는 인과적 연속에서 인과적 능력이 다음의 행위자로 전달될 수 있다고 여긴다. 또한 그는 인과적 능력을 전달받은 행위자는 의존적인 (따라서 불완전한) 인과적 행위자라고 생각한다. 전달 가능한 인과적 능력의 관점에서 인과성을 분석함으로써 그는 인과적 능력을 발휘하는 **인과적 행위자와 인과적으로 발생한 사건들의 연속**을 구별한다. 즉 현재의 사건을 낳는 것은 이전의 사건이 아니라 앞선 인과적 행위자가 발휘하는 인과적 능력이다.

이런 분석을 통하여 그는 또한 무작위의 연속과 질서를 갖춘 연속을 구별할 수 있게 된다 — 현재 실험실에서 이루어지는 많은 실험은 바로 이런 구별을 추적하기 위한 것이므로 이 구별은 매우 중요한 위치를 차지한다.]

초월적 논증과 선험적 논증

우리는 위에서 신의 존재를 증명하기 위한 여러 논증들을 경험과 가능한 경험을 넘어서는 영역 사이의 간격을 메우는 문제의 측면에서 살펴보았다 — 이런 논증들의 목적은 감각 경험을 넘어서는 영역에로 지식을 확장하기 위한 것이었다. 논증들 각각은 인간 의식에 포함된 내용을 출발점으로 삼는다. 존재론적 논증은 현존과 완전성의 개념을 파악하는 일로부터 출발하며, 목적론적 (설계) 논증은 의식적인 경험과 더불어 설계와 목적 개념에 대한 이해를 출발점으로 삼는다. 그리고 우주론적 논증의 출발점은 의식적인 경험과 인과성의 개념에 대한 이해이다.

우주론적 논증은 자신의 출발점을 우리의 경험 너머에 존재하는 바를 이끌어 내는 전제로 사용한다. 완전성의 개념은 우리가 완전한 존재의 개념을 형성하도록 만든다. 이렇게 함으로써 우리는 경험의 경계를 넘어서려고 시도한다. 칸트의 용어로 표현하면 이런 시도들은 '초월적' (transcendent)이다. 이와는 대조적으로 목적론적 논증과 존재론적 논증은 자신의 출발점을 어떤 과정을 파악할 수 있거나 아니면 가능하도록 만드는 조건들이 존재한다는 점을 이끌어 내는 데 사용한다. 목적론적 논증은 우리로 하여금 우주의 질서를 파악하도록 만드는 유일한 존재로서 신이 현존한다는 사실을 이끌어 내는 반면 우주론적 논증은 인과적 연쇄를 가능하게 만드는 유일한 존재로서 신이 현존한다는 사실을 이끌어 낸다. 칸트의 용어로 이들은 '선험적 논증' 이다.

이 장에서 논의하지 않는 네 번째 유형의 신 존재 증명 방식도 있는데 이는 신의 존재를 — 도덕적 측면에서 — 증명하려 한다. 이 논증 또한 선험적 논증의 형태를 취하기는 하지만 이는 보편적으로 받아들여지기보다는 주관적 방식의 논증이라 할 수 있다. 이 증명은 개인이 도덕적 행위자라는 점이나 도덕적 경험을 한다는 점을 정당화하기 위한 필요조건으로 신이 존재한다는 주장에 기초한다. 앞선 세 가지 객관적인 논증을 비판한 후 칸트는 주관적인 도덕적 증명을 자신의 신 존재 증명 방식으로 도입한다(*CPR* A809/B837 이하).

4부: 요약

4부 첫머리에서 우리는 지식의 본성에 대한 이해를 넓히려는 목표를 설정한 후, 서로 다른 지식의 범주 또는 유형을 발견하고 지식과 지식이 아닌 것을 어떻게 구별하는지를 밝힘으로써 이 목표에 도달할 수 있다는 점을 인정하였다. 몇몇 예비적인 논의를(233-238면) 거친 후에 지식이 설명을 위한 주장을 제시하고 이 주장을 정당화하는 일을 함축한다는 가설을 전개하였다. 우리는 12장에서 지식의 개념을 더욱 깊이 탐구하면서(243면, 12장에 대한 요약 참조) 이 가설을 활용하였다. 또한 앞서 2부에서 논의하였던, 실재에 관한 아프리오리한 지식과 아포스테리오리한 지식을 더욱 확장하여 칸트가 사용한 '분석 판단'과 '종합 판단'의 개념을 분석하였다.

칸트가 사용한 이런 개념을 이해한 후 우리는 과학적 설명의 본성과 과학의 발전을 검토하는 방향으로 나아갔다. 여기서 우리는 포퍼와 헴펠이 제시한, 과학적 사실에 대한 연역적 설명 모델에 몇몇 한계가 있다는 점을 확인하였으며 더불어 이 모델이 실험실과 같은 특별한 환경에서 기술될 수 있는 개별적인 사실에만 적용될 뿐 보편적인 이론에는 적용되지 않는다는 점을 지적하였다. 그 다음에는 과학적 사실을 구성하는 바가 무엇인지를, 특히 포퍼가 어떤 이론이 과학적임을 확인하는 데 사용하였던 반증 가능성의 기준에 관하여 논의하였다. 그러면서 이 개념이 과학적 이론과 과학적이 아닌 이론을 구별하는 데는 유용하지만 과학적 진보의 본성을 설명하는 데는 어려움을 겪는다는 사실을 발견하였다.

과학적 진보와 변화에 대한 포퍼식의 설명을 분석함으로써 우리는 쿤이 제시한 '패러다임'의 개념, 즉 하나의 '정상 과학'이 '과학 혁명'이라는 장치를 통하여 다른 정상 과학으로 이행하는 과정을 검토하기에 이르렀다. 그리고 쿤의 설명이 최근 두 세기 동안 일어난 커다란 변화를 해명하는 데는 다소 장점을 보이지만 두 가지의 큰 약점 또한 지닌다는 사실을 발견하였다. 첫째, 쿤의 이론은 그 이론이 낳을지도 모를 결과로서의 사회적 영향력까지도 고려하지는 않았다 — 즉 정상 과학은 본성상 보수적일 수밖에 없는데 이에 대한 지식이 어떻게 정상 과학 자체의 본성을 변화시킬 수 있는지를 고려하지 않았다. 둘째, 쿤의 '공약 불가능성'의 개념, 즉 서로 다른 유형의 정상 과학에 속하는 이론들을 서로 비교할 수 없다는 생각도 문제시된다. 특히 이는 과학에서의 변화를 과학자들의 합리성이라는 측면에서 설명할 수 없기 때문에 문제가 커진다. 이에 따르면 뉴턴 역학이 아니라 양자 역학을 선택하는 과학자들이 더욱 합리적이라고 말할 수 없다. 왜냐하면 이들은 이른바 서로 다른 공약 불가능한 패러다임에 기반을 두고 있기 때문이다.

자연에 관한 우리의 지식을 다룬 논의는 초월적 실재들, 말하자면 가능한 경험의 영역을 넘어선 실재들에 관한 지식을 확립할 수 있다고 주장하는 논증들을 검토하는 것으로 이어졌다. 우리는 신의 존재를 증명할 수 있다고 주장하는 세 가지 표준적인 논증을 분석하였다. 이를 통하여 목적론적 논증(설계 논증)과 우주론적 증명은 '선험적 논증'의 형태를 취하는 반면 존재론적 논증은 일종의 귀류법을 사용한다는 점을 확인하였다. 이들 세 논증은 모두 가능한 경험과 가능한 경험을 넘어서는 영역 사이의 간격을 메우는, 논쟁의 여지없이 확실한 연결점을 제시하지는 못하였다.

4부의 세 장에서 이루어진 논의 여러 곳에서 이런 확실성의 부재가 계속 등장하였지만 이에 관하여 상세히 언급하지는 않았다. 하지만 예를 들면 연습 문제 12.3에 대한 예시 답안에서 데카르트가 자신이 관찰하여 얻은 지식에 대해서조차 자신이 생각한 확실성의 기준을 적용할 수 있는지 회의하였음을 지적하였다. 이와 관련하여 데카르트는 다음과 같이 말한다. '하지만 우리가 명석하게 생각하다고 생각하는 대상도 제대로 규정하는 데는 몇몇 난점이 발생한다(418면).'

우리는 앞서 5장 2절에서(88면) 여러 주장과 이론들을 평가하는 데 사용되는 네 가지 기준을 도입하면서 이들이 논쟁의 대상이 되지는 않는다고 가정함으로써 확실성의 부재에 관한 문제를 다루었다. 이 네 기준 중 오직 하나, 즉 어떤 주장이나 이론이 논쟁의 여지없이 확실해야만 한다는 기준만이 데카르트가 생각한 확실성의 기준을 만족시키며, 나머지 세 기준은 주장 또는 이론의 수용 가능성이라는 측면에서 서로 다른 정도로 회의의 대상이 된다. 그리 엄격하지 않은 이 세 기준의 적용은 모두 일반적인 사람의 개념에 의지하는데 이는 곧 인식론에서조차 사람의 개념이 매우 중요함을 의미한다. 이제 다음 장에서는 사람의 개념으로 주의를 돌려 이에 관하여 논의하려 한다.

복습 문제

복습 문제 12.1

배리(James Barrie)의 『피터 팬』(*Peter Pan*) 이야기의 한 대목에서 어린 소녀 웬디(Wendy)의 어머니는 웬디에게 소년들이 자는 침실 바닥이 왜 이 모양이냐고 묻는다.

침실 바닥에는 나뭇잎들이 떨어져 있었는데 소년들이 잠자리에 들 때는 분명히 그렇지 않았다. 웬디의 어머니 달링 부인(Mrs. Darling)은 이를 의아하게 생각하고 웬디에게 물어 보았다. 그러자 웬디는 넉넉한 미소를 지으며 다음 같이 말했다.

'나는 피터가 다시 왔다고 굳게 믿어요!'

'도대체 무슨 말을 하는 거니, 웬디?'

'피터가 발을 제대로 닦지 않은 것은 정말 잘못한 일이에요' 라고 웬디는 말하였다. 그녀 또한 어린아이에 지나지 않았다.

웬디는 지극히 당연하다는 듯이 자신은 피터가 밤에 자주 이 침실에 들어와 바닥에 앉아서 피리를 불어 준다고 굳게 믿는다고 설명하였다. 하지만 유감스럽게도 그녀는 한 번도 잠에서 깬 적이 없으므로 자신이 어떻게 그 사실을 아는지는 알지 못하며 그저 그렇게 알 뿐이라고 말하였다.

배리는 웬디가 나뭇잎들이 피터 팬의 발에 붙어 따라 들어왔다는 사실을 안다고 말한다.

1. (i) 웬디가 지닌 지식의 기초는 무엇인가?

(ii) 웬디가 지닌 지식의 근원은 무엇인가?

(iii) 웬디는 피터 팬이 침실에 들어온다는 사실을 안다는 자신의 주장을 정당화하였는가?

2. (i) 웬디가 밤에 피터 팬이 침실에 들어온다는 사실을 어떻게 아는지는 모른다는 점이 이 사실을 안다는 주장의 지위에 영향을 미치는가?

(ii) 만일 웬디의 지식이 '명석하고 판명한 관념들'에 기초한 데카르트의 지식과 다르다면 어떻게 다른가?

예시 답안은 437면에

복습 문제 12.2와 13.2

위의 123면에 처음 등장하였던, 물고기와 어류학자에 관한 에딩턴 경의 이야기를 다시 한 번 고찰해 보자.

우리는 연습 문제 7.1, 질문 1에 대한 예시 답안에서(340면) 어류학자의 첫 번째 일반화는 그가 지닌 그물의 본성에 의존하기 때문에 아프리오리한 (경험과 무관한) 지식인 반면 두 번째 일반화는 아포스테리오리한 (경험에 의존하는) 지식이라고 말하였다.

1. **우리는** 그 어류학자가 지닌 그물의 본성이 진술의 참, 거짓에 영향을 미친다는 점을 어떻게 아는가?

2. 그 어류학자가 바다 생물들을 조사하는 또 다른 방법을 모른다고 가정할 경우 그가 잡은 바다 생물들의 본성이 그가 사용하는 장비의 유형에 의해서 결정된다는 사실을 아는 것이 그에게 중요한가?

예시 답안은 439면에

복습 문제 13.1

쿤의 다음 주장을 검토해 보자.

서로 다른 과학적 '패러다임' 안에서 형성된 이론들은 '공약 불가능하다'(주장 TK).

1. (i) 주장 TK는 **분석 명제**인가 아니면 **종합 명제**인가?

(ii) 포퍼의 반증 가능성 기준에 따르면 주장 TK 는 과학적 주장인가?

한 형태의 '정상 과학'에서 다른 형태의 '정상 과학'으로의 과학적 변화가 '과학 혁명'을 통해서 이루어진다는 쿤의 이론이 참이라고 가정하고 다음 질문에 답하시오.

2. 9세기에 과학이 하나의 **'패러다임'**에서 다른 **'패러다임'**으로 이행하였다는 지식은 아프리오리한 지식인가 아니면 아포스테리오리한 지식인가?

예시 답안은 440면에

복습 문제 14.1

데카르트가 신의 존재를 증명한 다음 대목을 검토해 보자.

a. 나는 회의할 수 있기 때문에 내가 불완전한 존재임을 안다.
b. 나는 완전성과 완전한 존재의 개념을 지닌다.
c. 나는 불완전하므로 이런 완전성의 개념을 스스로 만들어 낼 수 없다.
d. 완전성의 개념은 어떤 완전한 존재가 만들어 내었음에 틀림없다.
e. 따라서 어떤 완전한 존재가 현존한다.

1. 데카르트의 증명은 **존재론적**인가, **목적론적**인가, 아니면 **우주론적**인가?

2. 이 논증에 포함된 전제들을 밝히고 이들이 필연적으로 참인지를 말해 보시오.

3. 어떤 지점에서 데카르트는 경험과 가능한 경험을 넘어서는 영역 사이의 간격을 메우는가?

예시 답안은 441면에

복습 문제 14.2

앞서 논의할 문제 3.2에서 던졌던 질문으로 돌아가 보자.

1. **지혜**와 **지식** 사이의 관계는 무엇인가?

그리고

2. 무한한 **지혜**를 지닌다는 점은 무한한 **지식**을 지닌다는 점을 필연적으로 포함하는가?

예시 답안은 442면에

더 읽어 볼 만한 책들

데카르트: 『방법서설』(*Discourse on Method*)과 『성찰』(*Meditations on First Philosophy*, Wordsworth Classics, 1997). 이 두 저술은 진지하게 철학을 배우려는 모든 사람이 읽어야 할 고전이다.

흄: 『자연 종교에 관한 대화』(*Dialogues on the Natural Religion*, 흄의 조카인 흄 남작(Baron David Hume)이 1777년 흄의 사후에 출판). 이는 설계 논증에 관한 고전적인 저술로서 흄의 가장 민감한 태도가 드러나기도 한다.

쿤: 『과학 혁명의 구조』(*The Structure of Scientific Revolutions*, University of Chicago Press, 1970). 매우 큰 영향력을 발휘한 책으로 꼭 읽어 볼 만하다.

포퍼: 『과학적 발견의 논리』(*The Logic of Scientific Discovery*, Hutchinson, London, 1959). 위의 책과 더불어 큰 영향력을 발휘한, 읽어 볼 만한 책이다.

래드클리프-리처즈: *Human Nature after Darwin* (Routledge, London, 2000). 이 책에서는 다윈의 이론에 대한 비판이 폭넓고 상세히 논의된다.

월시: *Kant's Criticism of Metaphysics* (Edinburgh University Press, 1975). 『순수이성비판』의 주요 논증에 대한 탁월한 주석을 제공할 뿐만 아니라 이 책에 대한 영어 번역에서는 다소 모호하게 드러나는 그의 생각에 초보자들도 쉽게 접근할 수 있도록 만든다.

PART 05

사람들과 자유

철학 입문서에 해당하는 이 책의 마지막 부분에서는 한 인간으로서의 개인의 개념에 관하여 논의하려 한다 — 앞으로 살펴보게 되듯이 개인은 이전에 등장했던 다양한 논의에서 가장 기본적인 토대를 제공하는 주체였다. 모든 시대의 철학자들은 개인의 개념을 정확하게 분석하려고 애썼는데 그 까닭은 사실상 모든 철학적 문제의 표면 아래에는 개인의 개념이 놓여 있기 때문이다. 여기서 우리가 시도할 논의의 주요 목표는 개인의 정체성이라는 문제에 접근하는 서로 다른 방식들을 확인하고 이로부터 생겨난 서로 다른 이론들을 이해하려는 것이다. 또한 부수적인 목표는 이런 이론들을 평가하는 것인데, 앞서 이루어진 모든 평가와 마찬가지로 이 평가도 얼마든지 비판의 대상이 될 수 있다.

15장에서는 개인의 정체성에 관한, 서로 다르지만 밀접하게 관련되기도 하는 두 질문에 답하려 한다. 첫 번째 질문은 '개인'이 과연 무엇을 의미하는지를 물으며, 두 번째 질문은 신체적, 정신적 속성이 변화하는 동안에도 한 사람을 동일한 개인으로 머무르게 하는 바가 무엇인지를 묻는다. 이 질문들에 대한 대답은 16장에서 이루어질 논의의 기초를 형성하는데 16장에서는 자유롭게 행위하는 개인의 능력 및 자신의 행위에 대하여 개인이 지는 책임과 관련된 주제들을 검토하려 한다.

개인의 정체성 15

서로 의존하는 다음 두 질문이 이 장에서 이루어질 논의의 기초를 형성한다.

개인이란 무엇인가?

그리고

우리는 서로 다른 순간에 어떻게 한 사람이
동일한 개인임을 확인하는가?

이 장에서

논의되는 개념

- 개인의 정체성

논의되는 이론

- 이원론
- 물리주의/유물론

전개되는 기법

- 논증의 평가
- 개념의 분석
- 논증의 분석

검토되는 논증의 유형

- 사고실험에 기초한 논증들

주로 논의되는 철학자

- 데카르트
- 로크
- 파핏

- 암스트롱

언급되는 철학자

- 아리스토텔레스
- 둔스 스코투스
- 칸트
- 리드
- 흄
- 밀
- 사르트르
- 쿤

개인이란 무엇인가?

4부의 끝부분에서 우리가 여러 주장과 이론을 평가하는 과정이 일상적인 개인의 개념을 반드시 필요로 한다는 점을 지적하였다 — 심지어 (무언가가 참이라는 점을 명석하고 판명하게 지각함으로써) 그 무언가를 자신이 아는지 그렇지 않은지를 결정하는 데카르트의 기준조차도 명석하고 판명하게 지각할 능력을 지닌 누군가가 존재한다는 사실이 필요하다. 이론들을 평가하고 가치를 매기는 능력이 없다면 철학적 분석은 아예 불가능할 것이므로 우리는 이론을 평가할 줄 아는 개인의 개념을 성립 불가능하게 만드는 방식으로 개인을 정의하는 그 어떤 개인의 개념도 거부할 수밖에 없다 — 개인에 대한 이런 정의는 그런 정의를 내린 철학자를 개인의 영역에서 배제하는 결과를 낳을 것이다! 우리가 행하는 다른 철학적 분석들도 제대로 작용하는 개인의 개념을 기초로 삼아 그 위에서 이루어지기 마련이다.

인식론에 관하여 탐구하면서 우리는 개인의 본성과 관련하여 다양한 내용이 요구된다는 사실을 확인하였다.

1. 흄의 경험론은 개인이 지각될 수 있는 주체여야 한다는 점을 필요로 한다(139면).
2. 어떤 이론이 지닌 수용 가능성의 정도를 평가하려는 우리의 시도 자체가 이론을 논쟁의 여지없이 확실한, 합리적으로 의심할 수 없는 그리고 단지 논리적으로 가능한 것으로 분류할 수 있는 주체를 필요로 한다(88면).
3. 데카르트의 합리론은 명석하고 판명한 관념들을 지각하는 주체가 존재한다는 점을 필요로 한다(418면).

4. ‘인간의 지적 능력’에 대한 리드의 분석은(235면) 제1 원리들을 받아들임으로써 ‘함께 추론하기에 적합한’ 주체의 개념을 필요로 한다.
5. ‘정상 과학’ 또는 ‘과학 혁명’에 대한 쿤의 분석은(256면) 현존하는 과학의 패러다임에 속하는 아니면 과학 혁명을 통해서 새로운 패러다임에 속하는 것으로 바뀐 여러 이론들을 선택하고, 평가하고, 비판하는 과학자를 필요로 한다.

존재론에 관하여 탐구하면서 우리는 개인의 본성에 관한 더욱 많은 요구가 등장한다는 점을 발견하였다.

6. 사회 구조와 관련하여 이 구조가 존재하기 위해서는 서로 의사소통하는 개인의 개념이 필요하다(339면).
7. 실존주의 철학은 실재를 구성하는 기본 요소로 작용하는, 지성과 자유의지를 지닌 주체가 필요하다(359면).

윤리학을 탐구하면서도 개인에 관한 더욱 많은 요구들이 등장함을 확인한다

8. 아리스토텔레스의 덕 윤리는 ‘실체’로서의 개인을 필요로 한다(192면).
9. 칸트의 의무론은 보편법칙이 될 수 있는 행위 준칙에 따를 것을 자유롭게 선택하는 개인을 필요로 한다(199면).
10. 밀의 공리주의와(206면) 윤리적 이기주의는(212면) 자신의 쾌락에 가치를 부여하고 이를 어떤 단위로 계산하는 누군가로서의 개인을 필요로 한다.
11. 사르트르와 니체의 윤리학은 자신의 자유로운 행위를 통하여 도덕적 가치를 구성하는 주체로서의 개인을 필요로 한다(214면).

개인이 어떤 존재여야 하는가에 대한 이런 열한 가지의 요구는 다양한 철학적 탐구로부터 등장하였다(물론 이들과는 다른 철학적 탐구에서 개인에 대하여 이들과 다른 요구를 만들어 내는 일 또한 얼마든지 가능하다). 이런 요구들을 종합해 보면 이들 사이에서 일종의 대립이 발생하는 경우도 발견된다. 예를 들면 위의 (3)에 등장하는, 의심의 여지없이 명석하고 판명한

관념을 지각하는 데카르트적인 개인의 개념과 (5)에서 등장하는, 쿤이 생각한 과학 혁명에 관여하는 과학자의 개념은 서로 일치하지 않는지도 모른다.

만일 개인에 대한 어떤 개념이 위에 제시된 요구 중 하나와 대립한다면 우리는 이런 개념을 거부하든지 아니면 위와 같은 요구를 낳은 원리를 의문시하여야 한다. 예를 들어 한 개인을 두 사람으로 분리하여 고찰하는 것을 허용하는 개인의 개념이 등장한다면 자신의 자유로운 행위를 통하여 도덕적 가치를 구성하는 주체로서의 개인이라는 실존주의적 개념은 더 이상 유지될 수 없음이 드러난다. 이 경우 우리는 개인이 두 사람으로 분리될 수 있다는 이론과 도덕적 가치가 개인의 자유로운 행위에서 발견된다는 개념 사이에서 어떤 선택을 내려야 하는 상황에 직면한다.

위의 목록에서 드러나는 다양한 가능성들을 포함하는 논의를 접할 경우 우리가 택할 수 있는 훌륭한 전략 중의 하나는 이를 적절한 구성 요소로 분해할 수 있게 만드는 분석 도구를 발견하는 것이다. 그리고 아리스토텔레스의 '실체'(분리되어 현존하는 존재) 개념이 바로 이런 도구를 제공한다. 또한 이 개념은 더욱 현대적인 질문, 즉 개인의 개념이 '내재적'(intrinsic)인가 아니면 '외재적'(extrinsic)인가라는 질문과 연결되면서 개인의 정체성에 대한 분석을 제공하는 이점도 지닌다. 아리스토텔레스는 실체를 스스로 목적인을 지니는 존재로 정의하였다 — 예를 들면 짐수레는 실체가 아니지만 그 짐수레를 끄는 사람은 실체이다. 그 까닭은 짐수레가 존재하는 목적이(즉 그것의 목적인이) 그것을 만든 장인의 정신 안에 있으며 따라서 짐수레 자체의 일부가 아닌 반면 짐수레를 끄는 사람의 목적은 본질적으로 그 사람의 일부로서 존재하기 때문이다. 이렇게 보면 짐수레의 경우는 그것의 본질적인 부분이 '외재적인' 반면 짐수레를 끄는 사람의 경우는 본질적인 부분이 '내재적'이다.

'내재적' 속성은 어떤 존재가 다른 존재와 어떤 관계를 맺는가와 무관하게 그 존재에 속하는 반면 '외재적' 속성은 다른 존재들에 의존한다.

외재적 개념은 어떤 존재의 모든 속성들이 그 존재가 다른 존재와 맺는 관계에 의존하여 정의되는, 그런 존재에 대한 개념이다. 몇몇 철학자들은 개인의 개념이 외재적이라고 주장한다 — 예를 들면 『루틀리지 철학 백과사전』(*Routledge Encyclopaedia of Philosophy*)에서 '개인' 항목을 쓴 가렛(Brian Garret)은 그렇게 주장한다. 다음의 연습 문제에서는 우리가 흔히 사람들을 묘사하면서 사용하는 몇몇 속성들을 검토함으로써 내재적 속성과 외재적 속성을 구별하는 문제를 탐구하려 한다.

연습 문제 15.1

누구보다 키가 더 크다거나 말을 특히 잘 한다는 속성 등은 한 개인의 **외재적** 성질이다. 이들은 모두 다른 사람들과의 관계에 의존한다.

1. 개인의 다른 속성 중 **외재적**인 것을 네 가지 들어 보시오.

암스트롱(David Armstrong, 1968)은 개인의 **모든** 속성들이 외재적이라고 주장한 반면 데카르트는(『성찰』에서) 개인의 몇몇 속성은 내재적이라고 주장하였다.

2. 개인의 속성 중 **내재적**이라고 여겨질 만한 것을 네 가지 들어 보시오.

3. **내재적**이라고 여겨지는 속성들과 **외재적** 속성들을 구별해 주는 그 어떤 특성이라도 존재하는가?

예시 답안은 444면에

사람들의 모든 정신적인 속성이 물리적인 속성으로 환원될 수 있다고 보는 암스트롱 같은 철학자의 주장은 '환원주의'의 한 예이다. 사람들의 정신적인 속성을 물리적 실재가 지닌 속성의 측면에서 설명할 수 있다는 암스트롱의 주장, 즉 정신에 대한 유물론적인 이론은 심리학을 자연과학으로 '환원하였다고' 말할 수 있다. 아리스토텔레스의 실체 개념은 비환원주의적인데 그 까닭은 실체의 목적인이 오직 그 자체 안에서만 발견되기 때문이다. 말(馬)의 목적에 대한 설명을 오직 말 자체에서만 발견되는 반면 짐수레의 목적인에 대한 설명은 그것을 만든 장인의 정신 안에서 발견된다.

다음 절에서는 개인의 정체성에 관한 비환원주의적 이론 두 개와 환원주의적 이론 하나를 검토하려 한다. 이들 셋은 모두 인간의 경험과 이성을 출발점으로 삼는다. 데카르트의 이원론에서 이 두 요소는 비물질적인 자아의 개념을 형성한다. 로크의 이론에서 이들은 단일하고 지속적인 의식적 존재의 개념을 이끌어 낸다. 그리고 정신에 대한 유물론적인 이론에서 이들은 물리적 대상으로서의 개인이라는 개념을 만들어 낸다. 우리는 이성 및 경험과 더불어 자유를 출발점으로 삼는 이론들의 여러 측면에 관하여 이미 논의하였다(141면). 자유에 관해서는 다음 장에서 다시 간략히 검토할 예정이다.

이원론 — 정신과 육체

한 개인이 육체와 정신을 지닌다는 점은 수많은 문화 및 철학 체계에 깊이 뿌리박힌 생각인데 특히 영혼은 단일한 (그리고 눈에 보이지 않는) 정신적 '실체'로 여겨졌다. 아리스토텔레스에 따르면 영혼은 개인의 형상인(본질)으로서 개인과 결코 분리될 수 없는 것이다. 플라톤은 모든 존재의 본질 일반이, 특히 개인의 영혼이 물리적인 것과는 분리되어 현존한다고 주장하였다. 이제 우리는 데카르트의 이론에 초점을 맞추려 하는데 그는 플라톤과 마찬가지로 개인의 단일한 정신적 본질이 판명하며 육체와 분리될 수 있다고 주장하였다. 데카르트는 『성찰』에서 정신과 육체 사이의 관계를 검토하면서 이 둘은 서로 분리되어 존재하며 또한 분리될 수 있는 실재라고 결론지었다. 이런 분리 가능성은 이른바 '데카르트의 이원론'으로 알려져 있다.

연습 문제 15.2

『성찰』 중 '여섯 번째 성찰'에 (9절) 등장하는 다음의 논증을 검토하고 물음에 답하시오.

a. '나는 나 자신에 대하여 명석하고 판명한 관념을 지니는데, 내가 오직 사고하는, 비연장적인 존재인 한에서만 그러하다.'
('비연장적'이라는 말을 통해서 그는 '공간상에서 측정될 수 없음'을 의미한다.)
b. '그리고 다른 한편으로 나는 육체가 오직 연장적이고 사고하지 않는 존재일 경우에만 육체에 대한 판명한 관념을 소유한다.'

c. '따라서 나, 즉 나를 나로 만들어 주는 나의 정신이 나의 육체와 전적으로 그리고 진정으로 구별되며, 육체가 없이도 현존할 수 있다는 점은 확실하다.'

1. 데카르트가 사고하는 '비연장적인' (즉 길이도, 넓이도, 부피도 없는) 존재로서의 자기 자신에 대하여 명석하고 판명한 관념을 지닌다는 사실이 우리 모두가 우리 자신에 대하여 이와 같은 명석하고 판명한 관념을 지님에 틀림없음을 의미하는가? 만일 그렇지 않다면 데카르트의 논증은 오직 자신에 대하여 명석하고 판명한 관념을 지니는 사람들에게만 타당한가?

2. 정신을 자신과 상호 작용을 주고받는 육체와 분리하여 분석할 수 있다는 사실은 정신과 육체가 각각 분리된 채 존재할 수 있음을 의미하는가?

3. 진술 c에서 데카르트는 정신이 자신을 그 자신으로 만들어 준다고 주장한다. 이 주장은 그의 육체가 그의 정신이 없이도 존재할 수 있음을 의미하는가?

예시 답안은 445면에

'여섯 번째 성찰' 에 등장하는 데카르트의 논증은 이후 몇 세기에 걸쳐 뜨거운 논쟁의 대상이 되었다 — 이와 관련된 유명한 비유는 라일(1949, 17면 이하)이 제시한 '기계 안의 유령' 이다. 더욱 최근의 여러 비판은 한 개인을 지속성을 유지하면서도 서로 분리된 두 개인으로 나눌 수 있다고 가정하는 '사고실험' 을 주로 사용한다. 이렇게 개인을 분할하는, 다양한 형태의 사고실험이 등장하였는데 이제 세쌍둥이와 관련된 파핏(Derek Parfit)의 사고실험에 초점을 맞추어 보자(1984, 253면).

> 분할된 나. 나의 육체는 치명적인 손상을 입었으며 나의 두 형제는 뇌를 크게 다쳤다. 나의 뇌를 적출한 후 둘로 나누어 절반씩 두 형제의 육체에 이식하는 데 성공하였다. 그 결과 사람들은 나의 두 형제 각각을 나라고 생각하게 되었으며, 그들이 나의 삶을 살아나가고 나의 특성을 지니며 다른 모든 측면에서 심리학적으로 그들이 나를 이어나가는 듯이 보인다. 더욱이 그들의 육체는 나의 육체와 매우 유사하다.

파핏은 이런 상황에서 살아남은 나의 두 형제가 모두 나라는 사실을 이끌어 낸다면 어떤 일이 일어날 것인지를 묻는다. 그가 이렇게 생각하는 근거는 만일 쌍둥이 중에 어느 한 사람이라도 살아남기만 한다면 그 개인은 곧 계속 살아가는 파핏이 될 것이기 때문이다. 이 논증은 우리가 서로 다른 경우에 어떻게 한 개인을 동일한 사람이라고 확인할 수 있는가라는 질문에 상당한 영향을 미치는데 이에 관해서는 아래에서 더욱 상세히 논의할 예정이다. 지금은 이 논증이 데카르트의 이원론에 어떤 영향을 미치는가에 초점을 맞추려 한다.

연습 문제 15.3 (상급자를 위한 연습 문제)

아래의 질문 1과 2에서 파핏의 사고실험이 타당하다고 가정하자. 즉 데카르트가 생각한 사고하는 '비연장적인' 주체가 분할되어 반반씩 둘로 나누어진 뇌에 담기는 일이 논리적으로 가능하다.

1. 데카르트가 생각한 단일하며 사고하는 '비연장적인' 주체가 스스로 두 형태로 나누어지는 일이 논리적으로 가능한가?

임신과 출산 사이의 어떤 지점에서 데카르트가 생각한 사고하는 주체는 한 개인의 육체를 얻는다고 말할 수 있다.

2. 뇌 이식이 실제로 이루어질 경우 데카르트가 생각한 사고하는 주체로서의 내가 나의 형제 중 한 사람의 육체로 이동하며 다른 어떤 사람의 '비연장적인' 주체가 나의 또 다른 형제의 육체로 이동하는 일이 논리적으로 가능한가?

3. 개인을 분할하는 사고실험에 기초한 논증은 데카르트의 이원론이 타당함을 부정하는가?

4. 만일 데카르트의 이원론이 참이라면 파핏의 실험 결과는 어떻게 되는가? 그런 결과는 논리적으로 불가능한가?

예시 답안은 447면에

데카르트의 이원론?

데카르트의 이원론에 대한 비판은 파핏이 자신의 사고실험을 통하여 제시하려는 세 가지 점 중에 하나일 뿐이다 — 다른 둘은 개인의 정체성에 관한 파핏 자신의 이론을 구성하는 것과 로크의 이론을 비판하는 것이다.

연속성 — 육체와 의식

로크는 개인을 의식의 주체로 보는 점에서 데카르트와 의견을 같이 하지만 이 주체의 본질이 시간이 흘러도 계속 동일한 주체로서 지속하는, '사고하는 비연장적인 존재'라는 데카르트의 주장은 받아들이지 않는다. 데카르트와 달리 로크는 무언가를 개인으로 만드는 요소와 한 개인을 확인하는 데 필요한 기준을 서로 구별한다. 그도 우리가 이 장의 첫머리에서 던졌던 두 질문을 던진다. 첫 번째 질문은 다음과 같다.

> 개인이란 무엇인가?

『인간의 지적 능력에 관한 시론』(*An Essay Concerning Human Understanding*)에서 로크는 다음과 같이 말한다.

> 우리는 개인이 무엇을 의미하는가를 고찰해 보아야 한다 — 내 생각으로 개인은 사고하는 지적 존재, 이성과 반성 능력을 지닌 존재, 자신을 자신으로 여길 줄 아는 존재, 서로 다른 시간과 공간에서 여전히 동일한 사고하는 존재인 듯하다(1690, II, 27장, 9절).

여기서 로크는 '자신을 자신으로' 여길 줄 아는 능력을 언급하는데 이는 개인의 **내재적인** 속성에 해당한다. 마지막 문구는 로크가 우리가 앞서 제기한 두 번째 질문, 즉 다음과 같은 질문에도 관심을 보인다는 사실을 드러낸다.

> 우리는 서로 다른 순간에 어떻게 한 사람이
> 동일한 개인임을 확인하는가?

로크는 『시론』의 다음 절에서 이 질문을 다룬다. '한 사람을 그 자신으로 만드는 바는 동일한 의식이며 개인의 정체성은 오직 이 사실에 의존한다 …' 이는 로크가 의식의 지속성이 개인의 지속적인 정체성을 규정한다고 믿었음을 암시한다. 그는 다음과 같은 문장으로 자신의 주장을 마무리한다. '… 개인의 정체성이 오직 하나의 개별적인 실체와 관련되든 아니면 여러 실체들의 지속적인 연속성과 관련되든 간에 사정은 마찬가지이다(1690, 27장, 10절).' 이 대목은 그가 파핏과 마찬가지로 의식이 서로 다른 여러 육체에 속할 수 있다고 믿었음을 암시한다 — 이는 분해되었던 육체가 부활할 수 있다고 믿는 모든 사람들에게 중요한 요소로 작용한다.

다음의 연습 문제에서는 파핏과 로크의 차이점을 검토하고 일종의 사고실험이 개인의 본성을 분석하는 데 타당한 도구인가를 살펴보려 한다.

연습 문제 15.4

아래의 질문 1과 2에서 앞서 언급한 파핏의 사고실험이 타당하다고 가정하자.

1. 파핏이 제시한 의식의 분할은 개인에 대한 로크의 정의, 즉 개인은 '사고하는 지적 존재, 이성과 반성 능력을 지닌 존재, 자신을 자신으로 여길 줄 아는 존재, 서로 다른 시간과 공간에서 여전히 동일한 사고하는 존재'라는 정의가 잘못임을 의미하는가?

2. 파핏이 제시한 의식의 분할은 우리가 서로 다른 순간에 한 사람이 동일한 개인임을 확인하는 데 의식의 지속성이라는 기준을 사용할 수 없음을 의미하는가?

3. **(상급자를 위한 연습 문제)** 다음의 사고실험을 생각해 보자.

 하나의 수소 원자를 두 개의 새로운 원자로 분할할 수 있는데 이 두 원자는 모든 측면에서 원래의 원자와 완전히 동일하다. 이런 분할 과정에서 어떤 핵폭발도 일어나지 않으며 원자들이 에너지를 방출하거나 흡수하는 일도 전혀 없다. 두 개의 새로운 원자는 모든 측면에서 원래의 원자가 지속된 것이라 할 수 있다. 과학자들은 이런 변화를 관찰한 후 원래의 원자에 '원자-1', 분할된 후 왼쪽에 위치하는 원자에게 '왼쪽-원자', 오른쪽에 위치하는 원자에게 '오른쪽-원자'라는 이름을 붙였다. 왼쪽-원자와 오른쪽-원자 모두 원자-1과 동일한, 지속적인 내력을 지닌다.

이 원자-분할 사고실험은 질량 및 에너지 보존 법칙을 위반한다.

(i) 이 사고실험으로부터 어떤 원자가 서로 다른 순간에 하나의 동일한 원자임을 확인하기 위하여 그 원자가 지닌 내력을 사용할 수 없다는 결론을 정당하게 이끌어 낼 수 있는가?

(ii) 파핏의 개인-분할 사고실험은 그 어떤 법칙이라도 위반하는가?

예시 답안은 449면에

개인-분할 사고실험에 관한 논의를 통하여 개인이 무엇이며 서로 다른 순간에 어떻게 누군가가 동일한 개인임을 확인하는가에 대한 결정적인 대답을 발견할 수 없을지도 모른다. 그렇지만 이 실험은 논증들을 평가하는 어떤 분석적 기법을 다듬을 수 있는 기회를 제공한다. 상상력을 사변적인 방식으로 사용하면서 이를 지식의 원천으로 삼는 어떤 논증을 접하게 되면 이 논증이 은연중에 포함하는 모든 가정들을 면밀히 검토하여야 한다.

우리가 뒤이어 검토하려 하는 개인의 정체성에 관한 이론은 자신이 가정하는 바를 명확하게 드러낸다. 사실 이 이론은 단 하나의 가정만을 포함하는데 그것은 모든 정신적인 현상이 물리적 현상의 측면에서 설명될 수 있다는 가정이다.

유물론 — 육체로서의 정신

'유물론' 이라는 용어는 다양한 의미를 지닌다. 일반적으로 이 용어는 가치가 도덕적, 미적 성질보다는 물리적인 대상에 속한다고 여기는 철학적 태도를 지칭한다. 철학과 관련하여 이 용어는 최소한 두 영역에서, 즉 심리철학과 마르크스주의 철학에서 사용된다. 전자에서 이 용어는 오직 물질만이 존재하며 마음 또는 정신은 물질의 변화라는 측면에서 설명될 수 있다고 주장하는 이론을 지칭한다. 마르크스주의 철학에서 이는 변증법적 또는 역사적 속성이 부여되면서 사회적 변화를 낳는 장치를 지칭한다.

여기서는 개인 일반에 대한 이론과 관련되는 한에서, 특히 정신과 관련되는 한에서 유물론이라는 용어가 지니는 의미를 살펴보려 한다. 그리 엄밀하지 않게 말한다면 정신에 관한 유물론적 이론은 다음 연습 문제에 등장하는 여섯 단계로 이루어진다.

[보충 설명: 어떤 논증을 요약된 형태로 제시할 때 사용된 표현자체가 비판의 방향을 미리 결정짓기도 한다. 따라서 아래의 논증을 유물론에 반대하는 사람이나 찬성하는 사람이 제기할지도 모를 비판을 덜 받도록 고쳐 쓰는 일도 가능하리라 생각한다.]

연습 문제 15.5

다음 논증을 검토하고 질문에 답하시오.

a. 육체는 물질로 이루어지며 뇌는 육체의 일부이다.
b. 물질의 움직임은 자연법칙에 따르므로 뇌의 움직임 또한 자연법칙에 따른다.
c. 정신은 뇌의 기능에 따라 작용한다.

위의 전제로부터 다음 결론을 이끌어 낼 수 있다.

d. 정신의 작용은 자연법칙에 따라야만 한다.
e. 뇌의 기능을 설명함으로써 정신의 작용을 설명할 수 있다.
f. 개인은 단지 물리적 대상에 지나지 않는다.

운전자는 운전 법규에 따라야 한다.

1. 이 사실은 운전 법규를 사용하여 운전자의 행동을 설명할 수 있음을 의미하는가?

2. 뇌가 자연법칙에 따른다는 사실은 정신의 활동을 자연법칙을 사용하여 설명할 수 있음을 의미하는가?

(상급자를 위한 문제)

3. a에서 f까지의 논증은 유물론자에게 다소 불리한 방식으로 구성되었을 수도 있다. 유물론자의 관점에서 이를 어떻게 고칠 수 있는가?

4. 질문 1과 2는 유물론자에게 다소 불리한 방식으로 구성되었을 수도 있다. 유물론자의 관점에서 이를 어떻게 고칠 수 있는가?

예시 답안은 451면에

질문 1과 2에 대한 예시 답안은 무언가가 어떤 법칙에 따른다는 사실이 그것이 법칙에 의해 결정된다는 주장을 지지하는 충분한 근거를 제공하지는 못한다는 점을 드러낸다. 예시 답안은 또한 유물론을 철학적으로 엄밀하게 지지하기 위해서는 뇌의 물리적 작용이 정신을 **완전히** 지배한다는 사실을 증명할 필요가 있음을 암시한다. 바로 이 지점에서 철학자들은 서로 다른 의견을 보이며 각각 나름대로의 길을 가는 듯하다.

한 무리의 철학자들은 (암스트롱처럼) 유물론의 길을 택하여 뇌의 물리적 작용이 정신을 완전히 지배한다는 사실이 결국 뇌 과학에 의하여 확인되리라고 주장한다. 바꾸어 말하면 인간에 관한 모든 과학이 물리학으로 '환원되리라고' 주장한다. 인간 지성의 분석 행위를 모방하는 데 성공한 현대 컴퓨터 공학은 인간의 뇌에서 일어나는 것과 같은 물리적 작용이 우리가 인간의 정신과 연결시키는 모든 정신적 현상에서도 재현될 수 있다는 가설을 증명하는 근기로 여겨진다.

또 다른 무리의 철학자들은 브렌타노(Franz Brentano)의 발길(특히 그의 '지향성 이론')을 따라 정신이 수행하는 두 가지 작용 사이에는 어떤 차이가 있다고 주장한다. 정신의 작용 중 하나는 정보를 수집하는 것으로서 이는 자연법칙의 지배를 받는 반면 다른 하나는 지향성인데 이는 물리적 법칙이 부과하는 제한을 받지 않는다. 브렌타노가 생각한, 19세기의 지향성 개념을 검토하면서(359면) 우리는 이 문제에 관한 중세의 선구자라 할 수 있는 둔스 스코투스의 견해도 함께 논의하였다. 통합된 정신에 대한 그의 분석에 따르면 '무조건적인' 의지는 '조건적인' 지성을 동반한다(359면).

이 두 번째 유형의 이론을 주장한 철학자 중 한 사람인 보부아르(Simone de Beauvoir)에 관해서는 다음 장에서 논의할 예정인데 그에 앞서 이성 및 인간의 경험을 결합하여 출발점으로 삼는, 개인의 정체성에 관한 이 장의 논의를 요약하는 편이 좋을 듯하다.

요약

데카르트는 이성과 자신의 의식적 경험을 증거로 삼아 자신이 물질적 육체와 분리된 비물질적인 실체라는 결론에 이르렀다. 사고하는 존재로서 그는 자신은 '연장성을 지니지 않는' 반면 자신의 육체는 '연장성을 지니며' 따라서 정신과 육체는 서로 분리된다는 점을 지적하였다. 위의 연습 문제 15.2와 15.3에서 우리는 이런 분리 가능성을 이끌어 내는 기초로서 '연장성을 지니지 않는 것'과 '연장성을 지니는 것' 사이의 구별을 사용하는 논리에 대한 질문을 던졌다.

로크는 개인을 육체 안에서 발견되는 '사고하는 존재'로 파악하는 데카르트의 생각을 받아들였다. 로크는 개인이 '사고하는, 추론과 반성 작용을 행하는 존재'인데 이 개인의 자기의식을 통하여 설령 그가 서로 다른 시간과 장소에 있더라도 동일한 개인임을 확인할 수 있다고 생각하였다. 하지만 로크는 정신과 육체가 분리될 수 있다는 사실로부터 이를 이끌어 내지 않았다. 그의 주요 관심사는 시간이 흐르더라도 한 개인이 여전히 동일한 개인임이 확인되는 정체성의 기준을 확립하려는 것이었다. 로크는 자신의 분석을 통하여 이 기준이 단일한 의식의 지속성에서 발견된다고 결론지었지만 파핏은 이 결론에 도전하였다. 우리는 파핏이 사용한, 개인의 분할을 포함하는 사고실험을 검토하였는데 여기에는 로크나 데카르트의 이론을 확실하게 반박하였다고 보기는 어려운 몇몇 가정들이 포함됨을 발견하였다.

연습 문제 15.5에서는 개인에 대한 유물론적 (물리주의적) 이론을 확립하기 위하여 고안된 논증을 검토하였다. 우리는 이 논증의 체계와 이를 평가하기 위한 질문들을 분석하였는데 이 둘 모두 평가에 불리하게 작용할 수 있음을 발견하였다. 유물론을 제대로 평가하려면 과학을 평가하기에 적절한 기법을 사용하여 자연과학 이론을 평가할 때와 완전히 동일한 방법을 적용하여야 한다. 하지만 현재 우리의 지식 수준에서는 개인에 대한 물리주의 이론을 실제로 실험실에서 평가하기가 무척 어렵다. 물리주의 이론에 대한 몇몇 이론적인 평가가 이루어지기도 하였지만, 철학적으로 이 이론과 대립 관계에 있는 실존주의 철학자들이 물리주의 이론은 의식적 경험이 지닌 지향성을 제대로 설명하지 못한다고 주장한다는 점을 지적하는 정도로 논의를 마쳤다. 이제 이어지는 마지막 장에서는 이 문제를 살펴보려 한다.

자유와 책임 16

이 장에서

논의되는 개념

- 자유
- 책임
- 개인의 정체성
- 작용

전개되는 기법

- 개념의 분석
- 논증의 분석

주로 논의되는 철학자

- 보부아르

언급되는 철학자

- 아렌트
- 사르트르
- 키르케고르

모든 행위에서 행위자가 자연적 필연성의 결과로 행위하든 아니면 자유의지에 따라 행위하든 그가 첫째로 의도하는 바는 자신의 형상을 드러내려는 것이다. 따라서 그 어떤 행위라도 행한다면 행위자는 행위에서 기쁨을 얻는다고 말할 수 있다. 존재하는 모든 것은 자신이 계속 존재하기를 바라는데 행위를 통해서 행위자의 존재는 어떻게든 강화되기 마련이므로 반드시 기쁨이 따를 수밖에 없다. … 그러므로 행위를 통하여 잠재적인 자아가 현실적으로 명확하게 드러나지 않는다면 어느 누구도 행위하지 않을 것이다.

(단테(Dante)의 『군주제에 관하여』(*de Monarchia*), 이 라틴어 저술에 대한 아렌트의 번역(1958, 175면) 중 행위를 통해서 드러나는 행위자에 관한 부분에서 재인용)

아렌트(Hannah Arendt)는 단테의 『군주제에 관하여』에서 인용한 위의 대목을 행위를 통하여 드러나는 행위자에 관한 논의의 도입부로 사용하면서 행위는 단지 외부의 자극에 대한 반응이 아니라 그 자체로 한 개인이 자신을 정의하고 다른 사람들에 의해서 정의되는 창조적 자극이라고 주장한다. 행위를 통하여 자신을 드러내는 개인의 개념은 이 마지막 장에서 검토하려는 중심 내용에 해당한다.

이제 자유의 개념에 관한 이전의 논의를 떠올림으로써 새로운 논의를 시작해 보자. 이전의 논의는 8장에서 11장에 걸쳐 등장하였는데 여기서 우리는 개인의 자율을 주어진 사실로 가정하고 이 가정이 의미하는 바를 분석하였다. 이 장에서는 이 가정에 도전하면서 이런 도전에 대한 몇몇 반응을 검토하려 한다. 이런 논의를 살펴봄으로써 실존주의 철학자들로 하여금 자유를 개인 개념의 핵심에 놓도록 이끈 질문을 정확하게 지적하려 한다.

8장에서 우리는 실재를 이루는 근본적인 구성 요소들이 오직 인식적 경험을 통해 얻어지는 현상일 뿐이라는 경험론의 생각에 도전하는 두 이론에 관하여 논의하였다. 첫 번째로 우리는 이런 경험론의 입장에 대하여 지성과 의지로 이루어진 통합된 정신을 지닌 개인이 이런 근본적인 구성 요소로 작용한다고 주장하는 실존주의의 도전을 살펴보았다. 또한 지성이 수행하는 분석의 방향을 의지가 결정한다는 생각이 브렌타노의 지향성 이론에서 유래한 것이 아니라 중세 철학자 둔스 스코투스의 저술에 뿌리를 두고 있음을 지적하였다(358-9면).

현대 실존주의 철학자들은 정신이 지성과 의지로 이루어진다는 주장의 기초를 주의 깊게 탐색하여 지성과 의지로 이루어지는 통합된 정신이 다음과 같은 칸트적인 (선험적) 질문에 대답을 제공한다고 생각하였다.

> 우리가 감각을 통하여 지각하는 신호들에
> 의미를 부여할 수 있도록 만드는 조건들은 무엇인가? [질문 1]

11장에서 도덕 이론들을 검토하면서도 우리는 특히 사르트르와 니체의 견해에 초점을 맞추어 도덕적 가치가 개인의 자유로운 행위에서 발견된다는 이론에 관하여 논의하였다. 도덕 이론들에 관한 모든 논의에서 주요 목적은 그들이 기초로 삼는 원리를 파악하고 각각의 이론에 대한 표준적인 비판을 이해하는 것이었다. 하지만 가치의 부여를 가능하게 만드는 조건들을 고려하지는 않았다. 이런 고려는 현대 실존주의 철학자들이 던지는 또 다른 칸트적인 질문을 낳을 듯하다.

우리가 가치를 부여할 수 있도록 만드는
조건들을 무엇인가? [질문 2]

[보충 설명: (i) 위의 두 질문 중 어떤 것도 실존주의자들이 실제로 사용한 표현을 통해서 제시되지는 않았다. (ii) 철학적 활동의 기초를 묻는 일련의 질문들에는 흔히 '메타'(meta)라는 접두어가 붙는다. 따라서 위의 두 번째 질문은 윤리학의 본성에 관하여 질문을 던지는 '메타-윤리학'에 속한다. 하지만 철학의 주제들을 이렇게 메타-철학적인 주제들로 세분하려 하는 시도는 자주 철학의 초보자들을 새로운 장벽으로 가로막는 일 이상의 어떤 의미도 지니지 못하는 듯하다. 이런 시도는 철학적 주장의 의미를 복잡한 하위 범주의 그물 안에 감추어 버리는 경향이 있다.]

위의 두 질문에 대하여 다양한 대답들이 제시되었다. 여기서는 특히 단테의 『군주제에 관하여』에서 인용한 위의 내목을 자신의 생각을 밝혔던 아렌트의 원리와 적절한 조화를 이루는 보부아르의 대답에 초점을 맞추려 한다. 보부아르의 대답은 그녀와 같은 시대를 살면서 평생의 동반자 역할을 했던 사르트르의 대답보다 훨씬 낙관적이다. 하지만 여기서 이들 둘 사이의 차이를 상세히 검토하지는 않으려 한다. '모든 행위자는 그 어떤 행위라도 행하는 한 행위에서 기쁨을 얻는다'는 단테의 생각에 동의함으로써 드러나는 낙관론은 최소한 두 가지의 장점을 지닌다. 첫째, 이는 어떤 행위를 바라면서도 그 행위가 목적을 성취하는 데 반드시 실패하리라는 사실을 아는 비관론자가 겪는 내적 갈등을 피하게 해 준다. 둘째, 더욱 중요한 장점으로 이는 사회적으로 억압받는 사람들을 해방하려는 시도를 의미 있게 만든다 — 이런 낙관론이 없다면 사회를 개혁하려는 모든 시도는 무익하기보다는 나쁜 일이 되며 따라서 무의미하게 될 것이다.

사고와 행위의 자유

보부아르는 위의 질문 1과 2가 서로 밀접하게 연관된다고 생각한다. 그녀는 자신의 책 『모호함의 윤리』(*The Ethics of Ambiguity*)에 등장하는 '모호함과 자유' 라는 부분에서 다음과 같이 말한다.

> 실존주의는 그저 칸트와 피히테, 헤겔의 전통을 이어나갈 뿐이다. 헤겔 자신의 표현을 빌리면 이들 철학자는 '권리 및 의무의 본질과 사고 및 의지 작용의 본질이 절대적으로 동일하다는 원리를 자신들의 출발점으로 여겼다.' 모든 인간을 정의하는 관념은 세계가 인간에게 낯선 어떤 주어진 세계, 즉 외부에서 이미 만들어져 인간이 받아들일 수밖에 없는 세계가 아니라는 것이다. 세계는 인간의 의지가 자신의 진정한 실재를 표현하는 한에서 인간이 원한 세계이다(MacDonald, 2000, 282면).

[보충 설명: 이 부분의 번역자는 프랑스어 옴므(homme)를 '개인' (person)이 아니라 '인간' (man)으로 번역하였다. 여기서 프랑스어 '옴므' 나 영어 '맨' 이 특별히 남성이나 여성의 성별과 관련되지는 않는다. 예를 들면 누군가가 의장이나 대통령직에 있을 때 영어로는 성별에 따라 그의(his) 또는 그녀의(her) 의장 또는 대통령직(presidency)라고 말하지만 프랑스어로는 남녀를 불문하고 항상 sa présidence(직역하면 그녀의 의장 또는 대통령직이라고) 말한다. 왜냐하면 présidence가 여성 명사이기 때문이다.]

도덕적 가치와 인식 과정이 절대적으로 동일시하는 것을 출발점으로 삼는다는 헤겔의 주장을 받아들임으로써 보부아르는 위의 질문 1과 2에 대한 대답을 하나로 통합한다. 하지만 그녀는 출발점이 단지 하나일 뿐이라고 말하지는 않으며 자신의 언급을 지지하기 위한 논증을 제시한다. 이제 이 논증을 검토해 보기로 하자.

연습 문제 16.1

아래의 질문 1–3의 앞부분에 등장하는 대목은 『모호함의 윤리』에서 인용하였다.

> 자유는 모든 의미와 모든 가치가 발생하는 원천이다. [보충 설명: 여기서 보부아르는 의미를 어떤 개념과 동일시되거나 연관되는 사물들의 관점에서의 의미라기보다는 오히려 우리의 의식 안에서 지각되는 어떤 개념의 성질이나 속성에 초점을 맞추어 지시되는 의미

로 사용한다.] 또한 자유는 모든 실존을 정당화하는 근원적인 조건이다. 자신의 삶을 정당화하려는 사람은 누구나 자유 자체를 절대적으로, 무엇보다도 우선하여 원하여야 한다(359면).

어린 시절 말을 배우면서 우리는 많은 단어들이 무엇을 의미하는가를 들었다. 예를 들면 '빵'이라는 단어는 우리가 매일 먹는 것을 지시하며, '단단하다' 라는 단어는 모양을 바꾸기 어려운 무언가를 지시한다는 말을 들었다.

1. (i) 의미를 할당할 때 나는 단지 컴퓨터와 같은 방식으로 자료를 처리하기만 하는가?

(ii) 의미를 할당하기 위하여 나는 자유로워야만 하는가?

인간은 자신의 자유를 거부하거나 가정하는 것 사이에서 어떤 결정도 내릴 수 없다. 왜냐하면 결정을 내리자마자 자유를 가정하게 되기 때문이다. 인간은 자유롭지 않기를 적극적으로 원할 수 없다. 왜냐하면 그런 바람은 자신을 파괴하는 일이기 때문이다(359면).

2. 내가 자유롭지 않기를 원할 수 없다는 사실은 내가 자유로움에 틀림없음을 의미하는가?

하지만 인간이 세계를 창조하지는 않는다. 인간은 오직 자신에게 대항하는 세계에 저항함으로써 계속 세계를 드러낼 뿐이다. 의지는 오직 높은 장애물을 통해서만 정의된다. 그리고 세계 안에서는 서로 다른 결과들이 산출되기도 한다는 사실 때문에 인간이 어떤 장애물은 극복하지만 다른 장애물은 극복하지 못하는 일이 일어난다(다소 변형하였음) (361면).

[보충 설명: 전문 철학 용어에 익숙하지 않은 독자들의 이해를 돕기 위하여 마지막 문장에 원래 등장하는 '현실적 사실의 우연성 때문에'라는 표현을 '세계 안에서는 서로 다른 결과들이 산출되기도 한다는 사실 때문에'로 바꾸었다.]

3. (i) 내가 세계에 대한 지식을 얻기 위하여(세계를 드러내기 위하여) 세계는 나에게 대항하여야만 하는가?

(ii) 만일 그렇다면 이는 내가 행위할 때 어떤 자유를 발휘하여야만 함을 의미하는가?

마지막 인용문에서 보부아르는 다른 것들은 자유와 무관하게 움직이는 세계 안에 자유가 위치한다고 주장한다 — 자유는 항상 특정한 맥락에서 작용하므로 자유가 '위치한다'고 말한다. 이는 개인의 자유가 나에게 대항하는 세계뿐만 아니라 마찬가지로 자유로운 다른 개인들과 상호 작용을 주고받는 개인의 능력에 의존함을 의미한다. 보부아르는 우리가 자신의 자유를 실현하기 위해서는 다른 개인들의 자유를 인정**하여야만 한다**고 주장한다.

4. 설령 내가 자유롭기 위하여 나에게 대항하는 세계가 자유롭다는 사실을 인정할 필요가 없다 할지라도 나는 다른 인식적 개인들이 자유롭다는 사실을 인정하여야만 하는가?

예시 답안은 453면에

질문 4에 대한 예시 답안은 보부아르가 자유로운 개인과 대상 세계 사이의 관계가 개인과 다른 자유로운 개인들 사이의 관계와 서로 다르다고 생각하였음을 드러낸다. 이런 차이는 그녀가 **자유에는 두 유형**이 있다고 믿었음을 암시한다. 즉 한편으로는 개인의 의지에 대항하거나 순응하는 물리적 세계와 상호 작용하는 자유가 있고 다른 한편으로는 현존에 의미를 부여하는 자유가 있다.

보부아르는 물리적 세계와 상호 작용을 하는 자유가 자연법칙의 구속을 받을지 몰라도 자연법칙과 무관하다고 생각하였다. 어쩌면 이 자유는 앞서 연습 문제 15.5에서(291면) 논의하였던 운전자의 자유, 즉 운전 법규에 따라 행위해야 하지만 그 법규에 의해서 결정되지는 않는 행위의 자유와 유사한지도 모른다. 우리는 이런 종류의 자유를 '모든 의미와 가치가 발생하는 원천' 으로서의 자유와 — 즉 우리가 행하는 모든 것에 의미를 부여하는 기초로서의 자유와 대비해 볼 수 있다.

보부아르가 다른 개인들의 자유에 의존한다고 여겼던 바는 바로 이런 후자의 자유인데 이는 또한 모든 '의미' 와 가치의 원천이 됨으로써 다른 개인들의 현존과 본질적으로 연결된다. 벨(Linda Bell)은 자기 자신의 자유와 다른 사람들의 자유를 원하는 문제에 관한 보부아르와 사르트르의 분석을 검토하면서 바로 이 점을 지적한다. 벨은 보부아르를 인용하면서 다음과 같이 말한다. '무언가가 존재하기를 원하는 것은 또한 그들을 위하여 인간적인 의미가 부여된 세계가 성립하는, 그런 사람들이 존재하기를 원하는 것이다' (1999, 164면). 보부아르는 자신의 목적을 추구하고 자신의 자유를 인식하는 개인은 또한 다른 사람들로부터 적극적인 지지를 받아야만 한다고 주장한다. 다른 사람들의 자유는 이런 지지를 얻기 위한 전제조건이므로 자신의 자유를 원하는 사람은 반드시 다른 사람들의 자유 또한 원하여야만 한다. 따라서 세계에 의미를 부여하기 위하여 한 개인은 다른 사람들의 자유를 증진하여야만 한다. 이를 통하여 보부아르는 질문 1과 2에(296-297면) 대한 하나의 동일한 대답을 제시한다.

연습 문제 16.2

신이 모든 '의미' 와 가치가 발생하는 원천이 되는 일이 논리적으로 가능한가?

예시 답안은 457면에

보부아르와 같은 실존주의 철학자가 전개한 자유에 관한 논증은 '선험적 논증'이다 — 즉 무언가를 가능하게 만드는 조건을 추구하는 논증이다. 실존주의자의 경우 이 무언가는 의미를 개념으로('명백히 드러나는 바'로) 나타내는 것이다. 이런 논증은 앞서 15장에서 논의하였던, 개인의 정체성에 관한 이론들을 지지하는 연역적인 논증과 대비된다. 실존주의 철학자는 개인의 정체성에 대한 명확한 기준을 발견할 가능성 자체를 의문시할 듯하다. 왜냐하면 이런 기준은 외부에서 정의된 자아의 개념에 기초하기 때문이다. 자아에 대한 외부적인 정의는 의미를 개념으로 나타낼 수 있도록 만드는 조건과 양립할 수 없을 듯하다 — 달리 말하면 자아에 대한 외부적 정의는 인간의 측면에서 세계를 개념화하는 일을 불가능하게 만든다. 이 결과 (순전히 외부적인 측면에서 정의된) 개인의 행위는 '행위자가 자연적 필연성의 결과로 행위하든 아니면 자유의지에 따라 행위하든 간에 그가 의도한' 바를, 즉 '자신의 형상을 드러내려는 일을' 이룰 수 없도록 만든다(단테, 위의 295면에서 재인용).

책임

앞서 우리는 자유가 인간 행위의 전제조건이라고 규정하는 칸트의 선험적 논증을 살펴보았다(203면). 칸트의 논증은 도덕적 가치와 규칙들에 더욱 초점을 맞추면서 우리의 행위가 도덕적 가치를 지닐 수 있는 조건으로서 자유를 도입하였다. 이제 자유에 관한 마지막 논의에서 이런 칸트적인 주제를 다시 검토하면서 자유가 행위의 도덕적 책임에 대한 전제조건인가라는 질문을 던지려 한다.

연습 문제 16.3

다양한 경우의 법적 재판에서 범죄 행위를 저질러 고소당한 피고인들은 자신이 달리 행위하도록 선택할 수 없었다는 점을 들어 자신이 무죄라고 주장한다.

1. 사람들이 오직 달리 행위할 수 있을 경우에만 자신의 행위에 책임이 있다는 주장은 분석적인가 아니면 종합적인가?

2. 사람들이 오직 달리 행위할 수 있는 상황에서 법을 어겼을 경우에만 그들은 자신의 행위에 책임이 있는가?

3. 자신의 행위에 대하여 책임이 있다고 가정하지 않고는 행할 수 없는 활동을 서술해 보시오.

예시 답안은 457면에

위의 질문 3에 대한 예시 답안은 배움과 가르침이 모두 명확한 원인과 명확한 결과를 포함하는 활동이라기보다는 서로 협력이 필요한 상호 작용임을 암시한다. 철학 입문서에 해당하는 이 책에서 철학에의 접근 또한 상호 작용을 주고받는 식으로 이루어졌으며, 비록 글로 표현하는 데는 한계가 있었을지 모르지만 나는 철학을 배우는 일이 철학 자체의 일부라는 점을 보이기 위하여 노력하였다. 소크라테스는 철학을 배우는 과정을 자신의 철학 중 핵심에 놓았는데 바로 이런 소크라테스의 방법이 이 책을 쓰는 과정에서도 인도자의 역할을 하였다.

5부: 요약

5부에서 우리는 개인의 정체성과 자유를 살펴보았다. 이 두 주제는 이미 이전의 수많은 논의에서 중요한 역할을 차지하였지만 분명히 표면으로 드러나지는 않았으므로 5부의 논의를 통하여 이들을 직접 구체적으로 살펴보려 하였다. 사실 15장의 첫머리에서 우리는 서로 다른 다양한 철학적 분석이 요구하는 바를 만족시키기 위하여 개인의 개념이 서로 다르게 사용되는 경우를 무려 열한 가지나 지적하였다. 이들 중에는 지식을 분석하면서 개인이 '실체' 이기를 요구한 아리스토텔레스의 경우도 있으며, 보편법칙이 될 수 있는 자신의 행위 준칙에 따를 것을 자유롭게 선택할 수 있는 개인을 필요로 하는 칸트적인 윤리 체계의 경우도 있다. 또한 의심의 여지없이 '명석하고 판명한 관념' 을 지닐 수 있는 개인을 요구하는 데카르트의 인식론도 있고, 쾌락에 가치를 부여하고 쾌락의 단위를 계산하는 존재로서의 개인을 필요로 하는 밀의 공리주의도 있다.

개인이 이런저런 속성을 지녀야 한다는 다양한 요구는 이후 개인의 정체성에 관한 논의의 방향을 결정한 다음의 두 질문을 형성하였다.

개인이란 무엇인가?

그리고

우리는 서로 다른 순간에 어떻게 한 사람이
동일한 개인임을 확인하는가?

우리는 첫 번째 질문에 대한 대답을 두 범주로 나누어 검토하였다. 첫 번째 범주는 사람들을 인식의 주체로 여겼으며, 두 번째 범주는 물리적 또는 물질적 존재로 여겼다. 우리는 인식의 주체가 '연장성을 지니지 않는' 동시에 육체와 분리된 비물질적인 존재라는 데카르트의 주장을 검토하였다. 뒤이어 개인은 다른 모든 물질적 대상과 동일한 물질적 대상에 지나지 않는다는 유물론자의 견해도 검토하였다. 그리고 서로 상반되는 이들 두 주장을 개인이 둘로 분할될 수 있다고 또는 한 개인이 두 명으로 복제될 수 있다고 가정하는 사고실험을 사용하여 상세히 검토하였다.

개인을 분할하는 사고실험은 위의 두 번째 질문에 대한 대답, 특히 시간을 넘어서서 개인의 정체성을 확인할 수 있는 요소가 의식의 연속성이라는 로크의 대답을 상세히 검사하는 데도 사용되었다. 더불어 이런 사고실험이 지닌 한계도 논의하였다.

마지막 장에서는 경험의 주체로서의 개인이라는 주제로 돌아와 경험의 주체는 반드시 자신의 자유로운 행위를 통하여 자기 자신과 자신이 경험하는 주변 세계를 드러내는 행위자여야만 한다는 실존주의의 주장에 관하여 논의하였다. 이는 비록 간략하기는 하지만 자연스럽게 자유와 책임 사이의 관계에 관한 논의로 이어졌다.

이 마지막 논의의 목적은 두 가지였는데 하나는 지식을 전하려는 것이었으며 다른 하나는 주의를 환기시키려는 것이었다. 지식을 전하는 측면에서는 자유와 책임의 문제가 윤리학과 인식론 모두의 핵심에 놓인 철학적 주제라는 점을 독자들에게 소개하였다. 예를 들면 칸트는 자유, 그리고 자유의 필수적인 부분을 차지하는 책임이 도덕적 가치뿐만 아니라 지식의 기초를 제공한다고 생각하였다. 주의를 환기시키기 위해서는 무언가를 배우는 사람의 적극적인 참여를 통하여 배움의 과정이 이루어진다는 생각을 전하려 하였다. 이런 생각을 전함으로써 독자들이 이 책의 첫 장에서 제시된 적극적으로 참여하는 활동으로서의 철학, 즉 전문가가 초보자에게 일방적으로 가르치는 철학이 아니라 초보자에게 참여를 권유하는 철학에로 되돌아가도록 유도하였다. 물론 이는 독자들이 개인이 자유롭다는 보부아르의 주장을 받아들여야 함이 아니라 만일 이 주장을 거부한다면 논증을 통해서 그렇게 해야 함을 의미한다.

복습 문제

복습 문제 15.1과 16.1

어떤 동물을 복제할 경우 복제된 개체와 원래의 개체는 유전적으로 서로 구별되지 않는다.

1. 이는 인간이 복제될 경우 복제된 인간과 원래의 인간이 서로 동일한 개인임을 의미하는가?

데카르트는 '내가 오직 사고하는, 비연장적인 존재(thing)인 한에서만 나는 나 자신에 대한 명석하고 판명한 관념을 갖는다' 고 주장하였다.

2. 어떤 '사물' (thing)이 비연장적일 수 (공간상에서 측정 불가능할 수) 있는가?

칸트의 의무론은 보편법칙이 될 수 있는 자신의 행위 준칙에 따를 것을 자유롭게 선택할 수 있는 개인을 필요로 한다. 암스트롱은 개인을 물리적 대상처럼 완전히 정의할 수 있다고 주장하였다.

3. (i) 어떤 물리적 대상이 보편법칙에 따를 것을 자유롭게 선택할 수 있는가?

(ii) 위의 질문 (i)에 대하여 대답함으로써 우리는 칸트 또는 암스트롱의 이론을 거부하는가? 아니면 둘 중 어떤 것도 거부하지 않는가?

예시 답안은 459면에

복습 문제 16.2

10과 100이라는 기호를 보면 우리는 일반적으로 이를 '십'과 '백'이라는 숫자로 해석한다. 하지만 만일 우리가 이와는 다른 수의 체계를, 예를 들면 이진법을 사용하는 수학자라면 두 기호를 각각 '이와 사'라는 숫자로 해석할 것이다.

10+10=100이라는 기호 또한 눈으로 보기에는 동일하지만 전자의 수 체계에 따라 해석될 경우와 후자에 따라 해석될 경우에 서로 다른 의미를 지닌다 — 이렇게 의미가 다르기 때문에 전자의 체계에서는 거짓이, 후자에서는 참이 된다.

수학자가 아닌 일반인들이 사용하는 십진법에 따를 경우 10+10=100라는 기호는 타당하지 않기 때문에 오히려 눈길을 끈다. 만일 이런 기호를 본다면 우리는 왜 이런 잘못된 수식이 등장하였는지 의아해 하며 이에 대한 설명을 구하려 들 것이다. 반면 이진법에 따를 경우 이 수식은 너무나도 당연하여 전혀 주목받지 못할 것이다.

인식 능력을 갖춘 존재들은 주변에서 수집한 형상들을 서로 다른 방식으로 해석할 능력을 지닌다. 이들은 또한 이런 형상들에 대한 서로 다른 해석과 이 결과 등장하는 서로 다른 의미에 초점을 맞출 능력도 지닌다.

1. 인식 능력을 갖춘 존재들이 이런 능력을 지닌다는 사실은 이들이 의식의 내용을 바꿀 수 있는 자유의지를 지닌다는 점을 의미하는가?

2. 한 개인의 주변에서 수집한 하나의 동일한 형상에 서로 다른 의미를 부여할 능력을 지닌다는 사실은 이와 동일한 능력을 지닌 다른 개인의 존재에 의존하는가?

예시 답안은 461면에

더 읽어 볼 만한 책들

데카르트: 『방법서설』(*Discourse on Method*)과 『성찰』(*Meditations on First Philosophy*, Wordsworth Classics, 1997). 이 두 저술은 진지하게 철학을 배우려는 모든 사람이 읽어야 할 고전이다.

파핏: *Reasons and Persons* (Clarendon Press, 1974). 개인의 정체성에 관한 여러 이론들을 깊이 있게 분석한, 상당한 흥미와 자극을 불러일으키는 책이다.

벨: 'Existential Ethics', in *The Edinburgh Encyclopedia of Continental Philosophy*, Simon Glendenning (ed.) (Edinburgh University Press, 1999, 163-73면). 실존주의 윤리학이 실존주의에서 차지하는 핵심적인 역할을 명확하게 검토, 설명한 글이다.

버우드, 길버트와 레넌: *Philosophy of Mind* (UCL Press, 1999). 심리철학을 상세히 연구하려는 사람들에게 매우 적절한, 심리철학의 다양한 주제를 폭넓게 분석한 책이다.

예시 답안 — 1부

연습 문제 2.1 (28면)

1. 어떤 활동이 어떻게 이루어지는지를 전혀 생각하지 않으면서도 그것을 실제로 행함으로써 바로 잘 이해할 수 있게 되는 인간의 활동 두 가지를 들어 보시오.

(i) 테니스 경기를 하면서 포핸드로 회전을 걸어 치기 위해서는 연습이 필요하다. 테니스 선수는 공을 어떤 특수한 방법으로 치면 회전이 걸린다는 사실을 알게 되며, 이는 결국 공을 갑자기 뚝 떨어지게 만든다. 하지만 공에 회전을 걸어 치는 방법을 이해하기 위하여 회전하는 공의 진행 방향과 관련된 물리학을 이해할 필요는 없다.

(ii) 포도가 적절히 발효되어 포도주가 되는 일이 지난 수천 년 동안 계속 일어났지만 포도주 생산자들은 대부분 발효의 화학적 진행 과정을 이해하지 못한다. 하지만 그들은 훌륭한 포도주를 생산하는 데 어떤 작업과 조건이 필요한지에 대해서는 매우 잘 알고 있다.

자신의 의견

2. 단 한 번도 해 본 적이 없어도 잘 이해할 수 있는 인간의 활동을 들어 보시오.

많은 물리학자들은 한 번도 우주 공간에 나가 본 적이 없지만 우주여행의 원리를 잘 이해한다.

자신의 의견

3. A는 매우 그렇다로, F는 전혀 그렇지 않다로 가정하고 주장 1을 A에서 F까지의 등급으로 평가하시오. 수정할 필요가 있다면 주장 1을 수정하시오.

질문 1에 대한 대답은 주장 1의 수용 가능성을 지지하지만 주장 1을 완전히 정당화하기에는 충분하지 않다. 어떤 방법을 통해서 완전히 이해할 수 있지만 그 방법이 그 활동을 행하는 것을 포함하지 않는 그런 활동이 여전히 존재할 수 있다. 위에서 언급한, 우주선을 한 번도 타본 일이 없지만 우주여행의 원리를 이해하는 물리학자의 예가 이에 해당한다. 이 하나의 예가 어떤 활동을 실제로 행하는 것이 그것을 이해하는 최선의 방법이 아닌 경우도 있음을 보임으로써 주장 1을 반박하기에 충분하다. 이에 기초하여 주장 1을 C 또는 D로 평가하는 것이 적절할 듯하다.

이 하나의 반례가 주장 1을 수정하여 이에 반대되는 주장을 펴게 만든다.

주장 2: 인간이 행하는 어떤 활동을 실제로 해 보는 것은 그것이 무엇인지를 이해하는 좋은 방법이다. 하지만 어떤 활동을 이해하는 또 다른 방법은 그 활동과 유사한 모의실험을 해 보는 것이다.

자신의 의견

연습 문제 2.3 (33면)

1. 역사를 탐구하는 **결과주의적** 이유와 **본질주의적** 이유를 각각 세 가지씩 들어 보시오.

첫째, 우리는 역사를 탐구함으로써 그렇게 하지 않을 경우에 비하여 현재 우리의 문화를 더욱 깊이 이해하게 된다. 둘째, 역사 탐구는 우리 선조들이 범했던 오류를 피할 수 있도록 해 준다. 셋째, 역사를 탐구함으로써 그렇게 하지 않을 경우에 비하여 인간 본성을 더욱 잘 이해하게 된다.

다음의 세 가지는 역사 탐구의 본질주의적인 이유들이다. 역사 탐구가 재미있기 때문이다. 역사가 필수 과목이기 때문이다. 역사 담당 교사가 잘 생겼기 때뮤이다.

자신의 의견

2. 운전할 때 신호등에 빨간 불이 들어오면 멈추어야 하는 **결과주의적** 이유와 **본질주의적** 이유를 각각 하나씩 들어 보시오.

결과주의적인 이유로는 운전자가 교통사고를 피하기 위해서라든가 범칙금을 물지 않기 위해서 등을 들 수 있다. 본질주의적인 이유로는 법규를 위반하지 않으려는 의무감을 들 수 있다.

자신의 의견

3. 오직 **본질주의적인** 대답만을 할 수 있는 질문을 하나만 제시해 보시오.

왜 4는 12의 약수인가?

자신의 의견

4. **결과주의적**인 측면을 전혀 갖지 않는 인간의 활동이 존재하는가? 또한 대답에 대한 근거도 함께 제시하시오.

그렇지 않다. 모든 인간 활동은 어떤 결과주의적 측면을 지니며, 모든 활동은 어떤 방식으로든 세계를 변화시킨다. 이는 필연적으로 이런 변화와 연관된 결과가 발생함을 의미한다. 물론 어떤 행위의 결과는 더 이상 지속되지 않거나 아니면 다른 행위의 결과보다 더욱 중요하기도 하다. 유리로 된 차 지붕에 벽돌을 떨어뜨리는 행위는 차 지붕이 깨지지 않았을 경우보다는 깨졌을 경우에 더욱 오래 지속되는, 중요한 결과를 낳는다.

이런 결과가 의도한 것인지 그렇지 않은지를 인식하는 일은 우리에게 중요한 의미를 지니기도 한다. 만일 내가 의도적으로 차 지붕을 깨뜨렸다면 의도하지 않고 우연히 벽돌을 떨어뜨린 경우보다 나는 도덕적, 법적으로 더욱 심각한 문제를 함축하게 된다.

자신의 의견

연습 문제 2.5 (34면)

1. 정원 가꾸기를 배우는 일이 그와 관련된 사람에게 낳는 결과는 무엇인가?

정원 가꾸기를 배우는 사람들은 특정 계절, 날씨 조건, 서로 다른 토양, 빛의 조건과 다른 식물들과의 근접성 등에 따라 식물이 어떻게 자라는지에 대한 이해를 넓히게 된다. 그들은 또한 정원에 서로 다른 크기의 식물들을 어떤 위치에 배열하는 것이 좋은가라는 미적인 측면도 배우게 된다. 그들은 언제 어떻게 식물의 씨를 뿌리고, 또 언제 어떻게 묘목을 묘판에서 준비된 화단으로 옮겨야 할지, 언제 어떻게 가지치기를 하고 다듬어야 하며, 비료를 주고, 정원의 여러 곳에서 식물들을 제거하여야 할지를 결정하는 데 이런 지식을 사용한다.

자신의 의견

2. 정원 가꾸기란 정확하게 무엇인가?

정원 가꾸기란 어떤 정해진 구역의 땅에 과실수, 채소, 화초 등을 심고 가꾸는 활동이다. 이 활동에는 몇몇 원리들이 적용된다. 이 원리들은 그 구역을 어떻게 배치하는 것이 좋은지를 결정하여 경계를 정하고, 경작하여 원하는 결과를 얻으려면 어떤 조건을 만족시켜야 하는지를 확립한다.

자신의 의견

연습 문제 2.7 (36면)

1. 제시문에 따르면(1행) 화학은 어떤 과정을 탐구하는가? 또한 왜 화학자들은 이런 과정을 탐구하려 하는가(4–7행)?

화학은 물질의 변환 과정을 탐구한다. 화학자들이 이 과정을 탐구하는 이유로는 두 가지를 들 수 있다. 가장 중요한 첫째 이유는 이런 탐구를 통하여 화학자들이 이 과정의 진행과 그 결과를 조절할 수 있기 때문이다. 둘째 이유는 화학을 통하여 다른 과학들을 이해할 수 있기 때문이다. 화학은 수많은 다른 과학들을 이해하는 데 반드시 필요하다. 물질의 변환 과정은 어디에서나, 지구와 생태계에서뿐만 아니라 다른 별들에서도 일어나므로 이를 이해하는 일은 다른 과학들을 이해하려는 누구에게나 반드시 필요하다.

자신의 의견

2. 제시문에 따르면 화학을 전공하도록 이끄는 **결과주의적인** 이유들은 무엇인가?

위의 제시문에 등장하는, 화학을 전공하도록 만드는 첫 번째 결과주의적인 이유는 질문 1에 대한 대답에서 이미 등장하였다. 와인버그대학의 학과 소개서 4-7행에는 화학 공부를 통하여 물질의 변환 과정과 그 결과를 조절할 능력을 얻을 수 있다는 말이 등장한다.

두 번째 결과주의적인 이유 또한 위의 질문 1에 대한 대답에서 등장하였다. 마찬가지로 소개서 4-7행에는 화학 공부를 통하여 다른 과학들을 더욱 잘 이해할 수 있다는 말이 등장한다. 이와 같은 생각이 13-15행에서도 제시된다. '어떤 학생들은 화학이 다른 과학 영역을 — 지질학, 생물학, 생리학, 천문학, 환경 과학과 에너지 연구 등을 — 더욱 깊이 이해하기 위한 언어와 개념적 구조를 제공하기 때문에 화학을 전공한다.'

세 번째 결과주의적인 이유는(16-7행) 화학 공부가 화학자, 공학 기술자, 의사, 치과의사, 상담역 등의 장래 직업을 준비하는 데 필수적인 요소이기 때문이다. 화학 공부는 학생들이 이런 다양한 직업을 준비하도록 만들어 준다. 이들 세 이유는 모두 화학을 전공함으로써 얻는 **결과**를 인용함으로써 왜 화학을 전공하여야 하는가라는 질문에 답한다. 이 사실 때문에 이들은 결과주의적인 이유가 된다.

자신의 의견

3. 제시문에 따르면 화학을 전공하도록 이끄는 **본질주의적인** 이유들은 무엇인가?

소개서에 등장하는, 사람들로 하여금 화학을 전공하도록 이끄는 유일한 본질주의적인 이유는(11-12행) '화학이라는 분야 자체가 흥미롭고 매력적이기 때문에 화학을 전공한다. 화학은 과학적 엄밀함과 유용성을 동시에 지니기 때문에 이런 생각은 큰 호소력을 지닌다' 는 것이다.

자신의 의견

4. 화학을 전공하려 하지 않는 사람이 있다면 그가 제시할 수 있는 이유들을 들어 보시오. 이런 부정적인 이유들을 제시문에 등장하는 긍정적인 이유들과 비교해 보시오. 각각의 부정적인 이유는 긍정적인 이유와 쌍을 이룰 수 있는가?

이 질문에 대하여 무척 다양한, 서로 다른 이유들을 들 수 있다. 여기서는 이들 중 단지 몇 가지만을 제시하려 한다. 이들 중 가장 명백한 이유는 소개서에 등장하는 바를 정면으로 부정하는 주장이다.

예를 들면 어떤 학생이 다른 과학을 더욱 잘 이해하거나, 물질의 변환 과정과 그 결과를 조절하거나 또는 화학자, 공학 기술자, 의사, 치과의사 등의 장래 직업을 준비하기를 원하지 않을 수도 있다. 아니면 화학이라는 전공 자체가 흥미롭고 매력적이지 않다고 생각할 수도 있다.

하지만 이들 중 어떤 것도 화학을 전공하지 않는 데 대한 **충분한 이유**는 되지 못한다. '화학이 흥미롭고 매력적이지 않다고 생각하는' 누군가가 화학을 필요로 하는 직업을 얻으려 하기 때문에 마지못해 화학을 전공할지도 모른다. 이런 일이 흔히 일어나지는 않지만 어쨌든 가능하다.

또한 누군가가 자신의 부모가 했던 일을 똑같이 반복하기를 원하지 않기 때문에 화학을 전공하려 하지 않는 경우도 일어날 수 있다.

자신의 의견

연습 문제 2.9 (42면)

(i) 한 사람이 철학을 연구함으로써 얻는 결과는 무엇인가?

이 질문 (i)에 대한 대답으로 철학 전공자는 물리학 전공자와 마찬가지로 세계에 대한 이해를 넓힌다고 말할 수 있을지 모른다. 하지만 철학 전공자는 물리학 전공자와는 다른 측면에서 세계에 대한 이해를 넓힌다. 즉 철학 전공자는 세계 자체에 초점을 맞추기보다는 세계와 인간이 그것을 지각하는 방식 사이의 관계에 초점을 맞춘다.

철학 전공자는 특히 인간이 사물과 행위에 가치를 부여하는 — 즉 우리가 예술에 아름다움이라는 가치를 부여하고 어떤 행위들을 옳거나 그르다고 결정하는 — 방식에 대한 이해를 넓히게 된다. 그는 또한 인간이 과학적이든 그렇지 않든 간에 어떤 특정한 주장을 타당한 지식으로 받아들이는 방식에 대한 이해도 넓히게 된다.

철학 전공자는 여러 관념들 사이의 관계 또는 관념과 그것이 지시하는 대상 사이의 관계를 분석하는 능력을, 바꾸어 말하면 추론 능력을 기르게 된다. 그는 특히 형식적이고 추상적인 추론, 즉 논리와 더불어 다소 덜 추상적인 건전한 논증을 구성하는 추론에 대한 이해도 넓히게 된다.

자신의 의견

연습 문제 3.1 (48면)

1. 누군가가 **지식**은 없지만 **지혜**를 지니는 상황을 묘사해 보시오. 독자들은 얼마든지 또 다른 상황을 묘사해도 좋다.

새로 정당에 가입한 신참 당원들에게 당장 어떤 선언을 하지 말고 하룻밤 자면서 곰곰이 생각해 보라고 충고하는 노련한 정치가는 지혜롭다고 말할 수 있다. 그는 사람들이 충분히 생각하지 않고 바로 무슨 말을 할 경우 이것이 말한 사람의 의도와는 전혀 다른 결과를 낳기도 한다는 점을 잘 알고 있다. 하지만 그는 하룻밤 곰곰이 생각하는 일이 낳는 심리적, 생리적 영향에 대해서는 잘 모를 수도 있다 — 즉 그는 지식이 부족할 수도 있다.

자신의 의견

2. 누군가가 **지혜**는 없지만 **지식**을 지니는 상황을 묘사해 보시오.

소립자 물리학 이론에 정통한 어떤 과학자는 혼자 운반할 수 있는 원자폭탄을 충분히 만들 수 있다 — 그는 충분한 지식을 지닌다. 하지만 만일 그가 아무나 이런 지식에 접근할 수 없도록 적절한 조치를 취하지 않는다면 그는 지혜는 없는 셈이 된다.

자신의 의견

연습 문제 3.3 (50면)

탈레스의 가설 2: 하나의 기본적인 또는 주요한 실체는 물이다. 우리가 눈으로 보고, 만지고, 냄새 맡고, 맛보고, 귀로 듣는 모든 것은 물이 변화한 것이다.

1. 탈레스의 가설 2를 A에서 F까지의 등급으로 평가해 보시오. A는 탁월함을, F는 전혀 적합하지 않음을 나타낸다.

이 책의 저자인 나 자신의 개인적인 답변은 등급 B이다.

만일 탈레스가 21세기에 사는 인물이라면 거의 F 등급에 가까운 점수를 받을 것이다. 가설 2는 현대 과학에 비추어 보면 전혀 무의미하기 때문이다. 유일한 기본 실체가 물이라는 생각을 받아들인다면 우리는 현대 과학의 방법과 실험들을 부정하게 되며, 과학은 전혀 무의미해진다. 즉 실험실에서 여러 기법을 가르치고 실험 결과를 해석하는 일 그리고 실험실에서 얻은 지식을 적용하는 일 등이 모두 의미를 잃게 된다. 탈레스의 가설 2를 받아들이는 일은 현대 과학이 이룩한 지식을 희생시켜 우리를 불합리한 세계에 빠뜨리고 말 것이다. 이런 희생은 너무도 크기 때문에 탈레스의 가설 2를 거부하지 않을 수 없다 — 그리고 만일 탈레스가 현대에 살았더라면 그 자신이 이 가설을 거부하였으리라 생각한다.

[보충 설명: 위에서 전개한 논증은 '귀류법'의 유형에 속한다. Roy Bhaskar(1978)는 실험실에서 이루어지는 활동을 통하여 얻는 지식은 과학이 우리가 형성하는 개념과 필연적으로 무관한 세계를 탐구한다는 원리에 따른다는 점을 지적하였다.]

자신의 의견

---

2. 그런 등급을 매긴 근거를 제시하시오.

내가 매긴 등급 B에 대한 정당화의 근거는 탈레스가 심각한 불이익을 받았다는 사실이다. 그는 우리와는 달리 어떤 이론에 효과적으로 접근할 수 있도록 만드는 현대 과학의 여러 실험을 하지 못했다. 그는 대기 중으로 증발했다가 비의 형태로 땅으로 되돌아왔다가 곧 다시 증발하는 물의 순환을 관찰할 수 있었을 것이며 또한 얼음이 녹으면 물이 된다는 사실도 알았을 것이다. 이를 통하여 그는 동일한 하나의 실체가 기체에서 액체, 다시 액체에서 고체로 변화한다는 지식을 얻었을 것이다. 하지만 그는 이런 변화가 어떻게 일어나는지는 알지 못했던 듯하다.

이렇게 지식이 부족하였기 때문에 그는 추측할 수밖에 없었으며 추측을 통하여 가설을 형성하였다. 하지만 그는 자신의 가설을 검증할 방법이 전혀 없었으며 따라서 그의 모든 다른 '지식들' 또한 가설이나 추측의 수준에 머물 수밖에 없었다. 그의 가설 2는 이런 모든 추측과 더불어 다른 하나의 가설을 만들어 내었으며 따라서 그는 자신의 가설 1을 받아들이는 것이 합리적이라고 여겼다. 즉 가설 2를 받아들이게 만든 근거가 동시에 가설 1을 타당한 것으로 받아들이도록 만들었다.

자신의 의견

연습 문제 3.4 (51면)

탈레스의 가설 1: 모든 것은 하나의 기본적인 또는 주요한 실체로 구성된다. 우리가 보는 각각의 사물은 이 기본 실체가 변화한 것이다.

1. 탈레스의 가설 1(49면)을 A에서 F까지의 등급으로 평가해 보시오. A는 탁월함을, F는 전혀 적합하지 않음을 나타낸다.

이 책의 저자인 나 자신의 개인적인 답변은 등급 A이다.

자신의 의견

2. 그런 등급을 매긴 근거를 제시하시오.

내가 매긴 등급 A에 대한 정당화의 근거는 변화를 측정하는 기준의 역할을 하는 고정적인 무언가가 존재한다는 점을 가정하지 않으면 변화를 설명하기가 불가능하지는 않더라도 몹시 어렵다는 사실에 기초한다 — 그리고 탈레스의 가설 1은 물을 바로 이런 고정적인 실체로 언급한다. 우리로 하여금 변화를 감지하도록 만드는 어떤 고정적인 존재를 가정하지 않으면 변화가 일어났는지 그렇지 않은지를 평가할 수 없다. 또한 우리는 변화에 대한 서술이 얼마나 적절한지를 평가할 어떤 방법도 지니지 못한다. 이럴 경우 종교적 신앙에 의지하는 독단적인 주장만이 유일한 설명 방식으로 남게 된다. 따라서 탈레스의 가설 1은 과학적 탐구를 가능하게 만드는 중요한 의미를 지닌다.

자신의 의견

연습 문제 3.5 (54면)

a. 우리에게 알려진 요소들 중의 하나가, 즉 흙, 불, 공기 또는 물 중의 하나가 **주요한 실체**라고 가정해 보자.

b. 이들 요소는 서로 반대되는 성질을 지닌다. 즉 공기는 차갑고, 물은 축축하지만 불은 뜨겁다.

c. 만일 이들 중 하나가 **주요한 실체**라면 이는 다른 요소들을 지배할 것이다. 그 주요한 실체는 무한하게 되었을 것이며, 나머지는 바로 존재하기를 멈추고 말았을 것이다.

d. 성질상 서로 반대되는 요소들은 존재하기를 멈추지 않았다.

e. 따라서 우리는 a가 거짓이라고 결론지을 수 있다. **주요한 실체**는 중립적이며 성질상 서로 반대되는 요소들 중 어느 하나가 **주요한 실체**일 수는 없다.

1. 아낙시만드로스의 논증은 **타당한가** 그렇지 않은가? 당신의 대답을 정당화해 보시오.

[보충 설명: 아낙시만드로스의 논증은 귀류법을 사용한, '모순에 의한 증명'이다. 위에서 진술 a는 아낙시만드로스가 증명하려는 바에 '반대되는 명제'이다.]

이 논증에서 전제에 해당하는 것은 처음의 네 진술, 즉 a, b, c, 그리고 d이다. 첫 번째 전제 a는 탈레스가 주장하려 했던 바가 거짓임을 암시한다. 아낙시만드로스는 탈레스의 주장이 받아들일 수 없는 결론을 낳는다는 점을 보임으로써 이런 작업을 행한다. 진술 b는 세계 안에 존재하는 사물들의 속성에 대한 **관찰**이다. 진술 c는 세계가 어떤 질서를 지니는지에 대한 — 특히 진술 b에서 언급한 실체들의 속성이 어떤지에 대한 — **추론적 주장**으로서 주요한 실체가 다른 모든 실체들을 지배하리라는 점을 명시한다. 진술 d는 세계 안에서 실제로 발견되는 바에 대한 **관찰**인데, 진술 e와 서로 모순된다.

그런데 관찰 d를 참이라고 받아들였으므로 우리는 네 전제 중 어느 하나 또는 둘 이상이 거짓이라고 결론지을 수 있다. 따라서 우리는 세계 안에서 일어나는 바와 관련하여 주장 a를 받아들이거나 아니면 관찰 b와 d를 받아들이는 선택을 해야만 한다. 이는 이 논증이 논리적으로 타당함을 의미하지만 논증의 결론이 필연적으로 참임을 의미하지는 않는다.

이 논증의 수용 가능성은 결론이 참인지 그렇지 않은지에, 따라서 전제들이 참인지 그렇지 않은지에 의존한다. 만일 우리가 아낙시만드로스의 전제들을 모두 수용하기로 결정하였다면 이 논증은 **수용 가능하다**. 이는 결국 우리에게 논증의 수용 가능성을 평가할 임무를 남긴다.

자신의 의견

2. 이낙시민드로스의 논증이 **수용 가능한지** 그렇지 않은지를 결정하시오.

위에서 두 번째 전제 b는 필연적으로 참이다. 하지만 우리는 왜 이런 요소들이 서로 반대되는 상태에 있는지를 물을 수 있다. 이들은 서로 평화롭게 공존할 수 없는가? 그리고 설령 축축한 불이라는 개념은 모순인 듯이 보인다 할지라도 공기가 뜨겁거나 축축하다는 주장은 별로 모순처럼 보이지 않는다. 이 논증의 수용 가능성은 결국 우리가 서로 다른 요소들이 실제로 평화롭게 공존한다고 규정할 수 있는지 그렇지 않은지에 의존한다. 현대의 실험 기법으로 얻은 증거에 따르면 이들 요소는 서로 공존할 수 있다. 따라서 여러 요소들의 작용 방식을 규정하는 방법을 제공하는 현대의 과학적 기법을 받아들이는 사람은 이들 전제를 받아들이지 않을 것이다.

이 논증의 수용 가능성은 또한 세 번째 전제, 즉 진술 c 때문에 약화된다. 이 진술은 어떤 제한 조건이 없이는 받아들여질 수 없다. 설령 두 사물이 서로 반대된다 할지라도 이로부터 하나가 다른 하나를 지배한다는 사실은 도출되지 않는다. 만일 두 요소의 힘이 서로 균형을 이룬다면 이들 중 어떤 것도 우위를 차지할 수 없다 — 마치 운동 경기에서 비기는 일이 드물지 않듯이.

이런 점들을 모두 고려하면 이 논증은 수용 불가능하다고 말할 수 있다. 너무나 많은 내용들을 확인하여야 하므로 위의 전제들을 참이라고 주장할 수 없기 때문이다.

자신의 의견

연습 문제 3.6 (57면)

1. 아낙시만드로스의 첫 번째 원리를 A에서 F까지의 등급으로 평가해 보시오. A는 탁월함을, F는 전혀 적합하지 않음을 나타낸다.

이 책의 저자인 나 자신의 개인적인 답변은 등급 A이다.

탈레스에 비하여 아낙시만드로스에게 이렇게 높은 등급을 부여한 이유는 아낙시만드로스가 탈레스의 문제점에서 벗어나기 때문이다. 아낙시만드로스는 실체들이 어떻게 형태를 바꾸어 우리가 볼 수 있는 물, 바위, 나무, 공기, 여러 결정체, 열기 등으로 등장하는지를 파악할 수 있도록 만든다. 이를 통하여 그는 과학의 기초를 놓았다. 그는 사람들이 세계가 어떻게 작용하는지를 탐구할 수 있도록 만들었다. 그가 등장한 이후 과학은 우리가 경험하는 현상들의 배후에 놓인 원인을 추구하는 작업을 시작하게 되었다.

자신의 의견

2. 아낙시만드로스의 두 번째 원리를 A에서 F까지의 등급으로 평가해 보시오. A는 탁월함을, F는 전혀 적합하지 않음을 나타낸다.

이 주장에 대한 평가는 앞의 연습 문제에서 어떤 하나의 요소도 '주요한 실체' 가 될 수 없다는 데 대한 아낙시만드로스의 논증을 평가하면서 이미 이루어졌다.

자신의 의견

---

3. 볼 수는 있지만 일반적으로 실재하지 않는다고 받아들여지는 무언가를 기술해 보시오.

사막의 신기루는 마치 호수처럼 보인다. 이 '호수'는 보이기는 하지만 실재하지 않는다.

자신의 의견

---

4. 볼 수는 없지만 일반적으로 실재한다고 받아들여지는 무언가를 기술해 보시오.

'블랙홀'(black hole)로부터는 어떤 빛도 나오지 않기 때문에 블랙홀은 보이지 않는다. 하지만 과학자들은 멀리 떨어진 별에서 나온 빛이 블랙홀 주변에서는 휜다는 사실에 기초하여 블랙홀이 존재한다고 추론한다. 과학자들은 심지어 빛이 휘는 범위를 보고 이 '사물'의 질량을 계산하기도 한다. 이들은 더 나아가 이 '사물'의 중력을 계산하고 이 힘이 모든 빛을 자신의 내부로 빨아들일 만큼 강력하다는 사실도 발견한다. 이 '사물'로부터는 어떤 빛도 나오지 않는다. 이는 블랙홀이 보이지 않지만 분명히 존재함을 의미한다.

자신의 의견

복습 문제

복습 문제 2.1 (73면)

1. (i)에서 (v)까지의 사건 중에 새가 모이를 구하는 데 성공한 일이 낳은 우연적 결과와 우연적이지 않은 결과를 구별해 보시오. 당신의 대답에 대하여 설명해 보시오.

    (i) 새가 벌레를 잡은 땅에 작은 구멍이 생겼다.
    (ii) 새는 벌레를 물고 둥지로 되돌아 날아갔다.
    (iii) 새는 벌레를 새끼들에게 먹였다.
    (iv) 새끼들은 벌레를 먹기 전에는 큰 소리로 짹짹거렸지만 먹은 후에는 더 이상 그러지 않았다.

위의 네 사건은 모두 우연적이지 않다. (i) 새의 목적은 벌레를 땅에서 끄집어내는 것이었다. 따라서 벌레가 있던 자리에 구멍이 남았다. (ii) 새의 모이 채집에 대한 그 어떤 정의도 회귀 본능에 관한 설명을 포함한다. (iii) 모이를 구하는 새의 활동 중 핵심 부분은 새끼들에게 모이를 먹이려는 것이다. (iv) 새끼들은 배가 고플 때 더 큰 소리를 냄으로써 어미로부터 모이를 받아먹는 데 성공하며 이 결과 배고픔에서 벗어난다. 배가 불러진 새끼들은 크게 짹짹거리지 않는다.

자신의 의견

(v) 새끼들에게 벌레를 먹인 후 새는 둥지 가장자리에 앉았다. 그래서 둥지가 있는 나무 아래쪽에 앉아 있는 다람쥐에게 새의 그림자가 드리웠다.

이는 우연적인 결과이다. 우리 인간이 이해하는 한에서 모이 채집에 대한 그 어떤 정의도 그런 활동을 하는 동안 그림자가 어떤 지점에 드리워야 한다는 점을 요구하지 않는다.

자신의 의견

2. 모이를 구하는 일의 우연적인 결과는 그 일의 본질적인 특성과 관련되는가?

본질적 특성과 우연적 특성 사이의 관계는 결국 모이 채집에 대한 정의와 관련된다. 이는 그 어떤 대상이나 사건에 대해서도 적용된다. 어떤 것이 무엇인가에 대한 우리의 이해는 그 사물의 본질적인 특성을 서술하는 요소들을 규정한다. 본질적인 특성에 속하지 않는 모든 것은 우연적인 특성일 뿐이다.

자신의 의견

복습 문제 2.2 (73면)

앞서 철학에 대한 두 가지 사전적 정의를 제시하였다.

(i) '어떤 특수한 분야의 지식, 경험, 활동에 적용되는 일반 원리들에 관한 탐구.'
(ii) '궁극적 실재를 다루거나 또는 사물들의 가장 일반적인 원인과 원리를 다루는 지식 또는 학문의 한 분과.'

아래의 여러 주장들이 철학적 주장인지 그렇지 않은지를 결정해 보시오. 그리고 당신의 결정을 정당화해 보시오.

2. 신이 존재한다는 점을 증명할 수도, 존재하지 않는다는 점을 증명할 수도 없다.

이는 위의 정의 (ii)에 속하는 철학적 주장이다. 왜냐하면 실재에 관한 우리의 지식이 지니는 특수한 한 측면에 관하여 언급하기 때문이다.

자신의 의견

3. 현대 물리학자들은 물체의 가장 기본적인 구성단위를 거의 발견하기에 이르렀다.

이는 위의 정의 (ii)에 속하는 철학적 주장이다. 왜냐하면 이 또한 실재에 관한 우리의 지식이 지니는 특수한 한 측면에 관하여 언급하기 때문이다.

자신의 의견

4. '살인하지 말라' 는 모든 인간에게 적용되는 기본 법칙이다.

이는 위의 정의 (i)에 속하는 철학적 주장이다. 왜냐하면 이는 윤리학의 기본 원리에 관한 주장을 펴는데 윤리학 또한 특수한 지식을 다루는 한 분과이기 때문이다.

자신의 의견

복습 문제 2.3 (75면)

복습 문제 2.2에 제시된 주장 1과 2는 **타당한** 주장인가?

주장 1은 타당하다. 조류학자의 활동은 그가 관찰하는 새의 행동이 어떤 유형에 따르고, 새를 둘러싼 환경이 새의 행동에 어떤 영향을 미칠 경우에만 의미를 지닌다. 그런데 조류학자의 등장이 새 주변의 환경을 변화시킬 수 있으므로 그의 등장이 그가 관찰하는 새의 행동에 영향을 미치고 따라서 그가 수집한 자료에도 영향을 미친다고 가정하는 일은 합리적이다.

자신의 의견

주장 2 또한 타당하다. 왜냐하면 다른 주장의 지위에 관한, 근거가 충분한 주장이기 때문이다. 반면 '신의 존재'는 푸르다는 말은 근거가 충분한 주장이 아니며 따라서 철학적으로 타당하지 않다.

자신의 의견

복습 문제 2.4 (76면)

1. 칸트는 『순수이성비판』을 쓴 것에 대한 **본질주의적인** 또는 **결과주의적인** 이유를 들고 있는가?

칸트의 이유는 결과주의적이다. 왜냐하면 그는 다른 어떤 것을 하지 않은 결과로 『순수이성비판』을 썼기 때문이다.

자신의 의견

2. **본질주의적인** 무언가를 행하는 데 대한 부정적인 이유의 예를 들어 보시오.

정부는 어린이들을 경제적으로 착취하는 것을 금지하는 법률을 통과시켰는데 그 까닭은 만일 그렇게 하지 않는다면 자연법적인 정의의 원리를 위반하게 되기 때문이다.

자신의 의견

복습 문제 3.1 (76면)

1. 무언가 외부로부터 영향을 받지 않고 그 자체만으로 완전히 변화하는 일이 가능한가? 바꾸어 말하면 아낙시만드로스의 주장이 모든 변화에 대하여 적용될 수 있는가?

그렇다. 이는 논리적으로 가능하다. 예를 들면 인간의 의지가 이런 방식으로 작용하므로 의지는 변화를 강요하는 외부적 원인이 없이도 얼마든지 변화할 수 있다고 주장하는 철학자들이 있다. 물론 이런 생각에 동의하지 않는 철학자들도 있다(아래의 15장 및 16장 참조).

자신의 의견

2. 당신이 자신의 마음을 바꿀 때, 즉 변화시킬 때 그것은 항상 어떤 외부의 영향 때문인가?

위의 질문 1에 대한 대답이 암시하듯이 이는 논쟁의 대상이 되는 주제이다. 이 질문에 대하여 둔스 스코투스라면 '그렇지 않다' 고 답하겠지만(8장 참조), 암스트롱이라면 '그렇다' 고 답할 것이다(15장 참조).

자신의 의견

복습 문제 3.2 (77면)

1. 세계 안에 질서가 없는 부분도 존재할 수 있는가? 바꾸어 말하면 세계는 여전히 약간의 무질서와 더불어 작용할 수도 있는가?

그렇다. 법칙들이 보편적으로 적용될 수 있지만 여전히 무질서가 존재한다. 모든 상황이 거의 완벽하게 통제되는 실험실에서는 질서가 존재한다. 하지만 우주를 무한히 거대한 열린 공간으로 본다면 모든 상황과 환경을 통제하는 일은 논리적으로 불가능하며 따라서 법칙은 반드시 실험실에서와 같은 질서를 낳는 방식으로 작용하기가 어렵다.

자신의 의견

2. 약간의 무질서를 좋은 것으로 생각할 수도 있는가? 바꾸어 말하면 **정의**(正義)가 항상 전체의 질서를 포함하여야만 하는가?

그렇지 않다. 정의가 약간의 무질서와 더불어 작용하는 일이 논리적으로 가능하다. 사실 사회적 법률이나 종교적 계율 등이 필요한 까닭은 바로 완벽한 질서가 존재하지 않기 때문이다.

페일리(William Paley)는 약간의 무질서가 좋은 것일 뿐만 아니라 우리가 신의 무한한 정의를 인식하기 위하여 반드시 필요한 조건이라고까지 주장하였다

자신의 의견

[보충 설명: 이 질문은 신 존재 증명과, 특히 '목적론적 증명'(설계로부터의 증명)과 직접 관련되는데 이에 관해서는 아래의 14장에서 논의할 예정이다.]

3. 자연이 정의의 원리에 따라 작용한다고 가정하자. 그렇다면 이는 이런 정의를 만들어 내거나 유지하는, 초자연적인 무언가 또는 어떤 존재가 반드시 있어야만 함을 의미하는가?

반드시 그렇지는 않다.

자신의 의견

복습 문제 3.3 (78면)

관념들은 산, 나무, 집보다 더 실재적인가, 덜 실재적인가 아니면 똑같은 정도로 실재적인가?

이 질문에 대한 대답은 부분적으로 관념이 무엇을 의미하는가에 의존한다. 우리는 일상에서 사용되는 관념(idea)이라는 용어의 두 가지 의미에 초점을 맞추어 이 질문에 답하려 한다. 즉 관념은 정신적인 상을 의미하거나 아니면 플라톤이 생각한 이데아처럼 전형이나 모범을 의미하기도 한다.

정신적인 상들의 실재성은 산이나 나무, 집 자체의 실재성보다 더욱 확실한 듯하다. 왜냐하면 우리는 수고를 덜 들이고도 정신적인 상들의 존재를 확립할 수 있기 때문이다. 정신적인 상들은 우리 의식 내부에 있는 반면 산이나 나무, 집은 의식 외부에 있다. 하지만 이런 주관적인 관념은 의식 내부에 관념을 유지하는 주체를 필요로 한다. 즉 관념들은 주체에 의존하여 존재하지만 산이나 나무, 집은 이렇게 의존적이지 않다.

전형이나 모범으로서의 관념, 예를 들면 다자이너가 지니는 무언가에 대해서는 결정이 쉽지 않다. 이런 종류의 관념은 정신적인 과 같은 방식으로 개별적인 주체에 의존하지 않는다. 하지만 이는 또한 산이나 나무, 집처럼 독립적으로 계속 존재하는 듯이 보이지도 않는다. 이데아가 독립적으로 존재한다는 플라톤의 주장에 대해서는 아래의 8장 두 번째 절에서 검토하려 한다.

자신의 의견

예시 답안 — 2부

연습 문제 5.1 (85면)

1. (i) 첫 문단에서 앨리스의 구체적 경험 중 일부가 그녀를 둘러싼 상황의 일반적인 성격과 연결된 언급을 골라 보시오.

'요사이 이상한 일이 하도 많이 생겨서 앨리스는 정말 불가능한 일은 거의 없다고 생각하기 시작한 참이었다.'

자신의 의견

(ii) 그녀가 왜 그 주장이 참이라고 믿는지 말해 보시오.

이 경우 앨리스의 믿음은 자기 자신의 경험에 기초한다. 요사이 그녀에게 이상한 일이 하도 많이 생겨서 그녀는 또 다른 이상한 일도 얼마든지 일어날 수 있다고 믿게 되었다.

자신의 의견

2. (i) 마지막 문단에서 구체적인 대상의 등장에 관한 주장을 펴는 언급을 골라 보시오.

'이 병에는 '독약' 이라는 표시가 없었다.'

자신의 의견

(ii) 당신은 왜 앨리스가 이 주장을 참이라고 믿는다고 생각하는가?

앨리스가 이 주장을 참이라고 믿는 까닭은 그녀가 '먼저 병에 혹시 "독약"이라고 쓰여 있는지 안 쓰여 있는지 살펴보려고' 마음먹었기 때문이다. 그녀는 병을 살펴보았고 거기에는 '독약'이라고 쓰여 있지 않았다. 그래서 그녀는 부분적으로 자신의 시각이 올바르게 작용한다는 생각에 근거하여 이런 주장을 믿게 되었다.

자신의 의견

3. (i) 세 번째 문단에서 앨리스가 어떤 유형의 대상 또는 사건의 일반적인 성격에 관하여 펴는 세 가지 주장을 골라 보시오.

'빨갛고 뜨거운 부지깽이를 너무 오래 쥐고 있으면 데게 된다.'

'손가락이 칼에 아주 깊게 베이면 대개 피가 난다.'

'"독약"이라고 쓰인 병에 든 것을 너무 많이 마시면 머지않아 배탈이 날 것이 거의 확실하다.'

자신의 의견

(ii) 그녀가 왜 그 주장들이 참이라고 믿는지 말해 보시오.

앨리스가 이런 주장들이 참이라고 믿는 까닭은 이들이 친구들이 가르쳐 준 간단한 주의 사항이기 때문이다. 그녀는 다른 사람들의 경험에 의지하여 이런 경험으로부터 등장한 규칙들을 받아들인다.

자신의 의견

4. 앨리스의 다섯 가지 주장 각각의 타당성 그리고/또는 수용 가능성을 A에서 F까지의 등급으로 평가해 보시오.

질문 3(i)에 등장하는 세 주장: 여기서 세 주장을 참이라고 믿는 까닭은 친구들을 신뢰할 수 있는 한에서 친구들이 가르쳐 준 바를 타당하다고 여기기 때문이다. 따라서 타당성에 대한 평가는 친구들에 대한 신뢰 가능성으로 연결된다. 세 주장은 모두 합리적이지만 앨리스는 자신이 경험한 증거를 더함으로써 이들의 수용 가능성을 더욱 높일 수도 있을 듯하다. 그러므로 각각의 주장에 등급 C를 부여하려 한다.

질문 2(i)에 등장하는 주장: 여기서 무언가를 참이라고 믿는 까닭은 앨리스 자신이 그것을 확인하였기 때문인데 대체로 이는 친구들을 신뢰하는 경우보다 더 높은 수용 가능성을 지닌다. 왜냐하면 다른 사람들을 얼마나 신뢰할 수 있는지를 점검할 필요가 없기 때문이다. 앨리스는 직접 병을 조사하였다. 세계에 의미를 부여하기 위하여 앨리스는 기본적으로 자신의 감각 경험이 신뢰할 수 있는 것이라는 사실을 믿어야 한다. 따라서 이 주장은 앞서의 주장들보다 수용 가능성이 더욱 높기 때문에 등급 B를 부여하려 한다.

질문 1(i)에 등장하는 주장: 이 주장이 타당하다는 앨리스의 믿음은 그녀 자신이 최근에 직접 경험한 일들과 **이런 경험에 대한 해석**에 기초한다. 이런 특별한 조건을 통하여 그녀는 자신의 경험을 더욱 잘 이해할 수 있게 된다. 하지만 이런 해석은 오류의 위험성을 높이기도 한다 — 즉 그녀가 자신에게 일어난 바를 잘못 해석하였을 수도 있다. 이 주장은 질문 3(i)에서 등장하였던 주장들보다는 낮지만 질문 2(i)에서의 주장과 마찬가지로 다소 오류의 위험성이 있다. 따라서 등급 B를 부여하려 한다.

자신의 의견

연습 문제 5.2 (90면)

실재하는 대상을 보고 들음으로써 얻는 정보

1. 어떤 양치기 개를 **보고** 그것의 **소리를 듣는다**는 사실은 우리에게
   (i) 그 양치기 개가 존재한다는 사실에 대한 **논리적으로 가능한** 근거를 제공하는가?

논리적 모순이 없기 위해서는 오직 무언가가 논리적으로 가능하기만 하면 된다. 내가 양치기 개라고 믿는 무언가를 보고 그것의 소리를 들을 수 있다는 가정은 아무런 논리적 모순도 포함하지 않는다. 또한 이 가정을 어떤 양치기 개가 존재한다는 주장을 지지하기 위하여 사용하는 데도 아무런 논리적 모순이 발생하지 않는다.

자신의 의견

(ii) 그 양치기 개가 존재한다는 사실에 대한 **합리적으로 의심할 수 없는** 근거를 제공하는가?

일반적으로 단지 양치기 개의 소리를 듣는다는 증거 자체만 가지고는 그 개가 존재한다는 사실을 합리적으로 의심할 수 없는 근거가 제공된다고 보기 어렵다.

일반적인 상황에서 우리는 시각을 통하여 그 양치기 개가 존재한다는 사실을 합리적으로 의심할 수 없는 근거를 얻는다. 따라서 시각이 그 개가 존재한다고 여길 수 있는 충분한 근거가 된다고 생각하며, 오직 시각적 감각이 제대로 작용하지 않았다거나 아니면 무언가가 우리 눈이 받아들이는 신호를 방해하였다고 믿을 만한 확실한 근거가 있는 경우에만 시각적 감각을 충분한 근거로 인정하지 않는다.

이와는 대조적으로 일반적인 상황에서 청각은 충분한 근거가 되지 못한다 — 청각은 시각만큼 충분히 발달하지 않았으며 따라서 신뢰할 만한 정보를 전하지 않는다. 예를 들

어 내가 어떤 양치기 개의 소리를 들었는데 그 개를 볼 수 없다면 나는 내가 들은 소리가 양치기 개가 아닌 다른 어떤 개의 소린지, 심지어 혹시 녹음된 소리는 아닌지를 심각하게 의심하게 될 것이다. 하지만 그 소리를 들은 사람이 매우 정확한 청각을 지녔고, 개에 관하여 연구하여 많은 개의 소리를 녹음하기도 하였다면 그 사람이 들은 청각적 근거는 양치기 개가 존재한다는 사실을 합리적으로 의심할 수 없는 증거를 제공하기에 충분하다.

자신의 의견

(iii) 그 양치기 개가 존재한다는 사실을 **증명하는** 근거를 제공하는가?

일반적인 상황에서 시각 또는 청각이 무언가를 증명하는 근거를 제공한다고 보기는 어렵다. 이들이 제공하는 증거는 논쟁의 여지없이 확실하지는 않다. 왜냐하면 우리의 감각기관이 잘못 작용할 수도 있고 이런 잘못을 바로 잡을 수도 있기 때문이다. 철저히 통제된 실험실과 같은 특별한 상황에서는 이들 중 하나의 감각으로부터 얻은 증거가 논쟁의 여지없이 확실할 수도 있다. 하지만 이는 증명의 부담을 부분적으로 통제된 상황의 본성과 사용으로 떠넘기는 일에 지나지 않는다. 통제된 실험실의 상황이 지니는 중요성에 관해서는 이 책 전반에 걸쳐 여러 측면에서 논의가 이루어질 것이다. 예를 들면 이런 상황과 신 존재 증명 사이의 관계에 논의는 260면에 등장한다.

자신의 의견

연습 문제 5.4 (94면)

실재하는 사물을 만져 봄으로써 얻는 정보

1. 우리는 돌을 **만져 보거나** 아니면 **걷어참으로써** 돌의 존재를 **합리적으로 의심할 수 없는** 근거를 얻을 수 있는가?

무언가가 존재한다는 점을 우리에게 알려 준다는 측면에서 촉각은 다른 감각에 비하여 더욱 신뢰할 만한 듯이 보인다. 왜냐하면 촉각은 다른 감각보다 직접적이기 때문이다. 촉각의 경우 감각되는 대상과 우리의 감각 기관 사이에는 어떤 매개물도 없다. 즉 빛이나 소리를 전달하는 공기 같은 매개물이 존재하지 않는다. 따라서 대상에서 나온 신호가 우리의 감각 기관에 이르기 전에 방해받는 일이 전혀 일어나지 않는다. 환상이 발생할 가능성은 모든 감각에 똑같이 적용된다. 하지만 시각이나 청각에 비하여 촉각은 어떤 돌이 실제로 존재한다는 올바른 인상을 제공할 가능성이 더욱 높다.

자신의 의견

2. 존슨 박사는 물리적 대상이 사람들의 정신이나 신의 정신 안에 단지 관념으로서만 존재한다는 버클리의 이론을 반박하는 데 성공하였는가?

어떤 이론을 반박한다는 것은 그 이론이 유지될 수 없다는 점을 증명하는, 논쟁의 여지없이 확실한 증거를 제시함을 의미한다. 보즈웰과 존슨이 모두 동시에 우연히 생겼거나 또는 신이 조화롭게 만들어 낸 환상에 속아 넘어가는 일이 논리적으로는 가능하다. 사실 신이 우리의 다양한 경험이 서로 조화를 이루도록 만들었다는 주장은 버클리의 관념론 중 핵심에 해당한다. 따라서 버클리의 이론을 확증하거나 반박하는 일은 우리가 신의 존재를 증명할 수 있는가 그렇지 않은가에 달려있다.

자신의 의견

연습 문제 6.2 (115면)

1. (i) 돈이 교환 수단으로 사용되는 일이 **현실적으로 가능하기 위하여** 돈은 어떤 물리적 특성이나 다른 성격을 지녀야 하는가?

돈이 교환 수단으로 사용되는 일이 현실적으로 가능하기 위하여 돈은 다음과 같은 특성을 지녀야만 한다.

(a) **항구적이어야 한다**: 만일 우리가 미래에도 돈이 여전히 통용되리라는 사실을 확신할 수 없다면 돈을 지불 수단으로 받으려 하지 않을 것이다. 왜냐하면 돈이 가치를 지닌 것으로 작용할 수 없기 때문이다.
(b) **운반이 쉬워야 한다**: 돈을 쉽게 운반할 수 없다면 상인들은 거래에 어려움을 겪을 것이다.
(c) **기본 단위로 분할될 수 있어야 하며**, (d) **각각의 기본 단위는 다른 모든 기본 단위가 동일한 가치를 지녀야 한다**: 돈에 기본 단위가 없다면 거래되는 상품의 가격이 얼마인지 아무도 알 수 없을 것이다. 따라서 매매가 불가능할 것이다

자신의 의견

(ii) 만일 어떤 특성이라도 있다면, 이들 중 돈을 교환 수단으로써 사용되는 일이 **논리적으로 가능하기 위하여** 필요한 특성은 어떤 것인가?

위의 특성들 중 본질적이 아님이 명백한 유일한 특성은 (b) 운반이 쉬워야 한다는 것이다. 사람들이 무게가 2톤이나 나가는 콘크리트 덩어리를 돈으로 사용하는 일도 논리적으로는 가능하다. 이런 돈을 가지고 거래할 때 생기는 문제점은 논리적이라기보다는 실제적인 것이다.

돈이 항구적이어야 하는지는 논쟁거리가 된다. 일종의 풍자소설 『은하수를 여행하는 히치하이커를 위한 안내서』(*The Hitchhiker's Guide to the Galaxy*)에서 아담스(Douglas

Adams, 1993)는 나뭇잎을 법적인 통화로 정한 사회를 묘사한다. 이 결과 그 사회에는 통화 팽창의 문제가 발생한다. 왜냐하면 돈이 필요한 사람은 누구든지 그저 가장 가까운 나무에서 잎들을 따기만 하면 되기 때문이다.

자신의 의견

2. (i) 돈이 가치를 지닌 것으로 통용되는 일이 **현실적으로 가능하기 위하여** 돈은 어떤 물리적 특성이나 다른 성격을 지녀야 하는가?

돈이 가치를 지닌 것으로 통용되는 일이 현실적으로 가능하기 위하여 돈은 (a) 항구적이어야 하며, (b) 운반이 쉬워야 하고, (c) 기본 단위로 분할될 수 있어야 하며, (d) 각각의 기본 단위는 다른 모든 기본 단위가 동일한 가치를 지녀야 한다. 이에 대한 논거는 위의 질문 1(i)에서 제시되었던 논거와 같다.

자신의 의견

(ii) 만일 어떤 특성이라도 있다면, 이들 중 돈이 가치를 지닌 것으로 통용되는 일이 **논리적으로 가능하기 위하여** 필요한 특성은 어떤 것인가?

가치를 지닌 것은 시간과 무관하게 어떤 특성을 유지하는 무언가여야 한다. 이는 그것이 항구적이어야 함을 의미한다. 따라서 돈이 가치를 지닌 것으로 통용되기 위하여 위의 특성 (a)는 필수적이다.

여기서 (c) 및 (d)에 관한 논거는 위의 질문 1(i)에서의 논거와 같다. 돈의 기본 단위가 없다면 일정량의 돈이 어느 정도의 가치를 지니는지 아무도 알 수 없을 것이다. 가치가 어느 정도인지 알 수 없다면 돈은 가치를 지닌 것으로 통용될 수 없다.

자신의 의견

논의할 문제 6.3 (상급자를 위한 문제) (117면)

1. 어떤 물리적 대상이 판매되는 중이다. 판매 이전에 그 대상은 판매자와 어떤 관계를 유지해야만 하는가?

우선 판매자 또는 판매자의 대리인이 그 대상을 소유하여야 한다. 만일 그 대상이 어느 누구의 소유도 아니라면 거래는 사기 행위가 되며 그 대상은 판매될 수 없다.

자신의 의견

[토마스 로버츠(Tomas Roberts)의 보충 설명: 독일 법 조항에 따르면 판매자가 어떤 물리적 대상을 소유하지 않은 경우에도 그 대상의 판매가 가능하다. 판매자가 그 대상을 판매할 자격을 유지하기 위해서는 실제 소유자가 그 대상의 가치를 판매자에게 고지하기만 하면 된다. 구매자는 거래 당시 충분한 신의를 바탕으로 거래하였다면 판매된 대상에 대한 소유권을 얻게 된다.]

2. 상품 거래가 **논리적으로 불가능한** 사회를 서술해 보시오.

거래란 재산 소유권의 이전을 포함하기 때문에 이런 이전이 성립할 수 없는 모든 사회에서는 거래가 논리적으로 불가능하다. 재산 소유권이 존재하지 않는 사회에서도 당연히 거래가 논리적으로 불가능하다.

자신의 의견

(더욱 일반적인, 상급자를 위한 질문)

3. 어떤 사회가 사회로서 제대로 작용하기 위하여 지녀야만 하는 특성 또는 과정은 무엇인가?

그것이 없이는 사회가 제대로 작용할 수 없는 과정 중 하나는 개인들 사이의 '개념 소통'인데, 이는 많은 철학자들 사이에서도 거의 논쟁의 대상이 되지 않는 필수조건이다.

[보충 설명: 하지만 개념 소통과 사회의 존재 사이의 관계가 무엇인가에 대해서는 의견이 다소 일치하지 않기도 한다. 유럽 대륙의 철학자들은 대체로 이 관계가 상호적이라고 주장한다. 즉 개념 소통이 사회의 맥락 밖에서는 작용할 수 없다고 본다. 반면 분석철학의 전통에 따르는 철학자들은 사회가 사람들 사이의 상호 작용을 가능하게 하는 조건이라기보다는 상호 작용이 낳은 결과물이라고 주장한다.]

하지만 이는 위의 질문에 대한 포괄적인 대답은 아니다. 한 사회가 성립하기 위해서는 경제적인 상호 의존성 같은 또 다른 관계가 존재해야 한다는 대답도 가능하다. 하지만 이에 대한 상세한 논의는 철학 입문서가 다룰 영역을 넘어서는 문제로 보인다.

자신의 의견

연습 문제 7.1 (123면)

1. 바다에 사는 어떤 물고기도 길이가 2인치 이상이다.
2. 바다에 사는 모든 물고기에게는 아가미가 있다.

1. 진술 1과 2는 모두 참인가, 둘 중 하나만 참인가 아니면 모두 참이 아닌가?

둘 모두 참이 아니다.

길이가 2인치 이하인 바다 물고기를 발견하는 일이 가능하다. 이렇게 하기 위해서는 바다 물고기에 관한 증거를 수집하는 다른 어떤 방법을 사용하여야 한다. 예를 들어 어류학자가 특별한 조명 장치를 가지고 바다 속으로 들어간다면 그는 길이가 2인치 이하인 바다 물고기를 볼 수 있을지도 모른다.

만일 그 어류학자가 **오직** 그물만 갖고 있고 바다 물고기에 관한 정보를 얻을 수 있는 다른 방법이 전혀 없다면 진술 1은 참이며 결코 거짓일 수 없다. 즉 어떤 경험도 진술 1과 모순될 수 없다. 이는 진술 1이 아프리오리하게, 즉 모든 경험과 무관하게 참임을 의미한다.

우리는 고래와 돌고래에게는 아가미가 없다는 사실을 아는데 이들이 어류학자의 그물에 걸릴 가능성은 충분하다. 따라서 어류학자는 단지 자신이 지금까지 관찰하였던 바다 물고기에게는 아가미가 없었다는 주장을 펼 수 있을 뿐이다. 이 주장은 지금까지 그가 얻은 경험에 비추어 볼 때 참이다. 따라서 이는 아포스테리오리하게, 즉 경험에 근거하여 참이다.

자신의 의견

에딩턴은 이 어류학자가 사용한 그물의 코가 2인치이며 따라서 이 그물로는 2인치 이하의 물고기는 잡을 수 없다고 말한다.

2. 그물의 본성이 바다에 어떤 유형의 물고기가 사는지에 영향을 미치는가?

그물이 바다에 사는 물고기의 본성을 결정하는 상황을 상상하기란 어렵다. 더욱이 만일 그 어류학자가 자신의 탐구 방법과 무관하게 바다 안에 존재하는 물고기에 관한 주장들을 전개하려 한다면 그의 그물은 바다에 어떤 유형의 물고기가 있는지에 영향을 미쳐서는 안 된다.

[토마스 로버츠(Tomas Roberts)의 보충 설명: 하지만 원래 바다의 모든 물고기가 2인치 이상이었는데 그물이 물고기들에 영향을 미쳐서 물고기들이 그물에 걸리지 않고 살아남기 위하여 2인치 이하

로 진화하는 일이 일어날 수도 있다. 그렇다면 그물의 본성이 바다 물고기들의 유형에 영향을 미칠 수도 있을 듯하다.]

자신의 의견

3. 만일 그물의 본성이 바다에 어떤 유형의 물고기가 사는지에 관한 어류학자의 결론에 영향을 미친다면 어떻게 미치는가?

만일 그물의 코가 2인치인 그물을 사용하는 것이 바다 물고기에 대한 정보를 수집하는 유일한 방법이라면 이는 바다 물고기에 대한 어류학자의 지식을 제한한다. 또한 이는 물고기를 잡는 행위의 본성을 제한하며 따라서 여기서 얻은 증거로부터 이끌어 낸 모든 결론까지도 제한하게 된다.

자신의 의견

4. 만일 그물의 본성이 위의 진술의 참, 거짓에 영향을 미친다면 어떻게 미치는가?

그물의 코가 2인치인 그물을 사용하는 것 이외에 바다 물고기에 대한 정보를 수집할 수 있는 다른 방법이 없다면 그물의 본성이 위의 진술 1의 참, 거짓에 영향을 미친다. 즉 진술 1을 반박하는 데 사용할 수 있는 수단이 없게 된다. 그렇다면 진술 1은 **논쟁의 여지없이 확실한** 것이 된다. 위에서 언급하였듯이(88면) **논쟁의 여지없이 확실함은** 어떤 주장이 증명되었는지 그렇지 않은지를 결정하는 기준이다. 따라서 진술 1은 참이라고 증명된 주장이 된다. 보충 설명: 이런 유형의 증명은 선험적 증명에 속한다.

자신의 의견

연습 문제 7.2 (125면)

에딩턴의 주장을 다음과 같이 변형해 보자. '나의 다섯 가지 감각 기관이 감지할 수 없는 바는 실재하지 않는다.'

1. 나의 다섯 가지 감각 기관이 감지할 수 없는 **물리적인** 것을 서술해 보시오.

라디오 무선 전파는 대기 중으로 전달되어 라디오 장치에 영향을 미치는 듯하다. 하지만 이 전파는 나의 감각 기관을 통해서 감지되지 않는다.

자신의 의견

2. 나의 다섯 가지 감각 기관이 감지할 수 없는 **감정**을 서술해 보시오.

다른 사람이 느끼는 행복은 감각 기관을 통하여 직접 감지되지 않으며, 단지 행복하다는 표정이나 몸짓만을 감지할 수 있을 뿐이다. 하지만 18세기에는 샤프츠버리(Anthony Shaftesbury)를 비롯한 여러 철학자들이 우리의 눈이 빛을 감지하는 방식으로 도덕적, 미적 가치들을 감지하는, 특별한 도덕감이 존재한다고 주장하였다. 하지만 이들도 행복의 느낌을 감지하는 구체적인 감각 기관을 발견하지는 못하였다.

자신의 의견

3. 나의 다섯 가지 감각 기관이 **직접** 감지할 수 없는 **사회적 실재**를 서술해 보시오.

우리는 정부나 대학을 볼 수는 없으며 단지 정부 건물과 사무실, 대학 건물과 실험실, 학생들과 교직원들을 볼 뿐이다.

자신의 의견

4. 그것의 존재가 나의 다섯 가지 감각 기관이 감지**할 수 있는 바와 무관한** 무언가를 서술해 보시오.

위의 질문 1-3에 대한 대답에서 언급된 모든 유형의 것들은 존재한다고 여겨진다. 왜냐하면 그들이 낳은 결과를 우리의 감각 기관으로 감지할 수 있기 때문이다. 우리는 행복의 존재를 암시하는 행복한 표현들을 볼 수 있으며, 정부 건물과 사무실, 대학 건물과 실험실, 학생들과 교직원들을 볼 수 있다.

신의 존재 또한 나의 다섯 가지 감각 기관이 감지할 수 있는 바와 무관하다고 주장할 수 있다. 어쩌면 신의 개념 자체가 감각을 통하여 신을 감지할 수 있다는 가능성을 배제하는지도 모른다(신 존재 증명에 관해서는 아래의 14장에서 검토할 예정이다).

자신의 의견

5. '나의 다섯 가지 감각 기관이 감지할 수 없는 바는 실재하지 않는다'는 진술은 참인가 거짓인가?

이 진술은 거짓이다.

이 진술이 거짓임을 보일 수 있는 방법이 최소한 하나 이상 존재한다. 예를 들면 우리는 과학이 실제로 어떻게 이루어지는지에 기초한 논증을 펼칠 수 있다. 이제 귀류법을 사용하여 위의 진술이 거짓임을 보이기로 하자. 즉 우리는 우선 위의 진술이 참이라고 가정한 후 이런 가정이 불합리한 결론에 이른다는 점을 보이려 한다.

위의 진술이 참이라고 가정해 보자. 라디오 무선 전파를 직접 우리의 감각을 통해서 감지할 수는 없으므로 우리는 그것이 존재하지 않는다고 믿어야만 한다. 따라서 이런 가정은 우리로 하여금 과학이 실재하는 바를 묘사하지 않는다고 믿도록 강요한다. 그리고 이런 믿음은 라디오의 다이얼을 돌리는 일을 무의미하게 만든다. 즉 라디오의 주파수를 맞추려는 내 손의 운동은 존재하지 않는 무언가를 찾으려는 일이 되고 만다. 따라서 라디오의 다이얼을 돌리는 나의 행위는 불합리한 것이 되고 만다. 이는 사실상 골프공이 존재하지 않는다고 믿으면서 골프공을 치려고 늘어선 것과 같은 의미이다. 따라서 우리는 골프공과 마찬가지로 라디오 무선 전파가 실재한다고 결론지을 수 있다.

자신의 의견

연습 문제 7.3 (상급자를 위한 연습 문제) (130면)

1. 경찰 장비나 경찰서 건물을 전혀 바꾸지 않으면서도 경찰력을 변화시킬 수 있는 방법을 서술하시오.

이 질문에 대해서는 여러 가지 대답이 가능하다. 예를 들면 경찰력의 인적 구성을 바꿀 수 있다. 경찰 지원자 중 여성의 비율이 계속 늘어나기 때문이다. 또한 근무 교대 시간을 바꿀 수도 있다. 이를 통하여 야간 근무 후에 남는 시간을 줄여 경찰관들이 더욱 집중하여 일하도록 만들 수 있다. 이런 변화는 경찰관의 활동에 변화를 불러일으키고 결국 경찰력도 변화시키는 결과를 낳는다.

자신의 의견

2. 질문 1에서 확인되는 변화가 낳는 결과를 서술하시오.

여성 경찰관의 비율이 증가함으로써 범죄를 당한 여성들이 더욱 적극적으로 범죄를 신고하게 된다.

자신의 의견

연습 문제 7.4 (상급자를 위한 연습 문제) (132면)

사회와 같은 것이 존재하는가?

이 질문에 대한 예시 답안은 논쟁거리가 될 듯하다.

대처의 말이 옳다면 사회와 같은 것은 존재하지 않는다.

위의 연습 문제 7.3 중 질문 3에 대한 대답에는 왜 사회가 '존재'로 불려서는 안 되는지에 대한 이유가 등장한다. 사회 자체는 사람들이나 다른 사회적 실재들 또는 물리적인 존재들과 서로 상호 작용을 주고받지 않는다. 사회는 사람들이나 다른 사회적 실재들 또는 물리적인 존재들과 서로 상호 작용을 주고받기보다는 오히려 사람들이나 다른 사회적 실재들이 서로 간에 또는 물리적인 존재들과 상호 작용을 주고받는 맥락을 제공한다. 은행과 정부, 학교와 경찰력 등은 '존재'이지만 사회는 '존재'가 아니다. 사회가 일종의 '존재'라고 믿는 사람들에게 대처는 '쳇, 당신은 형이상학자이구려!'라고 말할 것이다. 그리고 대처가 옳았다.

사회가 일종의 '존재'가 아니라는 주장을 또 다른 방식으로도 증명할 수 있다. 물리학이 우주를 바라보는 방식과 동일하게 사회를 바라볼 필요가 있다고 충분히 주장할 수 있다. 우주는 물리적 존재들이 현존하며 상호 작용을 하는 장이지만 그 자체가 일종의 '존재'는 아니다. 이와 마찬가지로 사회도 사회적 대상들이 현존하고 상호 작용을 하는 일종의 장 또는 사회적 우주이다. 사회를 이런 방식으로 볼 **필요**가 있다고 주장하는 논증은 '선험적 증명'이며, 저자의 박사 학위 논문 중 일부이기도 하다. 간단하게 말한다면 저자의 박사 학위 논문은 이런 사회적 '우주'가 없다면 배우는 과정이 성립할 수 없다는 점을 주제로 삼는다. 그리고 이런 주제가 함축하는 바 중 일부를 이후 출판된 책에서 전개하기도 하였다(Roberts, 1993).

자신의 의견

연습 문제 7.5 (상급자를 위한 연습 문제) (133면)

엘우드 다우드(Elwood Dowd)는 1940년대 미국 중서부의 작은 마을에 살았다. 그에게는 한결같은 친구가 하나 있었는데 그것은 크기가 6피트 3과 1/2인치(1.94m)에 이르는 거대한 흰 토끼인 하비였다.

1. 엘우드가 하비와 상호 작용을 주고받는다는 사실이 하비가 실제로 존재한다고 말할 수 있는 충분한 근거를 제공하는가?

이에 대한 대답은 분명히 '그렇지 않다'이다. 위의 5장에서 등장한 논증들은 동물 일반과 토끼가 존재한다는 사실을, 특히 합리적인 의심의 여지없이 확립하기 위해서는 한 사람 이상의 증인이 필요하다는 점을 드러낸다.

자신의 의견

하비와 엘우드는 모두 체이스(Mary Chase)가 연극 『하비』(*Harvey*)를 위하여 만들어 낸 등장인물이다. 엘우드 말고는 어느 누구도 하비를 볼 수 없다. 1950년 유니버설(Universal) 영화사가 이 연극을 영화로 만들었다. 엘우드 역은 제임스 스튜어트(James Stewart)가, 엘우드를 요양원에 보내려 하는 여동생 베타(Veta) 역은 조세핀 헐(Josephine Hull)이 맡았다.

이야기가 전개되면서 베타는 결국 자신이 하비를 보았음을 인정하게 되어 엘우드 대신 베타가 요양원에 보내진다.

2. 만일 엘우드와 베타가 연극과 영화의 등장인물이 아니라 실재하는 사람이었다면 하비 또한 실재한다고 정당하게 말할 수 있는가?

이 경우 우리는 한 사람 이상의 증인을 확보하게 된다. 하지만 동시에 하비의 존재를 감지할 수 없다고 증언하는 많은 다른 사람들도 있다. 앞서 5장에서 논의된 경우에서처럼 반대의 증거가 있을 경우 우리는 하비의 존재를 합리적인 의심의 여지없이 확립할 수 없다.

자신의 의견

제임스 스튜어트의 팬들이 하비 동호회를 만들었다고 가정해 보자. 그리고 그들이 매년 만찬 모임을 갖는데 하비를 명예회원으로 초대하여 식탁의 상석에 그를 위한 특별한 자리를 마련하였다고 가정해 보자.

3. 이제 하비가 존재한다고 정당하게 말할 수 있는가?

엘우드와 베타뿐만 아니라 더욱 많은 사람들이 마치 하비가 존재하는 듯이 행위한다고 해도 여전히 이 사실이 하비가 존재한다는 점을 합리적인 의심의 여지없이 확립하지는 못한다. 하비의 존재를 감지할 수 없기 때문에 하비가 존재하지 않는다고 생각하는 다른 사람들도 계속 존재한다.

자신의 의견

미키 마우스(Mickey Mouse)는 월트 디즈니(Walt Disney)의 상상력이 만들어 낸 산물이다. 그런데 미키 마우스는 실재하는 데 필요한 조건들 대다수를 만족시키는 듯이 보인다. 실재하는 존재를 흉내 내듯이 얼마든지 '그를' 흉내 낼 수 있다. '그는' 어린이들을 위한 파티를 열기도 하며 심지어 '그는' 상표로 등록되었다.

4. 오직 상상력을 통해서 실재하는 존재를 만들어 낼 수 있는가?

사회학자들이라면 미키 마우스를 '사회적 구성물'이라고 부를 듯하다. 그는 과거에 존재하였으며 현재도 존재하지만 사람들의 정신적 노력과 사회가 만들어 낸 구성물이다. 이 사회적 구성물이 사람들이나 다른 '존재들'과 상호 작용을 주고받을 수 있는지는 그리 확실하지 않다. 우리가 미키 마우스에게 **합리적인 의심의 여지없이** 존재성을 부여할 수는 없지만 **증거의 우세**는 그렇게 해야 함을 암시한다는 정도로 말하는 것이 최선의 대답일 듯하다.

자신의 의견

연습 문제 7.6 (상급자를 위한 연습 문제) (137면)

1. 감각을 통해서 결코 직접 감지할 수 없음에도 불구하고 어떤 사람들이 실재한다고 또는 실재하였다고 믿는 것의 예를 다섯 가지만 들어 보시오.

어떤 사람들은 다음의 것들이 실재한다고 (또는 실재하였다고) 믿는다.

(a) 공룡.

(b) 영혼.

(c) 전자.

(d) 예일대학교(Yale University).

(e) 뇌파.

이들은 모두 현재 우리의 감각을 통해서는 감지되지 않는다. 단 공룡 화석만은 볼 수 있다.

자신의 의견

2. 질문 1에서 든 예 중에 두 가지를 골라 사람들로 하여금 그것이 존재한다는 사실을 은연중에 받아들이도록 만드는 이론, 믿음 또는 행위 방식을 서술해 보시오.

(a) 고생물학을 연구하거나 화석을 수집함으로써 선사시대 동물 일반 또는 특히 공룡이 존재하였다는 사실을 받아들이게 된다.

자신의 의견

(b) 서로 다른 많은 종교가 행하는 장례 의식은 세상을 떠난 사람의 영혼이 그 후에도 존재한다는 점을 전제한다. 그런 의식에 참석하는 사람은 영혼의 존재를 믿게 된다.

자신의 의견

(c) 전자를 발견한 공로로 1906년 노벨 물리학상을 받은 톰슨(J. J. Thomson)은 일련의 실험을 거쳐서 전자가 존재한다는 믿음을 정당화하였다 — 이런 실험을 통하여 그는 이른바 몽상가에서 과학자로 변모하였다. 전자 현미경을 사용하여 실험하는 현대 과학자들도 전자가 존재한다는 믿음을 받아들이며, 텔레비전의 스위치를 켜면서 방송이 나오기를 기대하는 우리 모두 전자의 존재를 굳게 믿는다. 이런 모든 활동을 행한다는 사실이 이미 행위자가 전자의 존재를 믿는다는 점을 보여 준다. 이런 믿음이 없

다면 모든 행위들이 무의미해질 것이다.

자신의 의견

(d) 예일대학교에 장학금을 기부함으로써 기부자는 예일대학교의 존재를 믿게 된다. 하지만 예일대학교가 소유한 많은 것들을, 예를 들면 훌륭한 도서관을 볼 수 있다 할지라도 예일대학교 자체는 볼 수 없다.

자신의 의견

(e) 일란성 쌍둥이 중 한 명이 갑자기 다른 한 명이 구조를 요청한다는 사실을 확신하고 그를 발견하여 구한 사례를 보면 그들 사이에 뇌파의 전달이 일어났다고 믿게 된다.

자신의 의견

연습 문제 8.1 (상급자를 위한 연습 문제) (142면)

당신이 무언가를 처음으로 경험하였다고 가정하자. 이 경험은 긍정적일 수도, 부정적일 수도 아니면 중립적일 수도 있다. 그것에 대한 두 번째 또는 그 이후의 경험 또한 긍정적일 수도, 부정적일 수도, 중립적일 수도 있다.

1. 다음의 여러 일들에 대하여 두 번째 또는 그 이후의 경험이 첫 번째 경험에 비하여 더욱 또는 덜 긍정적인지, 더욱 또는 덜 부정적인지 아니면 첫 번째 경험과 동일한 가치를 지니는지 말해 보시오.

첫 번째 경험	이후의 경험이 더욱 / 덜 긍정적 / 부정적인가?
(i) 아이스크림을 먹는 일	항상 덜 긍정적이다
(ii) 특정한 농담을 듣는 일	거의 모든 재미를 잃고 만다
(iii) 특정한 추리소설을 다시 읽는 일	항상 덜 긍정적이다
(iv) 다양한 색상을 띠는 석양을 보는 일	두 번째 볼 때 더욱 긍정적일 수도 있다
(v) 피타고라스 정리를 증명하는 일	명백히 덜 긍정적이다
(vi) 체포된 후 심문에 대답하는 일	항상 덜 부정적이다
(vii) 직선 도로에서 자전거를 타는 일	항상 덜 긍정적이다
(viii) 연극에서 특정한 배역을 맡는 일	긍정적일 수도 부정적일 수도 있지만 어쨌든 이전과 같지는 않다

자신의 의견

2. 위에서 든 일들 중 당신 자신의 정신적 노력을 통해서 반복되는 경험이 더욱 긍정적이 되고 덜 부정적이 되는 일들을 골라 보시오. 이런 경험 중 하나를 들어 어떻게 더욱 긍정적이 되는지 서술해 보시오.

경험을 하는 모든 사람들은 경험에 대한 반응을 조절함으로써 긍정적인 영향을 받을 수 있다. 우리는 긍정적인 경험을 즐기며 부정적인 경험의 결과에 저항한다. 특수한 상황에서 이렇게 하기가 어렵다고 하더라도 이 사실이 이렇게 할 수 없음을 의미하지는 않는다. 예를 들면 자전거를 타고 직선으로 나아가는 평범한 경험이 누군가에게는 어린 시절 자전거를 배우면서 처음 그렇게 탔을 때 느꼈던 뿌듯한 성취감을 다시 떠올리게 만들어 기분을 상승시키기도 한다. 이전의 즐거운 경험을 현재의 경험과 연결하는 이런 능력은 사람들에게 어떤 경험을 상승시킬 수 있는 능력을 부여한다.

자신의 의견

3. 만일 당신이 위의 일들 중 하나가 긍정적으로 상승될 수 없다고 주장한다면 특정한 경우를 들어 왜 불가능한지를 설명해 보시오.

위의 질문 2에 대한 대답을 보면 이 질문에 답할 필요가 없게 된다.

자신의 의견

4. 우리가 경험을 조절할 수 있다는 사실이 우리 자신이 경험보다 더욱 근본적인 실재임을 의미하는가?

이런 사실은 의식을 지닌 개인으로서 우리의 존재가 최소한 우리가 내부적으로 경험하는 현상보다는 더욱 근본적이라고 주장할 수 있는 확실한 경우를 제공한다. 우리가 무언가를 변형할 수 있다면 그것의 존재는 우리 자신의 존재보다 더욱 근본적일 수 없다. 의식의 내용이 한 개인의 이후 경험을 변형할 수 있기 때문에 이 논증은 두 방향으로 전개된다. 즉 우리가 내부적으로 경험하는 현상은 경험의 주체보다 덜 근본적인 실재로 구성될 수 없다.

자신의 의견

논의할 문제 8.2 (상급자를 위한 연습 문제) (145면)

1. 한 개인이 어떤 대상을 향하지 않는 경험을 지니는 일이 가능한가?

이 질문은 모든 정신적 사건은 어떤 대상을 향한다는, 브렌타노(Franz Brentano)의 '지향성 이론'을 검토하도록 이끈다.

이에 답하면서 위의 99면에서 제시하였던, 질문에 대답하기 위한 도식을 활용하려 한다.

질문에 대한 분석을 이끄는 요소들을 구체적으로 제시하기.

우선 한 개인이 자신의 경험을 어떤 대상으로 향하게 하는 일이 가능하다고 가정하자. 이 가정은 위의 질문 1에 답하는 사람이면 누구나 은연중에 받아들이는 것이다. 하지만 철학에서는 은연중에 이루어지는 가정도 검토해야 하며 그것의 타당성에 대하여 논의해야 한다. 현재의 특수한 경우에서 가정의 타당성을 너무 깊이 검토할 필요는 없다. 이 가정의 타당성을 부정하는 일은 곧 자기부정이기 때문이다. 무언가를 부정하기 위하여 우리는 그것에 주의를 기울여야 한다. 따라서 우리는 앞의 가정을 부정할 수 없다. 왜냐하면 어떤 경험에 주의를 기울여 그것을 향할 때만 이 가정을 부정할 수 있기 때문이다. 따라서 이 가정을 부정하는 것은 곧 자기부정이 된다.

연습 문제 8.1에 대한 대답을 통하여 이 가정의 적용 영역을 확장할 수 있다. 우리는 한 개인이 경험의 결과를 상승시키거나 완화할 수 있음을 지적하였는데 이는 그가 단지 어떤 경험 대상에 주의를 기울이는 것 이상의 무언가를 할 수 있음을 의미한다. 즉 그는 맨 처음 자전거를 탔던 기억에 초점을 맞춤으로써 현재 자전거를 타면서 얻는 즐거움을 상승시킬 수도 있다. 두 번째로 우리는 현재 사용하려 하는 그 어떤 용어의 의미도 구체적으로 제시할 수 있어야 한다. 질문 2에 답하기 위해서는 '근본 실재'라는 용어가 의미하는 바를 구체적으로 제시하여야 한다. 위의 81면, 2부의 서론에서 '근본 실재'라는 용어는 분리되어 독립해서 존재하는 무언가 또는 자신의 존재가 다른 실재와 관련하여 규정될 수 없는 무언가로 정의되었다.

자신의 의견

원래의 질문을 세부 질문들로 분해하기(또는 해체하기).

원래의 질문을 이 예시 답안과는 다른 방식으로 분석하는 일도 얼마든지 가능하다. 하지만 어떤 방식을 택하든 간에 질문의 해체에서 핵심적인 요소는 그것에 대한 대답을 형성할 수 있도록 분석하는 것이다.

위의 질문에 대한 분석을 이끄는 요소들을 나열함으로써 우리가 접한 문제의 전반부를 여러 구성 요소들로 나눌 수 있다.

이런 구성 요소들을 다음의 질문으로 환원할 수 있다.

(i) 일상적인 행위들 중 개인이 자신의 경험에 관여할 수 있다는 가정을 드러내는 예가 있는가?
(ii) 경험의 대상으로 여겨지는 것은 무엇인가?
(iii) 인식적 존재의 경험 대상은 비인식적 존재의 경험 대상과 다른가? 다르다면 어떻게 다른가?
(iv) 경험은 어떤 대상을 향하는가?
(v) 개인의 의지는 경험에 반드시 필요한 요소인가?

또한 질문 2에 대한 대답을 염두에 두고

(vi) (i)에서 (v)에 이르는 질문들에 대한 대답이 개인의 존재가 다른 실재들과의 관련을 통해서 완전히 결정될 수 있는지 그렇지 않은지를 확립하는 데 도움이 되는가?

자신의 의견

세부 질문들에 대한 대답을 제시하고 세부 대답들이 질문에 대한 분석을 이끄는 요소들과 일치하는지 확인하시오.

(i) 연습 문제 8.1에서 개인들이 경험의 영향을 강화시키거나 완화할 수 있다는 사실이 드러났다. 이는 어떤 경험이 그 자체에 영향을 미치거나 경험을 변형할 수 있음을 의미한다.

더 멀리 나아가 보자. 우리의 일상적인 행위 중 일부는 우리가 자신의 경험에 의도적으로 영향을 미칠 수 있다고 가정한다. 대부분의 사회 교육은 우리가 경험에 영향을 미칠 수 있음을 가정하고 이루어진다. 부모는 자식들에게 그들의 행위가 다른 사람들은 물론 특히 자신에게도 영향을 미친다는 점을 깨달으라고 가르친다. 만일 개인들이 자기 자신의 경험에 관여한다는 사실을 받아들이지 않는다면 우리는 부모가 자식들에게 무언가를 가르치는 일상적인 행위가 유의미하다는 점 또한 거부하여야만 한다.

자신의 의견

개인들이 자신의 경험에 영향을 미칠 수 있는 능력을 지닌다는 가정은 이런 일상적인 행위뿐만 아니라 정신분석 임상 치료에서도 마찬가지로 통용된다. 이런 치료는 한 걸음 더 나아가 개인들이 스스로 의식하지 않고도 자신의 경험에 관여할 수 있다고 가정한다. 이렇게 의식을 동반하지 않는 경험은 '무의식적 경험'으로 불린다.

현재 표준적인 정신분석의 이론과 실제 치료에서 이런 '무의식적 경험'의 존재는 중요한 부분을 차지한다. 프로이트(Sigmund Freud, 1949, 20면)는 정신적인 무의식의 과정을 다음과 같이 기술한다. '우리 노력의 결과로 무의식적인 것이 의식적으로 변하기도 한다. 하지만 이 과정에서 우리는 자주 매우 강력한 저항을 극복해야 한다는 인상을 받기도 한다.' 환자들로 하여금 무의식적 경험을 이끌어 내도록 유도하면서 정신분석 치료는 이런 무의식적 경험이 의식의 수면 위로 드러날 수 있으며, 이를 통하여 환자가 무의식적 경험으로부터 받는 부정적인 영향을 줄일 수 있다고 가정한다. 이런 임상 정신분석 치료에서 행해지는 일은 부모가 자식들에게 그들의 행위가 자기 자신에게도 영향을 미친다는 점을 깨달으라고 가르칠 때 일어나는 일과 매우 유사하다. 정신분석 치료의 가능성은 부모의 가르침을 가능하게 만드는 것과 동일한 가정에 의존한다. 즉 개인들이 자신의 경험에 영향을 미칠 능력을 지닌다는 가정에 의존한다.

[보충 설명: 마지막 문장은 '선험적 논증'의 예이기도 하다.]

자신의 의견

(ii) 경험의 '대상'에는 최소한 다섯 가지 유형이 있다.

첫째, 물질적인 형태를 띠는 물리적 사물이 경험이 대상이 될 수 있다. 하지만 버클리 같은 철학자는 물리적 대상이 의식 안에서 발견되는 '관념들' 또는 상들의 집합에 지나지 않는다고 주장하였다.

둘째, 우리의 감각에 드러나는 것은 그 무엇이든 경험의 대상이 될 수 있다. 위에서 예로 들었던, 전자기장을 감지하는 상어의 경우처럼(87면) 우리의 감각 기관은 다섯 가지 감각으로만 한정되지 않는다. 더 나아가 허치슨이나 흄 같은 철학자들은 인간이 도덕적, 미적 성질들을 감지하는 도덕감과 미감까지도 지닌다고 주장하였다. 그렇다면 이런 성질들도 마찬가지로 경험의 대상이 될 수 있다.

셋째, 감정 또한 경험의 대상이 될 수 있다.

넷째, 경험의 주체인 개인 또한 동시에 자신의 경험 대상이 될 수 있다.

다섯째, 원형이나 좋음 같은 수학적 개념이나 일반 관념을 포함하는 추상 관념도

(이들은 세계 전체에 보편적으로 적용되기 때문에 '보편'으로 불리기도 하며, 또한 플라톤의 '형상 이론' 때문에 '형상'으로 불리기도 한다) 경험의 대상이 될 수 있다.

마지막으로 이들 다섯 가지 대상이 서로 결합한 것도 경험의 대상이 될 수 있다. 예를 들면 어떤 예술 작품을 감상하는 일은 이런 '대상들' 중 어느 하나 이상을 포함하는 듯하다.

자신의 의견

(iii) 비인식적 존재와 비교해 볼 때 인식적 존재의 경험 대상은 의식 안에 위치한다고 주장할 수 있다. 왜냐하면 대상에 대한 사고를 서로 전달할 수 있기 때문이다.

이 문장은 실존주의 철학을 규정하고 그쪽으로 나아가게 만드는 핵심적인 생각을 요약하여 표현한다.

자신의 의견

(iv) 와 (v) 네 번째, 다섯 번째 질문은 서로 중첩되므로 함께 대답할 수 있다. 그리고 이렇게 하면서 다음의 세부 질문을 다시 던지게 된다. '경험의 내용이 자발적으로 의식에 도달할 수 있는가?' 경험의 내용이 자발적으로 그렇게 할 수 있다는 가능성은 경험이 경험의 주체가 아닌 다른 무언가에 의해서 어떤 대상을 향할 수 있음을 암시한다.

이 주제는 브로디(Alexander Brodie, 2000, 3장)가 스코틀랜드 철학의 발전에 미친 스코투스의 영향에 관하여 논의하면서 다룬 것이기도 하다. 이는 또한 경험에서 인간의 의지가 차지하는 역할에 관한 논의를 불러일으킨다. 인간 경험에서 의지의 작용이라는 주제는 모든 시대에 걸쳐 많은 철학자들이 주목하였던 바이기도 하다. 예를 들면 중세 스콜라 철학자였던 스코투스로부터 최근 두 세기 동안 현상학이나 실존주의에 관심을 보였던 여러 철학자들, 즉 브렌타노나 하이데거에 이르기까지 많은 철학자들의 관심사였다.

[보충 설명: 맥도날드(Paul MacDonald, 2000, 229면)는 브렌타노와 하이데거가 모두 스코투스를 '지향성이라는 현상학적 개념을 중세에 이미 생각하였던 선구자'로 여긴다고 말하면서 시간상 멀리 떨어져 있는 이들 두 유럽철학 사이의 관계를 추적하려 한다.]

브로디는 경험에서 의지가 담당하는 역할에 관한 스코투스의 주장을 매우 명확하고 쉬운 언어로 요약한다. 그에 따르면 스코투스는 경험이 자발적으로 의식에 도달한다는 사실을 받아들였다. 우리의 감각은 정보를 받아들이는데 정보 중 일부는 우리가 원하든 원하지 않든 간에 의식에 도달한다. 스코투스는 이렇게 정보가 의식에 도달한 후에 일어나는 일은 의지의 작용에 의존한다는 점을 지적한다. 외부에서 발생한 어떤 자극이 도달함으로써 생겨난 사고는 의지에 의해서 의식 안에 유지되지 않으면 사라져 버리고 만다. 뒤이어 스코투스는 이와 연관된 두 번째 사실을 지적한다. 무언가가 지성에게 말을 건네고 무언가가 사고를 의식 안에 유지되도록 만들지 않는다면 지성은 사고에 어떤 작용도 시작할 수 없다. 이 무언가가 바로 의지이다. 브로디는 스코투스가 우리의 사고 방향을 조절하는 의지의 역할을 물리적 육체를 조절하는 것에 비유한다고 말한다.

만일 육체의 운동이 자발적으로 일어나지 않고 순전히 본성이나 본능에 의해서 일어난다면 우리의 의지작용이 물리적 세계에 영향을 미칠 가능성이 전혀 존재하지 않을 것이다. 이와 마찬가지로 설령 사고 중 일부가 자발적으로 우리 정신에 등장한다 할지라도 우리의 정신적 삶 거의 모두는 의지작용의 결과이다. 왜냐하면 우리는 어떤 순간에도 사고의 방향을 조절할 수 있기 때문이다(Brodie, 2000, 23면).

[보충 설명: 여기서 스코투스는 선험적 논증을 사용한다. 우리가 자발적 경험과 그렇지 않은 경험

사이의 구별에 의미를 부여할 수 있으려면 인간 의지의 작용은 반드시 필요한 전제 조건이다. 의지의 작용이 전제되지 않는다면 '자발적'과 '비자발적'이라는 용어는 무의미해진다.]

(vi) 스코투스의 두 논증을 통하여 인간의 의지는 모든 정신적 활동에 작용하는 능력이라는 결론에 이르렀다. 의지는 사고를 의식 안에 유지하기 위해서 뿐만 아니라 이성에게 다른 관념이 아닌 어떤 관념에 작용하도록 만드는 자극을 부여하기 위해서도 필요하다. 바꾸어 말하면 모든 경험은 의지에 의해서 방향이 결정되어야 한다.

(e) 원래 질문에 대한 대답을 형성하시오. 원래의 질문은 한 개인이 어떤 대상을 향하지 않는 경험을 지니는 일이 가능한지 그렇지 않은지를 물었다. 스코투스의 논증에 비추어 볼 때 이 질문에 대한 명백한 대답은 '그렇지 않다'이다. 하지만 어떤 대상을 향한 경험이 개인의 의지가 아닌 다른 무언가에 의해서 일어날 수도 있다는 단서를 덧붙인다.

자신의 의견

2. 질문 1에 대한 대답이 개인이 근본 실재인가 그렇지 않은가라는 질문에 어떤 영향을 미치는가?

개인을 근본 실재로 인정하기 위한 기준은 충족된 듯이 보인다. 의지와 지성이라는 능력과 관련하지 않는 한 인간 경험의 존재는 완전히 규정될 수 없다. 이 문제의 근원은 흄이 직면하였던 문제, 즉 경험의 주체에 대응하는 감각적 인상을 발견하려 했던 문제에서 확인된다. 감각이 제공하는 상들도 당연히 근본 실재일 수 있다. 하지만 이들은 경험의 주체를 설명해야 하는 임무에는 어울리지 않는다. 사실 이런 상들이 경험의 일부를 차지하기 위해서는 의지와 지성을 지닌 주체가 존재해야만 한다. 따라서 개인이 근본 실재이다.

자신의 의견

연습 문제 8.3 (상급자를 위한 연습 문제) (149면)

다음 예시 답안은 21세기의 관점에서, 플라톤의 저술을 현대어 번역으로 읽고 해석한 내용을 바탕으로 작성되었다. 진술 a에서 j까지의 구체적 내용은 149면에 등장한다.

1. 위에서 제시된 각각의 진술이 우리의 경험에 대한 주장을 펴는지 아니면 실재의 본성 그리고/또는 실재에 관한 우리의 지식에 대한 주장을 펴는지 표시하시오. 가능하다면 당신이 각각의 진술을 참이라고 생각하는지 거짓이라고 생각하는지도 표시해 보시오.

진술	경험	실재	지식	참 또는 거짓
a	√			T
b	√	√	√	
c		√		T
d	√	√	√	
e			√	T
f	√	√		F
g		√		F
h			√	T
i		√	√	
j[1]				

1 [옮긴이 주] 원문에 j에 대한 평가는 등장하지 않으므로 표시하지 않았다.

[보충 설명: b, d, i가 참인지 거짓인지를 결정하기 위해서는 플라톤의 이론에 관한 더욱 충분한 논의가 필요하다.]

자신의 의견

질문 1에 대한 예시 답안은 플라톤이 인간이 처한 조건을 이해하고 우리를 더욱 나은 삶으로 인도하는 원리들을 발견하려 하였음을 드러낸다. 인간이 세계를 경험하는 방식은 플라톤 철학의 핵심에 속한다. 그의 이론은 경험의 배후에 놓인 실재가 위의 두 목표를 이루는 데 도움이 된다고 주장한다. 하지만 그의 이론이 우리가 경험하는 세계가 모두 실재적이 아니라고 말하지는 않는다.

2. 당신이 지금까지 플라톤의 '형상 이론'에 관하여 배운 바에 기초하여 다음의 그림에 등장하는 질문에 대하여 플라톤 자신은 무엇이라고 대답했을지 한번 생각해 보시오. 당신은 플라톤이 이 책이 실재한다는 사실을 받아들이리라고 생각하는가?

모든 물리적 사물과 마찬가지로 이 책은 실재적이다. 하지만 플라톤의 이론은 이 책이 지닌 속성들이 이 책과는 무관하게 현존하는 더욱 근본적인 실재로부터 도출된다고 말한다. 예를 들면 이 책이 지닌 사각형이라는 속성은 사각형임이라는 '형상'으로부터 도출된다.

자신의 의견

복습 문제

복습 문제 5.1과 6.1 (158면)

나의 정원에서 가스 냄새가 난다. 이 냄새는 3년 전쯤 배관공 몇 사람이 가스관을 묻은 것으로 기억되는 곳 부근에서 나는 듯하다. 하지만 나는 가스를 보거나, 맛보거나, 만지거나, 그 소리를 들을 수는 없다.

1. 이는 시각이나 촉각, 청각, 미각의 증거가 없이는 내가 나의 정원에 가스가 떠다닌다는 사실을 결코 합리적으로 의심할 수 없는 수준으로 확립할 수는 없음을 의미하는가?

그렇지 않다. 일반적인 상황에서는 감각들 중 어느 하나로부터 얻은 증거는 무언가가 존재한다는 사실을 합리적으로 의심할 수 없는 수준으로 확립하기에 충분하지 않다. 하지만 내가 화학이나 가스 전문가라면 하나의 감각으로부터 얻은 증거만으로도 충분할 수 있다. 왜냐하면 전문가의 경험에 기초한 추론이 이 증거를 지지하기 때문이다. 전문가는 정보를 전문가가 아닌 사람의 능력을 넘어서는 방식으로 해석할 수 있다. 그리고 이런 해석은 하나의 감각으로부터 얻은 정보에 신뢰 가능성을 더한다.

자신의 의견

[보충 설명: 이 예는 몇몇 사람들이 어떤 정원에서 가스 냄새를 맡았다는 실제의 예를 바탕으로 구성하였다. 그 후 엄밀한 검사를 하였는데 실제 가스 누출은 확인되지 않았다.]

2. 내 이웃이 정원에 가스가 떠다닌다는 나의 주장을 확증하였다는 점은 정원에 가스가 떠다닌다는 사실을 합리적으로 의심할 수 없는 수준으로 확립하기에 충분한가?

나도 전문가이고 내 이웃도 전문가라면 이 질문에 대한 대답은 '어쩌면 그럴 수도 있다'이다. 하지만 우리들 중 어느 누구도 질문 1에서 말한 전문가가 아니라면 내 이웃의 확증이 나의 주장을 강화하기는 하지만 여전히 합리적으로 의심할 수 없는 수준으로 확립하기에는 불충분하다.

자신의 의견

복습 문제 5.2와 6.2 (159면)

데카르트는 난롯가에 앉아 있었다. 그는 따듯함을 느꼈으며 이 때문에 잠시 졸았다. 그는 고개를 까딱거리며 얕은 잠에 빠졌다. 비몽사몽 간에 그는 재와 불꽃과 불타는 장작을 보았다. 그는 탁탁거리는 장작의 소리도 들을 수 있었다.

1. 이 증거는 난로가 있었다는 사실을 합리적으로 의심할 수 없는 수준으로 확립하기에 충분한가?

그렇다. 이 경우 하나 이상의 감각으로부터 얻은 확증적인 증거와 더불어 감각들이 제공하는 정보를 해석하는 건전한 추론도 존재한다. 하지만 데카르트는 그 어떤 회의도 전혀 존재하지 않기를 원한다. 『성찰』 중 '첫 번째 성찰' (2절)에서 그는 심지어 어떤 명제의 일부가 '약간의 회의 근거' 라도 제공한다면 그 어떤 명제라도 거부할 것이라고 말한다. 이것이 유명한 '회의의 방법' 이다.

자신의 의견

2. 이 증거는 데카르트 자신이 존재한다는 사실을 합리적으로 의심할 수 없는 수준으로 확립하기에 충분한가?

그렇다. 데카르트 자신도 이에 동의하리라 여겨진다. 하지만 그는 자신이 따듯함을 느끼거나 불꽃을 본다는 사실을 증거로 사용하지는 않을 듯하다. 그는 자신이 존재한다는 점을 확립하기 위하여 자신이 생각한다는 사실에 의지한다. 『성찰』 중 '첫 번째 성찰' (5절)에서 그는 자신의 육체가 존재한다는 점에 대한 회의를 다음과 같이 표현한다.

> 나는 의식적으로 내 손을 뻗어 나의 목적을 표현하며 이를 지각한다. 내가 잠잘 때 일어나는 일들은 이처럼 분명하지는 않았던 듯하다. 하지만 꿈속에서도 이와 비슷한 생각을 하면서 속은 일을 나는 결코 잊을 수 없다. 그리고 이런 경우들을 주의 깊게 생각해 보면 깨어 있는 상태와 꿈꾸는 상태를 확실히 구별해 줄 어떤 징표도 없다는 사실을 깨닫고 깜짝 놀라지 않을 수 없다. 이런 놀라움 때문에 나는 지금도 내가 꿈꾸고 있지는 않은가라는 생각에 빠지게 된다.

여기서 데카르트의 논증은 자신이 존재한다는 사실을 논쟁의 여지없이 확립하기에는 불충분한 증거들이 있다는 점을 확립한다.

자신의 의견

복습 문제 5.3과 6.3 (159면)

우리의 직접적인 지각에 의존하는 책이 존재한다는 지식이 우리가 직접 지각할 수 없는 전자가 존재한다는 지식보다 더욱 확실한가?

그렇다. 전자가 존재한다는 지식과 책이 존재한다는 지식은 각각 관찰을 통해서 지지된다. 하지만 전자가 존재한다는 주장은 확증이 필요하다. 이 주장은 우리가 실험을 통해서 수집한 정보를 해석하는 데 사용되는 이론에 기초한 추론에 의해서 제공된다. 쿤(Thomas Kuhn)이 지적하였듯이 과학적 정보에 대한 해석은 과학자가 받아들이는 '패러다임', 즉 실험을 통해서 수집한 정보의 의미를 규정하는 패러다임에 의존한다. 그리고 패러다임이 변형되면 해석도 따라서 변형된다 — 아래의 13장 (256면) 참조. 한 이론이 변형될 수 있다는 사실은 그 이론에 기초한 해석의 신뢰 가능성을 감소시킨다.

자신의 의견

복습 문제 5.4와 6.4 (160면)

러다이트(the Luddite)는 산업혁명 당시 새로운 기계들이 자신들의 일자리를 빼앗으리라고 생각하여 기계를 파괴한 직공의 무리를 의미한다. 이들은 기계 파괴자로 알려졌다. 파괴 활동의 지도자인 러드(Ned Ludd)는 영국 중부 셔우드 포리스트(Sherwood Forest)에 본부를 차렸다는 소문이 떠돌았다. 하지만 러드를 직접 보았다는 사람은 아무도 없었다.

1. '러드는 존재하였다' 는 진술이 참이 되는 경우가 논리적으로 가능한가? 증거의 우세를 근거로 '러드는 존재하였다' 는 진술을 참으로 받아들일 수 있는가? 이 진술은 합리적으로 의심할 수 없는가? 아니면 이 진술은 논쟁의 여지없이 확실한가?

2. '러드는 존재하지 않았다' 는 진술에 대해서도 위의 질문들을 던져 보시오.

이제 편리한 논의를 위하여 '러드는 존재하였다' 를 NLT로, '러드는 존재하지 않았다' 를 NLF로 부르기로 하자. 러드는 존재하였다고 주장하는 데 논리적 모순은 발생하지 않으므로 진술 NLT가 참이 되는 일이 논리적으로 가능하다. 마찬가지로 NLF가 참이 되는 일도 논리적으로 가능하다.

증거의 우세는 러드가 존재하지 않았다는 점을 (NLF가 참이라는 점을) 암시한다. 그 까닭은 만일 러드가 존재했다면 그의 출생에 관한 자료나 그의 일터 등에 관한 기록을 발굴하여 이를 출판한 역사학자가 벌써 등장했을 것이기 때문이다. 이런 종류의 기록이 19세기 초반 영국에서 실제로 돌아다니기도 하였지만 이는 사실이 아니었다.

증거의 우세가 러드가 존재하지 않았음을 (NLF가 참임을) 암시하므로 NLT를 합리적인 의심의 여지없이 참으로 받아들이는 일은 불가능하다. 그렇다면 남은 유일한 문제는 NLF를 합리적인 의심의 여지없이 확립된 것으로 받아들일 수 있는지 그렇지 않은지 뿐이다. 그런데 이 질문에 대해서는 전문 역사학자가 답해야 할 듯하다.

위의 두 주장 중 어떤 것도 논쟁의 여지없이 확실하지는 않은데 그 까닭은 그가 실제로 존재했다는 점을 암시하거나 아니면 그가 존재했다는 신화를 창조하려는 음모가 있었다는 점을 암시하는 증거를 발견하는 일이 여전히 가능하기 때문이다.

자신의 의견

복습 문제 7.1 (160면)

현대 과학자들이 지닌 무엇이, 특히 중세 과학자들도 지녔던 것 중에 무엇이 그들로 하여금 전자나 디옥시리보핵산(DNA) 분자가 존재한다고 주장하도록 만드는가?

위의 5, 6장 그리고 7장에서 이루어진 논의를 통하여 우리는 무언가가 존재한다는 그 어떤 주장도 다음 두 가지에, 즉 우리의 감각 기관을 사용하여 얻은 정보와 그런 정보에 대한 해석에 의존한다는 결론에 이르렀다. 이 두 영역에서 모두 현대 과학자와 중세 과학자 사이에는 중요한 차이가 드러난다.

감각 기관이 제공하는 정보는 우연히 얻어지지 않는다. 우리는 스스로 유용하리라고 생각하는 바에 따라 정보를 수집한다. 현대 과학자는 중세 과학자에 비하여 특별한 혜택을 누린다. 첫째, 현대 과학자들이 얻는 정보는 중세 과학자들이 얻었던 정보에 비하여 훨씬 풍부한 의미를 지닌다. 현대 과학자에게는 감각 기관이 제공하는 정보를 마음먹은 대로 자유롭게 사용할 수 있는 훨씬 폭넓은 설명 방식이 있다. 둘째, 이런 폭넓은 설명 방식을 통하여 현대 과학자는 원하는 정보를 찾을 수 있는 폭넓은 기법을 발전시킬 수 있으며 이를 사용하여 훨씬 폭넓은 해석에 이를 수 있다.

자신의 의견

복습 문제 8.1 (161면)

1. 만일 의지가 자연법칙에 따르는 무언가라면 상상력은 새로운 관념을 만들어 내기 위하여 작용할 수 있는가?

그렇다. 불변하는 법칙에 따르는 물리적 실재들이 결합하여 이전에는 한 번도 형성되지 않았던 새로운 상황을 만들어 낼 수 있다는 생각은 모순적이 아니다. 새로움과 불변하는 법칙을 고수하는 일은 서로 배타적이지 않다.

[보충 설명: 이는 의지의 작용을 완전히 설명하는 일이 논리적으로 가능하다는 물리주의자의 주장을 대변한다. 하지만 물리주의자의 주장이 참인지 그렇지 않은지에 대해서는 말해 주지 않는다.]

자신의 의견

2. 감각 중 하나가 낳은 인상을 변화시킬 수 없다는 사실은 인상이 의식의 주체보다 더욱 근본적인 실재의 구성요소임을 의미하는가?

그렇지 않다. 오직 감각을 통한 정보의 수용이 의식적 경험의 모든 측면을 완전히 기술할 경우에만 인상이 더욱 근본적일 수 있을 것이다. 하지만 스코투스는 이 주장이 사실이 아님을 지적하였다. 그 어떤 경험에 대하여 추론하기 위해서도 경험의 주체는 사고를 만들어 내는 외부의 자극이 없는 경우에도 사고를 유지하는 능력을 지녀야만 한다. 2부의 머리말에서(81면) '근본 실재' 라는 용어는 분리되어 독립해서 존재하는 무언가 또는 자신의 존재가 다른 실재와 관련하여 규정될 수 없는 무언가로 정의되었다. 이는 경험의 주체가 감각적 인상의 내용을 형성하지는 못하는 근본 실재임을 암시한다.

[보충 설명: 이런 대답으로부터 모든 지식의 원천에 대한 경험론자의 분석이 거짓이라는 점을 이끌어 낼 수는 없다. 이로부터 이끌어 낼 수 있는 바는 감각적 인상으로 경험될 수는 없는 경험의 주체가 존재해야만 한다는 사실이다. 이는 경험의 주체를 발견하려는 흄의 시도가 왜 실패하였는지를 설명해 주는데 이에 관해서는 연습 문제 8.2, 질문 2에 대한 예시 답안에서(360면) 이미 지적하였다. 하지만 이런 경험의 주체가 감각에 의해서 생겨난 경험 이외에는 다른 어떤 지식의 원천도 지니지 않는다는 주장은 여전히 가능하므로 흄의 실패는 모든 자식이 감각 경험으로부터 도출된다는 자신의 주장을 손상하지는 않는다.

자신의 의견

복습 문제 8.2 (161면)

플라톤의 '형상 이론'은 등장한지 이천 년이 넘었지만 오늘날에도 여전히 이에 대한 논의가 이루어진다. 당신은 이 이론이 이렇게 오래 지속된 이유는 무엇이라고 생각하는가? 그 이유를 몇 가지 들어 보시오.

플라톤의 '형상 이론'은 인간이 처한 조건을 이해하려 하는 사람이라면 누구나 여전히 관심을 갖는 가장 근원적인 주제를 제시한다. 이 이론은 물리적 세계를 설명하는 기초를 제공하는 동시에 우리가 지닌 도덕적 가치 체계의 기초를 설명하는 방식 중 하나도 제공한다. 이런 설명들을 얼마든지 반박할 수도 있다. 하지만 중요한 점은 이들이 그 어떤 형태의 설명에서도 핵심을 차지하는 이성의 역할을 정확하게 지적하였다는 사실이다.

위의 언급은 당연히 대답의 출발점일 뿐이다. 위의 질문에 충분히 대답하려면 지식의 산출에서 이성과 경험이 담당하는 역할, 이성과 도덕적 가치 사이의 관계, 실재의 본성 등 — 바꾸어 말하면 철학의 중요 영역 모두에 대한 폭넓은 논의가 필요하다. 이렇게 하더라도 우리는 진정 폭넓은 '형상 이론'의 범위와 영향력 중에서 단지 그것이 그토록 오래 지속되는 이유 정도를 발견할 뿐이다.

자신의 의견

예시 답안 — 3부

연습 문제 9.1 (170면)

한 회사의 경영자가 회사 자산을 그리 크게 발전하지 못한 도시 지역에 복합 놀이시설을 짓는 사업에 투자하기로 결정하였다고 가정해 보자. 그 경영자는 자신이 승인한 투자가 정당하다고 주장한다. 예를 들면 그는 자신의 주장을 정당화하기 위하여 전적으로 자신의 감정에 기초한 **결과주의적인** 이유를 들 수도 있고, 자신의 감정과 무관한 **본질주의적인** 이유를 들 수도 있다.

1. 이 경영자가 오직 자신의 감정을 고려할 경우에만 따를 수 있는 **결과주의적인** 행위 규칙을 제시해 보시오.

나는 내가 이후에 기분이 더욱 좋아지리라고 확신하는 방식으로 행위하려 한다.

자신의 의견

2. 이 경영자가 자신의 감정과 무관하게 따를 수 있는 **결과주의적인** 행위 규칙을 제시해 보시오.

나는 가능한 한 많은 사람들의 수입이 늘어나는 방식으로 행위하려 한다.

자신의 의견

3. 이 경영자가 오직 자신의 감정을 고려할 경우에만 따를 수 있는 **본질주의적인** 행위 규칙을 제시해 보시오.

나는 나의 내적 자아에 충실한 방식으로, 즉 내가 한 인격체로서 어떤 사람이어야 하는가에 대하여 내가 갖는 개념에 따라 행위하려 한다.

자신의 의견

4. 경영자가 자신의 감정과 무관하게 따를 수 있는 **본질주의적인** 행위 규칙을 제시해 보시오.

나는 회사 경영자로서 나의 역할에 충실한 방식으로 행위하려 한다.

자신의 의견

5. 1에서 4까지 각각의 경우에 대하여 그 규칙에 따르는 것을 정당화하기 위하여 들 수 있는, 가치 있는 무언가를 말해 보시오.

(i) 나 자신의 기분은 내가 한 개인으로서 관여할 수 있는 가치의 근원을 제공한다.

(ii) 모든 개인의 행복은 우리에게 가치의 근원을 제공한다.

(iii) 진정한 존재로서 자신의 역할을 다하는 것은 가치 있는 일이다.

(iv) 자신의 사회적 역할을 적절하게 수행하는 것은 가치 있는 일이다.

자신의 의견

연습 문제 9.2 (172면)

앨리스는 어떻게 행위해야 할지를 결정하면서 자신의 이성 능력을 사용하였다. 그녀는 또한 친구들이 가르쳐 준 규칙에도 호소하였다. 여기서 그녀의 행위를 정당화할 수 있는, 가치의 근원 두 가지가 등장한다.

1. 앨리스가 자신의 이성 능력을 발휘하여 따를 수 있었던 행위 규칙을 제시해 보시오.

항상 당신의 **실천이성** 능력이 추구하는 목적과 행하는 분석에 일치하는 방식으로 행위하시오(앨리스가 자신의 실천이성이 무엇인지를 아는지 모르는지는 확실하지 않다).

자신의 의견

2. 앨리스가 친구들이 알려 준 규칙에 의지하여 따를 수 있었던 행위 규칙을 제시해 보시오.

항상 당신의 친구들이 인정하는 바가 행위를 가장 잘 인도한다는 원리에 일치하는 방식으로 행위하시오.

자신의 의견

연습 문제 9.3 (174면)

a. 모든 기예와 탐구, 그리고 모든 실천적 행위와 선택은 어떤 선을 목표로 삼는 듯하다. 따라서 모든 것이 목표로 삼는 바를 최고선이라고 적절하게 부를 수 있다.

1. 이는 아리스토텔레스의 전제 중 하나이다. 이 전제는 참인가?

이 전제는 명백히 거짓인 듯하다. 예를 들면 도둑질과 같은 행위는 결코 어떤 선을 목표로 삼지 않는다. 하지만 고대 그리스에서 통용된 의미로 기예나 탐구, 실천적 행위의 개념에는 적절하고 타당한 요소들만이 포함되는 듯하다. 아리스토텔레스 같은 인물이 모든 행위가 어떤 선을 목표로 삼는다고 여기는 초보적인 오류를 범할 가능성은 거의 없는 듯이 보인다.

자신의 의견

b. 기예와 실천적 행위 그리고 학문은 다양한 목적들을 추구한다. 수많은 행위와 기예, 학문이 있으므로 목적들 또한 많을 수밖에 없다. 예를 들면 의술의 목적은 건강이며, 조선술의 목적은 배이고, 전술의 목적은 승리, 가정 경제의 목적은 부이다.

2. 이 진술은 참인가? 만일 그렇다면 **이성적** 근거에서 참인가 아니면 **경험적** 근거에서 참인가?

그렇다. 이 진술은 참이다. 이것이 참임을 보이기 위하여 아리스토텔레스는 의술, 조선술, 가정 경제라는 세 가지 예를 든다. 이것이 경험적 진리라는 사실은 그의 논증이 오직 경험적 진리가 유지되는 한에서만 타당함을 의미한다.

자신의 의견

c. 그런데 기예와 행위, 학문들 중에는 주요한 것이 있고 그 아래에 놓이는 것들이 있다. 예를 들면 말고삐를 만드는 기술을 비롯하여 마구를 제작하는 모든 기술은 마술(馬術) 아래에 놓인다.

d. 주요한 기예, 행위, 학문의 목적은 그 아래 놓이는 것들의 목적들보다 더욱 욕구할 만하다. 왜냐하면 아래 놓이는 것들의 목적은 오직 주요한 것들의 목적을 위해서만 추구되기 때문이다. 말고삐를 만드는 기술이 추구하는 목적은 마술(馬術)이 추구하는 목적 아래 놓인다.

3. 누군가가 사람들을 건강하게 만들려는 근거 이외에 다른 어떤 근거에서 의술을 배울 수도 있는가? 만일 그렇다면 이는 위의 진술 d가 거짓일 수 있음을 의미하는가?

어떤 개인이 건강 증진과 무관한 개인적인 근거에서 의술을 배울 수도 있다. 예를 들면 어떤 사람은 사회적 지위를 얻기 위하여 그렇게 할지도 모른다. 하지만 이런 사실이 진술 d가 거짓임을 의미하지는 않는다. 왜냐하면 아리스토텔레스는 어떤 의사의 목적이 아니라 의술의 목적을 언급하기 때문이다.

자신의 의견

e. 만일 모든 목적이 다른 어떤 목적 아래에 놓인다면 어떤 목적을 추구하는 과정은 무한히 계속될 것이며, 이 경우 목적을 추구하려는 우리의 욕구는 공허하고 헛된 일이 되고 말 것이다. 그리고 위에서 언급한 학문들의 경우와 달리 우리가 추구하는 목적이 그 자체를 추구하는 활동인지 아니면 그 외의 다른 무언가를 추구하는 활동인지 구별할 수 없게 만들 것이다.

4. 진술 e에서 아리스토텔레스는 일종의 '악순환'을 묘사하는가? 아니면 사람들이 어떤 대상이 낳는 선이 무엇인지를 알지 못하면서도 그 대상을 추구하는 일이 가능한가?

이 질문 또한 한 개인의 목적과 기예, 행위 또는 학문의 목적을 구별하지 못했기 때문에 등장한다. 무언가가 행위가 되려면 명확한 목적을 지녀야만 한다.

자신의 의견

[보충 설명: 한 개인의 목적과 그의 행위가 추구하는 목적 사이의 구별은 마르크스가 말하는 소외 개념의 핵심에 위치한다. 즉 이 두 목적이 일치하지 않을 경우 그 개인은 소외되었다고 말한다 — 예를 들면 쓰레기를 수거하는 사람이 쓰레기를 수거하는 이유가 쓰레기가 수거되어야 하는 이유와 동일한 경우는 거의 없다. (ii) 만일 어떤 기예나 행위를 하는 사람들의 목적이 기예나 행위 자체의 목적과 일치하지 않는다는 근거에서 아리스토텔레스의 논증을 비판하려 한다면 우리는 논점 상이의 오류라는 논리적 오류를 범하게 된다. 바꾸어 말하면 우리의 논적이 실제로 주장하는 것과는 다른 논증을 그의 논증으로 여기면서 이 다른 논증이 타당하지 않음을 보이려는 오류에 빠지게 된다.]

연습 문제 9.4 (177면)

1. 위의 연습 문제 9.3에서 제시된 아리스토텔레스의 논증을 A에서 F까지의 점수로 평가해 보시오. A는 탁월함을, F는 전혀 적합하지 않음을 나타낸다.

이 책의 저자인 나 자신의 개인적인 답변은 등급 B이다.

자신의 의견

2. 그런 점수를 준 근거를 제시하시오.

가장 높은 등급을 주지 않은 까닭은 진술 e에서 f로의 이행이 진술 e에 이르는 논증만큼 건전하지 않기 때문이다. 아리스토텔레스는 그 자체만으로도 가치를 지니는 것이 최소한 하나는 존재해야만 한다는 점을 확립하였다. 하지만 그런 것이 오직 하나만 존재한다는 점을 확립하지는 않았다. 여러 가치들이 서로 충돌한다는 사실은 이들이 모두 하나의 절대적인 가치에 기초한다는 점이 자명하지는 않음을 드러낸다.

자신의 의견

연습 문제 10.1 (185면)

'앙드레에 따르면(『아름다움에 관한 시론』, 1741) 아름다움에는 신성한 아름다움, 자연의 아름다움, 인공적인 아름다움의 세 종류가 있다' 톨스토이(Tolstoy, 1930, 95면).

1. 추하다고 여겨지는 자연의 대상, 물리적 특성 또는 사건을 들어 보시오.

민달팽이는 추하다고 여겨진다.

자신의 의견

2. 사람이 만든 인공물 중에 아름답다고 여겨지는 것을 들어 보시오.

인도 아그라(Agra)의 야무나(Yamuna) 강 연안에 있는 무굴 제국 왕비 뭄타즈 마할(Mumtaz Mahal)의 영묘 타지마할(Taj Mahal)은 많은 사람들이 아름답다고 여긴다.

자신의 의견

3. 자연의 아름다움과 인공적 아름다움이 서로 다르다는 앙드레의 주장은 옳았는가?

한편으로 서로 다른 두 형용사가 '아름다움'이라는 하나의 단어를 수식하면서 의미 있게 사용된다는 사실은 서로 다른 두 유형의 아름다움이 존재할 수 있음을 암시한다. 앙드레는 이런 차이에 초점을 맞추었을지도 모른다. 다른 한편으로 우리가 '아름다움'이라는 하나의 단어를 사용한다는 사실은 두 유형의 아름다움이 하나의 공통적인 특성을 공유함을 암시한다.

자신의 의견

18세기 중반 허치슨은 우리가 '미적 감각'을 사용하여 아름다움의 인식에서 일어나는 정도의 변화를 고찰함으로써 경험적 방법을 사용하여 아름다움을 분석하였다. 허치슨에 따르면 '우리에게 아름다움의 관념을 불러일으키는 도형은 다양성 가운데 단일성을 지닌 듯이 보인다'(1995, 15면). 그는 계속해서 다음과 같이 말한다. 우리가 단일성을 지닌 대상을 볼 때 그 대상의 다양성이 증가하면 대상의 아름다움 또한 증가하게 된다. 그는 이 점을 보이기 위하여 수학적인 예를 든다. '정삼각형의 아름다움은 정사각형만 못하며, 정사각형의 아름다움은 정오각형만 못하고, 다시 정오각형의 아름다움은 정육각형만 못하다.'

4. 허치슨은 옳았는가?
   (i) 단일성은 아름다움의 필연적 속성인가? 허치슨의 예를 사용하면 정사각형은 항상 직사각형보다 더욱 아름다운가?

이른바 '황금 분할'을 반례로 인용하여 허치슨의 가설을 정당하게 거부할 수 있다. '황금 분할'의 비율을 이루는 직사각형의 대상은 정사각형의 대상보다 더욱 아름답다고 여겨지기 때문에 지난 수천 년 동안 건축에서 사용되었다. 이 사실은 무언가가 아름다운지 그렇지 않은지를 판단하는 기초로 단일성보다 조화가 더욱 중요시되었음을 암시한다.

[보충 설명: 정오각형에서 대각선과 한 변 사이의 비율이 '황금 분할'을 이루는 비례로 알려졌다. 그 값은 약 1.618 대 1이다.]

자신의 의견

(ii) 다양성이 증가하면 아름다움도 증가하는가? 허치슨의 예를 사용하면 팔각형은 항상 20개의 변을 지닌 다각형보다 덜 아름다운가?

아름다움이 단일성에서 드러난다는 허치슨의 주장을 거부하려 하더라도 그로부터 등장한 자연스러운 귀결(corollary, 명백히 원래의 주장으로부터 도출되며, 이로부터 다른 주장에 이르는 과정에서 부가된 명제)까지 반드시 거부할 필요는 없다. 다른 어떤 근거에서, 예를 들면 대상이 만들어 내는 경험이 흥미를 불러일으킨다는 근거에서 다양성이 아름다움을 증가시키는 일이 얼마든지 일어날 수 있다.

자신의 의견

19세기로 넘어가는 전환기에 피히테는 아름다움이 직관을 통해서 인식될 수 있다고 주장하였다. 아름다움은 노란 색과 같은 방식으로, 즉 우리가 감각을 통해서 바로 인식할 수 있는 방식으로 세계 안에 존재하지 않는다. 이와는 반대로 아름다움은 아름다운 영혼 안에 존재한다. 영혼은 세 영역에서 작용한다. 감각 경험의 '감각적' 영역과 정신적 경험의 도덕적 영역 그리고 미적 영역이 그 셋인데 미적 영역은 앞의 두 영역을 서로 연결하는 수단을 제공한다. 아름다움은 그것을 보는 사람의 눈뿐만 아니라 영혼 안에도 존재한다.

백설공주와 일곱 난쟁이 이야기에서 사악한 왕비는 마법 거울에게 세상에서 가장 아름다운 여자가 누구냐고 묻는다. 이 질문은 아름다움이 모든 사람이 보편적으로 판단할 수 있는 속성일 경우에만 의미를 지닌다.

5. 우리가 왕비의 질문을 이해할 수 있다는 사실은 아름다움이 단지 그것을 보는 사람의 눈이나 영혼 안에만 존재하는 것이 아니라는 주장을 정당화하기에 충분한가?

아름다움이 단지 그것을 보는 사람의 눈이나 영혼 안에만 존재한다 해도 이것이 아름다움이 주관적임에 틀림없음을 의미하지는 않는다. 우리의 영혼이 아름다움을 경험할 때 모두 동일한 특성을 지닌다면 우리는 모두 사악한 왕비가 아니라 백설공주가 세상에서 가장 아름답다는 사실을 인식할 수 있다.

자신의 의견

헤겔은 피히테의 이론을 더욱 발전시켜 아름다움은 물리적 영역이 아니라 정신적 영역에 속한다고 주장하였다. 그에 따르면 오직 영혼만이 진정으로 아름다운데 이는 정신의 본성적 아름다움을 반영할 경우에만 자연이 아름다울 수 있음을 의미한다.

6. 자연의 아름다움은 오직 정신이 지닌 본성적 아름다움의 반영일 뿐인가?

아름다움은 단단함이나 흼(whiteness)과는 다르다. 아름다움은 개념화하지 않고는 존재할 수 없다. 이는 아름다움이 정신적인 요소로 구성되는 특성임에 틀림없다고 말할 만한 충분한 근거를 제공한다. 하지만 이 정신적인 구성 요소가 유일한 것일 필요는 없다.

자신의 의견

[보충 설명: 단단함과 같은 성질들은 개념화와 무관하다는 문제에 대해서는 아래의 4부, 13장에서 과학철학을 다루면서 논의할 예정이다.]

허치슨의 이론은 아름다움을 감각에 영향을 미치는 성질로 보는 유형인 반면 피히테와 헤겔의 이론은 아름다움을 지적 또는 도덕적 능력에 매료된 상태로 보는 유형에 속한다.

어떤 이론을 다른 이론과 비교하여 평가하는 데 사용할 수 있는 '방법' 중 하나는 그 이론이 우리 자신의 생각과 얼마나 잘 들어맞는지를 살펴보는 것이다. 이는 주관적인 방법에 해당한다.

7. 이렇게 서로 반대되는 두 이론 사이에서 어떤 결정을 내리려 할 때 당신이 사용할 수 있는 객관적인 방법은 무엇인가?

순진히 경험적인 방법을 사용하여 각각의 이론이 현실적인 경험과 일치하는지 그렇지 않은지를 물어볼 수 있다. 바꾸어 말하면 사람들이 실제로 어느 정도 어떤 이론이 주장하는 방식대로 사물들을 아름답다고 생각하는지 물을 수 있다. 사용 가능한 두 번째 방법은 '설명력의 풍부함'을 검토하는 것이다. 이 방법을 사용하여 다음 두 질문을 던질 수 있다. 첫째, 각각의 이론은 자신이 적용되는 영역에서, 특히 현재의 경우 아름다움의 개념과 관련된 모든 것에서 가장 폭넓고 설득력 있는 설명을 제공하는가? 둘째, 각각의 이론은 명확하게 한정되지 않은 넓은 영역에서 인간이 처한 조건에 관한 우리의 이해를 풍부하게 하는가? 이 두 번째 방법은 이론의 구성과 적용을 통합하므로 일부는 경험적이고 또 일부는 분석적이기도 하다.

[보충 설명: 이론들을 서로 비교하는 데 오직 이 두 방법만이 사용되지는 않는다. 이론들이 어떤 논리적 모순이나 애매하게 사용된 개념 등을 포함하지 않는지 검토함으로써 경험과 전혀 무관하게 이론들을 비교하는 일도 충분히 가능하다.]

자신의 의견

8. 당신이 질문 7에서 제시한 방법을 사용하여 허치슨의 미학 이론과 피히테의 미학 이론이 지니는 상대적인 장점을 간단히 평가해 보시오.

첫 번째 기준에 따르면 피히테의 이론이 더 낫다. 앞서 질문 4(i)에 대한 대답에서 단일성이 실제로 항상 아름다움의 기준으로 사용되지는 않는다는 점이 드러났다. 아름다움이 아름다운 영혼에서 발견된다는 피히테의 생각은 경험과도 일치한다. 왜냐하면 아름다운 영혼은 오직 경험에서 아름다움을 확인할 수 있기 때문이다. 이와 동일한 근거에서 피히테의 이론은 설명력의 풍부함이라는 측면에서도 허치슨의 이론에 앞선다고 평가할 수 있다.

자신의 의견

연습 문제 10.2 (189면)

1. 일종의 추구 또는 직업으로서의 예술을 생각해 보자. 어떤 활동을 예술로 여기기 위하여 반드시 필요한 특성을 두 가지 들어 보시오.

여기서 우리는 두 가지 필요조건을, 즉 그것이 없이는 어떤 활동을 예술이라고 부를 수 없는 어떤 특성들을 찾고 있다. 하지만 이런 특성들을 소유한다고 해서 무언가가 예술이라는 점이 보증되지는 않는다. 이들은 필요조건이지 충분조건이 아니다. 첫 번째 조건은 일종의 추구 또는 직업이 반드시 어떤 목적을 지녀야 한다는 점이다. 즉 그것은 아무렇게나 행해져서는 안 된다 — 목적이나 목적에 대한 지식이 없이 행해지는 활동은 결코 예술일 수 없다. 두 번째 조건은 그 활동을 추구하는 일이 어떤 긍정적인 측면을 지녀야만 한다는 점이다. 인간이 처한 조건을 상승시키는 어떤 전망을 포함하지 않는 활동은 예술일 수 없다. 하지만 이런 전망이 반드시 쾌락을 낳을 필요는 없으며 오히려 사람들을 혼란에 빠뜨릴 수도 있다. 이런 긍정적 측면의 본성을 구체적으로 밝힐 필요까지는 없을지 몰라도 이런 측면이 존재한다는 점을 느끼거나 감지할 수는 있어야 한다.

[보충 설명: 예술의 본성에 관하여 이와 대립되는 이론을 채택한 사람은 이 답안에 반대할지도 모른다.]

자신의 의견

2. 일종의 추구로서의 예술이 지닌 서로 다른 목적을 세 가지 들어 보시오.

예술의 목적 중 하나는 아름다운 대상을 창조하는 것이다. 다른 목적으로 사람들이 더 낫게 느끼도록 만드는 것, 그들에게 쾌락을 주는 것을 들 수 있다. 평상시에 우리가 잘 모르는, 인간이 처한 조건의 본질을 드러내는 것 또한 예술의 목적에 속한다.

하지만 이들이 예술의 목적 전부는 아니다. 이전 철학자들은 무척 다양한 것들을 예술의 목적으로 내세웠다. 이들 중 많은 것들이 톨스토이의 짧지만 훌륭한 저서(1930, 7부, 3장)에 실려 있다. 그가 제시한 목록에 몇 가지를 더하여 소개하면 다음과 같다. 예술의 목적은 크게 세 범주로, 즉 표현, 창조 그리고 회복의 범주로 나뉜다.

[보충 설명: 이런 세 범주로의 분류는 톨스토이의 책에는 등장하지 않는다. 또한 이들이 표준적인 분류도 아니다. 이런 범주들을 제시한 까닭은 여러 이론들의 전개 과정에서, 즉 어떤 개념을 어떤 이론이 어떤 방식으로 분석하는가와 관련해서 몇몇 공통적인 주제를 다룬다는 점을 보이기 위해서이다.]

표현: 아름답고 좋은 것을 재현함.

플라톤과 아리스토텔레스: 예술의 목적은 아름다운 대상을 모방하고 표현하는 것이다.

플로티노스: 예술의 목적은 어떤 대상의 형상을 일상적인 경험이 — 즉 감각 경험을 사용하여 — 드러내는 것보다 더욱 명확하게 드러내는 것이다. 예술을 통하여 감각 경험이 도달할 수 없는 인간의 상황에까지 이를 수 있다.

창조: 아름다운 것들을 발전시킴.

칸트: 예술의 목적은 숭고함을 창조하는 것이다. 숭고함은 자연적인 아름다움과 마찬가지로 관심과 무관한 쾌락을 제공한다.

크로체: 예술의 목적은 사람들이 어떤 대상의 형상을 직접 의식하도록 만드는 것, 즉 직관 능력을 기르는 것이다.

마르크스: 예술의 목적은 사람들의 의식을 불러 일으켜 인간이 처한 상황을 확실히 이해하도록 만드는 것이다.

샤프츠버리: 예술의 목적은 균형과 조화를 창조하는 것이다.

회복: 일상적인 인간 경험이 지닌 부적절함을 극복함.

니체 예술의 목적은 우리가 삶의 비극을 기쁘게 받아들이도록 돕는 것이다.

사르트르: 예술의 목적은 개인들이 일상의 삶이 부과하는 강제에서 벗어나 선택의 자유를 누릴 수 있도록 만드는 것이다.

듀이: 인간의 경험은 조각조각 나뉘어 있다 — 예술의 목적은 사람들에게 그 자체로 즐길 수 있는, 자기충족적이고 완전한 통합된 경험을 제공하는 것이다.

자신의 의견

3. 이들 중 당신이 예술의 목적이라고 생각하는 바와 가장 가까운 견해는 어떤 것인가?

저자의 개인적인 대답: 플로티노스와 사르트르가 예술의 본질을 제대로 파악하였다고 생각한다. 이들을 선택한 이유는 세 가지인데 이와 더불어 증거의 우세 또한 플로티노스와 사르트르의 대답을 수용하는 쪽을 지지한다고 본다. 세 가지 이유는 다음과 같다. 첫째, 플로티노스의 대답은 다른 많은 목적들을 아우른다. 칸트와 크로체, 사르트르가 제시한 예술의 목적은 일상적인 경험이 대상과 사건의 형상에 관한 무언가를 제대로 파악하지 못한다는 점을 전제한다. 즉 숭고하거나 직관적인 또는 강제되지 않은 무언가가 일상의 경험에서는 드러나지 않는다고 주장한다. 둘째, 플로티노스와 사르트르의 대답을 통하여 예술 활동과 예술을 둘러싼 논쟁을 이해할 수 있다. 미적 경험을 창조하기 위하여 일상의 자료에서 무언가를 취하는 일은 일상의 경험이 미적 경험을 만들어 내지 못하며 예술이 자유롭고 창조적인 활동일 경우에만 의미를 지닌다. 셋째, 플로티노스와 사르트르의 대답은 과연 예술이 단순한 표현 이상의 무언가인지에 관한 의견이 일치하지 않으면서도 '예술'이라는 용어가 계속 사용되는 사실을 설명하는 데 도움을 준다.

첫 번째와 세 번째 이유는 이들의 대답이 예술의 본질을 포착하였다는 주장의 기초로

'설명력의 풍부함' 을 든다. 두 번째 이유는 다소 약한 '선험적 논증' 을 사용한다. 이것이 다소 약한 까닭은 일종의 추구로서의 예술이 이해 가능한 활동이어야 한다는 전제를 반드시 받아들일 필요가 없기 때문이다.

자신의 의견

연습 문제 11.1 (194면)

다음 대상들의 질료인, 형상인, 동력인, 목적인은 각각 무엇인가? 그리고 어떤 것이 실체인가?

1. 자동차 한 대
2. 벚나무 한 그루
3. 구름 한 조각

1. 자동차의 질료인은 철과 플라스틱 그리고 차를 구성하는 모든 물질적인 재료들이다. 형상인은 자체 추진으로 이동하는 수단이며, 동력인은 생산 라인에서 차를 만드는 과정이다. 그리고 목적인은 운전자가 원하는 방향으로 사람들을 이동시키는 것이다. 자동차는 실체가 아니다.
2. 벚나무의 질료인은 줄기와 가지를 이루는 나무와 잎, 뿌리, 꽃과 열매 등이다. 형상인은 열매를 만들어 스스로 생식하는 식물이며, 동력인은 벚나무의 출발점이 되는 씨이다. 그리고 목적인은 열매의 생산이다. 벚나무는 자신 안에 목적인을 포함하므로 일종의 실체이다.
3. 구름의 질료인은 구름을 만들어 내는 수증기이다. 형상인은 물을 하늘로 올려 보내는 실재이며, 동력인은 물을 바다에서 하늘로 밀어 올리는 바람이다. 그리고 목적인은 비를 만드는 것이다. 구름은 자신 안에 목적인을 포함하므로 일종의 실체이다.

자신의 의견

연습 문제 11.2 (195면)

195면의 인용문 참조.

1. 아리스토텔레스는 도덕적 덕들 각각이 인간 본성의 일부가 아니라는 주장의 근거로 무엇을 내세우는가?

도덕적 덕들은 습관을 통해서 형성되어야 하는 반면 본성적으로 주어진 행위 방식은 습관을 통해서 바뀔 수 없다. 따라서 도덕적 덕은 인간 본성의 일부일 수 없다.

자신의 의견

2. '그 어떤 것도 자신의 본성과 다르게 움직이도록 훈련을 통하여 습관 들일 수는 없다'는 아리스토텔레스의 말은 옳은가?

서커스에 등장하는 동물들은 그들의 본성과 반대되는 행동을 하도록 훈련받는다고 주장할 수 있다. 하지만 동물 조련사는 당신은 어떤 동물이 원하지 않는 바를 행하도록 훈련시킬 수 없다고 말함으로써 이런 주장을 반박할 것이다. 개들에게 먹을 것을 주지 않고도 침을 흘리게 만든 파블로프(Ivan Pavlov)의 실험은 유명하다. 파블로프는 개들에게 종소리가 먹을 것을 연상시키게 만듦으로써 종을 울리면 개들이 침을 흘리게 만들었다. 하지만 이 실험에는 하나의 본성적인 반응이 다른 반응을 억누르는 과정이 포함된다(파블로프는 1904년 노벨 의학상을 받았으며 수상 기념 강연에서 소화 생리학에 관한 실험을 소개하기도 하였다). 아리스토텔레스와 관련하는 한 훈련을 통해서 얻을 수 있는 모든 습성이나 성질은 본성적이 아니다. 그렇다면 그의 주장은 본성적인 것이 무엇인가에 대한 정의에 기초한다. 또한 그렇다면 그의 주장은 반박할 수 없는 것이 된다.

자신의 의견

3. 아리스토텔레스에 따르면 우리의 도덕적 구성 요소 중 본성으로부터 얻는 것은 어떤 부분인가?

우리는 '덕들을 본성적으로 적절히 받아들이므로' 우리의 본성은 도덕적 덕들을 완성시킬 잠재성을 지닌다고 말할 수 있다.

자신의 의견

연습 문제 11.3 (197면)

197면의 인용문 참조.

여기서 아리스토텔레스는 왜 우리가 적절한 중간점을 목표로 삼는 덕을 받아들여야 하는지에 대한 서로 다른 두 이유를 제시한다. 그 중 하나는 사람들이 실제로 행하는 바에 대한 경험적 관찰에 기초하고 다른 하나는 성공과 실패, 지나침과 모자람 그리고 적절한 중간점의 개념에 대한 분석에 기초한다.

1. 당신은 아리스토텔레스가 제시한 이유들이 타당하다고 생각하는가? 두 이유를 A에서 F까지의 점수로 평가해 보시오. A는 탁월함을, F는 전혀 적합하지 않음을 나타낸다.

그가 제시한 첫 번째 이유는 경험적이다. '적절한 중간점은 **칭찬받는** 성공의 한 형태이다. 칭찬받고 성공으로 여겨진다는 점은 모두 덕의 특성이다.' 여기서 아리스토텔레스는 자신의 주장을 지지하기 위하여 사람들이 실제로 중간점을 칭찬한다는 경험적인 사실에 호소한다.

이 이유는 대부분의 사람들이 인간의 특성을 평가하는 방식을 정확하게 기술하지만 또한 많은 사람들이 지나침을 칭찬하기도 한다는 사실을 제대로 설명하지 못한다. 극도로 사치스러운 삶의 방식을 지칭하는 '몹시 호화로운'(lucullan)이라는 단어는 매우 부유했던 로마의 장군 루쿨루스(Lucinius Lucullus, 기원전 110-56경)의 이름에서 유래하였다. 이런 사치를 열망하는 사람들도 많다. 이렇게 지나침을 칭찬하는 사람의 수도 적지 않기 때문에 첫 번째 이유에 등급 C를 부여하려 한다.

자신의 의견

두 번째 이유는 경험과 무관하다. 이는 오직 성공, 실패, 지나침, 모자람 그리고 중용이라는 다섯 개념의 분석에만 의존한다. 여기서 아리스토텔레스는 성공과 중용은 모두 오직 하나뿐인 반면 실패나 지나침, 모자람에 이르는 방법은 수없이 많다는 점을 지적한다.

이 경우 그의 추론은 그리 충분히 엄밀하지 않다. 그는 한 쌍의 개념을 다른 쌍과 짝짓기 위하여 두 쌍의 관련되는 현상들 사이의 유사성이라는 관계를 활용한다. 즉 성공과 중용은 모두 하나뿐인 도덕적 특성인 반면 실패와 극단은 다양한 형태로 드러나는 도덕적 특성이다. 하나뿐인 것끼리 짝짓기 위해서 그는 왜 이들이 함께 한 쌍을 이루어야 하는지를 설명해야 한다. 따라서 이 논증은 불완전하다. 이 이유는 거의 실패한 것에 지나지 않는다. 따라서 등급 E를 부여하려 한다.

자신의 의견

[보충 설명: 첫째, 아리스토텔레스가 덕이 중용을 목표로 삼는다는 자신의 주장을 지지하면서 위의 두 이유만을 내세우지는 않았다. 따라서 위의 두 이유에만 기초하여 그의 이론 전체를 평가해서는 안 된다. 둘째, 개념의 분석에 기초한 이유가 빈약한 까닭은 유사성의 개념에 근거한 논증을 사용하기 때문이다. 또한 이런 유형의 논증이 그리 엄밀하지 않은 까닭은 어떤 것은 이 경우에 속하지 않는다는 점을 사람들에게 납득시킬 만한 유사성이 성립하지 않기 때문이다. 예를 들어 어떤 범죄의

목격자가 범인은 검은 머리라고 말했다면 이 사실은 금발인 X가 범인이 아니라는 점은 말해 주지만 검은 머리인 Y가 범인이라는 점을 말해 주지는 않는다. 일반적으로 유사성에 기초한 추론의 목적은 어떤 주장을 합리적인 의심의 여지없이 확신하기 위한 것이라기보다는 그것의 수용 가능성을 더욱 높이려는 것이다.]

아리스토텔레스는 선택과 관련하는 성품의 상태가 상대적이라고, 즉 모든 사람에게 동일하지 않다고 말한다.

2. 이 원리는 상대방의 덕이 내리는 도덕적 명령이 나의 덕이 내리는 명령과는 다르다고 주장하도록 만드는가? 만일 그렇다면 이 원리는 도덕적 덕에 관한 아리스토텔레스의 이론을 받아들일 수 없도록 만드는가?

이는 그의 이론을 받아들일 수 없도록 만든다기보다는 오히려 더욱 확실히 받아들일 수 있도록 만든다. 서로 다른 사람들이 행한 동일한 행위에 서로 다른 가치를 부여할 수 있다는 원리는 많은 법체계에 실제로 적용된다. 이는 또한 자신의 재능을 낭비하는 사람들에게 우리가 취하는 부정적인 태도도 설명해 준다.

자신의 의견

연습 문제 11.4 (200면)

1. 우리가 차를 언제 어떻게 운전하여야 하는지를 규제하는 **준칙**과 **명령**을 서술해 보시오.

[보충 설명: 아래의 대답이 유일한 것이 아님은 당연하다.]

준칙: 나는 교통이 혼잡한 시간을 피해야만 한다.

명령: 운전자들은 멈추라는 교통신호에서는 반드시 멈추어야 한다.

자신의 의견

2. 그 준칙이 보편법칙이 될 수 있는지 그렇지 않은지 설명해 보시오.

위의 준칙이 보편법칙이 되는 일은 논리적으로 불가능하다. 예를 들어 만일 '나는 교통이 혼잡한 시간을 피해야만 한다'는 준칙이 '모든 사람은 교통이 혼잡한 시간을 피해야만 한다'는 보편법칙이 된다면 우리가 피해야 할, 교통이 혼잡한 시간이 아예 존재하지 않을 것이다.

자신의 의견

3. 당신이 초등학교 교사라고 가정하고, 학생들에 대한 당신의 행위를 규제하는 준칙과 명령을 서술해 보시오.

준칙: 당신이 모든 학생들에게 가르친 바를 시간별로 기록하시오.

명령: 유독성 물질을 학생들의 손이 닿지 않는 곳에 보관하시오.

자신의 의견

4. 그 준칙이 일종의 법칙으로 전환될 수 있는지 그렇지 않은지를 설명해 보시오.

시간별로 기록하라는 위의 충고가 명령이 되는 일은 얼마든지 가능하며, 어떤 곳에서는 실제로 이런 명령이 통용된다. 사실 이 준칙을 법칙으로 전환하는 데는 어떤 모순도 일어나지 않는다. 가르치는 일과 시간별로 기록하는 일은 서로 모순적이지 않다. 물론 가르치는 일과 분 단위로 상세히 기록하는 일은 동시에 행할 수 없는, 서로 배타적인 행위

이기는 하다.

자신의 의견

5. 질문 3에 대하여 당신이 대답한 **준칙** 또는 **명령**이 도덕 규칙인가?

이 질문에 대한 대답은 무엇을 기초로 도덕 규칙을 형성하는가에 의존한다. 따라서 이에 대한 대답을 다른 도덕 체계들을 논의한 후로 미루는 편이 좋을 듯하다.

자신의 의견

연습 문제 11.5 (204면)

1. 어떤 의무를 이기적 동기에서 수행한다면 그런 행위의 가치는 조금이라도 낮아지는가?

이를 경험적인 질문으로 여긴다면 대답은 '그렇다'이다. 어떤 의무를 개인적인 이익 때문에 수행할 경우 사람들은 그것의 가치를 낮게 평가하는 경향을 보인다. 하지만 의무에 대한 사전적인 정의는 가치에 관해서는 언급하지 않는다. 사전적 정의는 오직 어떤 규칙에 따를 책무만을 의미한다.

자신의 의견

2. 우리가 인식할 수 있는 그 어떤 행위라도 결과와 전혀 무관하게 수행될 수 있는가?

대답은 '그렇지 않다' 이다. 어떤 행위가 인식될 수 있는 것이라면 행위자는 무엇이 일어나는지를 이해한다. 이렇게 하기 위하여 행위자는 최소한 그 행위의 진행 과정을, 즉 그 행위의 각 부분이 낳는 직접적인 결과를 이해해야 한다.

자신의 의견

칸트는 어떤 행위가 도덕적 가치를 지니려면 '도덕 법칙이 의지를 직접 규정해야 한다' 고 말한다.

3. 이 말은 그가 가치 있는 행위는 지적인 심사숙고와는 무관하다고 믿었음을 의미하는가?

칸트의 언명이 가치 있는 행위는 지적인 심사숙고와 무관하다는 주장을 지지하는 데 사용되어서는 안 된다. 도덕 법칙이 '의지를 직접 규정한다' 는 사실로부터 의지 작용이 지적인 심사숙고와는 무관하다고 결론지을 수는 없다. 하지만 행위에 영향을 미치는 그 어떤 심사숙고도 그 행위를 통해서 누군가가 얻게 될 이익과 같은 우연적인 결과에 기초해서는 안 되며 오직 도덕 법칙에 기초해야 한다. 칸트의 체계에서 수단은 목적을 정당화하지 않을 뿐만 아니라 목적과 아예 상관없는 것이기도 하다.

자신의 의견

(상급자를 위한 질문)

내가 나의 행위 결과로부터 생길지 모를 이익이나 불이익과 무관하게 나의 의무에 따라 행위하겠다는 행위 준칙을 지닌다고 가정해 보자.

4. (i) 이런 나의 준칙은 '보편적 입법의 원리로서 타당' 할 수 있으며 '정언 명령' 이 될 수 있는가?

모든 사람들이 자신의 행위 결과로부터 생길지 모를 이익이나 불이익과 무관하게 자신의 의무에 따라 행위하는 데는 아무런 모순도 포함되지 않는 듯이 보인다. 따라서 나의 준칙은 충분히 보편적 입법의 원리로 타당할 수 있다.

자신의 의견

(ii) 이런 나의 준칙이 '정언 명령' 이 되는데 내가 그것에 따르는 이유는 그렇게 할 경우 더 기분이 좋아지기 때문이라고 한다면 그 준칙에 따르는 나의 행위는 칸트적인 도덕적 가치를 지니는가?

이 질문은 내가 나의 행위가 낳을 좋은 결과를 염두에 두고 그런 법칙에 따른다는 점을 가정한다. 이런 가정은 자기모순적이다. 왜냐하면 법칙에 따른다는 것은 그런 결과를 염두에 두지 말 것을 요구하기 때문이다.

자신의 의견

[보충 설명: 어떤 이론이 그 이론 자체가 가정하는 바에 적용될 수 있는가를 살펴봄으로써 이론을 검토하는 기법은 철학자들이 흔히 사용하는 것이다. 이를 '이론의 자기 적용을 통한 검토' 라고 부르려 한다.]

연습 문제 11.6 (208면)

208면 인용문 참조.

공리주의에 관한 논의를 진행하기 위하여 노직이 제시한 경험 기계가 현실적으로 가능한지에 대한 논박은 하지 않기로 하자.

1. (i) '과연 당신은 이 기계를 켤 것인가?' 라는 노직의 질문은 공리주의적인 도덕적 가치의 타당성을 검증하려 한다. 이 질문은 어떤 방식으로 그것을 검증하는가?

공리주의는 인간 행위의 궁극 목적이 쾌락이라는 가정에 기초한다. 만일 누군가가 지속적인 쾌락을 보장하는 기회를 거부한다면 공리주의의 가정이 틀렸다고 주장할 수 있는 명백한 사례를 얻게 된다.

자신의 의견

(ii) 노직의 기계를 사용하여 최대 행복의 원리를 통해서 구체화되는, 공리주의적인 도덕적 가치의 타당성을 검증하는 질문을 구성해 보시오.

과연 당신은 가능한 한 많은 사람들이 기계 안으로 들어가게 한 다음 기계를 켤 것인가? 만일 그렇게 한다면 당신은 확실히 최대의 행복을 증진할 것이다.

자신의 의견

2. (i) 이런 경험 기계를 만들 의무는 공리주의 원리에 포함되는가?

의무란 옳은 일을 하고 그른 일을 하지 않는 것으로 구성된다. 경험 기계를 만드는 행위는 최대의 행복을 증진할 것이므로 그 행위는 옳으며 따라서 공리주의 체계 안에서 일종의 의무가 된다.

자신의 의견

(ii) 어떤 사람으로 하여금 공리주의자처럼 행위해야겠다고 느끼게 만드는 압박은 무엇인가?

이 질문에 대하여 밀은 다음과 같이 답한다.

> 지금까지 인류를 만들어 온 바를 폭넓고 진지하게 고찰해 보면 훨씬 우월한 무언가가 현재에도 충분히 통용됨을 알게 된다. 비록 정도의 차이는 있지만 올바르게 교육받은 모든 사람들에게는 참된 개인적인 애정과 공공의 선에 대한 진정한 관심이 존재한다. (1962, 265면)

이는 우리를 최대 행복의 원리에 따르도록 이끄는 바가 최고선으로서의 쾌락을 향한 욕구가 아니라 '공공의 선에 대한 진정한 관심' 임을 의미한다.

자신의 의견

실험실과 같은 조건이 적용되지 않는 개방된 세계에서는 어떤 행위가 행복이나 불행을 얼마나 증진하는지를 계산하는 일이 불가능하다.

3. 이 주장은 최대 행복의 원리가 도덕적 가치들의 근거를 제공하기에 부적절함을 의미하는가?

대답은 '그렇지 않다' 이다. 어떤 도덕 원리가 적용되는지 그렇지 않은지를 아는 데 어려움을 겪는다고 하더라도 그 원리가 적절한 도덕 원리로 사용될 수 없는 것은 아니다. 예를 들어 내가 나에게 적절한 '아리스토텔레스의 중용' 을 발견하지 못한다고 하더라도 이 사실이 도덕적 중용이 존재하지 않음을 의미하지는 않는다. 어쩌면 도덕 원리를 항상 하루에 몇 초씩 빨리 또는 느리게 가기 때문에 결코 완전히 정확하지 않은 시계에 비유할 수 있을지 모른다. 이 시계는 완전히 정확하지는 않지만 우리에게 시간을 충분히 잘 알려 준다.

자신의 의견

[보충 설명: 이 시계의 비유는 존슨 박사(Dr. Samuel Johnson)가 제시한 것이다. '사전들은 시계와 같다. 최악의 사전은 말 그대로 가장 나쁜 것이지만 최선의 사전도 완벽하게 참이기를 기대해서는 안 된다'(James Boswell, 1791, 293면 각주).]

엘우드 다우드와 그의 친구인 하비, 즉 크기가 6피트 3과 1/2인치(1.94m)에 이르는 거대한 흰 토끼에 관한 이야기에서(133면) 엘우드는 어려움에 빠진 모든 사람들 돕고 어느 누구에게도 알면서 해를 입히지는 않는 더없이 친절한 사람으로 묘사된다. 이 이야기를 쓴 체이스는 독자들이 엘우드에게 매우 큰 동정심을 느끼게 만들어 그를 요양원에 가두는 것은 부당한 일이라는 결론을 내리도록 유도한다.

4. 가끔씩 환영을 보기도 하는 사람들을 요양원에 가두어 치료받게 하는 것은 행복을 증진한다고 가정할 때 엘우드를 요양원에 보내야 하는가?

만일 그런 행위가 행복을 증진한다는 가정을 받아들인다면 공리주의자의 대답은 '그렇다'이다. 하지만 체이스가 위와 같은 질문을 던지도록 만드는 희곡을 쓰는 데 성공하였다는 사실은 모든 사람들이 최대 행복의 원리에 따르지는 않는다는 점을 암시하는 증거가 된다.

자신의 의견

5. 공리주의는 경험 기계와 엘우드에 대한 질문을 보고 사람들이 느끼는 반응을 적절하게 설명하는가?

이 질문에 대한 대답은 그리 명확하지 않다. 공리주의자는 노직의 경험 기계에서 반박하기 어려운 증거를 발견하였다고 생각할 것이다. 하지만 경험 기계는 행복이 인간의 궁극 목적이며 또한 본질적으로 좋다는 공리주의의 주장을 의문시하게 만든다. 경험 기계를 둘러싼 사고 실험은 이런 기계를 실제로 만들 수 있는 가능성과 무관하게 이런 의문을 불러일으킨다. 체이스의 희곡에 등장하는 증거는 어떤 사고 실험도 이루어질 수 없다는 공리주의자의 반박을 더욱 어렵게 만든다. 설령 엘우드를 요양원에 보내지 않는다면 이는 행복을 증진하는 행위 규칙을 어기는 일이 된다 할지라도 실제로 사람들은 엘우드를 요양원에 보내는 것은 잘못일 수 있다고 느낀다.

자신의 의견

6. (i) 도덕적 가치에 관한 공리주의적 이론은 사람들이 실제로 가치를 두는 바나 현실에서 행위를 인도하기 위해 사용하는 바와 얼마나 잘 들어맞는가? 경험적 내용을 기준으로 A에서 F까지의 등급으로 평가해 보시오. A는 탁월함을, F는 전혀 적합하지 않음을 나타낸다.

이 질문에 대한 예시 답안은 당연히 등급 F이다. 공리주의는 경험적 증거에 비추어 볼 때 위와 같은 검토를 통과하지 못한다 — 사람들은 쾌락이 아닌 다른 것에 더 큰 가치를 부여하는 경향을 보인다.

자신의 의견

(ii) 도덕적 행위와 관련하여 인간이 처한 상황의 모든 측면들을 공리주의는 얼마나 잘 설명하는가? 풍부한 설명력을 기준으로 A에서 F까지의 등급으로 평가해 보시오. A는 탁월함을, F는 전혀 적합하지 않음을 나타낸다.

엘우드의 죽음에 대하여 사람들이 공리주의적이지 않은 반응을 보인다는 사실은 최대 행복의 원리가 인간의 심리를 매우 정확하게 반영하지는 못한다는 점을 드러낸다. 하지만 이 질문에 대한 완전한 대답은 인간의 동기에 관한 지식을 필요로 하는데 이는 심리학자들이 연구할 문제이다. 등급의 부여는 이런 연구 이후로 미루려 한다.

자신의 의견

연습 문제 11.7 (213면)

연습 문제 11.6, 질문 1 (ii)에 대한 예시 답안을(394면) 떠올려보자.

1. 어떤 윤리적 이기주의자가 가능한 한 많은 사람들을 경험 기계 안에 들어가게 한 후 기계를 켜는 상황이 일어날 수 있는가?

만일 다른 사람들의 쾌락이 도덕적 행위자에게 쾌락을 준다면 경험 기계 안에 다른 사람들을 들어가게 한 후 기계를 켜는 일이 윤리적 이기주의자의 도덕적 가치와 일치한다. 이런 논증 방식에 따를 경우 일어나는 바람직하지 않는 결과는 가학적 성향을 지닌 윤리적 이기주의자는 다른 사람들에게 고통을 주기 위하여 이런 식으로 행위하리라는 점이다.

자신의 의견

2. 왜 윤리적 이기주의자가 반드시 일상적인 의미의 이기주의자는 아닌지, 그 이유를 설명해 보시오.

이에 관한 설명은 인간의 동기에서 발견된다. 만일 어떤 도덕적 행위자가 인간적인 동정심이라는 요소를 경험하고 이 정서가 자신에게 쾌락을 낳았다고 여긴다면 그는 다른 사람들의 행복을 증진한 자신의 행위가 옳았다고 생각할 것이다. 그런데 다른 사람들의 복지에 대한 관심은 일상적인 이기주의의 개념과는 일치하지 않는다. 일상적인 의미의 이기주의는 배타적으로 오직 자기 자신의 복지에만 관심을 보이는 태도를 지칭한다.
동정심이라는 정서가 존재한다는 주장은 또한 가학적 성향을 지닌 사람의 행위에 기초하여 윤리적 이기주의를 비판하려는 모든 시도를 무력하게 만든다. 윤리적 이기주의자는 가학적 성향을 지닌 사람은 어떤 결함을 지닌 사람이라는 주장에 기초하여 이런 비판에 충분히 답할 수 있다.

자신의 의견

3. 윤리적 이기주의에 따르면 한 개인으로 하여금 도덕적인 태도로 행위하게 만드는 압박의 본성은 무엇인가?

윤리적 이기주의에 따르면 궁극적인 선은 개인의 쾌락이다. 따라서 도덕적 행위자에게 가해지는, 자신의 궁극적인 선을 추구하라는 압박은 도덕적인 태도로 행위하라고 그를 밀어붙이는 압박이기도 하다. 윤리적 이기주의의 경우 도덕적 가치에 관한 주장과 도덕적 가치들에 관한 주장을 정당화하기 위한 논증을 서로 분리할 필요가 없다 — 이 두 정당화 논증이 서로 같기 때문이다.

자신의 의견

연습 문제 11.8 (216면)

1. 모든 행위의 궁극적인 목표가 행복 또는 쾌락이 아니라 자유라는 주장을 지지하는 경험적인 증거가 있는가?

모든 행위가 추구하는 궁극 목표의 본성에 관한 아리스토텔레스와 칸트 그리고 공리주의의 주장이 자유에 기초하지 않는다는 사실은 모든 행위의 궁극 목표가 자유라는 주장을 지지하지 않는 경험적 증거가 존재한다는 점을 보여 준다. 노직의 '경험 기계' 와(208면) 관련된 사고 실험은 자유가 행복이나 쾌락보다 더 큰 가치를 지닌다는 생각을 어느 정도 지지한다. 만일 우리가 그 기계를 켜지 않는다면 이는 아마도 인간의 행복보다 자유에 더 큰 가치를 부여하기 때문일 듯하다.

자신의 의견

연습 문제 11.6, 질문 4에서(210면) 우리는 공리주의자의 관점에서 어느 누구에게도 해를 입히지 않고 더없이 친절한 엘우드 다우드를 과연 요양원에 보내야 하는지 그렇지 않은지에 관한 질문을 던졌다.

2. 만일 자유가 모든 가치의 기초라는 주장을 받아들인다면 우리는 엘우드 다우드를 요양원에 보내야 하는가 아니면 그렇게 하지 말아야 하는가?

'자유를 원하면서 우리는 우리의 자유가 전적으로 다른 사람들의 자유에 의존함을 발견한다' 는 사르트르의 언급에 비추어 보면 그가 엘우드를 요양원에 보낼 가능성은 거의 없는 듯하다. 왜냐하면 사르트르의 자유 또한 엘우드의 자유에 의존하기 때문이다.

도덕 규칙들을 거부하는 니체의 태도에 비추어 볼 때 그가 엘우드에 대하여 어떤 반응을 보일지는 그리 명확하지 않다. 하지만 그도 사르트르와 같은 이유로 같은 결론을 내릴 듯하다. 엘우드의 자유를 인정함으로써 나는 나의 자유도 주장하게 된다.

자신의 의견

(상급자를 위한 질문)

3. 도덕 규칙들은 개인의 자유와 어느 정도 양립 가능한가?

규칙들이 자유와 양립 불가능하지는 않다. 무언가를 **행해야만 한다**고 언급하는 규칙은 자유와 양립 불가능한 반면 무언가를 **행해서는 안 된다**고 언급하는 다른 행위를 하는 것을 허용한다. 만일 규칙을 만드는 사람이 동시에 그 규칙에 따라 행위하는 사람이 된다면 상황은 다소 복잡해진다.

따라서 이 질문에 대한 완전한 대답은 누가 법칙을 만들며, 무엇이 개인들로 하여금 규칙에 따르도록 이끄는가에 의존한다. 이런 문제들을 적절히 다루기 위해서는 두 가지 점을 고려하여야 한다. 첫째, 규칙에 따르는 일과 자유 사이의 관계에 대한 일반적인 논점을 살펴보아야 한다. 규칙은 어떤 행위가 허용되고 어떤 행위가 허용되지 않는지를 구체적으로 명시하므로 규칙은 자유를 제한하는 작용을 한다. 둘째, 인간 행위 중 의도적인 행위와 관련되는 특수한 논점을 살펴보아야 한다. 어떤 의도와 근거에서 수행되는 모든 행위는 규칙에 따르는 것으로 볼 수 있다.

우리는 이런 상황에서 누가 규칙을 형성하고 누가 그것에 따르도록 강요하는지를 물어보아야 한다. 칸트의 윤리학에서처럼 도덕적 행위자가 법칙을 형성하고 그의 의지가 그것을 강요한다면 그 행위자는 자유롭다. 칸트가 생각한 도덕적 행위자는 자신의 행위 준칙을 취한 후 '정언 명령' 을 사용하여 이를 법칙으로 전환한다. 뒤이어 그는 행위 결과와 무관하게 법칙에 따르기로 결정한다.

다른 한편으로 만일 법칙이 행위자와 무관하게 또는 일종의 자연법칙으로 형성된다면 그리고 본성적 충동에 따라 이 법칙에 따르도록 인도된다면 이 경우 개인은 자유롭지 않다. 이런 상황에서 개인의 행위는 전자기장을 통하여 운동하는 전자의 움직임과 유사하다. 전자는 원운동을 하는데 이는 전자의 최초 속도와 전자기장의 존재 그리고 안정된 음전하를 띠는 전자 자체의 속성에 의해 결정된다. 도덕적 행위자의 관점에서 보면 최대 행복의 원리(전자기장)가 구체적인 도덕적 행위(원운동)를 하도록 그의 욕구(음전하를 띠는 속성)를 인도한다.

자신의 의견

[보충 설명: 아리스토텔레스의 윤리학에는 도덕적 행위자의 자유에 관한 논의가 등장하지 않는다. 하지만 이 문제는 모든 형태의 덕 윤리에서 핵심적인 요소이다. 왜냐하면 도덕적 행위자로서의 개인이 자유로워야만 덕이 있는 행위에 도덕적 가치를 부여할 수 있기 때문이다. 칸트의 의무론에서는 '정언 명령'을 통해서 도덕적 행위자가 자신의 행위 준칙을 행위 법칙으로 전환하는데 이는 도덕적 행위자가 행위 규칙을 형성하며 따라서 자유로움을 의미한다. 공리주의 윤리학과 윤리적 이기주의에서는 사람들을 도덕 규칙에 따르도록 인도하는 힘이 인간 본성이 갖춘 고유한 특성의 작용에서 도출된다. 공리주의 윤리학의 경우 이 힘은 다른 사람에 대한 동정심의 감정이며, 윤리적 이기주의의 경우에는 쾌락에 이르려는 본성적인 동인이다. 이 두 본성적 특성 중 어떤 것도 도덕적 행위자 자신이 통제할 수는 없으므로 그의 자유는 도덕 규칙에 의해서 제한된다.]

연습 문제 11.9 (상급자를 위한 연습 문제) (218면)

218면 참조.

아리스토텔레스의 『니코마코스 윤리학』은 덕이 탁월성이라는 주장과 더불어 시작한다.

1. (i) 위의 196면에서 등장하였던, 우리는 탁월성을 추구**하여야만 한다**는 주장을 어떻게 정당화할 수 있는가? 이런 정당화가 타당한지를 어떻게 결정할 수 있는가?

아리스토텔레스가 우리는 탁월성을 추구하여야만 한다는 주장의 근거로 제시한 바는 이성적 존재로서 우리 자신의 본질적 자아와 조화를 이루려는 욕구가 우리로 하여금 지적인 덕과 도덕적인 덕을 기르도록 인도한다는 것이다.

이런 아리스토텔레스의 주장이 타당한지를 평가하기 위해서는 두 가지 일을 해야 한다.

첫째, 이 주장에 포함된 개념들을 분석하여 자신의 본질적 자아와 조화를 이루는 일이 우리 본성의 이성적 측면이 요구하는 바와 필연적으로 연결되는지 그렇지 않은지를 고려해야 한다. 둘째, 사람들의 행위가 제시하는 경험적인 증거를 검토하여 그들이 자신의 이성적 자아와 조화를 이루기 위하여 얼마나 노력하는지를 살펴보아야 한다. 그리고 만일 사람들이 이성적 자아와 조화를 이루지 못한다면 왜 그런지를 — 즉 그들이 거의 또는 전혀 통제할 수 없는 주변 상황이 가로막기 때문에 이런 일이 일어나는지 아니면 다른 어떤 이유 때문인지를 — 확인하고 설명해야 한다. 하지만 이런 문제들은 아리스토텔레스의 주장이 타당한지 그렇지 않은지를 결정한 후에 다루어야 한다.

자신의 의견

흄은 사실에 관한 진술에서 가치에 관한 진술로 교묘하게 넘어가는 이론들을 비판한다. 그는 이론들이 수용 가능성의 기준을 통과하는지를 평가하기 위한 분석 방법으로 '존재/당위의 방법'을 사용한다.

(ii) '존재/당위의 방법'으로 이론들을 평가한다면 다음 중 어떤 기준에 따르는 것인가? (a) 논리적 가능성, (b) 증거의 우세, (c) 합리적으로 의심할 수 없음, (d) 논쟁의 여지없이 확실함

흄은 '존재/당위의 방법'을 통하여 부적절한 논리에 기초한 이론들을 비판한다. 흄 자신이 지적하듯이 그의 '존재/당위의 방법'은 어떤 윤리 이론을 제시하려는 모든 사람에게 '존재'로부터 '당위'로의 이행을 설명하라고 요구한다. '해야만 한다거나 해서는 안 된다는 것은 어떤 새로운 관계 또는 단언을 표현하기 때문에 반드시 지적되고 설명되어야만 한다.' 이 방법은 어떤 이론이 논쟁의 여지없이 확실한지 그렇지 않은지를 검토하지만 결정하지는 않는다. 즉 '존재'로부터 '당위'로의 이행을 포함하는 이론이 그런 이행을 포함하기 때문에 논쟁의 여지없이 확실해지지는 않으며 또한 이런 이행에 기초한 그 어떤 결론도 논쟁의 여지없이 확실한 것으로 받아들여서는 안 된다.

이는 이 방법을 통해서 어떤 이론이 논리적으로 가능한지 그렇지 않은지를 검토할 수 없음을 의미한다 — 어떤 이론이 부적절한 논리와 더불어 구성되었다 할지라도 이 때문에 그 이론이 논리적으로 불가능한 것이 되지는 않는다! 이 방법은 경험적 증거에 관한 그 어떤 의문을 해명하는 데도 사용될 수 없으므로 증거의 우세가 어떤 이론을 받아들이도록 만드는지 그렇지 않은지를 발견하는 데 도움이 되지 않는다. 또 같은 이유로 이 방법은 어떤 이론이 합리적인 의심의 여지없이 받아들여지는지 그렇지 않은지를 발견하는 데도 도움이 되지 않는다.

자신의 의견

연습 문제 11.5, 질문 3의(205면) 가정은 칸트가 생각한 도덕적 가치의 개념을 의문시하였다. 하지만 그 어떤 경험적 증거도 인용하지 않았다.

2. 칸트의 이론을 이렇게 의문시하는 데는 위의 네 기준 중 어떤 것이 사용되었는가?

논리적 가능성: 세계에서 일어나는 일들에 대하여 논리적 가능성보다 높은 수준에서 어떤 주장을 펴는 이론을 검토하기 위해서는 일종의 경험적 검토가 반드시 포함되어야 한다. 위에서 말한 특수한 경우와 관련하여 만일 도덕적 가치가 '정언 명령'에 무조건 따르는 것과 연결되지 않는다는 점이 드러난다면 칸트의 이론은 논리적 가능성이라는 첫 번째 조건을 충족하는 데 실패하고 만다. 그 까닭은 만일 도덕적 가치의 또 다른 근원이 있다면 개인의 의무를 규정하는 것은 '정언 명령'이 아니라 이 다른 근원일 것이기 때문이다.

자신의 의견

연습 문제 11.6, 질문 3에서 최대 행복의 원리가 지닌 효능을 논의하면서 우리는 실험실과 같은 조건이 적용되지 않는 개방된 세계에서는 어떤 행위가 행복이나 불행을 얼마나 증진하는지를 계산하는 일이 불가능하다는 점을 지적하였다.

3. 공리주의 이론을 이렇게 의문시하는 데는 위의 네 기준 중 어떤 것이 사용되었는가?

최대 행복의 원리는 위의 네 기준 중 어떤 것에 따라서도 평가되지 않았다.

논리적 가능성: 어떤 행위가 낳는 결과를 계산할 수 없다는 사실은 우리가 결과의 본질을 확신할 수 없음을 의미한다. 특히 계산 불가능성은 그 행위가 어떤 유형의 결과라도 산출하는 일이 논리적으로 가능한지 그렇지 않은지에 대하여 전혀 알려 주지 않는다.

증거의 우세와 합리적인 의심의 여지없음: 이들은 무언가가 일어났을 가능성이 일어나지 않았을 가능성보다 높은지 그렇지 않은지를 판단하게 하는 기준들이다. 현재의 경우 우리는 경험적 증거가 최대 행복의 원리를 받아들이는지 그렇지 않은지를 알기 원한다. 우리가 사건들의 결과를 알 수 없다는 사실은 공리주의를 받아들일지 거부할지를 결정하기 위하여 그것을 지지하거나 반대하는 경험적 증거를 수집할 수 없음을 의미한다.

논쟁의 여지없이 확실함: 최대 행복의 원리가 설령 참인 것으로 확립된다 할지라도 그것의 효능을 측정할 수 없다는 주장은 또한 그것이 윤리학의 원리로서 논쟁의 여지없이 확실한지 그렇지 않은지에 대하여 아무 말도 해 주지 않는다. 우리는 기껏해야 그 원리가 윤리학의 체계를 수립하기 위한 타당한 기초를 형성한다는 점을 증명할 수 없다는 말 정도만 할 수 있다.

이 질문에 답하면서 최대 행복의 원리가 타당한지에 대해서는 거의 얻은 바가 없다. 그 대신 현실적인 유용성에 관한 충분한 암시를 얻었다 — 만일 사건의 결과를 계산할 수 없다면 이런 계산에 기초한 원리는 현실적으로 거의 쓸모가 없다.

자신의 의견

20세기 윤리학에 가장 큰 영향을 미친 책 중 하나인『윤리학 원리』(*Principia Ethica*)에서 무어는 공리주의와 윤리적 이기주의가 '자연주의적 오류'를 범한다고 주장한다. 즉 이 두 이론 모두 선을 쾌락이라는 자연적 현상과 동일시하였다고 비판한다(1903, 6–17면). 무어는 '쾌락은 선한가?' 라는 질문이 동어반복이 아니므로 쾌락은 선과 동일하지 않다는 점이 드러난다고 말한다.

4. 공리주의를 비판하면서 '자연주의적 오류' 를 지적하는 것은 경험적 증거의 사용을 포함하는가? 무어는 공리주의와 윤리적 이기주의를 평가하면서 위의 네 기준 중 어떤 것을 사용하였는가?

무어의 비판은 경험적 증거를 사용하지 않는다. 이는 무어가 논리적 가능성에 근거하여 공리주의를 비판하였음을 의미한다. 그는 공리주의와 윤리적 이기주의가 이론 구성의 기초로 삼는 주장 — 즉 쾌락이 인간 존재의 최고선이라는 주장을 비판한다. 무어가 옳다면 최대 행복의 원리에 포함된 도덕 규칙은 이 원리가 제시하는 도덕적 가치와 더불어 무너지고 만다. 다른 한편으로 쾌락이 최고선이 아니라면 쾌락의 추구는 무언가가 옳은지 그른지를 규정하는 데 사용되는 기준일 수 없다.

자신의 의견

실존주의가 생각하는 도덕적 가치는 모든 행위의 궁극적 목표가 행복이나 쾌락보다는 자유라는 주장에 기초한다. 연습 문제 11.8, 질문 1에서 이 주장을 지지하는 경험적 증거가 있는지를 물었다.

5. 실존주의의 도덕적 가치를 평가하기 위한 이 질문은 위의 네 기준 중 어떤 것을 사용하는가?

이는 사람들이 도덕적 가치가 선택의 자유로 구성된다고 여긴다는 주장을 지지하는 증거의 본질에 관한 질문이다. 따라서 이 질문은 기본적으로 **증거의 우세**가 이 주장을 지지하는지 아니면 이 주장이 **합리적인 의심의 여지없이** 받아들여질 수 있는 것인지를 검토한다.

[보충 설명: 이 질문의 제기는 이미 개인의 의지가 자유롭게 행위할 수 있다는 점을 가정한다. 하지

만 철학자들은 이런 가정 자체도 검토하고 싶어 한다(아래의 5부 참조).]

자신의 의견

칸트의 도덕 이론은 도덕적 가치 및 도덕 규칙을 구성하는 데 하나의 개념(의무)을 사용한 반면 공리주의는 두 개념(최고선으로서의 쾌락과 최대 행복의 원리를 지지하는 데 필요한 동정심이라는 정서)을 사용하였다.

6. 칸트가 더욱 적은 개념으로 자신의 이론을 제시하였다는 사실이 우리가 공리주의 이론보다 칸트의 이론을 선호할 만한 기준을 제공하는가?

이른바 '오컴의 면도날'로 (아래의 중요 용어 설명 참조) 알려진 원리, 즉 '실재를 필요 이상으로 늘어서는 안 된다'는 원리를 변형함으로써 어떤 이론이 더 효율적인지를 평가하는 기준을 얻을 수 있다. 예를 들어 만일 어떤 이론이 세 개가 아니라 두 개의 실재가 존재한다는 가정만으로 주어진 현상을 설명한다면 우리는 세 개의 실재가 존재한다는 가정을 버려야 한다. 하지만 오컴의 면도날은 어떤 하나의 이론에서 그 이론과 무관한 개념들을 제거하기 위한 도구로 고안되었다. 따라서 이를 가지고 서로 다른 설명 방식을 택하는 이론들의 상대적인 효율성을 평가하지는 못한다.

어쩌면 오컴의 면도날을 통하여 동일한 개념들을 사용하는 도덕 이론들을 비교하기 위한 기준은 제시할 수 있을 듯하다. 예를 들어 만일 공리주의가 동정심이라는 인간 정서를 버린다면 공리주의는 윤리적 이기주의로 환원된다. 따라서 다른 모든 사정이 같다면 개념적인 효율성을 기준으로 삼아 공리주의보다는 윤리적 이기주의를 선호할 수 있을지 모르지만 실제로 이들을 둘러싼 사정은 같지 않다.

자신의 의견

복습 문제

복습 문제 9.1 (224면)

1. (i) 몇몇 사람들이 가치 있다고 여기는 행위나 행동을 다섯 가지만 들어 보시오.

행복, 아름다움, 사회적 지위, 부, 우정 등은 모두 가치 있다고 여겨진다.

자신의 의견

(ii) 위에서 든 각각이 왜 가치 있는지, 그 이유를 제시해 보시오.

행복은 그 자체로 가치를 지닌다. 아름다움은 그것을 지닌 무언가가 인간의 감각에 영향을 미칠 때 특수한 쾌락을 낳기 때문에 가치를 지닌다. 사회적 지위는 개인의 자존감을 높이기 때문에 가치를 지닌다. 부는 행복 그리고/또는 쾌락을 주는 몇몇 대상들을 얻을 수 있는 사회적 지위와 권력을 낳기 때문에 가치를 지닌다. 우정 또한 개인의 자존감을 높이기 때문에 가치를 지닌다.

자신의 의견

(iii) 이들 중 하나의 가치가 어떻게 변화할 수 있는지 (또는 왜 변화할 수 없는지) 설명해 보시오.

부는 두 가지 방식으로 변화할 수 있다. 첫째, 어떤 개인이 부를 낳는 대상에 대한 소유권을 잃게 될 경우 그의 부는 변화한다. 둘째, 부를 상징하는, 가치를 지닌 대상이 가치를 잃게 되면 부는 변화한다. 예를 들면 통화 팽창 시기에 물가가 크게 올라 돈의 가치가 떨어지는 경우가 이에 해당한다.

자신의 의견

2. 가치 있는 무언가와 연결되지 않는 행위 규칙을 들어 보시오.

그런 규칙은 없다. 오직 아무 목적도 없는 규칙만이 이에 해당할 것이다. 왜냐하면 행위 규칙의 목적은 행위를 가치 있는 무언가와 연결하기 때문이다. 하지만 목적 없는 규칙이란 말은 모순적인 표현(일종의 자기모순)에 지나지 않는다.

자신의 의견

복습 문제 10.1 (225면)

샤프츠버리는 아름다움이 크기나 형태 또는 색과 유사한 방식으로 인간의 감각에 의해서 감지될 수 있는, 세계 안에 존재하는 사물들의 특성이라고 생각하였다. 즉 인간은 색을 감지하는 눈과 유사한, 아름다움을 감지하는 감각을 지닌다. 그는 예술의 목적이 이런 특성을 만들어 내는 것, 따라서 아름다운 사물을 만들어 내는 것이라고 믿었다.

사르트르는 예술의 목적이 개인을 일상생활의 구속에서 벗어나게 하는 것, 따라서 개인이 지닌 선택의 자유를 신장하는 것이라고 생각하였다.

1. 이렇게 서로 대립하는 주장들이 지니는 상대적 장점을 평가할 수 있는 경험적 방법을 서술해 보시오.

위의 두 주장을 비교하기 위하여 경험적 방법으로 정보를 얻을 수 있는 원천은 두 가지인데 그 중 하나는 예술 작품을 만드는 예술가이며 다른 하나는 예술 작품을 경험하는 사람들이다. 이 방법은 이들 두 유형의 사람들에게 예술을 무엇으로 생각하는가라는, 즉 아름답다고 인식되는 특성을 지닌 사물을 창조하는 것으로 생각하는가 아니면 개인을 일상생활의 구속에서 벗어나게 하는 매개물로 생각하는가라는 질문을 던지게 한다. 이런 조사 결과는 두 이론 중 어떤 것이 사람들이 예술이라고 믿는 바에 가장 가까운지를 드러낼 것이다.

자신의 의견

2. 이들 주장을 비교하는 데 경험적 방법을 사용하는 일은 합리적인가?

경험적 방법의 사용은 그리 합리적이지 않은 듯하다. 왜냐하면 그런 방법으로는 사르트르의 이론이 진정 옳은지, 그래서 예술은 아직 개인들을 일상생활의 구속에서 벗어나게 할 수 없는지 등의 가능성을 제대로 추적할 수 없기 때문이다.

이와 유사한 이유로 경험적 방법은 샤프츠버리 이론의 타당성도 제대로 확립할 수 없을지 모른다. 사물을 아름답게 만드는 자연적 특성을 감지하는 기법을 발전시킨 사람들의 수가 충분하지 못할 경우에 이런 일이 발생한다 — 예술의 본성에 관한 일반적인 지식의 수준은 아인슈타인이 자신의 이론을 발표한 직후 사람들이 상대성 이론에 관해서 지녔던 지식의 수준과 비슷한지도 모른다.

자신의 의견

복습 문제 11.1 (226면)

'살인하지 말라' 는 규칙은 대부분의 윤리 체계에서 등장하는 법칙이다.

1. 이 규칙이 다음의 윤리 체계에서 도덕 법칙이 될 수 있는가?
   (i) 아리스토텔레스의 덕 윤리
   (ii) 칸트의 의무론 체계
   (iii) 밀의 공리주의
   (iv) 시지윅의 윤리적 이기주의
   (v) 자유를 도덕적 가치로 보는 사르트르의 이론
2. 도덕 법칙이 되는 경우 왜 그렇게 되는지 이유를 설명해 보시오.

(i) 이 규칙이 도덕 법칙이 되는 까닭은 살인이 과도한 폭력이거나 극도의 무절제이기 때문이다 — 바꾸어 말하면 살인은 덕이 행위의 '중용'에서 발견된다는 원리와 부합하지 않는다.

(ii) 이 규칙이 도덕 법칙에 되는 까닭은 '정언 명령'에 부합하기 때문이다 — 바꾸어 말하면 이 규칙은 우리의 의지가 '항상 동시에 보편적 입법의 원리로서 충분히 적용할 수 있는' 준칙이기 때문이다. '살인하지 말라'는 규칙은 보편 법칙이 될 수 있으며 따라서 칸트의 도덕 법칙 중 하나가 된다.

(iii) 이 규칙이 도덕 법칙에 되는 까닭은 '살인하지 말라'는 규칙에 따름으로써 최대 행복의 원리를 준수할 수 있기 때문이다 — 바꾸어 말하면 이 규칙은 쾌락의 총량을 증가시키고 그리고/또는 고통의 총량을 감소시키는 결과를 낳는다.

(iv) 이 규칙이 도덕 법칙에 되는 까닭은 다른 개인을 죽이는 일이 도덕적 행위자로서 인간이 느끼는 쾌락을 감소시키기 때문이다 — 바꾸어 말하면 이 규칙은 도덕적 행위자의 쾌락을 증가시키고 그리고/또는 그의 고통을 감소시키는 결과를 낳는다.

(v) 이 규칙이 도덕 법칙에 되는 까닭은 살인이 희생자가 지닌, 자유롭게 행위할 능력을 제거하기 때문이다. 사르트르는 자유롭게 행위할 나의 능력에 대한 필요조건으로 내가 다른 사람들의 자유를 증진시켜야 한다고 주장하였다 — 살인을 저지름으로써 나는 나 자신의 자유가 근거로 삼는 기초를 허물게 된다.

자신의 의견

예시 답안 — 4부

연습 문제 12.1 (234면)

235면의 인용문 참조.

1. 리드에 따르면 우리는 제1 원리들이 존재한다는 사실을 어떻게 알 수 있는가?

제1 원리들이 존재하므로 사람들은 서로 논증을 주고받을 수 있다. 사람들이 다른 사람들과 서로 논증을 주고받는다는 사실을 보면 이를 위하여 필요한 조건이 성립해야만 한다 — 바꾸어 말하면 제1 원리들이 존재해야만 한다.

자신의 의견

[보충 설명: 리드의 논증은 칸트의 '선험적 분석론'(『순수이성비판』 중 한 부분인)에 등장한 논증을 변형한 것이다. 여기서 칸트는 (리드와 상당히 유사하게) '범주들'이 인간의 판단 능력이 (더욱 정확하게 말하면 '판단을 내리는 능력'이 — 원어로는 Vermögen zu urtheilen) 작용할 수 있는 필요조건이라고 주장하였다. 판단 능력은 사고 능력(Vermögen zu denken)이기도 한데 '사고란 개념을 통한 지식이다'(『순수이성비판』, B94). 따라서 개념은 지식을 가능케 하는 원천을 우리에게 제공한다.]

2. 우리는 색이나 운동 같은 성질들이 색을 띠거나 운동 중인 물체에 속한다는 사실을 어떻게 알 수 있는가?

리드에 따르면 색이나 운동 같은 성질들의 존재가 물체와 구별될 수 없다는 원리는 제1

원리 중 하나이다. 왜냐하면 이는 사람들이 서로 논증을 주고받을 수 있게 만들기 때문이다. 어떤 사람이 색과 운동이 물체와 구별된다고 가정한다면 그는 다른 사람과 논증을 주고받을 수 없을 것이다. 이 원리는 이성적 논의를 위한 전제 조건이다. 따라서 그 사람도 이런 성질들이 물체 안에 존재한다고 생각하지 않을 수 없다. 왜냐하면 실제로 사람들이 이렇게 생각하고 논증을 주고받기 때문이다.

자신의 의견

[보충 설명: 또한 리드의 논증은 성질들이 그런 성질을 드러내는 물체와 분리되어 존재한다고 주장하는 플라톤의 '형상 이론'에 대한 비판도 은연중에 포함한다.]

연습 문제 12.2 (236면)

236면의 목록 참조.

1. 위의 (i)에서 (vii)에 더하여 또 다른 지식의 원천이 있다면 그 목록을 제시해 보시오 — 경험과 무관한 것을 포함하여도 좋다.

상상 능력을 더욱 발휘하면 다음과 같은 것들을 제시할 수 있다.

(viii) 상상력의 사용(형이상학적 사변이나 사고실험).

(ix) 계시나 종교적 경험에 반응(외부적인 또는 외부의 원인에 인한 충동).

(x) 직관이나 영감에 반응(내부적인 또는 내부의 원인에 인한 충동).

자신의 의견

[보충 설명: 여기서 '직관'이라는 용어는 '직접적인 통찰'(*OED*)을 지시하는, 그리 전문적이지 않은 의미로 사용된다. 이는 중세 스콜라철학에서 이 용어에 부여한 의미, 즉 '무언가를 보면 바로 인식하므로 시각과 지식을 서로 동일하게 받아들이는 천사나 정신적 존재가 행할 수 있는 정신적 지각 또는 직접적 인식'(*OED*)과 상당히 유사하다.

분명히 서로 구별되는 두 개의 칸트적인 개념에 대한 번역어로 현재 '직관'(intuition)이라는 용어가 널리 사용되는데 이 두 개념 모두 감각 경험과 관련되므로 혼동을 일으키기도 한다. 예를 들면 『순수이성비판』을 영어로 번역한 켐프-스미스(Kemp-Smith)는 독일어 단어 Anschauung을 항상 '직관'으로 번역하였다. 하지만 칸트는 이 단어를 맥락에 따라 감각 경험의 내용을 지시하는 것으로도 또는 그런 내용을 받아들이는 능력을 지시하는 것으로도 사용하였다.]

2. 이런 원천들 중 우리를 논쟁의 여지없이 확실한 지식으로 이끌 수 있는 것과 그렇지 않은 것을 분류해 보시오.

(vii) 수학적, 논리적 추론은 피타고라스의 정리와 같은 논쟁의 여지없이 확실한 지식을 산출한다. 경험적 내용을 전혀 포함하지 않는 논리적 추론 또한 이런 지식을 산출한다고 말할 수 있다. 신 존재에 대한 어떤 '증명'은 오직 논리적 추론에만 기초한 지식으로 구성된다.

(viii) 상상력도 지식을 산출할 수 있다. 하지만 새로운 상황을 요청하는 과정에서 생기는 변화에는 매우 세심한 주의를 기울여야 한다.

[보충 설명: Roberts(1993)에서 나는 지식을 산출하면서 사고실험을 사용하는 일의 가능성과 한계를 분석하였다.]

형이상학적 사변은 자주 우리가 감각을 통해서는 감지할 수 없는 실재가 존재한다는 점을 요청하기도 한다. 칸트는 『순수이성비판』 중 '선험적 변증론'에서 이런 사변들을 강력하게 비판하였다.

[보충 설명: Walsh(1975)는 형이상학적 사변에 반대하는 칸트의 논증을 상세히 분석하였다.]

(ix) 만일 계시가 적절히 조절 가능한, 우리가 이해할 수 있는 어떤 유형에 따른다면 계시와 감각 기관을 통해서 받아들인 경험을 구별할 수 없을 것이다. 하지만 설령 계시가 과학적 탐구로는 접근할 수 없는 것이라 할지라도 지식의 원천으로서 계시의 신뢰 가능성은 감각 기관의 신뢰 가능성에 비하여 확실히 높지 않다. 계시와 감각 기관을 통한 정보는 모두 미래의 경험에 의해서 반박될 수 있다. 따라서 이들은 모두 논쟁의 여지없이 확실하지 않다.

(x) 위의 (ix)에서 전개된 논증이 계시뿐만 아니라 직관에도 적용된다.

자신의 의견

연습 문제 12.3 (238면)

1. 다음 여러 주장들 중 어떤 것은 지식이며 어떤 것은 단지 믿음에 그치는가?
   (i) 삼각형은 세 각을 지닌다.
   (ii) 미켈란젤로(Michelangelo)는 지난 천년 동안 등장한 조각가들 중 가장 뛰어났다.
   (iii) 1932년 코크로프트(John Cockroft)와 월턴(Ernest Walton)은 최초로 원자를 분열시켰다.
   (iv) 내가 생각하고 있을 때 나는 존재한다.

(i)과 (iv)은 지식이다.

(ii)와 (iii)은 믿음이다.

자신의 의견

2. 위의 주장들 각각에 대하여 왜 그것이 지식 또는 믿음으로 여겨지는지, 그 근거를 제시하시오. 또 그 근거들이 경험과 무관한지 그렇지 않은지 밝히시오.

(i) 이는 세 각을 지닌 수학적 도형이라는 삼각형의 정의에 기초한, 경험과 무관한 지식이다.

(ii) 이 주장이 지식이 아니라 믿음으로 여겨지는 데는 두 가지 이유가 있다. 첫째, 이는 역사적 사건을 기술하는데 이런 주장은 신뢰할 수 없는 증거에 기초하기도 한다. 둘째, 이 주장은 명확히 규정되지 않은, 미적인 가치라는 규범에 기초하므로 얼마든지 반박이 가능하다.

(iii) 이 주장이 믿음인 이유 또한 두 가지이다. 첫째, 이 주장도 역사적 사건을 기술하므로 앞의 지적대로 신뢰할 수 없는 증거에 기초하기도 한다. 둘째, 알려지지 않은 누군가가 코크로프트와 월턴보다 먼저 원자를 분열시켰을 가능성이 있다. 하지만 이들이 1932년 리튬 원자를 분열시켰다는 증거가 확실하고 이들에 앞서 어누 누구도 어떤 원자도 분열시키지 못했다는 증거 또한 신뢰할 만하다면 이 주장은 현재 일반적으로 통용되는 의미에서는 지식이라 할 수 있다.

(iv) 이는 데카르트의 유명한 언급 '나는 생각한다, 그러므로 존재한다'(cogito ergo sum)를 약간 변형한 것인데 그는 이 진술을 부정하는 것이 불가능하다고 주장하였다(『방법서설』, 4부). 현재 생각 중인 어떤 사람이 이를 부정하려 한다면 그는 자기부정에 이르고 만다. 즉 내가 존재하지 않는다고 생각한다면 반드시 모순에 빠지고 만다.

자신의 의견

3. 위의 주장들 중 지식으로 여겨지는 것은 논쟁의 여지없이 확실해야만 하는가?

논쟁의 여지없이 확실한 주장은 명백히 지식으로 여겨진다. 하지만 이것의 역은 참이 아니다. 지식이 논쟁의 여지없이 확실할 필요는 없다. 사실에 관한 참인 진술을 지식으로 여긴다면 지식은 논쟁의 여지없이 확실할 필요가 없다. 왜냐하면 모든 사실은 원리상 논쟁의 여지를 지니기 때문이다. 따라서 어떤 주장이 지식임을 증명하려 할 경우 우리의 목표는 그것이 논쟁의 여지없이 확실하다는 점이 아니라 그것이 참이라는 점을 결정하는 것이다.

만일 어떤 주장이 참이 되기 위해서는 합리적인 의심의 여지없이 받아들여질 수 있어야 한다고 요구한다면 지식은 논쟁의 여지없이 확실할 필요까지는 없다. 반면에 오직 논쟁의 여지없이 확실한 진술만을 참으로 받아들인다면 논쟁의 여지없이 확실함과 지식은 서로 밀접하게 연결된다. '참' 이라는 용어의 의미에 대한 두 번째의 더욱 엄격한 해석을 받아들인다면 이는 지식을 경험적 사실과 전혀 무관한 주장들만을 지식으로 한정하게 된다. 왜냐하면 어떤 경험적 사실도 논쟁의 여지없이 확실하지는 않기 때문이다. 우리는 일반적으로 자연과학이 지식을 산출한다고 생각하므로 지식의 의미에 대한 이런 더욱 엄격한 해석을 거부할 수 있다.

자신의 의견

4. 나는 무언가가 참이라고 믿는다. 내가 무언가가 참이라는 점을 '명석하고 판명하게' 지각한다는 사실이 내가 그것을 지식이라고 여기기에 충분한가?

일반적인 상황에서는 이 사실이 충분조건이 아니라고 말할 수 있다. 무언가가 참이라고 믿는 나의 믿음이 잘못일 수도 있기 때문이다. 하지만 데카르트는 이런 심리적 기준을 믿음과 지식을 구별하는 데 사용하였다. 그러나 이것이 단순히 일시적인 기분이나 변덕에 의존하는 임의적 기준은 아니다. 그리고 데카르트는 이 기준을 적용할 경우 문제가 발생할지도 모른다는 점을 잘 알고 있었다.

> 그런데 만일 내가 생각하기 위해서는 존재해야 한다는 점을 매우 명석하게 알지 못한다면 나는 생각한다, 그러므로 존재한다는 말 안에는 내가 진리를 말한다는 점을 보장해 주는 것은 아무것도 없음을 깨달았고 그래서 우리가 매우 명석, 판명하게 인식하는 것은 모두 참이라는 사실을 일반 규칙으로 삼아야 한다고 결론지었다. 그렇지만

> 우리가 판명하게 인식하는 것들이 무엇인지를 제대로 아는 데는 약간의 어려움이 있다고 생각했다(『방법서설』, 4부).

여기서 데카르트는 자신이 나는 생각한다, 그러므로 존재한다는 명제를 생각할 때 느끼는 마음의 상태를 자신의 기준으로 채택한다. 즉 그가 다른 어떤 명제를 생각할 때 느끼는 심리적 상태가 이 상태와 동일하다면 그는 그 명제가 참이라는 점을, 그리고 자신이 그 명제가 참임을 안다는 점을 안심하고 받아들인다.

자신의 의견

[보충 설명: (i) 위의 인용문에서 마지막 문장은 지식에 대한 데카르트의 기준이 **합리적으로 의심할 수 없음**이라는 우리의 기준과 유사한 요소를 지님을 암시한다 — 사실상 그가 채택하는 기준은 **내가 전혀 회의할 수 없음**이다. (ii) 이는 그의 기준이 주관적인 것임을 보여 준다 — 즉 무언가가 지식으로 여겨지는지 그렇지 않은지를 결정하는 원리가 주관적이다.]

연습 문제 12.4 (상급자를 위한 연습 문제) (240면)

1. 다음 판단은 칸트가 분석 판단과 종합 판단 사이의 구별에 관하여 논의하면서 사용한 것들이다. 이들 중 어떤 것이 **분석 판단**이며 어떤 것이 **종합 판단**인가?
   (i) '모든 물체는 무게가 나간다.'
   (ii) '모든 물체는 연장성을 지닌다(즉 공간상에서 측정 가능하다).'
   (iii) '일어나는 모든 일에는 원인이 있다.'
   (iv) '이 세계에는 반드시 최초의 시작이 있어야 한다.'

(i), (iii)과 (iv)는 종합 판단이며, (ii)는 분석 판단이다. 연장성을 지닌다는 점은 물체를 정의하는 특성인 반면 무게가 나간다는 점은 그렇지 않다. 왜냐하면 물체가 반

드시 중력의 영향을 받을 필요는 없기 때문이다. 또한 어떤 일이 원인이 없이 일어나는 경우가 논리적으로 가능하므로 모든 사건들에는 원인이 있다는 주장을 펴는 (iii)과 (iv)는 모두 종합 판단이다.

자신의 의견

2. 다음 중 어떤 것은 **분석 판단**이며 어떤 것은 **종합 판단**인가?
   (i) '현재 미국 대통령은 나이가 50살이 안됐다.'
   (ii) '신은 전지하다(즉 모든 것을 안다).'
   (iii) '현재 미국 대통령은 나이가 30살이 안됐다.'
   (iv) '신은 존재한다.'

(i)은 종합 판단이며, (ii)와 (iii)은 분석 판단이고, (iv)는 둘 중 어떤 것도 아니다. 미국 헌법은 35살 이상인 사람만이 대통령이 될 수 있다고 규정한다. 따라서 미국 대통령이라는 개념은 30살 이하인 사람이 대통령이 될 가능성을 배제하지만 50살 이하인 사람이 대통령이 될 가능성은 배제하지 않는다. 신의 개념에는 전지함의 개념이 포함되므로 (ii)는 분석 판단이다. (iv)는 철학자들 사이에 논쟁을 불러일으켰던 판단으로 어떤 철학자는 존재가 술어가 아니라고, 즉 무언가의 속성 또는 성질로 여겨질 수 없다고 주장하였다. 이것이 사실이라면 (iv)에는 분석 판단과 종합 판단에 대한 칸트의 구별이 적용되지 않는다.

자신의 의견

연습 문제 12.5 (상급자를 위한 연습 문제) (241면)

아포스테리오리한 다음 두 판단을 고찰해 보자.

(i) 현재 미국 대통령은 나이가 50살이 안됐다.

(ii) 지금 탁자 위에 사과 두 개와 배 세 개가 있다. 따라서 탁자 위에 있는 과일은 모두 다섯 개다.

1. 이들 각각은 어떤 상황 아래에서 거짓이 되는가?

우리가 현재 미국 대통령이 50살 이상이라는 증거를 발견하면 (i)이 거짓임을 보일 수 있다. 판단 (ii)는 전제, 즉 지금 탁자 위에 사과 두 개와 배 세 개가 있다는 사실이 거짓일 경우에만 거짓이 된다.

자신의 의견

아프리오리한 다음 두 판단을 고찰해 보자.

(iii) 현재 미국 대통령은 나이가 30살이 안됐다.

(iv) 7+5=12

2. 이들 각각은 어떤 조건 아래에서 거짓이 되는가?

(iii)은 오직 미국 헌법이 개정되어 30살 이하인 새 대통령이 선출될 경우에만 참이 된다. 이 경우 미국 대통령이라는 개념 자체가 바뀌어야 하며 또한 특정한 대통령의 나이도 고려해야 한다. 바꾸어 말하면 (iii)은 아포스테리오리한 판단으로 바뀌어야 한다.

7+5=12를 거짓으로 만드는 조건은 존재하지 않는다. 수학의 공리, 더하기와 등식의 개념에 대한 정의 그리고 5, 7, 12라는 수의 개념을 전제할 때 7+5=12는 결코 거짓이 될 수 없다.

자신의 의견

3. 위의 판단 (iii)과 '바다에 사는 어떤 물고기도 길이가 2인치 이상'이라는 어류학자의 주장을(123면) 검토하여 어떤 종합 판단이 논쟁의 여지없이 확실할 수 있다면 어떤 상황 아래에서 그렇게 되는지를 규정해 보시오.

이 두 진술의 진리값은 오직 경험이 어떤 규칙에 의해서 결정되는 한에서 경험과는 무관하다. 만일 이런 규칙들이 바뀔 수 있다면 이들의 진리값을 결정하는 바도 바뀔 수 있고, 따라서 이 두 종합 판단은 '조건적으로 논쟁의 여지없이 확실한 것'으로 바뀔 수 있다. 이와는 대조적으로 수학의 규칙은 바뀔 수 없고 따라서 7+5=12라는 진술은 무조건적으로 논쟁의 여지없이 확실하다.

그러므로 이 질문에 답하려면 과연 우리의 경험을 규제하는 규칙들이 바뀔 수 있는지, 그 가능성을 검도해 보아야 한다. 예를 들면 칸트는 우리가 세계를 삼차원으로 경험하도록 만드는 규칙은 바뀔 수 없다고 믿었다. 왜냐하면 우리의 감각 기관은 오직 삼차원으로 주어지는 정보만을 해석할 수 있기 때문이다. 이는 그가 '우리가 경험할 수 있는 세계는 삼차원이다'라는 진술이 아프리오리한 종합 판단이며 논쟁의 여지없이 확실하다고 믿었음을 의미한다(『순수이성비판』, '선험적 분석론').

따라서 다음과 같은 대답을 할 수 있다. (어떤 진술과 관련되는) 모든 정보의 수집을 결정하는 규칙이 바뀌지 않는다면 아프리오리한 종합 판단은 논쟁의 여지없이 확실하다.

[보충 설명: 근육의 감각과 공간 개념의 발전을 분석하면서 푸앵카레는 인간의 정보 수집 능력에(감각 기관과 '근육의 감각'을 사용한 — 위의 96면 참조) 힘입어 인간이 오직 서로 다른 근육의 수에 의해서만 제한되는 다차원의 공간 개념을 발전시켰다고 주장하였다. 각각의 근육은 서로 분리된 근육의 감각을 제공하는데 이런 감각에 힘입어 서로 분리된 차원의 정보를 처리한다. 따라서 오백차원 공간의 정보를 해석하려면 한 사람에게 오백 개의 근육이 필요하다.]

자신의 의견

4. 어류학자가 '바다에 사는 어떤 물고기도 길이가 2인치 이상' 이라는 지식을 얻는 방식과 그것을 정당화하는 방식 사이에는 어떤 차이가 있는가?

에딩턴의 설명에 따르면 이 어류학자의 방법은 다음과 같다. '자신이 잡은 물고기들을 조사한 후 그는 과학자 특유의 태도로 자신이 발견한 바를 체계화한다. 이 결과 그는 두 개의 일반적 결론에 이르렀다.

1. 바다에 사는 어떤 물고기도 길이가 2인치 이상이다.
2. 바다에 사는 모든 물고기에게는 아가미가 있다.

이 어류학자는 경험으로부터의 일반화를 통하여 '바다에 사는 어떤 물고기도 길이가 2인치 이상' 이라는 결론에 이르렀다. 하지만 이 결론이 참임을 정당화하면서는 자신이 던진 그물의 본성에 기초한 추론을 사용한다. 그의 추론은 어떤 특수한 감각 경험과도 무관하며 다음의 명제에 기초한다. '길이가 2인치 이상인 물고기를 잡도록 만들어진 그물로는 길이가 2인치 이하인 어떤 물고기도 잡을 수 없다.'

자신의 의견

연습 문제 13.1 (248면)

1. 어떤 종류의 사건이나 현상은 자연과학이 탐구하지 않는가?

그런 사건이나 현상은 없다. 자연과학은 모든 사건에 대한 설명을 추구한다. 자연과학자를 다른 과학자와 구별해 주는 바는 그가 탐구하는 사건의 특성이다. 그는 특수한 과학적 탐구와 무관하게 작용한다고 여겨지는 여러 측면들을 설명하려고 하며 따라서 모든 장소, 모든 시간을 탐구의 대상으로 삼는다.

자신의 의견

2. 다음 중 어떤 것이 사물들이 중력에 반응하는 방식을 설명하는 근원이 될 수 있는가? 그리고 어떤 것이 설명을 정당화하는 방법이 될 수 있는가?
   (i) 사과 한 개가 떨어져 사람의 머리에 맞는 일.
   (ii) 많은 사과가 떨어져 많은 사람의 머리에 맞는 일을 관찰함.
   (iii) 많은 사과가 떨어져 많은 사람의 머리에 맞는 일에 관하여 생각함.
   (iv) 깃털 하나와 서로 다른 크기의 포탄을 피사의 사탑 위에서 떨어뜨리고 어떤 것이 먼저 지면에 닿는지를 관찰함.
   (v) 입자들에게 감지 가능한 질량을 '부여하는', '보손'(bosons, 힉스 입자(Higgs particles))이 존재에 관하여 생각함.
   (vi) 델포이 신전의 신탁에 의지함.

위의 내용은 모두 과학자에게 정보를 제공하며 따라서 그가 중력을 더욱 깊이 이해하는 원천이 될 수 있다. 하지만 (ii)와 (iv)는 경험적 증거를 포함하므로 중력 이론을 정당화하는 데 다른 네 가지와는 다른 수단을 제공한다. (iv)로부터 얻는 증거가 (ii)로부터 얻는 증거보다는 질적으로 더욱 우수한데 그 까닭은 (iv)가 중력의 특수한 속성을 검사하기 위하여 의도적으로 구성된 실험이기 때문이다. (iii)과 (v)의 예는 어떤 중력 이론이 그 자체 안에 모순을 포함하는지 아니면 이미 받아들여진 다른 어떤 이론과 모순을 일으키지 않는지를 검토하는 데 사용되는 한에서만 중력 이론의 정당화에 도움이 된다. 만일 델포이 신전의 신탁이 그 자체로 중력 이론을 전개하거나 정당화할 경우에는 여기에 의지하는 것도 지식의 원천 또는 정당화 과정에 도움이 될 수 있다.

자신의 의견

3. 현대 과학자들은 자신의 주장을 정당화하기 위하여 실험실에서 이루어지는 여러 방법을 사용한다. 어떤 주장을 정당화하는 데 사용되는 비과학적인 방법을 서술해 보시오.

무게가 서로 다른 대상들이 같은 속도로 지면으로 낙하한다는 주장을 펼 경우 질문 2(iv)가 이 주장을 정당화하는 데 도움이 되는 과학적 방법을 제공한다. 반면『이상한 나라의 앨리스』에는 비과학적인 방법이 등장한다. 우리는 위의 연습 문제 5.1에 대한 예시 답안에서(331면) 앨리스가 '독약이라는 표시가 없는' 병의 내용물은 마셔도 안전하다는 주장을 정당화하는 방법을 살펴보았다. 그녀의 방법이 비과학적인 까닭은 '친구들이 가르쳐 준 바'에 기초하기 때문이다.

자신의 의견

연습 문제 13.2 (251면)

1. 하나의 사건을 설명하는 데 포퍼-헴펠 설명 이론을 적용할 때 그것이 얼마나 성공적인지를 A에서 F까지의 등급으로 평가해 보시오. 단 A는 탁월함을, F는 전혀 적합하지 않음을 나타낸다.

저자의 개인적인 평가는 등급 B+이다. 어떤 사건의 발생에 앞서는 상황을 기술할 수 있다면 이 이론은 하나의 사건만이 제공하는 설명보다 훨씬 더 적절한 설명 방식을 제공한다. 하지만 이 이론은 현실적인 문제에 직면한다. 즉 어떤 사건의 발생을 둘러싼 모든 상황을 기술하기가 항상 쉽지만은 않다. 모든 설명이 이런 문제에 직면할 수밖에 없지만 이 이론은 여전히 높은 등급을 유지한다.

[보충 설명: 개념적인 수준에서는 사건을 둘러싼 상황의 특성들 중 어떤 것이 사건과 관련되며 어떤 것은 관련되지 않는지를 어떤 설명이 미리 결정할 가능성을 고려해야 한다. 하지만 반드시 포함시켜야 하는, 관련성을 지니는 요소를 설명 때문에 간과하는 일이 일어나기도 한다. '정상 과학'의 보수적인 성격을 분석하면서 쿤은 모든 유형의 설명이 이런 문제에 직면한다는 점을 지적한다.]

자신의 의견

2. 보편 법칙을 설명하는 데 포퍼-헴펠 설명 이론을 적용할 때 그것이 얼마나 성공적인지를 A에서 F까지의 등급으로 평가해 보시오. 단 A는 탁월함을, F는 전혀 적합하지 않음을 나타낸다.

저자의 개인적인 평가는 등급 F이다. 왜 어떤 보편 법칙이 적용되어야 하는가를 설명하는 문제에 이르면 연역적 모델은 부적절하다. 왜냐하면 이 모델은 연역을 보편적으로 타당하게 만들기 위하여 필요한 가능한 모든 특수한 상황들을 기술할 수 없기 때문이다.

자신의 의견

논의할 문제 13.3 (252면)

연역적인 설명 모델은 왜 어떤 일반 법칙이 타당한가를 설명하기에 적합한가? 즉 이 모델은 왜 자유롭게 움직이는 자석이 항상 북쪽을 가리키는지를 설명하는 데 사용될 수 있는가?

대답은 '그렇지 않다'이다. 왜냐하면 그런 설명은 설명의 무한소급에 이르기 때문이다. 사실 연역적 설명 모델은 설명되어야 할 바를 연역하는 일반 법칙에 의지하는데 이 새 일반 법칙이 다시 설명되어야 하며 이런 과정이 무한히 이어진다. 이런 소급은 무의미하지는 않을지 몰라도 무용하다. 따라서 일반 법칙을 설명하기 위한 소급은 **악순환**이라기보다는 **선순환**이다(위의 175면, 연습 문제 9.3, 질문 3 참조).

왜 자유롭게 움직이는 자석이 항상 북쪽을 가리키는지를 설명하려 한다면 다음과 같은 유형의 연역이 필요하다.

1. '관념들의 연상' 을 통하여 우리는 일반 법칙을 형성한다(흄에 대한 항목에는 (아래의 중요 인물 설명 참조) 관념들의 연상 원리가 어떻게 일반 법칙을 만들어 내는가에 관한 흄의 설명이 등장한다).
2. 관념들은 항상 북쪽을 가리키는, 자유롭게 움직이는 자석을 연상시킨다.
3. 1과 2를 사용하여 자유롭게 움직이는 자석이 항상 북쪽을 가리킨다는 사실을 연역한다.

이제 위의 진술 1에 등장하는 일반 법칙이 왜 타당한가를 설명하려 하면 우리는 선순환의 무한소급에 빠지게 된다.

일반 법칙에 대한 더욱 적절한 설명은 현대 과학자들이 물리적 대상의 움직임을 낳는 체계와 관련하여 제시하는 설명인 듯하다. 이에 따르면 자석이 될 수 있는 유형의 금속 합성물과 지구의 지구물리학적 구조가 만들어 내는 자기장의 존재, 자기 북극(the magnetic North Pole) 근처에 집중된 어떤 물질 등을 더하여 자유롭게 움직이는 자석이 항상 북쪽을 가리킨다는 사실을 설명한다. 하지만 이 또한 선순환에 이르게 된다. 왜냐하면 '자석이 될 수 있는 유형의 금속 합성물' 을 설명해야 하기 때문이다. 하지만 이런 소급은 관념들의 연상에 포함되는 흄의 소급보다 유용하다. 이 과정에서 등장하는 각각의 설명이 왜 자유롭게 움직이는 자석이 항상 북쪽을 가리키는지에 대한 이해를 넓히는 데 도움을 주기 때문이다 — 반면 관념들의 연상을 통한 정당화는 자연과학을 떠나 심리학의 방향으로 나아간다.

[보충 설명: 이런 논의를 전개한 목적은 과학적 설명의 본성에 대한 이해를 넓히기 위함이지 연역적 모델의 약점을 지적하기 위한 것이 아니다. 연역적 모델을 제시한 철학자들은 일반 법칙이 아니라 오직 하나의 사실에 대한 설명을 시도한다.]

자신의 의견

연습 문제 13.4 (254면)

1. (i) **분석** 판단이면서도 반증 가능한 주장의 예를 들어 보시오.

이는 불가능하다. 참인 분석 판단은 정의상 반증 불가능하다.

(ii) **종합** 판단이면서도 반증 가능하지 않은 주장의 예를 들어 보시오.

신은 7일 동안에 세계를 창조하였다.

자신의 의견

2. (i) 이제 내가 피사의 사탑에서 포탄을 떨어뜨렸는데 그 포탄의 중력 가속도가 $9.5m/s^2$로 측정되었다고 가정해 보자. 나는 중력 가속도가 $9.81m/s^2$라는 이론을 반증하였는가?

그렇지 않다. 나의 측정 방법에 오류가 포함되었을 수 있다.

(ii) 만일 나의 실험이 그 이론을 반증한 것이 아니라면 나는 그것이 반증되었다는 사실을 어떻게 알 수 있는가?

위의 질문 (i)에 대한 대답은 어떤 이론의 반증 가능성이 오직 그 이론을 반박하는 증거에만 의존하지 않음을 보여 준다. 반증 가능성은 그 증거의 신뢰 가능성에 의존하기도 한다. 증거의 신뢰 가능성을 결정하는 기준, 즉 논쟁의 여지없이 확실함, 합리적으로 의심할 수 없음, 증거의 우세 그리고 논리적 가능성에 관해서는 위의 5장에서(88면) 이미 논의하였다. 경험적 증거는 결코 논쟁의 여지없이 확실할 수 없기 때문에 과학자에게 허용되는 가장 높은 등급의 신뢰는 반증의 증거를 합리적으로 의심할 수 없다는 것이다.

자신의 의견

(상급자를 위한 질문) 지금까지 어떤 소립자의 존재를 확인할 수 있는 방법이 전혀 알려지지 않았다면 그 소립자의 존재를 가정하는 이론은 반증 불가능하다.

3. 그렇다면 그 이론은 비과학적인가?

만일 '보손'(힉스 입자)의 확인 방법에 대한 탐구가 과학의 영역을 벗어나는 것으로 규정된다면 과학의 범위를 더욱 확장하려는 연구들 대부분을 비과학적인 것으로 여겨야 할 것이다.

이런 연구를 과학으로 여기려면 과학과 비과학을 구분하는 기준으로 반증 가능성을 사용하는 데 더욱 세심한 주의가 필요하다. 하지만 여전히 반증 가능성을 과학적 주장을 확인하는 기준으로 사용할 수 있다. 만일 무언가가 반증 가능하다면 그것은 과학적이다. 하지만 무언가가 반증 불가능하다고해서 그것이 반드시 비과학적이지는 않다.

자신의 의견

논의할 문제 13.5 (257면)

'늙은 개에게 새로운 재주를 가르칠 수는 없다'는 속담은 사람들이 한 번 어떤 방식으로 세계를 보기 시작하면 그 방식을 바꾸기가 몹시 어렵다는 점을 의미하는 듯하다.

1. 쿤은 단지 일반적인 상식을 복잡한 듯이 보이는 이론으로 바꾸어 놓았을 뿐인가?

이럴 가능성은 거의 없다. '늙은 개에게 새로운 재주를 가르칠 수는 없다' 는 속담은 인간의 특성, 즉 무언가를 처음 배운 방식대로 계속 그렇게 보려는 성향에 기인한 특성을 지적한 것으로 여기는 편이 더욱 그럴 듯하다.

이 속담이 쿤과 관련하여 의미를 지니는 측면 중 하나는 쿤의 관점을 비판하는 데 사용될 수 있다는 점이다. 즉 이 속담을 통하여 쿤의 이론이 무언가를 배울 수 있는 인간의 능력을 충분히 고려하지 않았다는 사실을 분명히 드러낼 수 있다. 어떤 측면에서 이 속담은 개가 지닌 한계를 인간 또한 지닌다는 점을 지적한다. 만일 어떤 개에게 너는 새로운 재주를 배울 수 없다고 말한다면 새로운 재주를 배우는 것에 대한 개의 태도는 바뀌지 않으며 그것을 배우는 개의 능력 또한 바뀌지 않는다. 하지만 어떤 사람에게 당신은 너무 늙어서 새로운 재주를 배울 수 없다고 말한다면 그것을 배우는 데 대한 그 사람의 태도가 바뀌게 되며 따라서 그것을 배우는 능력 또한 바뀐다. 정상 과학의 보수적인 특성을 설명하면서 쿤은 그런 특성 자체를 변화시켰다고 말할 수 있다.

[보충 설명: 이런 논점은 철학이 지닌, 스스로를 언급 대상으로 삼는 특성을 잘 보여 주는 예이다. 앞에서(40면) 물리학과 달리 철학은 자신을 연구 주제로 삼는다는 점을 지적하였다.]

자신의 의견

어떤 두 가지를 서로 상대방을 통해서 측정하거나 평가할 수 없다면 이 둘은 공약 불가능하다고 말한다. 쿤은 연속되는 두 패러다임이 서로 공약 불가능하며 어느 하나가 다른 하나보다 더 뛰어나다고 말할 수 없다고 주장하였다.

2. 이 주장은 참인가? 예를 들면 우리에게는 지구가 우주의 중심이라는 중세의 이론과 해가 태양계의 중심이라는 코페르니쿠스의 이론을 비교할 방법이 전혀 없는가?

현대 과학자들 대다수가 코페르니쿠스의 이론을 받아들이며 중세의 이론을 거부한다고 확실히 말할 수 있다. 과학자들이 둘 중 하나를 더 선호한다는 사실은 그들이 두 이론을 비교할 수 있는 기준을 지님을 의미한다.

쿤의 견해를 받아들이는 과학철학자는 이 기준이 무엇이냐고 물을 것이다. 만일 코페르니쿠스의 이론이 그저 우연히 현대의 과학 평가 방법에 더욱 잘 들어맞았을 뿐이라면 이런 대답은 현재의 '정상 과학'에 내재된 기준이 어떤 이론을 받아들일지를 결정한다는 쿤의 주장을 강화한다.

이런 쿤의 반응은 이론들을 선택하면서 '설명력의 풍부함'이라는 기준에 호소할 경우에도 적용된다. 위의 연습 문제 7.1, 질문 7에 대한 예시 답안에서(381면) 설명력의 풍부함이 어떤 설명의 설득력을 더욱 높이고 인간이 처한 조건에 관한 우리의 이해를 풍부하게 하는 데 필요한 심리적 기준이라는 점을 지적하였다. 설명력의 풍부함은 측정을 포함하는 기준이 아니므로 이론들의 공약 불가능성에 직접 어떤 영향을 미치지는 않는다 — 서로 다른 패러다임에 기초한 이론들이 공약 불가능하다는 쿤의 주장은 설명력의 풍부함을 통해서 두 이론의 상대적인 가치를 측정할 수 있다는 주장에 의해서 손상되지 않는다.

하지만 이렇게 손상되지 않는다는 점은 쿤의 이론이 지닌 약점이기도 하다. 왜냐하면 우리는 실제로 왜 과학자들이 경쟁 관계를 이루는, 서로 공약 불가능한 이론들 중에 한 이론을 선택하는지를 알고 싶어 하며 그들의 선택이 합리적이므로 어떤 설명이 가능하다고 가정하기 때문이다. 우리는 여러 과학 이론들이 지닌 상대적인 장점을 비교할 수 있기를 기대하지만 쿤은 그렇게 할 수 없는 상황이 있다고 주장한다.

자신의 의견

연습 문제 14.1 (262면)

a. 신보다 더 위대한 존재는 생각할 수 없다.

b. 그렇다면 두 가지 가능성이 성립한다.

1. 그런 존재가 나의 상상 안에만 현존한다.
2. 그런 존재가 실제로 현존한다.

c. 실제로도 현존하고 나의 상상 안에서도 현존하는 존재가 오직 상상 안에서만 현존하는 존재보다 더 위대하다.
d. 그보다 더 위대한 것을 생각할 수 없는 존재가 최고로 위대하지 않은 경우는 불가능하다.
e. 따라서 그보다 더 위대한 것을 생각할 수 없는 존재는 현존한다.

1. 그보다 더 위대한 것을 생각할 수 없는 존재로서의 신의 개념과 자연을 관장하는 능력을 지닌 초인간적인 인격체로서의 신의 개념은 동일한가?

그렇지 않다. 하지만 이런 사실이 안셀무스의 논증을 약화시키지는 않는다. 왜냐하면 그보다 더 위대한 것을 생각할 수 없는 존재의 개념은 자연을 관장하는 능력을 지닌 초인간적인 인격체의 개념을 포함하기 때문이다. 하지만 자연을 관장하는 능력이 없는 초인간적인 존재는 그보다 더 위대한 것을 생각할 수 없는 초인간적인 인격체일 수 없다.

자신의 의견

2. 안셀무스의 논증은 어떤 지점에서 경험과 가능한 경험의 영역을 넘어서는 무언가 사이의 간격을 메우는가?

안셀무스는 위의 진술 c에서 현존하는 것은 단지 상상 안에서만 존재하는 것에 어떤 특별한 성질이 더해진 것이라는 점을 전제함으로써 간격을 메운다.

자신의 의견

3. 그보다 더욱 위대한 것을 생각할 수 없는 섬은 현존하는가? 만일 그런 섬이 현존한다면 안셀무스의 논증이 실패하였다고 말할 수 있는가?

이 질문은 은연중에 안셀무스의 이론에 대한 비판을 포함한다. 플란팅가(Alvin Plantinga)는 안셀무스와 '같은 시대 사람이며 동료 수도사였던 가우닐로(Gaunilo)가 『어리석은 자의 편에서』(*On Behalf of the Fool*)라는 저술에서' 이런 질문을 제기하였으며, 안셀무스는 존재의 개념과 성질의 개념 사이에는 차이가 있다고 말함으로써 이에 답하였다고 지적한다(『루틀리지 철학 백과사전』).

안셀무스의 대답은 최대화의 개념에 기초한다. 무언가를 최대화한다는 것은 그것을 가능한 한 가장 크게 만든다는 것을 의미한다. 어떤 존재의 개념은 최대화될 수 없는 반면 그 존재가 지닌 성질의 개념은 최대화될 수 있다. 따라서 최대화된 섬의 개념은 무의미하다. 반면 최대한의 선함 또는 지식의 개념은 유의미하다. 하지만 이런 식의 대답은 그의 논증이 완벽한 흼(perfect whiteness)을 지닌 존재 또한 현존함을 허용한다는 반박의 여지를 남긴다.

하지만 이런 비판들이 안셀무스의 논증이 지닌 논리적 타당성에 영향을 미치지는 않는다. 이와 유사한 논증이 우리가 이미 현존하지 않는다는 점을 알고 있는 다른 실재들의 현존을 확립하는 데 사용될 수도 있다는 사실이 이 논증이 신의 현존을 증명하는 데 실패함을 의미하지는 않는다. 이런 비판들은 단지 안셀무스가 사용한 논증 방식에 혹시 오류가 숨어있지는 않은지 한번쯤 의심하도록 만들 뿐이다.

자신의 의견

연습 문제 14.2 (264면)

1. 페일리의 첫 번째 전제는 참인가? 정교한 질서를 갖춘 장치는 반드시 어떤 목적을 위하여 설계되어야만 하는가?

이에 대한 대답은 '그렇다'이다. 아리스토텔레스가 든 짐수레의 예, 즉 자신의 목적인을 자신 안에 포함하지 않기 때문에 실체가 아닌 짐수레의 예는(192면) 설계자가 목적을 자신 안에 지니지 않는 장치를 설계할 수도 있음을 보여 준다. 짐수레의 목적인(telos)은 그것을 만든 장인의 마음 안에 있다. 만일 어떤 장인이 마음 안에 아무 생각도 없이 무언가를 만들었는데 그것이 순전히 우연하게 정교한 질서를 갖추게 되었다면 그것은 목적인이 없는 무언가가 된다. 하지만 설계자가 목적을 의식하지 않았다는 사실이 목적이 존재하지 않음을 의미하지는 않는다. 이 사실은 단지 그 장인이 목적을 정교한 질서를 갖춘 대상으로 실현하는 과정에서 사용된 수단임을 의미할 뿐이다.

[보충 설명: 둔스 스코투스의 용어를 빌리면 위의 장인은 '의존적인 인과적 행위자'라고 말할 수 있다(아래의 연습 문제 14.3에 대한 예시 답안 참조).]

자신의 의견

2. 페일리의 세 번째 전제는 참인가? 우주에는 정교한 질서가 존재하는가?

이 전제는 증명되지 않았다. 우리가 전혀 예상하지 못했던 일이 일어나기 때문에 우주에는 상당한 무질서가 존재하는 듯이 보인다. 하지만 무질서의 존재가 과학 법칙들이 보편적으로 타당하지 않음을 의미하지는 않는다(예를 들면 중력은 우주 전체에서 동일한 방식으로 작용하며 이는 천문학자들이 이미 확인한 바이다). 무질서의 존재는 단지 과학 법칙들이 어떤 사건을 설명하지 못할 수도 있음을 — 중력 법칙이 아메바의 생식을 설명하지 못하듯이 — 의미할 뿐이다.

[보충 설명: 페일리는 어느 정도의 무질서가 존재한다는 점을 인정하였다. 그리고 이를 신의 현존을 증명하기 위한 자신의 두 번째 논증, 즉 이성적 존재가 신을 인식하기 위한 필요조건에 기초한 증명을 지지하기 위하여 사용한다(1802, 5장) — 이는 논증의 방향을 반대로 바꾼 일종의 우주론적 증명에 속한다.]

자신의 의견

3. 우주의 설계자는 자연과 인간의 운명을 관장하는 능력을 지녀야만 하는가?

이에 대한 대답은 '그렇지 않다' 이다. 설계자는 단지 자신이 설계한 대상이 작용하는 영역 안에서 자신의 힘을 발휘할 능력 정도만을 지닌다. 우주의 설계자가 서로 다른 정도의 질서를 드러내는 방식으로 우주를 설계하는 일은 논리적으로 가능하다. 이는 어떤 시계가 다른 시계보다 더 정확하게 가도록 만들어지는 경우와 마찬가지이다. 페일리의 논증은 합리적으로 의심할 수 없을 정도의 설득력을 지닐지는 몰라도 논쟁의 여지없이 확실하지는 않다.

자신의 의견

연습 문제 14.3 (상급자를 위한 연습 문제) (265면)

b. 무언가의 결과로 발생하는 각각의 변화는 그 자신과는 다른 무언가에 의해서 일어남에 틀림없다. 왜냐하면

1. 어떤 결과도 그 자신에 의해서 일어날 수는 없기 때문이다.
2. 어떤 결과를 낳는 원인들이 고리를 형성하는 일은 불가능하기 때문이다.

1. 진술 b (1)과 (2)는 분석적인가 아니면 종합적인가? 당신의 대답에 대한 설명도 덧붙이시오.

진술 (1)은 분석적이다. 왜냐하면 결과의 개념이 그 자체로 그런 결과를 낳는 작용과 분리되기 때문이다. 무언가를 결과로 낳는다는 말은 그것을 존재하게 만든다는 말이다. 이런 상황에서 '그것' 이라는 대명사가 사용된다는 점은 그것을 존재하게 만드는 일을 행하는 존재와 '그것' 은 서로 구별됨을 드러낸다.

진술 (2) 또한 분석적이다. 왜냐하면 고리를 형성하는 그 어떤 부분도 인과적으로 야기된 결과로 여겨질 수 있기 때문이다. 특히 고리 전체가 하나의 결과로 여겨진다면 이런 상황에서는 어떤 결과가 그 자체를 낳는 경우가 발생하는데 이는 방금 우리가 불가능하다고 주장한 바이다.

자신의 의견

---

d. 만일 S가 무작위로 발생한 원인들의 연속이라면 질서를 갖춘, 무작위가 아닌 원인들의 연속 OS도 존재한다. 우리가 이 진술을 받아들여야 하는 까닭은 다음과 같다.

1. 연속 S 안에서 어떤 사건이 발생하는 까닭은 어떤 진행 과정 P의 작용 때문이다.
2. 진행 과정들은 무작위로 작용하지 않는다.

1과 2로부터 다음의 결론을 이끌어 낼 수 있다.

3. 진행 과정 P는 무작위의 연속 S와는 구별되는, 질서를 갖춘 원인들의 연속 OS의 일부여야만 한다.

(만일 S가 현존한다면 이런 질서를 갖춘 연속 OS 또한 **현존하여야만 한다**.)

(따라서 만일 X가 현존한다면 S든 아니면 OS든 간에 질서를 갖춘 연속 또한 **현존하여야만 한다**.)

2. 둔스 스코투스가 위의 d 단계로 나아가 오직 무작위가 아닌 연속이 무작위의 연속을 뒷받침할 경우에만 무작위의 연속이 현존할 수 있음을 보이려 한 까닭은 무엇인가?

그가 이렇게 한 까닭은 모든 사건의 연속이 무작위적일 수 있다는 회의주의자의 반대 논증에서 벗어나기 위해서이다. 만일 모든 연속이 무작위적이라면 인과적 행위자가 존재할 필요가 없고 이는 최초의 인과적 행위자에 호소하는 증명의 마지막 단계를 무의미하게 만든다.

자신의 의견

e. 질서를 갖춘, 무작위가 아닌 원인들의 연속이 무한히 이어지는 일은 불가능하다. 왜냐하면

1. 인과적 행위자 Y가 그 자체만으로 완전한 방식으로 인과적 능력을 소유하는 일은 논리적으로 불가능하기 때문이다.
2. 어떤 행위자가 인과적 능력을 소유하는 까닭은 다른 어떤 인과적 행위자로부터 이 능력을 부여받았으며 인과적 연쇄를 거슬러 올라가면 이 다른 행위자에게 의존하기 때문이다.
3. 의존한다는 말은 곧 불완전함을 의미한다.
4. 만일 Y와 같은 그 어떤 행위자도 다른 행위자에 의존하지 않고는 인과적 능력을 소유하는 일이 불가능하다면 모든 Y는 불완전한 방식으로 인과적 능력을 소유한다.

스코투스는 진술 e (1)이 반드시 참이며 진술 e (4)는 반드시 거짓임을 이끌어 낸다.

3. 둔스 스코투스가 시도한 연역을 A에서 F까지의 등급으로 평가해 보시오. 단 A는 탁월함을, F는 전혀 적합하지 않음을 나타낸다.

그의 연역을 개인적으로 두 가지 등급을 부여하여 평가하려 한다. 정교함과 독창성에서는 등급 A를, 논리적 엄밀함에서는 등급 D를 부여한다. A를 부여한 까닭은 둔스 스코투스가 현실적 세계와 가능한 경험의 영역을 넘어서는 세계 사이의 간격을 메우는 지점을 정확하게 지적하는 데 큰 수고를 아끼지 않았기 때문이다. 그는 매우 부드럽게 전자에서 후자로 넘어간다. 그의 이런 이행은 존재론적 논증에서 사용된 것과 유사한 분석에 의존한다. e (1)은 무언가가 현존할 가능성을 언급하는데, 보편적인 불완전성이 현존할 수는 없다는 근거를 제시하면서 이런 가능성으로부터 무언가가 실제로 현존한다는 주장으로 넘어간다.

논리적 엄밀함에서 등급 D를 부여한 까닭은 이 증명이 모든 인과적 행위자가 자신에 앞선 행위자에 의존하는 일이 가능하지 않다는 점을 확립하지 못하기 때문이다. 이는 흄의 『자연 종교에 관한 대화』(*Dialogues on Natural Religion*)에서 회의주의적 태도를 보

이는 등장인물 필로(Philo)가 지적한 점이기도 하다. 『자연 종교에 관한 대화』에 대한 많은 정보를 제공하는 논문에서 웨들(David Weddle)은 신의 존재를 정통적인 관점에서 받아들이는 인물 데미아(Demea)에 대한 필로의 답변을 소개한다. 필로는 다음과 같이 말한다.

> 우리가 습관적으로 받아들이는 연결, 즉 결과 B가 항상 원인 A를 전제한다는 연결을 확립하려면 원인-결과의 관계에 선행하는 몇몇 경우들이 필요하다. 하지만 우주의 근원은 유일하다. 따라서 우리는 이와 같은 유비의 기초가 되는 선행하는 경우들을 확보하지 못한다.

본성상 독립적이고 완전한 인과적 과정은 의존적인 과정과는 다른 방법으로 평가되어야 한다. 하지만 둔스 스코투스의 증명에서는 이런 다른 평가 방법을 찾을 수 없다.

자신의 의견

복습 문제

복습 문제 12.1 (271면)

271면의 인용문 참조.

1. (i) 웬디가 지닌 지식의 기초는 무엇인가?

그녀가 지닌 지식의 기초는 자신이 지식을 지니고 있다는 그녀의 신념이다.

(ii) 웬디가 지닌 지식의 근원은 무엇인가?

그녀가 지닌 지식의 근원은 그녀의 상상력일 가능성이 높다. 그녀는 자신의 지식을 경험하지도, 추론하지도 않았다.

(iii) 웬디는 피터 팬이 침실에 들어온다는 사실을 안다는 자신의 주장을 정당화하였는가?

물론 그녀는 자신의 지식을 정당화하였다! 피터 팬의 독자들은 모두 그녀가 자신의 주장을 정당화하였음을 안다.

자신의 의견

2. (i) 웬디가 밤에 피터 팬이 침실에 들어온다는 사실을 어떻게 아는지는 모른다는 점이 이 사실을 안다는 주장의 지위에 영향을 미치는가?

그렇다. 어떤 이론이나 주장을 펴고 지지할 수 있는 능력을 지닌다는 점이 지식에 포함된다는 사실을 인정할 경우 자신의 주장을 지지할 수 있는 웬디의 능력은 상당히 제한적이다. 그녀는 어머니를 설득하는 데 어려움을 겪었으며, 그녀의 어머니는 침실 바닥에 떨어진 나뭇잎들이 근처에 있는 나무의 잎이 아니라는 사실을 깨닫고서야 웬디의 주장이 옳을지도 모른다고 생각하기 시작한다. 위의 인용문에는 등장하지 않지만 오직 이런 사실이 추가됨으로써만 웬디는 자신의 주장을 지지할 근거를 얻는다.

(ii) 만일 웬디의 지식이 '명석하고 판명한 관념들' 에 기초한 데카르트의 지식과 다르다면 어떻게 다른가?

그저 자신이 안다는 사실만을 아는 웬디와 자신이 '명석하고 판명한 관념들을' 지니기 때문에 아는 데카르트 사이에는 어떤 유사성이 성립한다. 이들 둘 모두 경험에 호소하지 않으며 어떤 이론을 받아들이지도 않는다. 이들 사이의 차이는 데카르트가 자신의 이성 능력에 호소하여 자신이 지닌 '명석, 판명한 관념들이' 자신이 무언가를 안다는 주장을 정당화하는 충분한 근거가 된다는 점을 확신하는 반면 웬디에게는 자신의 주장을 지지하는 기준이 없다는 사실이다.

자신의 의견

복습 문제 12.2와 13.2 (상급자를 위한 연습 문제) (272면)

위의 123면에 처음 등장하였던, 물고기와 어류학자에 관한 에딩턴 경의 이야기를 다시 한 번 고찰해 보자.

우리는 연습 문제 7.1, 질문 1에 대한 예시 답안에서(340면) 어류학자의 첫 번째 일반화는 그가 지닌 그물의 본성에 의존하기 때문에 아프리오리한 (경험과 무관한) 지식인 반면 두 번째 일반화는 아포스테리오리한 (경험에 의존하는) 지식이라고 말하였다.

1. 우리는 그 어류학자가 지닌 그물의 본성이 진술의 참, 거짓에 영향을 미친다는 점을 어떻게 아는가?

우리의 지식은 물고기를 조사하는 다른 방법이 있음을 안다는 사실에 기초한다. 이런 방법은 그물코가 더욱 작은 그물을 만들 능력에서 물고기를 그물로 직접 잡지 않고도 관찰할 수 있는 잠수함을 사용할 능력에 이르기까지 무척 다양하다.

자신의 의견

2. 그 어류학자가 바다 생물들을 조사하는 또 다른 방법을 모른다고 가정할 경우 그가 잡은 바다 생물들의 본성이 그가 사용하는 장비의 유형에 의해서 결정된다는 사실을 아는 것이 그에게 중요한가?

그렇다. 그는 자신의 방법이 그가 잡는 물고기의 본성과 자신의 방법을 사용하여 수집할 수 있는 정보를 해석함으로써 얻는 지식을 제한할 수도 있다는 사실을 반드시 알아야 한다. 이는 과학자가 자신의 방법이 지닌 한계에 대하여 반드시 알아야 하는, 그런 종류의 앎이다. 사실 에딩턴은 자신이 뛰어난 과학자이지만 과학자들이 이런 한계를 반드시 깨달아야 한다는 생각에서 어류학자가 등장하는 이야기를 구성하였다.

자신의 의견

복습 문제 13.1 (273면)

서로 다른 과학적 '패러다임' 안에서 형성된 이론들은 '공약 불가능하다.' (주장 TK)

1. (i) 주장 TK는 **분석 명제**인가 아니면 **종합 명제**인가?

쿤은 '패러다임' 이라는 용어를 '한 무리의 과학자들이 과학적 탐구의 기본 문제와 방법이 무엇인지에 관해서 주장하는 공유된 믿음들의 집합' 을 지시하는 전문적인 의미로 사용한다. 그는 이런 정의가 과학 이론들이 서로 상대방에 의해서 측정될 수 있는 가능성을 배제한다고 주장한다. 따라서 '공약 불가능성' 은 '패러다임' 의 개념 안에 포섭된다. 그렇다면 위의 주장은 분석 명제이다.

자신의 의견

(ii) 포퍼의 반증 가능성 기준에 따르면 주장 TK는 과학적 주장인가?

분석 명제는 반증될 수 없으므로 주장 TK는 포퍼가 생각한 의미에서는 과학적 주장이 아니다. 용어의 의미 자체 때문에 참이 되는 논리학이나 수학의 명제들도 이와 같은 위치를 차지한다.

자신의 의견

2. 9세기에 과학이 하나의 '패러다임'에서 다른 '패러다임'으로 이행하였다는 지식은 아프리오리한 지식인가 아니면 아포스테리오리한 지식인가?

이는 아포스테리오리한 지식이다. 왜냐하면 이것의 진리값이 오직 주장 TK가 참이라는 사실에 의해서 결정되지 않기 때문이다. 이 경우 진리값은 과거에 무슨 일이 일어났는지에 관한 역사적 정보에 의해서도 결정된다.

자신의 의견

복습 문제 14.1 (274면)

데카르트가 신의 존재를 증명한 다음 대목을 검토해 보자.

a. 나는 회의할 수 있기 때문에 내가 불완전한 존재임을 안다.
b. 나는 완전성과 완전한 존재의 개념을 지닌다.
c. 나는 불완전하므로 이런 완전성의 개념을 스스로 만들어 낼 수 없다.
d. 완전성의 개념은 어떤 완전한 존재가 만들어 내었음에 틀림없다.
e. 따라서 어떤 완전한 존재가 현존한다.

1. 데카르트의 증명은 **존재론적**인가, **목적론적**인가, 아니면 우주론적인가?

존재론적이다. 존재론적인 증명은 완전한 존재 또는 완전성의 개념에서 출발하여 완전한 존재가 현존함을 이끌어 낸다.

2. 이 논증에 포함된 전제들을 밝히고 이들이 필연적으로 참인지를 말해 보시오.

진술 a, b와 c가 논증의 전제들이다. 진술 a는 필연적으로 참이다. 왜냐하면 완전한 존재는 그 무엇도 회의할 필요가 없을 것이기 때문이다.

진술 b는 해명이 필요하다. 진술 b가 참인지 그렇지 않은지를 결정하려면 완전성의 개념이 지닌 본질을 파악해야 하며 이를 데카르트가 생각한 완전성의 개념과 비교해야 한다. 하지만 우리는 불완전한 존재이므로 우리가 완전성의 개념을 제대로 파악하였는지를 결코 확신할 수 없다. 따라서 진술 b가 참인지 거짓인지를 결정할 수 없다. 진술 c는 필연적인 참은 아니다. 만일 완전성의 개념을 결점의 부재로 해석한다면 결점과 부재의 개념을 이해하는 사람만이 완전성의 개념을 형성할 수 있다. 어떤 불완전한 존재가 이 두 개념을 형성하고 또 이 둘을 결합할 수 있다는 가정에는 어떤 모순도 포함되지 않는다.

자신의 의견

3. 어떤 지점에서 데카르트는 경험 가능한 영역과 그것을 넘어서는 영역 사이의 간격을 메우는가?

이는 진술 d에서 이루어진다. 가능한 경험을 넘어서 있는 어떤 존재가 우리가 경험하는 세계 안의 무언가에 대한 원인으로 도입된다.

자신의 의견

복습 문제 14.2 (275면)

앞서 논의할 문제 3.2에서 던졌던 질문으로 돌아가 보자.

1. **지혜**와 **지식** 사이의 관계는 무엇인가?

지식이 어떤 이론이나 주장을 펴거나 지지할 수 있는 능력만을 포함한다는 사실을 받아들임으로써 우리는 엄격한 의미에서 어떤 이론을 적용할 능력은 지식에 대한 정의에 포함되지 않는다는 사실을 받아들이게 된다. 지식을 소유한 개인은 오직 어떤 이론이나 주장이 어떻게 지지되는지를 전달할 수 있으면 충분하다. 그 지식을 적용할 능력까지 요구되지는 않는다.

이와는 대조적으로 지혜는 어떤 주장이나 이론을 지지하는 방법을 아는 것 이상을 포함한다. 지혜는 이론들을 선택할 능력과 구체적인 목적을 이루기 위하여 수단을 선택할 능력까지를 포함한다. 또한 지혜에는 실천적인 문제들에서 건전한 판단을 내리는 일도 포함되는데 이는 지식을 지닌 누군가에게는 요구되지 않는 바이다.

자신의 의견

2. 무한한 **지혜**를 지닌다는 점은 무한한 **지식**을 지닌다는 점을 필연적으로 포함하는가?

지혜에는 결과가 불확실한 상황에서 무엇을 해야 할지 결정할 능력이 포함되므로 무한한 지혜가 필연적으로 무한한 지식을 포함한다는 주장은 결코 성립하지 않는다. 사실 지혜가 작용하기 위해서는 완전한 지식에 이르지 못해야만 한다.

자신의 의견

예시 답안 — 5부

연습 문제 15.1 (283면)

1. 누구보다 키가 더 크다거나 말을 특히 잘 한다는 속성 등은 한 개인의 **외재적** 성질이다. 이들은 모두 다른 사람들과의 관계에 의존한다. 개인의 다른 속성 중 **외재적인** 것을 네 가지 들어 보시오.

어떤 개인의 몸무게는 지구의 인력에 의존한다. 달에서는 우리 모두 몸무게가 훨씬 적게 나간다. 한 개인의 사회적 지위는 다른 사람들의 지위에 의존한다. 한 개인의 머리색은 염색을 했는지 그렇지 않은지, 햇빛 아래서 보는지, 촛불로 비춰 보는지 아니면 자외선으로 보는지 등에 의존한다. 한 개인의 부는 다른 사람들이 받아들이는 재산의 개념에 의존한다. 또 다른 많은 대답들이, 국적이나 어떤 모임의 회원이 되는 일 등이 있다.

자신의 의견

암스트롱(David Armstrong, 1968)은 개인의 **모든** 속성들이 외재적이라고 주장한 반면 데카르트는(『성찰』에서) 개인의 몇몇 속성은 내재적이라고 주장하였다.

2. 개인의 속성 중 **내재적**이라고 여겨질 만한 것을 네 가지 들어 보시오.

행복, 지성, 미적 감각, 선함 등등 — 이외에도 많은 다른 대답이 있다.

자신의 의견

3. **내재적**이라고 여겨지는 속성들과 **외재적** 속성들을 구별해 주는 그 어떤 특성이라도 존재하는가?

모든 내재적 속성들은 정신 또는 영혼과 관련되며, 모든 외재적 속성들은 다른 사람들에 대한 경험과 관련된다. 이는 어떤 속성이 정신적이 아니라면 내재적이라고 여겨질 가능성이 전혀 없으며 또한 다른 사람들에 대한 경험과 관련될 수 없다면 외재적이라고 여겨질 가능성이 전혀 없음을 의미한다.

자신의 의견

연습 문제 15.2 (284면)

a. '나는 나 자신에 대하여 명석하고 판명한 관념을 지니는데, 내가 오직 사고하는, 비연장적인 존재인 한에서만 그러하다.'
('비연장적' 이라는 말을 통해서 그는 '공간상에서 측정될 수 없음' 을 의미한다)

b. '그리고 다른 한편으로 나는 육체가 오직 연장적이고 사고하지 않는 존재일 경우에만 육체에 대한 판명한 관념을 소유한다.'

c. '따라서 나, 즉 나를 나로 만들어 주는 나의 정신이 나의 육체와 전적으로 그리고 진정으로 구별되며, 육체가 없이도 현존할 수 있다는 점은 확실하다.'

1. 데카르트가 사고하는 '비연장적인'(즉 길이도, 넓이도, 부피도 없는) 존재로서의 자기 자신에 대하여 명석하고 판명한 관념을 지닌다는 사실이 우리 모두가 우리 자신에 대하여 이와 같은 명석하고 판명한 관념을 지님에 틀림없음을 의미하는가? 만일 그렇지 않다면 데카르트의 논증은 오직 자신에 대하여 명석하고 판명한 관념을 지니는 사람들에게만 타당한가?

사고하는 존재의 개념은 연장성이 없음의 개념과 필연적으로 연결되지는 않는다. 즉 사고하는 존재가 공간상에서 측정될 수 있다는 언급이 자기모순을 범하지는 않는다. 따라서 사고의 주체가 삼차원의 공간 중 일부를 차지하는, 한 개인의 두뇌 전체에 위치한다는 주장에는 어떤 자기모순도 없다. 이 경우 사고의 주체는 '연장성을 지니며', 공간상에서 측정될 수 있다.

하지만 누군가가 '비연장적인' 존재가 아닐 수도 있다는 가능성은 사고의 주체가 육체와 분리되어 있다는 데카르트의 논증을 무효로 만들지는 않는다. '비연장적임'이 데카르트가 인용한 유일한 성질은 아니며 사고하는 존재라는 성질이 정신과 육체의 분리를 확립하기에 충분하다고 말할 수 있다.

자신의 의견

2. 정신을 자신과 상호 작용을 주고받는 육체와 분리하여 분석할 수 있다는 사실은 정신과 육체가 각각 분리된 채 존재할 수 있음을 의미하는가?

분석의 과정에서 두 개념을 분리할 수 있는 가능성이 두 개념이 지시하는 두 실재들 또한 분리되어 존재한다는 점을 필연적으로 함축하지는 않는다. 예를 들면 분석의 과정에서는 두뇌의 표면을 내부와 구별해서 고찰할 수 있다. 하지만 이 사실이 두뇌의 표면이 내부 없이도 또는 역으로 두뇌의 내부가 표면이 없이도 존재할 수 있음을 의미하지는 않는다.

자신의 의견

3. 진술 c에서 데카르트는 정신이 자신을 그 자신으로 만들어 준다고 주장한다. 이 주장은 그의 육체가 그의 정신이 없이도 존재할 수 있음을 의미하는가?

자신의 정신이 곧 자기 자신이라고 주장하면서 데카르트는 정신이 독립해서 **존재할 수도 있을** 가능성은 전제하지만 정신이 **실제로** 독립해서 **존재한다는** 점은 전제하지 않는다. 따라서 진술 c는 데카르트의 결론을 전제하지 않는다.

자신의 의견

연습 문제 15.3 (상급자를 위한 연습 문제) (286면)

아래의 질문 1과 2에서 파핏의 사고실험이 타당하다고 가정하자.

1. 데카르트가 생각한 단일하며 사고하는 '비연장적인' 주체가 스스로 두 형태로 나누어지는 일이 논리적으로 가능한가?

그렇지 않다. 길이와 넓이, 부피가 없는 무언가를 분할할 수 있다는 생각은 자기모순이다.

자신의 의견

2. 뇌 이식이 실제로 이루어질 경우 데카르트가 생각한 사고하는 주체로서의 내가 나의 형제 중 한 사람의 육체로 이동하며 다른 어떤 사람의 '비연장적인' 주체가 나의 또 다른 형제의 육체로 이동하는 일이 논리적으로 가능한가?

그렇다. 뇌 이식 수술이 오직 '비연장적인' 사고하는 존재를 파핏의 형제 중 한 사람에게 주입함으로써 동시에 새로운 개인으로 탄생할 경우에만 수술이 성공한다는 생각에는 어떤 논리적 모순도 없다. 파핏의 경우처럼 오직 사고실험에만 기초한 논증은 또 다른 사고실험에 기초한 논증을 반드시 허용해야 한다.

자신의 의견

3. 개인을 분할하는 사고실험에 기초한 논증은 데카르트의 이원론이 타당함을 부정하는가?

그렇지 않다. 위의 질문 1과 2에 대한 예시 답안은 개인을 분할하는 사고실험에 호소하여 데카르트의 이원론을 부정하려는 논증들이 논쟁의 여지없이 확실하지는 않다는 점을 보여 준다. 이원론의 논리적 가능성을 주장하기 위해서 허구적인 사고실험에 호소하는 일이 마찬가지로 가능하다.

자신의 의견

4. 만일 데카르트의 이원론이 참이라면 파핏의 실험 결과는 어떻게 되는가? 그런 결과는 논리적으로 불가능한가?

만일 데카르트의 '비연장적인' 사고하는 존재가 개인의 현존에 반드시 필요한 주체라면 파핏의 사고실험은 성립할 수 없다. 어떤 측면에서는 뇌 이식 수술 과정에서 데카르트적인 영혼이 뇌를 이식받은 두 사람의 육체 중 오직 하나에만 위치하게 되며 오직 그 육체만 살아남게 될지도 모른다. 이런 결과 또한 논리적으로 가능하다.

자신의 의견

[보충 설명: 이런 결과가 논리적으로 가능하다는 사실은 파핏의 사고실험이 데카르트의 이원론이 거짓이라는 점을 전제할 경우에만 성공적인 결과를 얻을 수 있음을 증명한다. 이는 또한 이 실험이 데카르트의 이원론이 거짓이라는 점을 **증명하는** 데 사용될 수 없음을 의미한다.]

연습 문제 15.4 (289면)

1. 질문 1과 2에서 파핏의 사고실험이 타당하다고 가정하자. 파핏이 제시한 의식의 분할은 개인에 대한 로크의 정의, 즉 개인은 '사고하는 지적 존재, 이성과 반성 능력을 지닌 존재, 자신을 자신으로 여길 줄 아는 존재, 서로 다른 시간과 공간에서 여전히 동일한 사고하는 존재' 라는 정의가 잘못임을 의미하는가?

그렇지 않다. 파핏의 사고실험은 한 개인이 서로 다른 상황에서 하나의 동일한 존재임을 확인하는 데 사용할 수 있는 기준을 검토하기 위하여 고안되었다. 살아남은 파핏의 복제인간들이 여전히 로크가 말하는 모든 성질들을 지닌 사고하는, 지적 존재일 것이다.

자신의 의견

2. 파핏이 제시한 의식의 분할은 우리가 서로 다른 순간에 한 사람이 동일한 개인임을 확인하는 데 의식의 지속성이라는 기준을 사용할 수 없음을 의미하는가?

파핏이 분할될 수 있다는 점을 전제할 때 분할 결과로 등장한 개인이 유지하는 의식의 지속성은 의식이 유지되기만 하면 둘 모두가 파핏일 수 있다는 주장을 지지하는, 논쟁의 여지없이 확실한 근거를 제공하지 못한다. 분할의 결과로 등장한 개인은 왼쪽-파핏이거나 아니면 오른쪽-파핏일 것이다(현재의 의학 지식에 따르면 뇌의 왼쪽과 오른쪽이 현저히 다르므로 우리가 두 파핏 중 하나와 대화를 한다면 그가 어느 쪽인지 알 수 있을 것이라고 한다. 즉 왼쪽-파핏은 이성적일 가능성이 높은 반면 오른쪽-파핏은 상상력이 풍부할 가능성이 높다).

자신의 의견

(상급자를 위한 연습 문제)

하나의 원자가 서로 동일한 두 개의 원자로 분할할 때 어떤 에너지의 변화도 일어나지 않는다고 가정하는 사고실험은 질량 및 에너지 보존 법칙을 위반한다.

3. (i) 이 사고실험으로부터 어떤 원자가 서로 다른 순간에 하나의 동일한 원자임을 확인하기 위하여 그 원자가 지닌 내력을 사용할 수 없다는 결론을 정당하게 이끌어 낼 수 있는가?

그렇지 않다. 우리는 이 사고실험의 타당성을 부정할 수 있다 — 우리는 사고실험의 타당성 아니면 이 실험이 위반하는 과학 원리의 타당성 중 하나를 받아들여야 하는 선택의 기로에 서있다.

자신의 의견

(ii) 파핏의 개인-분할 사고실험은 그 어떤 법칙이라도 위반하는가?

이 질문에 대한 상식적인 대답은 '그렇다'이다. 왜냐하면 일반적으로 사용될 경우 개인의 개념은 한 개인이 둘로 분할될 가능성을 배제하기 때문이다. 하지만 더욱 깊이 생각해 보면 '아마도 그런 듯하다'이다. 한 원자의 질량이 변하지 않는다는 (에너지 수준에서 변화가 일어나지 않을 경우) 사실은 물리학의 여러 법칙들을 유지하기 위한 필요조건이다. 한 개인의 정체성이 변하지 않는다는 사실 또한 '개인', '뇌', '정신', '나', '너' 등의 용어가 지닌 의미를 계속 유지하기 위하여 요구되는 필요조건일 **수도 있다**. 따라서 한 개인의 의식이 두 개의 동일한 의식으로 나누어진 지점에서 정체성 자체의 개념이 우리가 사용하는 개념과는 달라진다고 보는 편이 합리적인 듯하다. 개인의 정체성 개념의 불변성을 의문시함으로써 우리는 정체성 개념 일반의 불변성을 의문시하게 된다.

정체성 개념의 불변성을 의문시하는 일은 어떤 대상이나 개인이 지닌 정체성의 본성을 탐구하는 일과 근본적으로 다르다. 그 까닭은 정체성의 개념이 인간과 물리적 세계 사이의 상호 작용에 대한 우리의 설명을 유지하는 데 매우 중요한 역할을 하기 때문이다. 이는 질량과 에너지의 개념이 물리적 대상들 사이의 상호 작용에 대한 물리학자의 설명에서 중요한 역할을 하는 것과 마찬가지이다.

자신의 의견

연습 문제 15.5 (291면)

a. 육체는 물질로 이루어지며 뇌는 육체의 일부이다.
b. 물질의 움직임은 자연법칙에 따르므로 뇌의 움직임 또한 자연법칙에 따른다.
c. 정신은 뇌의 기능에 따라 작용한다.

위의 전제로부터 다음 결론을 이끌어 낼 수 있다.

d. 정신의 작용은 자연법칙에 따라야만 한다.
e. 뇌의 기능을 설명함으로써 정신의 작용을 설명할 수 있다.
f. 개인은 단지 물리적 대상에 지나지 않는다.

운전자는 운전 법규에 따라야 한다.

1. 이 사실은 운전 법규를 사용하여 운전자의 행동을 설명할 수 있음을 의미하는가?

신호등 표시에 따르기로 한 어떤 운전자의 결정을 운전 법규의 측면에서 설명할 수 없음은 매우 명백하다. 이는 운전 법규로는 제한속도를 넘기기로 한 운전자의 결정을 설명할 수 없음과 마찬가지이다. 운전자의 행위에 영향을 미치는 다른 요소들이 분명히 있다.

자신의 의견

2. 뇌가 자연법칙에 따른다는 사실은 정신의 활동을 자연법칙을 사용하여 설명할 수 있음을 의미하는가?

운전자의 경우와 같은 방식으로 자연법칙이 규정하는 바에 따라야만 하는 모든 존재의 행위를 자연법칙이 필연적으로 결정하지는 않는다. 뇌와 상호 작용을 주고받는 정신은 뇌의 행위를 지배하는 법칙들에 따라야 한다. 하지만 운전자의 경우처럼 정신의 행위에 영향을 미치는 다른 요소들이 존재한다.

자신의 의견

(상급자를 위한 문제)

3. a에서 f까지의 논증은 유물론자에게 다소 불리한 방식으로 구성되었을 수도 있다. 유물론자의 관점에서 이를 어떻게 고칠 수 있는가?

b와 d에서 '따른다'를 '오직 그것에 따라야만 한다'로 바꿀 수 있다. 이를 통하여 d를 이끌어 내는 연역의 타당성에 반박하기가 더욱 어려워진다. 왜냐하면 전적으로 자연법칙에 의해서 결정되는 정신의 행위를 다른 어떤 요소가 규제할 수 없기 때문이다.

자신의 의견

4. 질문 1과 2는 유물론자에게 다소 불리한 방식으로 구성되었을 수도 있다. 유물론자의 관점에서 이를 어떻게 고칠 수 있는가?

위의 질문 3에 대한 예시 답안에서 제시한 것과 같은 변화를 질문 1과 2에 대해서도 적용할 수 있다. 만일 운전자의 행위를 지배하는 유일한 법칙이 곧 교통법규라고 본다면 이 질문은 유물론이 참이라는 사실을 전제하게 된다. 이런 전제를 배제하기 위해서는 교통법규가 실제로 운전자의 행위를 지배하는 유일한 법칙인지 그렇지 않은지를 묻는 질문을 먼저 던져야 한다.

자신의 의견

연습 문제 16.1 (298면)

'자유는 모든 의미와 모든 가치가 발생하는 원천이다. 또한 자유는 모든 실존을 정당화하는 근원적인 조건이다. 자신의 삶을 정당화하려는 사람은 누구나 자유 자체를 절대적으로, 무엇보다도 우선하여 원하여야 한다.'

1. (i) 의미를 할당할 때 나는 단지 컴퓨터와 같은 방식으로 자료를 처리하기만 하는가?

그렇다. 한 개인의 관점에서 의미의 할당과 관련된 그 어떤 특수한 경우도 컴퓨터가 프로그램에 내장된 명령에 따르는 것과 같은 과정을 거쳐 결정된다는 주장에는 아무런 논리적 모순도 일어나지 않는다.

자신의 의견

(ii) 의미를 할당하기 위하여 나는 자유로워야만 하는가?

그렇지 않다. 이유는 위의 (i)에서 제시되었다. 하지만 (i)에 대한 대답이 보부아르의 논증에 직접 영향을 미치지는 않는다. 왜냐하면 그녀는 특정한 단어나 기호 또는 존재에 의미를 할당하는 문제보다는 실존에 의미를 부여하는 문제를 다루기 때문이다. 그녀의 논증을 적용하려면 컴퓨터를 사용한 비유는 프로그램을 실행하는 과정이라기보다는 자료를 처리하는 제어 프로그램을 만드는 과정으로 수정되어야 한다. 보부아르가 내린 결론, 즉 프로그램을 만드는 사람이 자유롭다는 결론을 피할 수 있는 유일한 방법은 프로그램을 만드는 과정 각각이 어떤 프로그램을 만드는 다른 과정에 의해서 결정된다는, 프로그램의 (선한) 무한소급을 허용하는 것뿐이다.

이런 상황에서 우리는 단순한 선택에 직면하게 된다. 즉 개인이 프로그램을 만드는 자이며 자유롭다는 보부아르의 주장을 받아들이거나, 프로그램 각각이 이전 프로그램이 어떻게 만들어졌는가에 따라 결정된다는, 즉 프로그램을 만드는 과정의 무한소급을 받아들이거나 아니면 우리가 실존에 의미를 부여할 수 있다는 (보부아르의 논증을 불러일으키는 조건의 역할을 하는) 생각 자체를 거부하여야 한다.

자신의 의견

'인간은 자신의 자유를 거부하거나 가정하는 것 사이에서 어떤 결정도 내릴 수 없다. 왜냐하면 결정을 내리자마자 자유를 가정하게 되기 때문이다. 인간은 자유롭지 않기를 적극적으로 원할 수 없다. 왜냐하면 그런 바람은 자신을 파괴하는 일이기 때문이다.'

2. 내가 자유롭지 않기를 원할 수 없다는 사실은 내가 자유로움에 틀림없음을 의미하는가?

그렇지 않다. 이 사실은 단지 내가 자유롭지 않음을 나 자신이 확신하려는 그 어떤 시도도 논리적으로 정합적이지 않다는 점만을 의미한다. 보부아르의 논점은 사람들이 자유롭지 않다는 점을 확립하려는 그 어떤 시도도 논리적으로 정합적이지 않음을 보이려는 것이다.

자신의 의견

'하지만 인간이 세계를 창조하지는 않는다. 인간은 오직 자신에게 대항하는 세계에 저항함으로써 계속 세계를 드러낼 뿐이다. 의지는 오직 높은 장애물을 통해서만 정의된다. 그리고 세계 안에서는 서로 다른 결과들이 산출되기도 한다는 사실 때문에 인간이 어떤 장애물은 극복하지만 다른 장애물은 극복하지 못하는 일이 일어난다.'

3. (i) 내가 세계에 대한 지식을 얻기 위하여 (세계를 드러내기 위하여) 세계는 나에게 대항하여야만 하는가?

그렇다. 이미 앞에서도 '오직 자신에게 대항하는 세계에 저항함으로써' 우리를 둘러싼 세계를 파악하게 된다고 주장하는 두 가지 논의를 살펴보았다. 그 중 첫 번째는 공간 개념의 형성에 관한 푸앵카레의 주장이며(96면), 두 번째는 실험실에서 이루어지는 활동에 관한 논의(예를 들면 위의 260면에 등장한, 과학적 논증을 신의 현존에 관한 논증과 구별해 주는 활동에 관한 논의)였다. 푸앵카레는 공간상에서 차원이라는 개념을 형성하려면 우리의 육체를 움직일 수 있는 능력이 필요하다고 주장하였다(1952, 58–9면). 하지만 그는 뒤이어 이런 개념을 형성하려면 단단한 대상이 우리에게 저항하는 느낌 또한 필요하다고 주장하였다. 실험실에서 이루어지는 활동의 본성에 관한 논의는 세계 안에서 일어나는 사건들이 지닌 유형의 원인이 무엇인지에 대한 과학적 이해를 증진하기 위해서는 그런 유형을 방해할 필요가 있다는 점에 관하여 이와 매우 유사한 논점을 형성한다. 보부아르 또한 한 개인이 '세계가 무엇을 행하는지를' (이는 보부아르 자신의 표현은 아니지만) 파악하려면 세계에 저항하는 반응을 보일 필요가 있다는 유사한 논점을 형성한다.

(ii) 만일 그렇다면 이는 내가 행위할 때 어떤 자유를 발휘하여야만 함을 의미하는가?

그렇다. 다른 인과적 행위자(개인)에 대한 어떤 인과적 행위자(세계)의 저항은 오직 두 인과적 행위자가 서로 독립적일 경우에만 의미를 지닌다.

자신의 의견

마지막 인용문에서 보부아르는 다른 것들은 자유와 무관하게 움직이는 세계 안에 자유가 위치한다고 주장한다 — 자유는 항상 특정한 맥락에서 작용하므로 자유가 '위치한다'고 말한다. 이는 개인의 자유가 나에게 대항하는 세계뿐만 아니라 마찬가지로 자유로운 다른 개인들과 상호 작용을 주고받는 개인의 능력에 의존함을 의미한다. 보부아르는 우리가 자신의 자유를 실현하기 위해서는 다른 개인들의 자유를 인정**하여야만 한다**고 주장한다.

4. 설령 내가 자유롭기 위하여 나에게 대항하는 세계가 자유롭다는 사실을 인정할 필요가 없다 할지라도 나는 다른 인식적 개인들이 자유롭다는 사실을 인정하여야만 하는가?

그렇지 않다. 나 자신이 자유롭다는 점을 인식하기 위하여 자유를 내가 아닌 다른 어떤 것의 속성으로도 생각할 필요가 없는데, 여기에는 그들 자신을 자유롭다고 생각하는 다른 개인들도 포함된다. 나는 다른 개인들이 엄격하게 자연법칙에 따르는 세계의 물리적 대상과 동일한 범주에 속한다고 여길 수도 있다. 왜 내가 '자신에게 대항하는 세계에 저항함으로써' 인식 능력을 지닌 개인들의 세계를 '드러낼 수' 없는지에 대해서는 어떤 논리적 이유도 주어지지 않는 듯하다.

자신의 의견

[보충 설명: 어쩌면 보부아르는 이렇게 극단적으로 단순화한 질문에 반대할 지도 모른다. 그녀는 내가 어떤 종류의 개념이라도 형성하려면 인식 능력을 지닌 모든 개인은 자유로워야만 한다고 주장할 듯하다. 이런 개인들 중 한 사람으로서 나는 다른 개인들의 자유를 인식하지 못할 수도 있다. 왜냐하면 나는 그들의 자유가 내가 의식적으로 적용하는 개념들에 의미를 부여할 수 있기 위한 (개념의 내적인 또는 '내향적인' 측면에서) 전제조건임을 인식하지 못할 수도 있기 때문이다. 하지만 다른

사람들의 자유는 내가 어떤 개념을 적용할 수 있기 위한 (개념의 외적인 또는 '외향적인' 측면에서) 전제조건은 아니다.]

연습 문제 16.2 (301면)

신이 모든 '의미' 와 가치가 발생하는 원천이 되는 일이 논리적으로 가능한가?

그렇다. 그리고 자유에 관한 물음은 신이 모든 '의미' 와 가치의 원천이라는 사실에 의해서 반드시 손상되지는 않는다. 사실 신이 이런 원천임을 주장한 실존주의 철학자도 있는데 특히 키르케고르가 유명하다. 키르케고르와 같은 철학자는 개인의 자유에 관한 논의가 신의 본성에 관한 논의와 밀접하게 연결된다고 생각한다.

자신의 의견

연습 문제 16.3 (302면)

1. 사람들이 오직 달리 행위할 수 있을 경우에만 자신의 행위에 책임이 있다는 주장은 분석적인가 아니면 종합적인가?

책임이 있다는 것은 누군가에게 자신의 행위에 대하여 도덕적으로 책임을 물을 수 있다는 말이다. 설령 사람들이 달리 행위할 수 없다 할지라도 그들에게 행위의 책임을 묻는 일은 논리적으로 가능하다. '책임' 이라는 용어의 의미는 외부에서 부과된 의무로부터 도출되므로 여기에는 달리 행위할 능력의 개념은 포함되지 않는다. 따라서 위의 주장은 분석적이지 않다.

위의 주장이 분석적이라고 주장하려면 도덕적 측면에서 책임을 물을 수 있다는 말이 필연적으로 달리 행위할 능력을 포함한다는 점을 보여야만 하는데 이는 위의 논의를 무엇이 도덕적 가치를 구성하는가에 관한 것으로 변화시킨다. 도덕적 가치에 관한 결과주의적 이론은 책임의 개념을 달리 행위할 능력과 분리하는 경향을 보이는 반면 본질주의적 이론은 이들 둘을 서로 연결하려는 태도를 보인다. 책임의 개념과 달리 행위할 능력이 서로 의존한다는 사실이 명확히 밝혀지지 않는 한 두 개념은 서로 의존하지 않는다고 보아야 하며 따라서 위의 주장은 종합적이다.

자신의 의견

2. 사람들이 오직 달리 행위할 수 있는 상황에서 법을 어겼을 경우에만 그들은 자신의 행위에 책임이 있는가?

그렇지 않다. 왜냐하면 법체계가 이 문제를 이렇게도 또는 저렇게도 결정할 수 있기 때문이다. 따라서 오직 누군가가 달리 행위할 수 있을 경우에만 그에게 책임을 돌리지는 않는다. 이런 대답은 또한 위의 예시 답안 1에서 등장한 내용, 즉 위의 주장이 종합적이라는 사실에 의해서도 지지된다.

자신의 의견

3. 자신의 행위에 대하여 책임이 있다고 가정하지 않고는 행할 수 없는 활동을 서술해 보시오.

여러 사상들을 배우는 일은 배우는 사람에게 자신의 행위에 책임질 것을 요구하는 활동이다. 사상을 배우는 과정 자체에 대하여 책임지기를 거부하는 사람은 그 과정을 시작할 수 없으며 따라서 배울 수 없다. 어떤 사상을 배운다는 것은 그 사상에 정신을 집중하는 것이며 이는 정신적인 측면에서 그 사상에 전념할 것을 요구한다. 따라서 여기에는 그 사상에 정신을 집중하는 데 대하여 책임을 져야한다는 가정이 포함된다. 하지만 마치 파블로프가 실험 대상으로 삼았던 개처럼 (위의 연습 문제 11.2, 386면 참조) 조건반사에 따라 어떤 기법을 배우는 일이 이론상 가능하기는 하다. 그러나 사상을 배우는 경우에는 이런 일이 일어날 수 없다.

이와 마찬가지 이유에서 추상적인 사상들을 가르치는 일 또한 교사에게 자신의 행위에 책임질 것을 요구하며 여기에는 학생을 어떤 사상에 집중하도록 인도하는 교사의 책임이 포함된다. 교사의 인도 또한 그 자체로 정신적으로 전념할 것을 요구하며 따라서 여기에는 교사 자신이 그 사상에 정신을 집중하는 데 대하여 책임을 져야한다는 가정이 포함된다. 이런 책임은 몇몇 철학자들에게는 엄청난 부담이 되기도 하였다. 18세기에 흄은 자신의 가르침이 사람들에게 악영향을 미칠지도 모른다고 우려하여 글래스고대학의 교수직을 거절하였으며, 이천 년 전 소크라테스는 이와 같은 이유에서 죽음을 받아들이기까지 하였다.

자신의 의견

[보충 설명: 모든 정신적인 현상이 물리적인 것으로 표현될 수 있다는 유물론을 받아들이는 철학자라면 추상적인 사상을 배우는 사람이 자신의 배움에 대한 책임을 져야한다는 점을 가정하지 않고도 배움이나 가르침이 가능하다고 주장할지 모른다.]

복습 문제

복습 문제 15.1과 16.1 (306면)

어떤 동물을 복제할 경우 복제된 개체와 원래의 개체는 유전적으로 서로 구별되지 않는다.

1. 이는 인간이 복제될 경우 복제된 인간과 원래의 인간이 서로 동일한 개인임을 의미하는가?

그렇지 않다. 유전적인 특성과는 무관한 기준들을 사용하면 복제된 인간과 원래의 인간을 구별할 수 있다. 이 기준에는 두 사람을 구별하기 위한 물리적, 정신적 특성들이 포함된다. 즉 복제된 인간이 원래의 인간과 동일한 성장과정과 더불어 동일한 물리적 육체를 지니고 또한 동일한 정신적 내력과 기억을 지녀야만 두 사람이 동일하다고 말할 수 있다. 과학자가 아닌 일반인들이 일란성 쌍둥이를 구별할 때 사용하는 기준들을 사용하여 복제된 인간과 원래의 인간도 얼마든지 구별할 수 있다.

[보충 설명: 위에서 설명한 파핏의 분할에(286면) 대하여 이 경우가 반증 사례로 작용하지는 않는다. 왜냐하면 파핏의 사고실험에서는 서로 구별되는 두 개인 사이에 육체적, 심리적 지속성이 확보되기 때문이다.]

자신의 의견

데카르트는 '내가 오직 사고하는, 비연장적인 존재(thing)인 한에서만 나는 나 자신에 대한 명석하고 판명한 관념을 갖는다' 고 주장하였다.

2. 어떤 '사물' (thing)이 비연장적일 수 (공간상에서 측정 불가능할 수) 있는가?

그렇지 않다. '사물' (thing)은 반드시 연장성을 지닌다. 연장성을 지니는 (측정 가능한) 다른 '사물' 과 상호 작용을 주고받는 '사물' 은 그 자체 또한 반드시 연장성을 지녀야만 한다. 이 점은 차원이 없는, 공간상의 수학적인 점을 생각해 보면 잘 알 수 있다. 수학적인 점이 차원이 없다는 말은 그것이 비연장적임을 의미한다. 차원이 없는 수학적인 점은 '사물' 이 아니다. 어쩌면 데카르트가 원래 라틴어로 쓴 글을 프랑스어를 거쳐 영어로 번역하면서 '사고하는, 비연장적인 존재' 라는 표현의 의미가 변화하였는지도 모른다.

자신의 의견

칸트의 의무론은 보편법칙이 될 수 있는 자신의 행위 준칙에 따를 것을 자유롭게 선택할 수 있는 개인을 필요로 한다. 암스트롱은 개인을 물리적 대상처럼 완전히 정의할 수 있다고 주장하였다.

3. (i) 어떤 물리적 대상이 보편법칙에 따를 것을 자유롭게 선택할 수 있는가?

그렇지 않다. 물리적 대상은 자연법칙에 따르는 것으로 정의되므로 어떤 법칙에 따르겠다고 스스로 선택할 수 없으며 그저 자연법칙에 따를 뿐이다.

(ii) 위의 질문 (i)에 대하여 대답함으로써 우리는 칸트 또는 암스트롱의 이론을 거부하는가? 아니면 둘 중 어떤 것도 거부하지 않는가?

이 질문에 대한 대답은 오직 위의 (i)에 대한 대답에만 의존하지 않는다. 이 질문에 답하려면 우선 한 개인이 선택을 내릴 때 일어나는 과정을 물리적인 측면에서 완벽하게 서술할 수 있는지 그렇지 않은지를 알아야 한다.

만일 정신의 작용을 물리적인 측면에서 완벽하게 서술할 수 없다면 암스트롱의 이론은 거부되어야만 한다. 하지만 이런 사실이 우리가 칸트의 이론을 받아들일 수밖에 없음을 의미하지는 않으며, 물리주의의 실패가 곧 칸트주의의 성공을 의미하지는 않는다.

하지만 만일 정신의 작용을 물리적인 측면에서 완벽하게 서술할 수 있다면 '선택'을 그런 선택의 주체인 개인과 전혀 관련 짓지 않고 설명할 수 있을 것이다. 이런 상황에서는 '선택'이라는 단어가 현재 우리가 사용하는 것과는 전혀 다른 의미를 지니게 될 것이다. 어떤 이론도, 칸트의 이론 또한 마찬가지로 변화 없이 유지되기는 어려운 듯하다.

자신의 의견

....

....

복습 문제 16.2 (307면)

10과 100이라는 기호를 보면 우리는 일반적으로 이를 '십'과 '백'이라는 숫자로 해석한다.

하지만 만일 우리가 이와는 다른 수의 체계를, 예를 들면 이진법을 사용하는 수학자라면 두 기호를 각각 '이와 사' 라는 숫자로 해석할 것이다.

10+10=100이라는 기호 또한 눈으로 보기에는 동일하지만 전자의 수 체계에 따라 해석될 경우와 후자에 따라 해석될 경우에 서로 다른 의미를 지닌다 — 이렇게 의미가 다르기 때문에 전자의 체계에서는 거짓이, 후자에서는 참이 된다.

수학자가 아닌 일반인들이 사용하는 십진법에 따를 경우 10+10=100라는 기호는 타당하지 않기 때문에 오히려 눈길을 끈다. 만일 이런 기호를 본다면 우리는 왜 이런 잘못된 수식이 등장하였는지 의아해 하며 이에 대한 설명을 구하려 들 것이다. 반면 이진법에 따를 경우 이 수식은 너무나도 당연하여 전혀 주목받지 못할 것이다.

인식 능력을 갖춘 존재들은 주변에서 수집한 형상들을 서로 다른 방식으로 해석할 능력을 지닌다. 이들은 또한 이런 형상들에 대한 서로 다른 해석과 이 결과 등장하는 서로 다른 의미에 초점을 맞출 능력도 지닌다.

1. 인식 능력을 갖춘 존재들이 이런 능력을 지닌다는 사실은 이들이 의식의 내용을 바꿀 수 있는 자유의지를 지닌다는 점을 의미하는가?

이 사실은 그들이 의식의 내용을 바꿀 수 있는 의지를 지님을 의미한다. 이 의지가 자유로운지 그렇지 않은지는 바로 앞 복습 문제의 질문 3(ii)에 대한 대답에 의존한다.

자신의 의견

2. 한 개인의 주변에서 수집한 하나의 동일한 형상에 서로 다른 의미를 부여할 능력을 지닌다는 사실은 이와 동일한 능력을 지닌 다른 개인의 존재에 의존하는가?

그렇다. 의미를 할당하는 능력은 어떤 개념에 의미를 부여하는 문화적 맥락의 존재에 의존한다. 서로 다른 물리적 형상들에 서로 다른 의미를 할당할 능력을 지닌 다른 개인들이 없다면 한 개인은 의미를 부여하는 방법을 전혀 배울 수 없을 것이다.

[보충 설명: 위의 마지막 문장은 아직 출판되지 않은 저자의 박사학위 논문에서 저자가 전개한 주장을 한마디로 요약한 것에 해당한다. 이와 동일한 결론을 지지하는 주장을 폈던 다른 철학자들에 대해서는 위의 16장에서 언급하였다.]

자신의 의견

참고문헌

Adair, R. K., Astumian, R. D. and Weaver, J. C.: 'Detection of weak electric fields by sharks, rays, and skates', *Chaos* 8: 576-87 (1998).

Allen, Deborah and Duch, Barbara: *Thinking toward Solutions: Problem Based Learning Activities for General Biology* (Harcourt, 1998).

Arendt, Hannah: *The Human Condition* (University of Chicago Press, 1958, and 1998 introduction by Margaret Canovan).

Aristotle: *Physics* (*P*); *Nichomachean Ethics* (*NE*); *Posterior Analytics* (*PA*).

Armstrong, David: *A Materialist Theory of the Mind* (Routledge and Kegan Paul, 1968).

Bell, Linda: 'Existential Ethics' in Simon Bell (ed.) *The Edinburgh Encyclopedia of Continental Philosophy*, pp. 163-73 (Edinburgh University Press, 1999).

Berkeley, George: *A Treatise Concerning the Principles of Human Knowledge* (Collins, 1710) (http://eserver.org/18th/berkeley.txt).

______: *A New Theory of Vision* (Collins, 1710) (http://onlinebooks.library.upenn.edu/authors.html).

Bhaskar, Roy: *A Realist Theory of Science* (Harvester Press, 1978).

Boswell, James: *Life of Samuel Johnson* (Book 3 originally published in 1791) (http://digital.library.upenn.edu/webbin/gutbook/lookup?num=1564).

Broad, C. D.: *The Mind and its Place in Nature* (Routledge & Sons, 1925).

Brodie, Alexander (ed.): *The Scottish Enlightenment — An Anthology* (Canongate, 1997).

______: *Why Scottish Philosophy Matters* (The Saltire Society, 2000).

Burnet, John: *Early Greek Philosophy* (Oxford, 1920).

Burwood, S., Gilbert, P. and Lennon, K.: *Philosophy of Mind* (UCL Press, 1999).

Carroll, Lewis: *Alice's Adventures in Wonderland* (1865) (http://www.cs.indiana.edu/metastuff/wonder/wonderdir.html).

Cranston, Maurice: *Sartre* (Oliver and Boyd, 1962).

Descartes, René: *Discourse on Method*, and *Meditations on First Philosophy*, both included in *Descartes — Key Philosophical Writings* (Wordsworth Classics of World Literature, 1997).

Dews, Peter: *Habermas — A Critical Reader* (Blackwell Publishers, 1999).

Eccles, John (with K. Popper): *The Self and its Brain: An Argument for Interactionism* (Springer International, 1977).

Eco, Umberto: *Art and Beauty in the Middle Ages* (Yale University Press, 1986).

Eddington, Sir Arthur: 'The Philosophy of Physical Science' [Tarner Lectures, 1938] (Cambridge University Press, 1939).

Freud, Sigmund: *An Outline of Psycho-Analysis* (Hogarth Press, 1949).

Gleick, James: *Genius: The Life and Science of Richard Feynman* (Little, Brown and Co, 1992).

Hall, Stuart and Gieben (eds): *Formations of Modernity* (Polity Press, 1992).

Hankinson, Jim: *Bluff your Way in Philosophy* (Ravette Books, 1985).

Hare, R. M.: *The Language of Morals* (The Clarendon Press, 1952).

Harvey, David: *The Conditions of Postmodernity* (Blackwell, 1990).

Hempel, Carl Gustav: *Aspects of Scientific Explanation and Other Essays in the Philosophy of Science* (Free Press, 1965).

Hume, David: *A Treatise of Human Nature* (Oxford, 1888, Selby-Bigge edition).

_____: *An Inquiry Concerning Human Understanding* (1748) (http://www.eserver.org/18th/hume-inquiry.html).

_____: *Dialogues on Natural Religion* (Baron David Hume (Hume's nephew) posthumously, 1777) (http://www.anselm.edu/homepage/dbanach/dnr.htm).

Hutcheson, Francis: *An Inquiry into the Original of our Ideas of Beauty and Virtue* (1725; Everyman, 1994).

Kant, Immanuel: *The Critique of Pure Reason*(C1) (1781 and 1787); *The Critique of Practical Reason*(C2) (1788); *The Critique of Judgement*(C3) (1790); *Fundamental Principles of the Metaphysic of Morals*(*FPMM*) (1785) (http://eserver.org/philosophy/).

Kierkegaard, Søren Aabye: *On my Work as an Author* (trans. Walter Lowrie) (P. C. Kierkegaard (Kierkegaard' s brother), posthumously, 1859).

Kuehn, Manfred: *Kant: A Biography* (Cambridge University Press, 2000).

Kuhn, Thomas: *The Structure of Scientific Revolutions* (University of Chicago Press, 1970).

Locke, John: *An Essay Concerning Human Understanding* (Thomas Ballet, London, 1690) (eds Gary Fuller, Robert Stecker and John P. Wright) (London; New York, Routledge, 2000).

MacDonald, Paul (ed.): *The Existentialist Reader: An Anthology of Key Texts* (Edinburgh University Press, 2000).

Makkreel, Rudolf: *Imagination and Interpretation in Kant* (University of Chicago Press, 1990).

Mill, John Stuart: *On Liberty* (Parker, Son and Bourn, 1859) reprinted in *Utilitarianism* (Collins, 1962).

_____: *Utilitarianism* (Parker, Son and Bourn, 1863) reprinted in *Utilitarianism* (Collins, 1962).

Moore, George Edward: *Principia Ethica* (Cambridge University Press, 1903; reprinted by Prometheus, 1988).

Nietzche, Friederich: 'The Birth Tragedy' (*TBT*) in *The Birth of Tragedy and The Case of Wagner* (trans. Walter Kaufmann) (Vintage Books, 1967).

Nozick, Robert: *Anarchy, State, and Utopia* (Basic Books, 1974).

Paley, William: *Natural Theology: Or, Evidences of the Existence and Attributes of the Deity Collected from the Appearances of Nature* (Faulder, 1802) (Digital Version available from the Pacific Data Conversion Corporation).

Patfit, Derek: *Reasons and Persons* (Clarendon Press, 1974).

Plato: *The Republic; The Phaedo; The Laws* (http://onlinebooks.library.upenn.edu/authors.html)

Poincaré, Henri: *Science and Hypothesis* (Flammarion, 1902) (Dover Publications, 1952).

Popper, Karl: *The Logic of Scientific Discovery* (Hutchinson, 1959).

_____: *Conjectures and Refutations: The Growth of Scientific Knowledge* (Routledge and Kegan Paul, 1963).

_____: *The Poverty of Historicism* (2nd edn) (Routledge and Kegan Paul, 1961).

_____: *Objective Knowledge: An Evolutionary Approach* (Clarendon Press, 1972).

_____ (with J. C. Eccles): *The Self and its Brain: An Argument for Interactionism* (Springer International, 1997).

Putnam, Hilary: *Realism with a Human Face* (Harvard University Press, 1990).

Quine, W. V.: *On What There Is* (Review of Metaphysics, 1948) reprinted in *From a Logical Point of View* (Harper & Row, 1953).

Radcliffe-Richards, Janet: *Human Nature after Darwin* (Routledge, 2000).

Reid, Thomas: *Inquiry into the Human mind on the Principles of Common Sense* (1764) and *Essays on the Intellectual Powers of Man* (1785). Extracts reprinted in Brodie (1997).

_____: *Essays on the Active Powers of Man* (1788).

Roberts, Francis: 'Thought experiments and Social Transformation', *Journal for the Theory of Social Behaviour* (December, 1993).

Russell, Bertrand: *History of Western Philosophy* (George Allen & Unwin, 1946).

Ryle, Gilbert: *The Concept of Mind* (Hutchinson, 1949).

Shaftesbury, Anthony: *Characteristics of Men, Manners, Opinions, Times* (1711년 샤프츠버리 자신이 원래 세 권으로 출판하였지만 세 권 중 어디에도 인쇄업자나 출판사의 이름이 표시되어 있지 않다) (Liberty Fund, 2001).

Sidgwick, Henry: *Methods of Ethics* (7th edn, Macmillan & Co., Ltd, 1907; Oxford University Press, 2001) (http://www.la.utexas.edu/research/poltheory/sidgwick/me/).

Tolstoy, Leo: *What is Art? and Essays on Art* (trans. Aylmer Maude) (Oxford University Press, 1930).

Strawson, P. F.: *The Bounds of Sense* (Methuen, 1966).

Vinci, Leonardo da: 'Pragone: A Comparison of the Arts' in *Trattato della Pittura* (c. 1510). (trans. Irma Richter) (Oxford University Press, 1944).

Walsh, W. H.: *Kant's Criticism of Metaphysics* (Edinburgh University Press, 1975).

Weddle, David: *Outline of David Hume's Dialogues Concerning Natural Religion* (2001). Only available on the internet (http://www2.coloradocollege.edu/dept/RE/religionweb/ courses/re102/hume.htm).

참고한 사전류

Craig, Edward (ed.): *The Routledge Encyclopedia of Philosophy* (Routledge, 2000).

Glendinning, Simon (ed.): *The Edinburgh Encyclopedia of Continental Philosophy* (Edinburgh University Press, 1999).

Liddell, H. G. and Scott, R.: *The Oxford Abridged Greek-English Lexicon* (Clarendon, 1863).

Maunter, Thomas (ed.): *The Penguin Dictionary of Philosophy* (Penguin Books, 2000).

The Oxford English Dictionary (Clarendon).

Runes, Dagobert D. (ed.): *The Dictionary of Philosophy* (Routledge & Sons, 1944).

Speake, Jennifer (ed.): *A Dictionary of Philosophy* (Macmillan, 1979).

주요 인물 해설[1]

각각의 항목 마지막 부분의 표시 중 [P]는 일차 자료에, [PT]는 번역된 일차 자료에, [S]는 이차 자료에 기초하였음을 나타낸다.

니체 (Nietzsche, Friedrich): (1844–1900) 독일의 철학자인 동시에 심리학자로서 그는 키르케고르와 마찬가지로 철학이 학문적인 이론이라기보다는 일상적인 삶의 철학을 전개하기 위한 수단이어야 한다고 여겼다 — 이 때문에 그의 사상을 요약한다는 자체가 거의 불가능하다. 그의 철학 체계 핵심에 놓인 바는 개인이 자유로우며, 인간의 가치는 바로 이런 자유를 표현하는 데서 드러난다는 믿음이다. 이 때문에 그는 무언가를 규정하는 모든 가치들(원리들)의 체계에 대하여 지극히 비판적이었으며 따라서 인간 중심적인 가치와 충돌하는 모습을 보였다. 그리고 그는 '힘에의 의지', 즉 개인이 자신의 자유를 표현하는 데 필요한 자기 발전을 목표로 삼는 강력한 의지의 개념을 전개하였다.

데카르트 (Descartes, René): (1596–1650) 프랑스의 과학자, 수학자 겸 철학자로서 지난 4세기 동안 가장 큰 영향을 미친 학자 중 한 사람이다. 그는 특히 인식론과 심리철학에 막대한 영향을 미쳤다. 그의 대표적인 철학 저술 『방법서설』(*Discourse on Method*)과 『제일 철학에 관한 성찰』(*Meditations on the First Philosophy*)은 전 세계 수많은 대학들의 철학 과목에서 기본 교재로 사용된다.

인식론의 영역에서 그는 '회의의 방법'을 발전시켰는데 이는 어떤 주장이 지식으로 받아들여지려면 반드시 거쳐야만 하는 — 즉 그것이 어떤 방식으로든 회의될 수 있다면 지식으로 인정받지 못한다는 — 검토 방법을 의미한다. 이로부터 그는 자신의 능력을 신뢰하는 한에서 그 어떤 회의로부터도 완전히 벗어난 유일한 것은 자신이 존재한다는 사실뿐이라고 결론을 이끌어 내었다. '나는 생각한다, 그러므로 존재한다' (cogito ergo sum)는 그의 결론은 유럽철학자들이 남긴 말 중에 가장 유명한 것이 되었다. 우리가 인식한 바로서의 '나는 생각한다, 그러므로 존재한다'는 명제는 그의 철학 체계의 기초로 작용하

1 [옮긴이 주] 원서에는 각 항목이 영어 자모순으로 등장하지만 독자의 편의를 위하여 옮긴이가 가나다순으로 다시 배열하였다. 아래의 주요 용어 해설도 마찬가지이다.

며 그는 이로부터 지식의 모든 원리들을 이끌어 내었다. 그는 '나는 생각한다, 그러므로 존재한다' 로부터 출발하여 '존재론적 논증' 을 사용함으로써 신의 존재를 이끌어 내고, 무한히 자비로운 신의 존재를 확립한 후에는 이런 신이 자신을 속이지 않을 것이므로 '회의의 방법' 을 통해서 던졌던 회의를 극복하고 자신의 추론 능력에 의지할 수 있다고 주장하였다. 그는 이를 통하여 지식의 모든 원리들을 이끌어 내려는 시도의 기초를 마련하였다.

그는 또한 개인의 정체성에 관한 이론에도 크게 기여하였다. 자신의 정신은 확실히 존재하지만 자기 자신의 육체를 포함한 물체는 존재가 불확실하다는 사실로부터 그는 육체와 정신은 서로 구별된다는 결론을 이끌어 내었다. 바꾸어 말하면 정신과 육체를 별개의 것으로 보는 '이원론' 을 주장하였다. 역사적인 관점에서 볼 때 이런 이원론은 17세기 프랑스에서 교회가 주도하던 의술을 교회와 분리하는 긍정적인 결과를 낳기도 하였다. 또한 육체와 영혼이 분리됨으로써 과학자들은 사망한 사람의 영원한 영혼이 이미 육체를 떠났기 때문에 인체 해부가 아무런 문제도 되지 않는다는 식으로 해부를 정당화하였다. [P]

둔스 스코투스 (Duns Scotus, John): (1270-1308) 프란체스코 수도회 소속의 철학자로 처음에는 덤프리스(Dumfries)에서, 후에는 옥스퍼드에서 공부하였으며 파리와 쾰른에서 가르치기도 하였다. 그의 『전집』(*Opera Omnia*)은 파리에서 출판되었다(1891-5). 브로디(Alexander Brodie, 2000, 13면)는 스코투스의 사상이 개인의 독립성과 완전함을 핵심에 두는 스코틀랜드 철학과 문화의 주된 흐름을 형성했다고 주장한다. 이런 생각은 유럽철학의 다른 전통에서도 발견되므로 스코투스는 '지향성 개념을 현상학적으로 해석한 중세의 선구자였다' (위의 359면 참조).

스코투스는 의지와 지성이 단일한 정신의 일부를 형성한다고 주장하였다. 그렇지만 이 둘은 서로 구별되며, 서로 다른 능력을 지닌다. 지성은 진리를 추구하는 것 이외의 다른 일은 할 수 없으므로 '오직 하나의 결과만을 낳도록 강요된다.' 반면에 의지에게는 다양한 선택의 가능성이 있으므로 '서로 정반대되는 것들을 선택할 수도 있고' 따라서 자유롭다. 이들 둘 사이의 이런 명백한 모순을 해결하기 위하여 스코투스는 지성은 무언가를 제기하는 반면 의지는 그것을 처리한다고 주장한다. 의지는 정신에 속하는 다른 능력이 제시한 원리들에 반하여 행위할 능력을 지닌다. 따라서 지성에 반하여 비이성적으로 행위할 수도 있다.

이렇게 정신이 단일하다는 이론에 의지하여 대상들의 개체화 원리는 대상의 본질은 공유될 수 있지만 본성은 공유될 수 없다는 점에 기초하게 된다. 의지는 대상의 공유될 수 없는 본성에 해당하며, 지성은 공유될 수 있는 본질에 해당한다. [S]

로크 (Locke, John): (1632-1714) 영국 경험론의 전통에 크게 기여한 철학자이다. 그는 본유 관념이 존재한다는 생각을 거부하고 모든 지식은 경험으로부터 도출된다고 주장하였다. 그는 태어날 때 개인의 정신은 백지(tabula rasa)인데 여기에 경험이 인상을 만들고, 이런 인상이 지식의 기초를 형성한다고 생각하였다. 그는 사물의 제1 성질(형태, 연장성, 운동, 단일성 등으로 구성되는)과 제2 성질(색, 맛, 소리 등으로 구성되는)을 구별하여 제2 성질은 주관적이지만 제1 성질은 우리의 경험과 무관하게 세계에 존재하는 사물들이 지닌 고유한 속성이라고 주장하였다.

그는 개인의 정체성이 개인의 기억과 연결되어 개인의 의식이 지속된다는 사실에 기초한다고 믿었다.

그는 또한 정치 이론가로서 시민과 통치자 사이의 계약에 기초한 정부 이론을 전개하였다. [P]

리드 (Reid, Thomas): (1710–99) 스코틀랜드 '상식 철학 학파'의 창시자이다. 그는 첫 번째 대표적 저술에서(1764) 흄의 지각 이론을 강력하게 비판하였다. 마지막으로 출판한 저술들에서는(1785, 1788) 상당히 합리적으로 단순하고 명확한 언어로 많은 인식론적 문제들을 다루었는데 이들은 후에 20세기 '유럽 대륙' 철학에서 다시 등장하였다. [P]

밀 (Mill, John Stuart): (1806–73) 벤담(Jeremy Bentham)과 아버지 제임스 밀(James Mill)에게서 교육을 받았기 때문에 자연스럽게 이들이 창시한 영국 '공리주의'를 발전시키게 되었다. 하지만 밀은 도덕적 행위가 목표로 삼는 행복이 질적으로 서로 다를 수 있다고 주장함으로써 벤담과의 차이를 드러낸다 — 이 차이 때문에 밀은 '유용성의 원리'로부터 벗어난 도덕적 가치를 제시하였다는 비판을 받기도 하였다. 벤담이나 자신의 아버지와 마찬가지로 밀은 유용성의 원리에 기초한 정치 개혁에 큰 관심을 보였다. 그가 쓴 『정치 경제학 원리』(*Principles of Political Economy*, 1851)와 『자유론』(*On Liberty*, 1859)은 영국의 정치 개혁에 실제로 상당한 영향을 미쳤다. 또한 밀은 철학에도, 특히 논리학과 과학철학에 크게 기여하였는데 『논리학의 체계』(*Systems of Logic*, 1843)에서 그는 추론이 근본적으로 '귀납'의 과정이라고 주장하였다.

바움가르텐 (Baumgarten, Alexander Gottlieb): (1714–62) 독일 철학자로 예술과 아름다움의 본성에 관하여 탐구하는 철학 분과를 지칭하기 위하여 '미학'이라는 용어를 처음 사용한 인물이다. 그는 자신의 체계에서 논리적 지식과 감각적 또는 미학적 지식의 목표를 대비하면서 논리학은 진리를 추구하는 반면 미학은 아름다움을 추구한다고 주장하였다. [S]

버클리 (Berkeley, George): (1685–1753) 아일랜드 출신의 '관념론' 철학자로 정신이 없이는 물체도 존재할 수 없다고 주장함으로써 정신과 물체를 분리한 데카르트의 이원론을 비판하였다. 『인간 지식 원리론』(*The Principles of Human Knowledge*, 15-24절)에서 그는 지각되지 않고도 물체가 존재한다는 생각은 무의미하다고 주장하였다. [P] (존슨 박사가 큰 돌을 걷어참으로써 그의 이론을 '반박한' 일화는 유명하다.)

베이컨, 로저 (Bacon, Roger): (1214경-1294경) 영국 서부에서 태어나 옥스퍼드에서 사망한 프란체스코 수도회 소속의 학자이다. 그는 13세기에 '박사' 칭호를 받은 여섯 명의 스콜라철학자 중 한 사람이었다 — 그는 '독토르 미라빌리스'(Doctor Mirabilis)로 불렸는데 이는 '놀랄 만한 교사' 또는 '경이로운 박사'를 의미한다. 그가 과학에 보인 관심은 이후 학자들로부터 더욱 큰 신뢰를 얻었다. 그는 실험을 통한 증거의 중요성을 강조하였으며 광학 렌즈, 자동차, 비행기, 잠수함 등을 만들려는 생각을 발전시켰다. 당시 교회 성직자들은 그의 발명품이 마법을 사용한다고 의심하였으며 이 때문에 잠시 감옥에 갇히기도 하였다. 그는 오컴과 더불어 영국 경험론의 창시자이기도 하다. 충실한 경험론자로서 그는 존재들이 말로는 표현되거나 전달될 수 없는 본질을 지닌다고 주장했던 같은 시대 학자 둔스 스코투스를 강력하게 비판하였다. 로저 베이컨의 대표적 저술은 『대 저작』(*Opus Majus*)인데 이는 사실상 당시의 과학 백과사전이라 할 수 있다. [S]

베이컨, 프란시스 (Bacon, Francis): (1561-1626) 영국 철학자로 과학적 진리를 발견하는 데 '귀납적 방법'이 있음을 주장한 것으로 널리 알려졌다. 이 방법을 통하여 그는 자연에 관한 지식을 얻는 수단으로 관찰과 실험이 우선함을 주장하였다. 그가 출판한 저술에는 유명한 네 가지 우상(즉 종족, 동굴, 시장, 극장의 우상)이 등장하는데 이들은 귀납적 방법의 사용을 더욱 어렵게 만드는 강압적인 힘들을 비판하기 위한 것이었다. [S]

보부아르 (De Beauvoir, Simone): (1908-86) 프랑스의 철학자, 소설가 겸 정치 이론가로 평생의 동반자였던 사르트르와 더불어 '실존주의자'로 불린 최초의 인물에 속한다. 사르트르와 마찬가지로 그녀 또한 두 철학적 흐름을 서로 결합하였는데 그 중 하나는 브렌타노와 후설(Edmund Husserl)의 현상학이며 다른 하나는 키르케고르의 저술에서 발견되는 자유와 주관성이다. 그녀는 다음의 세 가지 점에서 사르트르와 같은 의견을 보였다. 첫째, 개인들은 자신의 자유로운 행위를 통하여 자신을 의식적인 존재로 창조한다. 둘째, 궁극적인 도덕적 가치는 (즉 최고선은) 바로 이렇게 자유롭게 선택된 행위에서 드러난다. 셋째, 개인의 자유는 오직 '타자'의, 즉 다른 개인들의 자유를 증진함으로써만 유지될 수 있다. 하지만 개인의 자유와 '타자'의 자유 사이의 관계를 분석하면서 보부아르는 사르트르와 다른 의견을 보인다. 즉 사르트르와 달리 보부아르는 한 개인의 자유와 다른 개인의 자유 사이의 상호 보완성이 지닌 긍정적인 측면에 — 즉 '타자'의 자유가 의식 주체의 자유를 상승시킨다는 사실을 인정하는 데 초점을 맞춘다.

보부아르는 이런 생각을 대표적인 두 저술에서 전개하였다. 그녀는 1947년 『모호함의 윤리』(*Pour une morale de l'ambiguïté*)를, 2년 후 『제2의 성』(*Le deuxième sexe*)을 출판하였다. 『모호함의 윤리』에서 그녀는 개인이 자유로운 행위자임을 재확인하면서 이런 무제약적인 자유와 자유로운 행위자가 행위하는 사회가 부과하는 제약을 서로 대비한다. 이런 분석에 따르면 자유를 증진하는 사회 체계는 대상이 아니라 주체로 간주되는 자유로운 개인을 확고한 기초로 삼을 경우에만 구성될 수 있다. 『제2의 성』에서 그녀는 역사 전반을 통틀어 여성이 부수적이고 예속된 사회적 역할을 담당하는 까닭은 주체가 아니라 '타자'로 그려지기 때문이라고 주장하였다. 사회 구조와 사회적 관행은 여성을 대상으로 간주하는 가치들을 생산해 왔고 따라서 여성의 예속을 제도화하였다. 여성이 자유로워 질 수 있는 길은 '타자'를 자유로운 행위자로, 대상을 주체로 여기는 것이다. 이는 또한 여성을 대상으로 추락시키지 않는 사회 구조와 관행의 발전을 필요로 한다. 보부아르는 여성의 역할에 대하여 단지 사회적 분석이 아니라 철학적 분석을 시도한 최초의 정치 활동가 중의 한 사람이었다. 이런 활동은 여성의 예속을 낳는 사회적 가치들을 여성주의 관점에서 비판하는 것으로 이어졌다. 따라서 그녀를 현대 여성주의의 창시자로 여긴다 해도 그리 큰 잘못은 없을 듯하다. [PT] [S]

브렌타노 (Brentano, Franz): (1838–1913) 독일 마리엔베르크에서 태어나 1864년 가톨릭 신부가 되었으며 뷔르츠부르크와 빈대학에서 학생들을 가르쳤다. 그는 '지향성 이론'으로 유명한데 이를 통하여 그는 지각이든 아니면 사고나 판단이든 간에 모든 정신적인 사건은 의도적으로 어떤 대상을 지향한다고 주장하였다. 이 이론에 따르면 의식이 철학의 필수 요소이다. 이런 주장은 경험이 철학의 필수 요소라고 주장하는 영어권의 경험론과 대비된다. [S]

사르트르 (Sartre, Jean-Paul): (1905–80) 프랑스의 철학자, 소설가, 정치이론가이기도 한 그는 평생의 동반자였던 보부아르와 더불어 '실존주의자'로 불린 최초의 인물이다. 그는 두 철학적 흐름을 서로 결합하였는데 그 중 하나는 브렌타노와 후설(Edmund Husserl)의 현상학이며 다른 하나는 키르케고르의 저술에서 발견되는 자유와 주관성이다. 그는 키르케고르의 자유 개념과 개인이 어떤 체계와도 무관하다는 생각 그리고 의식이 지향성을 포함한다는 브렌타노와 후설의 생각을 더욱 정교하게 만들었다. 따라서 사르트르는 의식적인 존재로서 자신의 자유로운 행위를 통하여 스스로를 창조해 나가는 개인의 개념을 발전시켰다. 궁극적인 도덕적 가치는 (즉 최고선은) 바로 이렇게 자유롭게 선택된 행위에서 드러난다. 사르트르에 따르면 자유는 의식 주체로서의 자신과 주체가 아닌 모든 것을 구별하는 한 개인의 의식적인 행위에서 발견된다 — 이를 통하여 자아와 '타자(他者)' 사이의 구별이 확립되며 '타자'는 자아의 실존을 보완한다. 자아와 '타자' 사이의 관계가 지닌 상호 보완적인 본성은 개인의 자유가 오직 '타자'의 자유를 증진함으로써만 유지될 수 있음을 의미한다. 이는 또한 개인이 스스로 결정되어 있지는 않지만 조건 지어져 있다고 생각하는 상황에서 개인의 자유가 발견됨을 의미한다. 하지만 보부아르와는 달리 사르트르는 이런 상호 보완적 관계가 지니는 부정적인 측면에 초점을 맞춘다. '타자' 의 자유를 인식하는 데 실패한 개인은 자유로운 행위자라는 자신의 진정한 자아로부터 고립되고 소외된 채로 남게 된다.

사르트르의 정치 활동은 모든 개인의 자유를 증진하려는 시도와 밀접하게 관련된다. 그는 마르크스주의 정치학을 수용하면서 20세기 중반 유럽의 압제적인 통치 형태에 강력하게 반발하였다. 이를 계기로 그는 철학적 주저 『변증법적 이성 비판』(Critique de la raison dialectique, 1960)을 썼는데 이는 마르크스주의와 실존주의의 원리를 조화시키려는 시도라 할 수 있다. [PT] [S]

샤프츠버리 (Shaftesbury, Anthony): (1671–1713) 로크의 제자 중 한 사람이었던 영국 철학자이다. 그는 인간이 눈이 색을 감지하고 귀가 소리를 감지하는 것과 유사한 방식으로 도덕적 선을 감지하는 도덕감을 지닌다는 이론을 제시하여 유명해졌다.

소크라테스 (Socrates): (기원전 470경–399) 고대 그리스 철학자이며 플라톤의 스승이었다. 그가 자신의 철학에 관한 저술을 직접 썼다는 기록은 없으며 우리가 그에 관하여 아는 바는 대부분 플라톤의 대화편에 등장한다. 이들 대화편에서 소크라테스는 항상 대화를 이끌어 나가는 주인공으로 등장한다. 플라톤의 '형상 이론' 을 처음 전개한 사람이 소크라테스일지도 모른다는 견해도 있다.

아낙시만드로스 (Anaximander): (기원전 6세기) 고대 그리스의 '밀레토스 학파' 에 속하는 철학자들 중 두 번째로 등장한 중요한 철학자이다. 그보다 앞선 탈레스나 후에 등장한 아낙시메네스와 마찬가지로 그 또한 우주가 무한하고, 영원하고, 사라지지 않는 기본 실체로 이루어진다고 주장하였다. 이 기본 실체는 우리에게 알려진 실체 중 하나일 수 없다. 왜냐하면 이런 실체들은 각각 자신을 지배적인 실체로 확립하기 위하여 다른 실체와 다투기 때문이다. 아낙시만드로스에 따르면 우리에게 알려진 실체들 중 하나를 지배적인 실체로 만들려는 시도가 명백히 실패한다는 사실로부터 이들의 지배를 방해하는 무언가가, 즉 '기본 실체' 가 존재한다는 점을 이끌어 낼 수 있다. 아낙시만드로스는 현존하는 실체들 중 하나가 지배적인 실체가 될 수 없다는 사실에 의지하여 기본 실체는 우주 안에서 조화 또는 '정의' (正義)의 원리에 따라 다른 실체들에게 작용해야 한다는 자신의 주장을 정당화하였다. 이런 그의 논증은 우리가 지각할 수 있는 바를 넘어서는 어떤 존재나 속성이 현존한다는 '선험적 증명' 의 형태를 띤다. [S]

아낙시메네스 (Anaximenes): (기원전 6세기) '밀레토스 학파' 에 속하는 세 번째의 주요 철학자이다. 그보다 전에 등장한 탈레스나 아낙시만드로스와 마찬가지로 그도 우주가 무한하고, 영원하고, 사라지지 않는, 하지만 끊임없이 형태가 변화하는 '기본 실체' 로 이루어진다고 믿었다. 그는 이 기본 실체가 공기라고 주장하였는데, 공기는 무한하다는 속성을 지니므로 (탈레스가 기본 실체로 선택하였던) 물보다는 공기를 통해서 세계 안에서 드러나는 다양성을 더욱 잘 설명할 수 있다는 점을 자신의 근거로 삼았다. 이를 통하여 그는 서로 맞서는 여러 이론들 사이에 하나를 선택하는 기준으로 '풍부한 설명력'을 사용하였다. [S]

아리스토텔레스 (Aristotle): (기원전 384경–323) 수많은 학문 분야를 다룬 고대 그리스의 위대한 학자이며 유럽 문화사 전체를 통틀어 가장 큰 영향력을 발휘한 철학자 중의 한 사람이다. 그는 플라톤의 제자였지만 철학에서도 스승과 쌍벽을 이루는 수준에 이르렀고 다른 많은 분야에서는 오히려 스승을 넘어섰다. 플라톤과 달리 아리스토텔레스는 궁극적인 실재가 우리가 지각하는 바라고 믿었으며, 이런 실재를 우리의 감각과 무관한, 현실과 분리된 어떤 다른 영역에 속한다고 본 플라톤의 주장을 거부하였다.

그는 실재에 관한 지식(epistêmai, 직역하면 '지식들')을 세 영역으로 나누었다. 그 중 첫째는 이론학으로 여기에는 수학 및 현재 우리가 자연과학이라고 부르는 것들이 포함되며 이는 진리를 목표로 삼는다. 둘째는 실천학으로 정치학, 윤리학 등이 이에 속하며 이는 인간 행위의 선을 목표로 삼는다. 셋째는 무언가를 만드는 것을 목표로 삼는 제작학이다.

그는 또한 과학에서 통용되는 연역적 설명 모델의 기초를 제공하였다. 『분석론 후서』(1권–6)에서 그는 하나의 과학은 필연적으로 참인 제1 원리와 그 과학의 주제에 관한 참인 진술들을 모두 이끌어 내는 일련의 연역적 추론들을 포함하는 공리 체계로 제시되어야 한다고 주장하였다. 따라서 과학적 지식은 논증적이다. 과학에서 얻는 지식은 결국 제1 원리들로부터 이끌어 낼 수 있는 바인데 제1 원리들 자체는 증명될 필요는 없다.

아리스토텔레스에 따르면 과학의 각 분야는 실재의 특정 부분을 탐구하며 그 부분에서 일어나는 변화를 설명하려고 시도한다. 플라톤과 마찬가지로 아리스토텔레스도 이보다 더욱 깊은 영역까지 들어가 존재 또는 현존의 본성을 파악하려 하였다. 그는 독립해서 존재하는 것과 독립해서 존재하지 않는 것을 구별하면서 오직 전자만을 '실체'라고 불렀다. 예를 들면 어떤 말(馬)은 실체지만 그 말의 흰색은 실체가 아니며 그 말이 끄는 짐수레 또한 실체가 아니다. 흼이나 짐수레는 독립해서 존재하지 않는다.

무언가가 독립해서 존재하는지 그렇지 않은지를 결정하면서 아리스토텔레스는 자신의 '사원인설'에 호소한다. 네 원인 중 앞의 세 원인은 왜 무언가가 현재와 같은 모습인지를 설명하며, 네 번째 원인, 즉 어떤 것의 목적인 또는 목표는 왜 그것이 변화하는지를 설명한다. 아리스토텔레스는 네 원인 각각에 대하여 다음과 같은 예를 든다. (i) '질료인'은 무언가를 만드는 재료 또는 원료이다. 청동으로 만든 조각상의 질료인은 청동이다. (ii) '형상인'은 무언가의 본질 또는 본성이다. 형상인은 무언가를 바로 그렇게 존재하도록 만든다. 아테네(Athena) 여신의 조각상을 만들려고 할 경우 그것의 형상인은 아테네 여신의 모습이다. (iii) '동력인'은 무언가를 존재하도록 만드는 원인이다. 부모는 자식의 동력인이다. 즉 부모는 자식의 근원이 된다. (iv) 어떤 존재 또는 과정의 '목적인', 즉 그것의 텔로스(telos)는 그것이 존재하는 또는 행해지는 목적이다. 건강은 육체적 훈련의 목적인이다.

'실체'는 자신 안에 목적인을 포함한다. 이는 말이 끄는 짐수레는 실체가 아님을 의미한다. 왜냐하면 그것이 만들어진 목적은 그것을 만든 장인의 마음 안에 있기 때문이다. 이와는 대조적으로 말의 본질 안에는 그것의 존재 목적이 포함되어 있다.

목적인 또는 텔로스, 즉 무언가의 존재 목적이라는 개념은 도덕적 주제들에 대한 아리스토텔레스의 분석에 기초를 제공한다. 인간이 존재하는 목적은 에우다이모니아(eudaimonia)에, 즉 행복에 이르는 것이다. 에우다이모니아는 관능적 쾌락이 아니라 한 인간으로서 자신에게 주어진 역할을 충실히 완수하는 데서 얻는 행복을 의미한다. 다른 모든 동물들과 마찬가지로 인간도 한 개인으로서 그리고 한 종으로서 자신의 생존을 목표로 삼는 능력들을 지닌다. 인간은 음식을 먹고 자식을 낳기 위하여 감각을 사용한다. 하지만 인간은 영혼의 능력인 이성을 지님으로써 동물과 구별된다. 따라서 인간의 목적은 이성 능력을 기르는 데 있다.

윤리학의 임무는 인간이 이성 능력을 기르는 자신의 목적에 이르는 방법을 제시하는 것이다. 아리스토텔레스는 인간이 일종의 탁월성(aretê)인 덕을 발전시킴으로써 이렇게 할 수 있다고 주장한다(*NE* (I)7). 덕 또는 탁월성에는 도덕적인 덕과 지적인 덕, 이렇게 두 종류가 있다. 도덕적인 덕은 지나침과 모자람이라는 두 부정적인 요소를 피함으로써 우리 자신과 우리의 텔로스(목적) 사이에 조화를 유지하도록 균형을 잡아나가는 것이다. 지적인 덕은 각 개인이 도덕적인 덕에 이르는 방법을 인식하는 데 필요하다. 즉 지나침과 모자람 사이에 중용을 발견함으로써 인간의 행복에 이르게 된다는 사실을 인식하는 데 필요하다. 지적인 덕은 에우다이모니아를 직접 추구함으로써 그 자체만으로도 큰 가치를 지닌다. 지적인 덕의 최고 형태는 이론적인 관조이다. 아리스토텔레스의 윤리 체계는 가장 오래된 덕 윤리의 체계이기도 하다. [PT]

오컴 (Ockham, William of): (1287경–1347) 영국 출신으로 프란체스코 수도회에 속했던 철학자로 '오컴의 면도날'로 알려진 이론으로 유명하다. 그와 마찬가지로 프란체스코 수도회 소속이었던 로저 베이컨과 더불어 그는 영국 경험론의 기초를 놓았다. [S]

칸트 (Kant, Immanuel): (1724[2]–1804) 당시에는 동 프러시아의 작은 대학 도시였지만 지금은 러시아에 속하는 쾨니히스베르크에서 태어나 평생 그곳을 떠나지 않았던, 철학사에서 가장 위대한 철학자 중 한 사람이다. 그는 이른바 '비판철학'을 전개한 것으로 유명하며 널리 알려진 세 권의 비판서, 즉 『순수이

2 [옮긴이 주] 원서에서는 1712년으로 표시하였지만 이는 명백한 잘못이므로 옮긴이가 1724년으로 바로 잡았다.

성비판』(*Critique of Pure Reason*), 『실천이성비판』(*Critique of Practical Reason*), 『판단력비판』(*Critique of Judgement*)을 썼다. 여기에는 흄의 회의론에 대한 칸트의 반응이 부분적으로 드러나는데 칸트는 흄이 자신을 '독단의 꿈'에서 깨웠다고 말한다. 이렇게 꿈에서 깨어난 칸트는 두 가지 임무에 도전한다. 첫째, 그는 흄의 극단적인 '회의론'에 답하여 하였으며 둘째, 당시 형이상학자들이 공통적으로 지녔던 가정, 즉 오직 이성 능력을 통해서 개념을 분석함으로써 실재에 관한 이해에 — 바꾸어 말하면 감각의 도움 없이 오직 사고만으로 존재하는 바에 관한 지식에 — 이를 수 있다는 가정을 의문시하려 하였다. 그는 우선 이성 능력이 우리에게 내적인 경험 내용에 대한 판단에 의해서 제한되지 않는 지식을 제공할 수 있다고 주장함으로써 흄에 답한다. 다음으로 그는 이성 능력이 분명히 어떤 한계를 지니며 이를 넘어서면 어떤 주장도 제대로 펼 수 없다고 결론지음으로써 사변적인 형이상학자들에 답한다. 자신의 '비판' 철학을 통하여 칸트는 이런 한계를 확립하려고 노력하였다.

사변적 형이상학자들에 대한 칸트의 대답은 흄의 대답과 유사하다. 칸트는 이성이 관여하는 한 세계에서 실제로 일어나는 바는 우리가 경험하는 바와 항상 다르다고 주장한다. 세계가 어떤 특정한 명제가 기술하는 바와 일치한다는 그 어떤 주장도 세계가 다른 어떤 특정한 명제가 기술하는 바와 일치한다는 완벽하게 합리적인 주장을 만나게 되는데 이 때 두 명제가 서로 모순되는 일이 얼마든지 일어난다. 따라서 우리가 경험하는 바를 넘어선 세계에서 실제로 일어나는 바를 말하려고 시도한다면 이성은 자신의 능력을 넘어서게 된다. 이는 우리 정신 안에 들어 있는 내용을 넘어서서 존재하는 바에 관한 모든 주장에 적용되는데 특히 신에 관한 주장도 여기에 포함된다. 사변적인 형이상학에 대한 칸트의 반박은 신 존재 증명에까지 확대된다. 그는 개인 자신의 경험을 출발점으로 삼는, 비교적 제한적인 자신의 신 존재 증명을 제시하였는데 이는 오직 그 개인 자신에게만 타당하다(위의 267면 참조).

흄에 답하면서 칸트는 우리가 감각과 이성의 작용 규칙을 인식할 수 있다고 주장한다. 이런 지식은 수학적 지식과는 달리 우리가 사용하는 용어의 의미를 분석함으로써 얻어질 수 없다. 수학에서는 '둘', '넷', '더하기', '같다' 등의 용어가 지닌 의미를 이해함으로써 둘 더하기 둘은 넷과 같다는 사실을 인식할 수 있다. '둘 더하기 둘은 넷과 같다'는 진술은 여기에 포함된 용어의 의미에 비추어 참이 된다 — 이런 특징 때문이 이 진술은 '분석 명제'에 속한다. 칸트에 따르면 얼마나 많은 감각 경험이 쌓인다 할지라도 또는 감각 경험과 무관한 개념의 분석이 얼마나 많이 이루어진다 할지라도 이들은 감각이 오직 시간상에서 삼차원의 정보로만 흡수된다는 점을 알려 주지 않는다. 하지만 이성은 감각이 제대로 작용하기 위해서 따라야만 하는 규칙들을 검토할 수 있다. 칸트는 이런 검토를 통해서 우리의 감각에 정보를 제공하는 세계가 삼차원이며 시간에 의존하며, 사건은 반드시 원인을 지녀야만 한다는 점을 알 수 있다고 주장한다.

이성은 또한 이성 자신이 제대로 작용하기 위하여 따라야만 하는 규칙들도 검토한다. 칸트는 이런 더 이상의 분석이 두 유형의 지식을 제공한다고 주장한다. 첫 번째 유형의 지식은 우리에게 감각적인 정보를 제공하는 물리적인 세계를 지배하는 규칙에 관한 것이다 — 그렇다면 이성은 이런 정보를 해석해야만 한다. 우리가 감각적인 정보를 해석할 수 있기 위하여 감각을 제공하는 세계는 질서를 지녀야만 하며 그런 세계의 사건은 반드시 원인을 지녀야만 한다. 이는 이성이 세계에 관한 감각적 정보를 해석할 수 있기 위한 필요조건이다.

이성 자신이 따라야만 하는 규칙들에 대한 더 이상의 검토를 통해서 얻는 두 번째 유형의 지식은 우리의 도덕적 삶을 지배하는 규칙에 관한 것이다. 이성은 인간 행위를 지배하는 특수한 규칙을 도덕 법칙으로 받아들이는 일을 정당화하는 능력이기도 하다. 이런 정당화를 제공하는 과정에서 이성은 자신의 작용 규칙에 따라야만 한다. 이성은 이런 규칙이 법칙으로서 지녀야 할 특징적인 속성을 지니지 않는다면 어떤 종류의 행위 규칙도 법칙으로 받아들일 수 없을 것이다. 법칙을 특징짓는 대표적인 속성 중 하나는 보편적으로 적용된다는 점이다. 따라서 도덕 법칙이 되기 위하여 인간 행위의 규칙은 보편적으로 적용되어야만 한다. 칸트는 계속해서 이런 조건이 어떤 인간 행위의 규칙이 도덕 법칙이 되기 위한 필요조건일 뿐만 아니라 충분조건이기도 하다고 주장한다. 즉 어떤 행위 규칙이 인간 행위를 지배하는 보편 법칙이 될 수 있다면 이성은 그 규칙을 도덕 법칙으로 받아들인다. 칸트는 이렇게 보편적으로 적용 가능한 법칙을 정언 명령이라고 불렀으며 이에 따르는 일은 그것이 낳는 결과를 전혀 고려하지 않고 행해질 경우에만 도덕적 가치를 지닌다. 이런 방식으로 도덕적 가치를 지닌 행위는 사람들을 그 자체로 목적으로 대우하고 결코 단지 수단으로서만 사용하지 말 것을 요구한다.

칸트가 흄의 회의론에 답하면서 제시한 세 가지 논증에서는 인간의 능력이 적절하게 작용하기 위하여 적용되어야 하는 조건들이 드러난다. 이런 유형의 논증은 '선험적 증명' 으로 알려진 바를 활용한다. 이들은 또한 '분석 명제' 가 아닌 결론들을 도출한다.

'우리의 감각에 정보를 제공하는 세계는 삼차원이며 시간에 의존한다', '우리가 감각적 정보를 얻는 세계에서는 인과적 기계론이 작용한다' 그리고 '도덕 법칙은 우리의 행위를 지배하는 규칙이 모든 행위를 지배하는 규칙으로 일반화될 수 있도록 행위하라고 말한다' 는 세 진술은 모두 '종합적' 이다. 칸트는 이들이 모두 참인 진술들인데 이들이 참이라는 사실은 여기에 포함된 용어들의 의미를 분석함으로써 결정될 수 없다고 주장한다 — 따라서 이들은 '종합적인 진술' 이다. 그는 또한 이들을 참이라고 결정하는 분석 과정이 경험과는 무관하며 따라서 아프리오리한 분석이라고 주장한다. 이를 통하여 그는 아프리오리한 '종합적' 진술이 존재할 수 있다고 주장하였는데 이에 대해서는 많은 비판과 재해석이 이어졌다.

칸트의 철학은 본성상 매우 추상적이지만 칸트 자신은 무척 현실적인 측면도 지녔음을 엿볼 수 있다. 최근에 출판된 칸트 전기에서 쿠엔(Manfred Kuehn, 2000, 64면)은 칸트와 동시대 사람이었던 하일스베르크(Christopher Friedrich Heilsberg)의 말을 인용하여 칸트와 동료 학생들이 당구를 치거나 카드놀이를 하면서 뛰어난 솜씨를 보여 상당한 돈을 따기도 하였다는 일화를 소개한다 — 이를 보면 칸트는 도박꾼이었던 듯도 하다. 그리고 『순수이성비판』의 한 대목을 보면(A824/B853) 칸트가 도박을 매우 잘

알았음이 드러나기도 한다. [PT]

콰인 (Quine, W. V.): (1908–2000) 현대 미국의 논리학자이며 철학자이다. 그는 '경험론자' 였지만 '실증주의자' 는 아니었다. 그는 개념이 서로 연결된 개념들의 관계망 또는 그물망 안에서 의미를 얻는다고 주장하였다. 콰인에 따르면 하나의 문장은 서로 연결된 개념들의 관계망이라는 맥락 밖에서는 의미를 지닌다고 말할 수 없다. 이런 주장은 세 가지 결론을 낳는다. 첫째, 이 관계망의 그 어떤 부분도 경험에 비추어 수정되는 일을 피할 수 없다. 둘째, 어떤 경험의 집합도 한 이론의 일부만을 반박할 수는 없다. 셋째, 한 문장은 서로 다른 것들의 폭넓은 배열을 의미하는 것으로 여겨져야 한다. 콰인은 이 중 세 번째 결론을 '원초적 번역의 불확정성' 이라는 유명한 문구로 요약하여 표현한다. 간단하게 말한다면 이는 어떤 문장이 항상 어떤 특정한 시간에 부여되는 의미와는 다른 의미를 지닐 수 있음을 — 즉 다른 무언가를 의미하는 일이 가능함을 — 나타낸다.

서로 연결된 개념들의 관계망이라는 생각을 통하여 콰인은 또 다른 유명한 개념을 — 즉 '존재론적 개입' 이라는 개념을 — 형성한다. 우리에게 주어진 어떤 서로 연결된 개념들의 관계망을 받아들임으로써 우리는 실재가 어떤 유형의 사물들을 구성한다는 점을 받아들이는 개입을 하게 된다. 바꾸어 말하면 어떤 특수한 존재론에 개입하게 된다. [P]

쿤 (Kuhn, Thomas): (1922–96) 현대 미국 철학자로 포퍼와 마찬가지로 과학이 어떻게 발전하는가를 설명하는 문제에 관심을 보였다. 쿤은 과학이 비교적 작은 발걸음을 계속 내디딤으로써 진보하기보다는 '일련의 평화로운 중간 시기를 거친 후 강력한 지적인 혁명으로 마감되는' 방식으로 진보한다고 주장하였다. 그는 이런 강력한 혁명을 '전통을 고수하려는 정상 과학의 활동에 대한 전통을 무너뜨리려는 쪽의 대응' 으로 묘사하였다. 이후 '과학 혁명' 과 '정상 과학' 이라는 쿤의 용어는 과학철학 논의에서 자주 인용되는 표준적인 용어가 되었다. 이들은 과학의 진보에서 서로 다른 두 단계를 묘사하는 데 사용되며, 과학자들이 자신의 설명을 형성하고 활동을 개념화하는 방식을 통해서 특징지어진다. '정상 과학' 의 단계에서 과학자들은 당시에 이미 받아들여진 이론과 실험을 통하여 자연에 대한 이해를 넓혀 나간다. 과학 탐구는 '과거에 이루어진 하나 또는 그 이상의 과학적 성취, 즉 몇몇 특정한 과학 공동체가 더 이상의 과학적 실천을 위한 토대를 제공한다고 잠시 동안 인정하는 성취에 확고하게 기초한다' (1970, 10면). 쿤은 이런 성취를 '패러다임' 이라고 불렀다(10면). '혁명을 통하여 하나의 패러다임에서 다른 패러다임에로 연속적으로 이행하는 일은 성숙한 과학에서 항상 발견되는 발전 유형이다' (12면). [P]

키르케고르 (Kierkegaard, Søren Aabye): (1813–55) 20세기에 등장한 '실존주의' 의 발전에 큰 영향을 미친 덴마크의 철학자 겸 신학자이다. 그가 추구하였던 철학적 주제에는 자유, 주관성, 순수한 지성의 무익함, 그 어떤 체계에도 앞서는 개인의 독립성 등이 포함된다. 그가 철학 연구에 접근하는 태도는 다음 인용문에서 잘 요약되어 드러난다. '이른바 객관적 진리를 발견한다 해도 … 그것이 나 자신과 내 삶에 더욱 깊은 의미를 지니지 못한다면 무슨 소용이 있겠는가? 만일 진리가 내 앞에 냉혹하게 버티고 서서 내가 그것을 인식했는지 그렇지 못했는지와 상관없이 나에게 믿고 따르려는 마음보다는 공포와 전율만을 느끼게 만든다면 그런 진리가 내게 무슨 소용이 있겠는가?' (1939, 15면). 이런 언급과 함께 그는 당시 유럽 대륙의 철학을 주도했던 헤겔의 관념론에서 벗어난다. 키르케고르는 헤겔 철학의 주된 흐름이 다음 두 가지 점에서 잘못되었다고 생각하였다. 첫째, 헤겔은 자유롭고 독립적인 개인보다 체계에 더 큰 가치를 부여하였다. 둘째, 실재가 사고에 의존하도록 만듦으로써 사고와 실재 사이의 자연스러운 관계를 뒤집어 버린 결과를 낳았다.

도덕적 문제들에 대한 그의 분석은 두 권으로 이루어진 저술 『이것이냐 저것이냐』(*Either – Or*)에 등장하는, 탐미주의자와 도덕주의자를 대조한 대목에서 잘 드러난다. 탐미주의자는 감각적 아름다움과 쾌락, 재미에 열중하는 반면 도덕주의자는 충실, 정직 그리고 도덕적 삶이라는 이상을 향한다. 이들 둘 사이에 어떤 쪽을 선택하는가는 우리가 삶의 목표를 어디에 두는가에 좌우되며 이는 지성을 통해서 접근할 수 있는 문제가 아니다. 키르케고르 자신은 삶의 목표가 신앙에 의해서 결정된다고 보았다. 왜냐하면 윤리학은 근원적으로 개인의 헌신에 기초하기 때문이다. [S] [PT]

탈레스 (Thales of Miletus): (기원전 620경–546) '밀레토스 학파' 의 최초의 철학자로 알려진 인물이다. 그는 우주가 무한하고, 영원하고, 사라지지 않는, 하지만 끊임없이 형태가 변화하는 '기본 실체' 로 이루어진다고 믿었다. 그는 이 '기본 실체' 가 물이라고 주장하였다. [S]

포퍼 (Popper, Karl): (1902–94) 20세기에 등장한 가장 뛰어난 철학자 중 한 사람이다. 그는 대표적인 과학철학자인 동시에 사회, 정치철학에도 크게 기여하였다. 쿤과 마찬가지로 그 또한 과학적 진보가 어떻게 이루어지는지를 설명하려 하였다. 이런 임무에 반드시 필요한 예비 작업으로 그는 과학을 이른바 '비과학' 과 구별하려 하였다. 포퍼에 따르면 한 이론은 상상 가능한 어떤 사건에 의해서 반박될 수 있을 경우에만 과학적이다.

그리고 그는 이런 '반증 가능성' 이라는 기준을 과학적 진보를 설명하는 데 사용한다. 과학은 하나의 과학적인, 따라서 반증 가능한 이론으로부터 일련의 단계를 거쳐 다른 이론으로 진보한다. 이 새로운 이론은 이미 받아들여진 반증 가능한 이론을 반증하려 한다. 만일 기존의 이론을 반증하는 데 성공하면 이런 시도는 반증으로부터 자유로운 새 과학 이론을 낳게 된다. 새 이론 또한 그 자체로 반증 가능하므로 이 이론을 반증하려는 시도가 다시 시작된다. 반증 가능성이라는 기준을 사용하여 포퍼는 과학에서 '귀납적 방법' 을 사용함으로써 제기되는 주요 문제들로부터 벗어났다.

영어로 출판된 그의 주요 저술은 다음과 같다. 『열린사회와 그 적들』(*The Open Society and its Enemies*, 1945); 『역사주의의 빈곤』(*The Poverty of Historicism*, 1957); 『과학적 발견의 논리』(*The Logic of Scientific Discovery*, 1959); 『추측과 반박: 과학적 지식의 성장』(*Conjectures and Refutations: The Growth of Scientific Knowledge*, 1962); 『객관적 지식: 진화론적 접근』(*Objective Knowledge: An Evolutionary Approach*, 1972); 『자아와 뇌: 상호 작용설을 위한 논변』(*The Self and Its Brain: An Argument for Interactionism* (J. C. Eccles와 공저, 1977). [P]

푸앵카레 (Poincaré, Henri): (1854–1912) 프랑스의 이론물리학자, 수학자 겸 철학자이다. 그는 수리철학과 과학철학에 큰 영향을 미친 저술(1905)을 남겼다. [P]

플라톤 (Plato): (기원전 428경–347) 그의 제자인 아리스토텔레스와 더불어 유럽철학사에 가장 큰 영향을 미친 고대 그리스 철학자이다. 그는 기원전 387년경 아테네에 '아카데메이아' (Academy)라는 학교를 세웠는데 이 학교는 무려 9백 년 이상 유지되다가 기원후 529년 법전을 편찬하여 법률가 황제로 유명한 유스티니아누스 1세(Justinian I) 때 이르러 폐쇄되었다. 이 때문에 '아카데믹' (academic)이라는 말은 '학문적인' 이라는 말과 동의어로 확고히 자리 잡았다. 플라톤이 자신의 학교에 붙인 '아카데메이아' 라는 이름은 고대 그리스 서사시에 등장하는 영웅 아카데모스(Academus)에서 따온 것으로 보인다. '기원전 387년 플라톤은 아테네로 돌아와 아카데메이아라고 알려진, 철학과 과학을 가르치기 위한 학교를 세웠다. 이 학교는 작은 숲속에 세워졌는데 전설에 따르면 그곳은 한때 그리스의 영웅 아카데모스의 소유였다고 한다 …' (『세계 서적 백과사전』(*World Book Encyclopaedia*)). 하지만 『옥스퍼드 영어사전』은 이런 견해에 회의를 품는다. 로빈슨(John Robinson, 1807)은 다음과 같이 말한다. '아카데메이아는 … 숲으로 둘러싸인 꽤 넓은 지역에 있었는데 이곳은 한때 아카데모스라는 아테네 시민의 소유였다고 한다. 하지만 어떤 사람들은 아카데메이아라는 명칭이 고대 영웅의 이름에서 비롯되었다고 말하기도 한다.'

플라톤은 많은 저술을 대화체로 썼는데 그의 스승인 소크라테스가 대화를 이끄는 주인공으로 등장한다. 가장 유명한 대화편은 아마 『국가』(*The Republic*)일 듯한데 여기서 소크라테스는 특유의 문답법을 사용하면서 '정의(正義)' 의 본성에 관하여 논의한다. 『국가』와 더불어 『파이돈』(*The Phaedo*)에서 플라톤은 자신의 '형상(또는 '이데아') 이론' 을 전개함과 동시에 인간 사회를 위한 완벽한 통치 형태의 모습을 그린다. 그런 사회에서 궁극적으로 선한 도덕적 가치는 철학자인 동시에 통치자인 사람들로부터 나오며, 완벽한 사회의 '수호자' 가 된 철학자들은 지혜를 추구하는 사람들이다.

철학자들은 추상적으로 추론하는 오랜 훈련을 통하여 지혜의 상태에 이르는데 이를 통하여 그들은 '선' 의 '형상' 또는 '이데아' 에 대한 지식을 얻음으로써 결국 도덕적 가치들에 대한 진정한 지식에 접근하게 된다. 플라톤에 따르면 이 '형상' 은 다른 모든 '형상들' 또는 '이데아들' 과 마찬가지로 그 어떤 구체적인 선한 대상이나 행위와도 무관하게 존재한다. '선'의 '형상'은 어떤 의미에서는 다른 '형상들' 각각의 본질을 유지하는 기본적인 형상이기도 하다. 이는 자연철학자들이 주장한, '기본 실체'가 다른 실체들을 유지하는 방식과도 유사하다. 우리가 경험하는 모든 현상과 우리가 행하는 모든 행위, 우리가 지니는 모든 추상 관념 등은 그것이 근거로 삼는 — 더욱 정확하게는 그것에게 부여된 — '형상'에 의해서 규정된다. '형상'을 파악함으로써 우리는 경험과 행위 그리고 추상 관념을 파악한다. 이는 플라톤의 '형상 이론'이 철학자들에게 모든 분야의 지식에 대한 더욱 깊은 이해를 제공한다고 주장함을 의미한다. [PT]

허치슨 (Hutcheson, Francis): (1694–1746) 스코틀랜드 계몽주의에 크게 기여한 아일랜드 출신의 철학자이다. 그는 1729년 글래스고대학의 도덕철학 교수가 되었다. 그의 대표적인 철학 저술인 『철학 저술들』(*Philosophical Writings*)에는 인간이 도덕적 선과 아름다움을 감지하는, 오감과 유사한 감각을 지닌다는 샤프츠버리의 생각으로부터 받은 영향이 잘 드러난다. 이 결과 허치슨은 아름다움과 도덕에 관한 이론이 이런 감각의 작용을 다루어야 한다고 주장하였다. 이는 취미와 도덕적 가치에 대한 감각을 경험적으로 분석하려는 흄의 시도에 이르는 길을 열었다. [P]

흄 (David, Hume): (1711–76) 흄은 스코틀랜드 출신의 철학자이지만 그의 사상은 그와 같은 시대 인물이었던 리드나 중세 프란체스코 수도회 소속의 철학자였던 둔스 스코투스 등에서 드러나는 스코틀랜드 철학보다는 홉스나 로크로 대표되는 잉글랜드 학자들의 경험론과 더욱 유사한 양상을 보인다. 리드 때문에 흄은 고향인 스코틀랜드에서는 거의 한 세기 이상이나 제대로 인정받지 못했다. 흄은 1745년 글래스고대학의 논리학과 수사학 교수직을 얻는 데 실패하였으며, 1751년에는 에든버러대학의 도덕철학 교수직에서도 고배를 마셨다. 하지만 그는 오늘날까지도 영어권에서는 가장 위대한 철학자 중 한 사람으로 손꼽힌다.

그는 한편으로는 데카르트로부터, 다른 한편으로는 홉스와 로크로부터 철학적 유산을 물려받았다. 홉스와 로크의 길을 따라 그는 모든 지식이 이른바 '인상'으로부터 생긴다는 가정에 기초한 지식 이론을 제시하였다. 또한 데카르트를 따라 그는 모든 지식에 대하여 회의의 방법을 적용하였다. 흄에 따르면 확실하다고 여길 수 있는 유일한 지식은 인상을 지각할 때 정신이 지니는 내용뿐이다. 이 과정은 우리의 감각이 정신에 신호를 보낼 때 정신에 생생한 상이 형성으로써 이루어진다. 정신은 '상상력'을 사용하여 '관념'을 만들어 내는데 관념은 인상보다 덜 생생한 모사라고 할 수 있다. 이런 '관념들'에 '관념들의 연합'이라는 원리를 적용함으로써 우리는 세계가 작용하는 방식을 파악할 수 있다. 여기서 관념들의 연합은 연속되는 인상들이 사물들의 운동을 기술하는 규칙을 형성할 수 있도록 재생산되는 과정을 의미한다. 예를 들면 사람들이 유사한 관념들을 한데 연결하려는 경향이 있음을 알 수 있다. 또한 뜨거운 대상이 차가운 환경에 노출되면 온도가 점차 떨어진다는 사실을 관찰한다. 이 둘이 더해져 열기는 뜨거운 대상으로부터 차가운 환경으로 전달된다는 규칙이 확립된다.

흄에 따르면 우리는 무언가의 원인을 설명하면서 두 종류의 연합 과정을 사용한다. 즉 유사성과 연속성(근접성)에 기초하여 관념들을 서로 연합한다.

이 원리는 인간 행위를 지배하는 규칙을 결정하는 데까지 확장된다. 다른 사람에게 친절하게 대하는 행위가 일반적으로 칭찬의 대상이 되는 것을 보고 우리는 친절이 도덕적 가치를 지닌다고 결론짓는다. 이는 흄의 도덕철학 또한 영어권의 경험론에서 특징적으로 받아들이는 이런 원리들에 기초함을 의미한다. 브로디(2000, 59면)는 흄의 대표적인 철학 저술 『인간 본성에 관한 논고』(*A Treatise of Human Nature*)의 부제가 '도덕적 주제들에 관한 추론에 실험적 방법을 도입하기 위한 시도' 라는 점이 무척 흥미롭다고 지적한다.

'관념들의 연합' 은 오직 관념들의 영역에만 적용되는 원리이다 — 이 원리가 사물이나 사건의 세계에도 적용된다고 주장할 근거는 없다. 흄에 따르면 이는 우리가 감각 작용과 무관하게 작용하는 그 어떤 세계를 파악하는 문제에 대해서도 회의적인 태도를 취해야 함을 의미한다. 우리의 지각을 넘어선 세계에서 일어나는 사건들 사이의 관계에 적용되는, 그 어떤 설득력 있는 논증도 존재하지 않는다. 이런 '회의론' 은 많은 비판을 불러일으켰는데 처음에는 리드가, 그 후에는 칸트가 이를 비판하였다.

마찬가지로 경험적 원리들에 기초하는 흄의 윤리학과 미학은 아일랜드 철학자 허치슨으로부터 큰 영향을 받았다. 흄은 인간이 시각, 촉각, 후각, 미각, 청각 등과 유사한 노덕감과 미적 감각을 지닌다는 허치슨의 주장을 받아들였다. 흄은 우리의 도덕적, 미적 감각이 작용하는 방식과 사람들이 도덕적, 미적 가치를 실제로 어떻게 부여하는지를 관찰함으로써 도덕적, 미적 원리들을 발견할 수 있다고 주장하였다. 이런 과정을 거쳐 발견된 도덕 원리들은 '공리주의적' 이다. 또한 우리는 고대의 고전시대에서 미적 가치를 발견하는데 그 까닭은 고전적이기 때문이 아니라 오랜 시간을 거치면서도 여전히 아름다움을 인정받기 때문이다.

흄은 대표적인 철학 저술 『인간 본성에 관한 논고』를 1739-40년에 출판하였는데 그 자신의 평가에 따르면 이 책은 '인쇄기로부터 이미 죽은 채' 태어났다. 그 까닭은 아마 이 책의 표현과 언어가 몹시 어려웠기 때문인 듯하다. 이에 대응하여 그는 이 책의 각 부분을 더욱 쉽게 접근할 수 있는 형태로 다시 썼는데 이 결과 등장한 저술이 『인간 지성에 관한 탐구』(*An Inquiry Concerning Human Understanding*, 1748)와 『도덕 원리에 관한 탐구』(*An Inquiry Concerning the Principle of Morals*, 1751)이다. 이들과 더불어 『자연 종교에 관한 대화』(*Dialogues Concerning Natural Religion*)도 대학의 철학 강의 교재로 널리 사용된다. [P]

주요 용어 해설

가치: 어떤 대상이나 사건, 과정이 실제로 지니거나 지닌다고 여겨지는 값어치, 유용성 또는 중요성에 따라 그것에 부여되는 지위를 의미한다.

1. 외재적 가치: 무언가가 지닌, 오직 다른 무언가와 관련해서만 고려되는 가치를 의미한다.
2. 내재적 가치: 무언가가 지닌, 다른 무언가와 전혀 무관하게 오직 자신의 본성만을 통해서 고려되는 가치를 의미한다.

가치들: 한 개인 또는 한 무리의 사람들이 지닌 원리 또는 기준들을 의미한다.

1. 상호 주관적인 가치들: 한 무리의 사람들이 지닌, 그 무리 안에 속한 개인들의 상호 수용 가능성이라는 기준에 기초한 행위 원리 또는 기준들을 의미한다.
2. 객관적 가치들: 한 개인 또는 한 무리의 사람들이 지닌, 그 어떤 개인의 인식적 경험과도 무관한 기준에 기초한 행위 원리 또는 기준들을 의미한다.
3. 이성주의적 가치들: 인식 능력을 지닌 한 개인 또는 한 무리의 사람들이 지닌, 그들의 '실천 이성'이 제시한 규칙에 따른다는 기준에 기초한 행위 원리 또는 기준들을 의미한다. **실천 이성** 항목 참조.
4. 주관적 가치들: 한 개인이 지닌, 자신의 인식적 경험에 의존하는 기준에 기초한 행위 원리 또는 기준들을 의미한다.

객관적 가치들: **가치** 항목 참조.

결과주의: 어떤 행위가 낳는 결과에 따라 그 행위가 선한지 악한지 또는 옳은지 그른지를 결정할 수 있다고 주장하는 도덕 이론들을 지칭하는 용어이다. 결과주의에 속하는 도덕 이론들은 두 유형으로 나뉜다. 그 중 하나는 **개별적인 행위 각각**의 결과를, 다른 하나는 **행위의 집합**이 낳는 결과를 평가의 대상으로 삼는다. **행위 공리주의**, **규칙 공리주의** 항목 참조.

결과주의자: 어떤 행위가 결과로서 낳는 사건과 관련하여 그 행위를 평가하는 사람들을 지칭하는 용어이다. **결과주의** 항목 참조.

경험론: '경험론'이라는 용어는 한 가지 이상의 의미를 지닌다. 이 용어의 서로 다른 의미는 자주 혼동을 일으키기도 하지만 어떤 경우든 경험과 연결되는 것은 분명하다.

넓게 분류하면 이 용어는 다음의 두 의미를 지닌다.

1. 경험론은 세계에 관한 타당한 또는 수용 가능한 이해를 얻는 유일한 방법이 경험이라고 생각하는 견해를 지칭하기도 한다. 실험실에서 이루어지는 활동을 통하여 세계와 상호 작용을 주고받는 것이 이런 이해를 얻는 최선의 방법이다. 이 경우 경험론은 일종의 실천, 방법 또는 방법론을 의미한다.
2. 경험론은 감각을 통한 경험이 '유일하게 참인 지식의 구성 요소'를 제공한다고 보는 견해를 지칭하기도 한다. 이 경우 경험론은 우리 지식의 모든 또는 일부 근원을 구체적으로 밝히는 이론 또는 원리를 의미한다. 종교적 계시와 같은 다른 원천들, 심지어 이성 능력조차도 지식의 근원이 될 수 없다 — 이성은 기껏해야 감각이 제공하는 자료를 가지고 어떤 작업을 할 수 있을 뿐이며 결코 지식을 구성하는 새로운 요소를 제공할 수는 없다.

   이런 의미의 경험론은 어떤 원리를 지지하기보다는 일종의 절차에 가까운 '경험론적 실천'과 구별된다. 경험론적 실천에는 자주 무언가를 배우는 최선의 방법은 실제로 그 활동에 참여하는 것이라는 생각도 포함된다.

   (영어의 '경험'(experience)이라는 단어에 대하여 독일어로는 서로 다른 두 단어가 사용된다는 점은 무척 흥미롭다. 독일어 Erfahrung은 경험의 집적을, Erlebnis는 현재 한 개인이 지니는 경험을 의미한다.)

경험적: 이는 '경험론'이라는 철학 용어의 형용사형으로 사용된다. 이는 또한 문제의 해결이나 학습을 위한 방법 또는 접근 방식을 지칭하기도 한다. 문제 해결 그리고/또는 학습의 방법으로 직접적인 경험을 사용할 경우 이 방법은 '경험적'이라고 할 수 있다.

고대 그리스의 '정의(正義)' 개념: 콘퍼드(Francis Cornford, 1941)는 자신이 번역한 플라톤의 『국가』에서 다음과 같이 말한다.

> '정의롭다'에 해당하는 그리스 단어는 영어 'right' 만큼이나 다양한 의미를 지닌다. 이 단어는 다음과 같은 의미를 지닌다. 관습을 지키는, 올바른; 공정한, 정당한; 법적으로 옳은, 합법적인; 한 개인이 요구하거나 한 개인에게 요구되는 바, 공과, 권리; 마땅히 행해야 하는 바. 따라서 이 단어는 개인의 행위가 다른 사람에게 영향을 미치는 한에서 행위의 모든 영역을 포괄한다 — 다른 사람이 그에게 기대할 '권리'를 지니는 바와 그가 다른 사람에게 기대할 권리를 지니는 바 모두를, 그름과 반대되는 의미에서 옳은 바 모두를 의미한다. **정의는 모든 덕들의 총합**이라는 속담이 이런 의미를 잘 드러낸다(1면 — 강조 표시는 저자가 첨가).

'정의롭다'는 단어가 폭넓은 의미를 지닌다는 점은 아낙시만드로스가 모든 실체들 사이의 조화를 유지하는 '주요 실체'의 활동을 정의롭다고 묘사한 부분에서도 잘 나타난다.

공리주의: 어떤 행위가 산출하는 행복을 고려함으로써 그 행위의 좋고 나쁨, 옳고 그름을 결정할 수 있

다고 주장하는 도덕 이론을 지칭하는 용어이다.

1. 행위 공리주의: 행위 각각의 좋음이 특수한 행위 각각이 산출하는 행복에 의존한다고 주장하는 유형의 도덕 이론을 의미한다.
2. 규칙 공리주의: 한 행위의 좋음이 그 행위를 포함하는 일반적 규칙에 따른 결과에 의존한다고 주장하는 유형의 도덕 이론을 의미한다. 어떤 규칙에 따른 결과가 모든 사람들의 전체 행복을 최대화할 경우 그 규칙은 도덕적으로 좋다. 좋은 행위는 도덕적으로 좋은 규칙을 지키는 행위이다. **윤리적 이기주의** 항목 참조.

과학의 귀납적 방법: 사건들을 관찰하고, 관찰된 자료들을 분석하고, 이런 자료들을 연결하는 규칙을 발견하는 데 기초하여 진리를 발견하는 방법으로 프란시스 베이컨이 제시하였다. 관찰 자료들을 연결하는 규칙은 반복되는 관찰에 의해서 검증된다. 실험은 이런 관찰을 위한 이상적인 환경을 제공한다. 과학에서 귀납적 방법을 사용하는 과학자는 필수적인 요소와 그렇지 않은 요소를 구별하려고 노력하며, 현재 탐구하는 바의 '형상인' 을 찾으려고 시도한다. 이런 작업은 특수한 관찰들을 비교하고, 이들 사이의 모든 차이를 탐구하고, 어떤 부정적인 사례도 설명함으로써 이루어진다. 귀납적 방법으로 얻은 결과는 결코 필연적이거나 결정적일 수 없다. 어떤 부정적인 사례가 등장하여 이미 확립된 규칙을 반박할 가능성이 항상 존재하기 때문이다.

프란시스 베이컨은 영국에서 법률가로 활동하였는데 영국 법에서는 귀납적 방법의 특성이 여러 측면에서 드러난다. 예를 들면 영국 법은 구체적인 법률을 적용하는 기준으로 원칙보다는 판례에 더욱 의존한다.

과학철학: 자연 현상에 대한 설명, 즉 자연과학자들이 제시하는 설명의 본성을 탐구하는 현대 철학의 한 분과이다.

과학 혁명: 쿤이 처음 도입한 용어로 '전통을 고수하려는 **정상 과학**의 활동에 대항하여 전통을 무너뜨리려는 시도의 집적' 을 의미한다(강조 표시는 저자가 참가).

관념: 일상 언어에서 '관념'(idea)이라는 용어는 의식의 주관적인 내용을 지시하거나 심지어 객관적인 개념을 지시하는 데도, 예를 들면 '현 정부를 이끄는 관념은 자유지상주의이다' 에서처럼, 흔히 사용된다. 철학에서 이 단어는 무척 다양한 전문적인 의미를 지닌다. 아래에 제시한 아홉 가지 의미 중에 플라톤 및 데카르트와 관련된 의미가 가장 폭넓게 논의된다.

1. 플라톤(소크라테스): 이데아(idea)는 **객관적이고** 시간과 무관한 본질로서 특수한 것들에 속성을 부여한다. 이데아는 왜 사물들이 그런 성질을 지니는지를 설명해 준다.
2. 데카르트는 관념을 인간 정신의 **주관적인**, 논리적인 개념과 동일시하였다. 로크 또한 관념을 주관적이라고 여기면서 관념을 의식의 모든 대상과 동일시하였다.
3. 버클리: 감각의 대상 또는 지각. 정신에 의존하는 존재의 한 유형.

4. 플라톤 이전의 그리스 철학자들: 형상, 외관, 본성, 양식, 양상, 유 또는 종.
5. 스토아철학: 인간 정신 안의 유개념.
6. 스콜라철학: 신의 정신 안에 영원히 지속되는 원형.
7. 흄: 감각적 '인상'의 '희미한' 기억 또는 모사.
8. 칸트: 범주 아래 적절하게 포섭될 수 없는 개념 또는 표상들. 이들은 인식의 범위를 벗어난다.
9. 헤겔: '이념'(idea) 또는 '절대적인 것'은 절대적인 진리로서 모든 현상적 존재는 이것의 표현이다.

관념들의 연합: 흄이 물리적 대상뿐만 아니라 인간 행위에 대한 설명을 전개하는 데 이용되는 원리를 지칭하기 위하여 사용한 용어이다.

귀납: 과학의 귀납적 방법 항목 참조. 과학에서 사용되는 귀납은 **수학적 귀납**과 대조되는데, 수학적 귀납은 모든 자연수에 대하여 타당한 정식들을 형식적으로 증명하기 위하여 사용되는 방법이다.

귀류법: 논증의 유형 항목 참조.

근본 실재: 자신의 존재가 다른 실재와의 관계에 의해서 규정될 수 없는 무언가를 지칭하는 용어이다. **주요 실체** 항목 참조.

내재적 속성: 어떤 사물이 지닌 속성 중 다른 사물과의 관계와 무관한 속성을 의미한다.

내적 감각 경험의 우선성: 이 책에서 처음 도입된 용어로 내적 감각 경험이 철학적 분석의 근본적인 출발점을 형성한다는 철학적 관점을 지칭한다.

논증의 유형:

1. 귀류법: 어떤 주장이 참이라고 가정한 후 이 가정이 불합리한 결론에 도달한다는 점을 보이는 과정을 통하여 그 주장이 거짓임을 증명하는 논증을 말한다. 불합리한 결론에 도달하는 그 어떤 주장도 거짓임에 틀림없다.
2. 귀납법: 어떤 주장이 참임을 보이기 위하여 '과학의 귀납적 방법'을 사용하는 논증을 말한다.
3. 선험적 논증: 어떤 주장이 참임을 보이기 위하여 '선험적 증명'을 사용하는 논증을 말한다. **선험적 증명** 항목 참조.

논증의 타당성과 수용 가능성: 논리학의 모든 법칙들에 따르는 논증은 '타당하다.' 논리학의 법칙들에 위배되는 논증은 '부당하다.' 부당한 논증을 수용하거나 타당한 논증을 거부하는 일은 모두 가능한데 이렇게 하면 어떤 경우든 논리적 모순을 포함하게 된다.

타당한 논증이 항상 '수용 가능한' 논증은 아니다. 타당한 논증이라 할지라도 거짓인 전제들에 기초하면 그 결론은 수용 가능하지 않다 — 즉 타당한 논증도 참이거나 거짓일 수 있다.

어떤 논증이 타당하고 그것의 모든 전제와 추론이 합리적으로 참이라고 받아들일 수 있을 경우에만 그 논증은 '수용 가능하다.' 어떤 타당한 논증이 합리적으로 참이라고 여겨지는 전제들에 기초할 경우 그 논증의 결론 또한 합리적으로 참이라고 여겨진다. 타당한 논증은 전제의 수용 가능성을 결론으로 전달한다.

대륙철학: 영어권에서 '분석' 철학의 전통을 유럽 대륙을 주도하는 철학과 대조하기 위하여 사용한 용어이다. 분석적인 전통은 철학에서 사용되는 개념들의 분석을 강조하는 반면 대륙철학은 인간 활동의 근저에 놓인 가정에 대한 분석을 강조한다. 대륙철학은 현재 '실존주의', '구조주의' 그리고 '비판 이론'이라는 세 가지의 주요 흐름으로 나뉜다. 이들은 각각 모든 형태의 설명과 서술 그리고 분석이 가치에 의존한다고 가정한다. 이런 대조를 통하여 분석철학자들은 자신의 활동이 가치와 무관하다고 또는 그럴 수 있다고 전제하는 경향을 보인다.

덕 (네 가지의 주요한): 대화편 『법률』(1권, 631면)에서 플라톤은 그리스인의 네 가지 덕에 관하여 다음과 같이 말한다. '**지혜**가 가장 상위를 차지하며 다른 것들을 이끈다. **절제**가 이 뒤를 따른다. 이 두 가지 덕이 **용기**와 결합하여 정의가 등장한다. 이 네 가지 덕은 신이 정한 선들에서도 앞자리를 차지한다' (강조 표시는 저자가 첨가).

동력인: **아리스토텔레스** 항목 참조.

목적론: 합목적성에 관한 탐구를 의미한다. 이 용어(teleology)의 어원이 되는 그리스어(telos)는 '이루어진 목적, 그 무언가의 성취 또는 완수' 를 의미한다(Liddell and Scott, 1863).

목적론적 가치 이론: 가치가 어떤 행위 또는 개인 심지어 생물학적 유기체의 목적에서 드러난다고 주장하는 이론을 지칭한다.

목적론적 윤리 이론: 가치 있는 무언가, 예를 들면 인간의 행복, 덕, 쾌락 또는 자유 등에 이르는 데 도움이 되는 행위를 옳은 행위로 여기는 이론을 지칭한다.

목적인: 아리스토텔레스 항목 참조.

무의식적인 정신적 과정: 이는 프로이트가 의식적이 아니지만 의식에 드러나는 정신적인 과정을 지시하기 위하여 사용한 용어이다. '의식적인 정신적 과정' 은 한 개인이 직접 의식하는 과정이다. '전의식적인(preconscious) 정신적 과정' 은 개인의 활동이 더해지지 않아도 의식적이 될 수 있는 과정을 의미한다. 그리고 무의식적인 정신적 과정은 개인의 노력 결과에 따라 의식적이 될 수 있는 과정을 말한다.

미학: 아름다움과 예술 그리고 이들에 관한 이론들을 탐구하는 현대 철학의 한 분과이다. 바움가르텐이 이 용어(aesthetics)를 이런 의미로 처음 사용하였다.

밀레토스 학파: 이는 기원전 7세기부터 5세기경까지 밀레토스 지역에 살았던 한 무리의 철학자들을 지칭한다. 이에 속했던 최초의 유명 철학자는 탈레스였으며 아낙시만드로스와 아낙시메네스가 그 뒤를 이었다.

반증 가능성: 포퍼가 처음 도입한 용어로 과학 이론들을 '비과학' 과 구별하기 위하여 마련된 기준이다. 어떤 이론을 반박하는 일이 가능할 경우 그 이론은 반증 가능하다.

보편: 이는 우주를 통틀어 모든 것에 적용될 수 있는 관념을 지시하는 데 사용되는 용어이다. 보편은

'특수'와 대비되는데 특수는 하나의 구체적인 것을 지시하는 데 사용되는, 따라서 오직 하나의 것에만 적용될 수 있는 용어이다. **특수** 항목 참조.

보편 명목론: 이 용어는 중세 스콜라철학에서 등장한 이론, 즉 '보편'이 객관적으로 존재하지 않으며 의미를 지니는 명칭이기는 하지만 아무것도 지시하지는 않는다고 주장하는 이론을 의미한다. **본질주의 2** 항목 참조.

본질주의: 이 용어는 대상의 '본질'(본질적 속성)에 기초하여 그 대상의 행위나 운동을 설명하려 하는 여러 이론들을 지칭한다. 다음 세 유형의 본질주의는 각각 다른 방식으로 사물의 본질을 표현한다.

1. '아리스토텔레스주의 이론'은 무언가의 본질을 어떤 개념과도 무관하게 현존하는 대상의 내적인 부분으로 표현한다 — 철학자의 임무는 그 대상의 행위나 운동을 파악하기 위하여 이 본질이 무엇인지를 밝히는 일이다. 이는 현대의 자연과학이 사용하는 것과 같은 유형의 이론이다.
2. 두 번째 형태의 본질주의는 우리가 어떤 대상을 어떻게 정의하는가와 무관하게 본질이 그 대상 안에 존재한다는 아리스토텔레스주의의 생각을 거부한다. 이 이론에 따르면 우리의 정의가 무언가를 현재의 모습대로 존재하도록 만드는 데 필요한 본질적인 특성을 규정한다. 인간이 이성적인 동물인 까닭은 '인간'이라는 용어에 대한 정의 때문이지 반드시 인간이 지니는 어떤 자연적인 특성 때문이 아니다. 이런 형태의 본질주의는 '보편 명목론'과 밀접하게 연결된다.
3. 세 번째의 본질주의는 플라톤의 '형상 이론'으로 이는 가장 오래된 형태의 본질주의이기도 하다. 플라톤에 따르면 어떤 것의 본질은 구체적인 형태의 그것과 무관하게 존재하는 추상적인 성질들에서 발견된다. 이 추상적이고 독립적으로 존재하는, 진정한 '형상' 또는 '이데아'가 구체적인 대상에 (또는 행위에) 본질로서의 성질을 부여한다. 플라톤은 『국가』와 『파이돈』에서 이런 이론을 정교하게 제시한다. '이데아' 또는 '형상'이 어떤 대상에 (또는 행위에) 특수한 성질을 부여한다. 예를 들면 둥긂이라는 '형상'이 특수한 원에 둥글다는 본질적인 특성을 부여하며, 선이라는 '형상'이 특수한 자선 행위에 선하다는 본질적인 특성을 부여한다[위의 연습 문제 8.3, 149면 및 **플라톤** 항목 참조].

본질주의자: 어떤 행위를 그 행위가 낳는 어떤 결과와도 무관하게 오직 그 행위의 본성만으로 평가하려는 사람을 지칭하는 용어이다. **결과주의자** 항목 참조.

부수적 실체: (그리스 철학에서) '주요 실체'의 본성에 따라 좌우되는 또는 주요 실체에 의해서 규정되는 본성을 지닌 실체를 의미한다. **주요 실체** 항목 참조.

분석: 복잡한 것을 단순한 요소들로 분해하는 과정을 의미한다.

분석 명제: 어떤 명제에 포함된 용어의 의미를 분석함으로써 그 명제의 참, 거짓을 결정할 수 있는 명제를 의미한다. 예를 들어 '모든 원들은 둥글다'는 명제가 참이라는 점은 '원'과 '둥글다'라는 용어의 의미를 검토함으로써 결정할 수 있다.

분석철학: 분석의 과정이 어떤 주장의 수용 가능성을 결정한다고 보는 철학의 한 유형이다. 분석철학은

주로 개념과 언어의 분석에 초점을 맞추는데, 20세기 후반에 전성기를 맞이하였다. 영어권에서 분석철학이라는 용어는 자주 유럽 대륙철학과 대조되는 의미로 사용되기도 한다. 하지만 분석철학자들이 '대륙' 철학자로 분류하는 유럽철학자들은 서로 다른 유형의 철학적 전통을 이런 방식으로 분류하지는 않는 경향을 보인다.

사회과학의 철학: 사회 현상에 대한 설명, 즉 사회과학자들이 제시하는 설명의 본성을 탐구하는 현대 철학의 한 분과이다.

사회적 구성물: '사회적 구성물' 에 대한 정의는 사회학 사전들에는 등장하지 않지만 이 표현 자체는 비교적 자주 인용되며, 특히 '사회적 성' (gender)과 관련해서 자주 등장한다. 캐나다의 오카나간대학교 예술학부에서 제시한 '구성물' 의 정의는 다음과 같다. '구성물 — 정신적 노력에 의해서, 특히 정치적, 사회적 체제를 통해서 구성된 무언가를 지칭하는, 현대에 크게 유행하는 용어이다' (http://www.ouc.bc.ca/fina/glossary/c_list.html#construct).

사회적 종류: 구성원들이 구성원이 아닌 존재들과 구별되는 공통의 특성을 지니는데 구성원을 구별해 주는 특성이 사람들 사이의 인식적 상호 작용을 통해서 드러나는 집합을 의미한다. **자연적 종류** 항목 참조.

상호 주관적 가치들: **가치들** 항목 참조.

선험적 증명: 증명하려는 바가 그것이 없이는 다른 어떤 것이 불가능하거나 이해될 수 없는, 반드시 필요한 조건이 되는 증명을 의미한다. 이 용어와 가장 밀접하게 연결되는 철학자는 칸트이다. 예를 들면 칸트는 유클리드적인 물리적 공간의 존재가 그것이 없이는 인간의 경험이 불가능해지는 조건이라고 주장하였다 — 따라서 이런 방식으로 유클리드적인 물리적 공간의 존재를 '증명하였다.'

수학적 귀납: 수에 대한 정식을 사용하는 수학적 정리를 증명하고 이 정리가 모든 자연수에 대하여 참이라는 점을 증명하기 위하여 사용되는 추론 방법이다 — 예를 들면 어떤 홀수를 제곱한 후 1을 빼면 그 수는 항상 8의 배수라는 정리를 생각해 보자. 이를 증명하기 위하여 숫자 1에 대하여 이 정리가 참이라는 점으로부터 시작한다. 그 다음에는 어떤 일반적인 자연수 n을 생각하고 홀수를 '2n−1' 로 표현한 다음 n이 어떤 수든 이 정리가 참임을 보인다. 다시 'n보다 1큰 수' 에 대해서도 이 정리가 참임을 보인다. 이 세 단계를 거치면 n이 1이든, 2든, 3이든 아니면 그 후의 어떤 수든 간에 이 정리가 참이라는 결론을 이끌어 낼 수 있다. 수학적 귀납은 프란시스 베이컨이 제시한 귀납의 원리와는 전혀 다른 형태의 추론을 선보인다.

신 존재 증명:

1. 존재론적 논증: 완전한 존재 또는 완전성의 개념으로부터 출발하여 완전한 존재가 현존함을 이끌어 내는 증명이다.
2. 목적론적 논증: 질서를 지닌 또는 합목적적인 우주의 존재로부터 출발하여 우주에 이런 질서와 목적(telos)을 부여한 설계자가 존재해야만 함을 이끌어 내는 증명이다.

3. 우주론적 논증: 우주에서 인과성을 경험한다는 사실로부터 출발하여 인과성을 유지하는 존재가 현존함을 이끌어 내는 논증이다.

실존주의: '자유롭고 책임지는 존재인 개인이 의지의 작용을 통하여 자신의 본질을 스스로 전개하여 자신을 만들어 나간다는 점을 강조하는 이론이다' (『옥스퍼드 영어사전』). 실존주의의 네 가지 주요 주제는 개인과 체제, 존재와 부조리, 의사소통의 본성 그리고 선택의 본성과 중요성이다.

실증주의: 합리적으로 정당화할 수 있는 모든 주장은 과학적으로 검증 가능하거나 논리를 통해서 증명된다는 견해에 붙인 이름이다.

실천 이성: 개인들이 추구하여야 하는, 도덕적으로 가치 있는 목적이 무엇인지를 확립하는 동시에 이 목적을 이루는 데 사용되는 수단은 무엇인지를 확인하는 인간의 능력을 의미한다.

실체: 그 자체로 존재하는, 독립적이고 구별되는 사물을 의미한다. 이 용어는 또한 변화하는 현상의 배후에 있으면서 자신은 변화하지 않는 존재를 의미하는 데도 사용되었다. **주요 실체** 항목 참조.

아포스테리오리: 뒤에 오는 것을 의미하는 라틴어이다. 하지만 철학에서는 어떤 주장, 진술 또는 논증의 참, 거짓에 관한 지식이 경험의 결과로 얻어지는 경우를 지칭하는 전문적인 의미로 사용된다. 이 용어는 관념이나 개념에도 적용된다.

아프리오리: 앞에 오는 것을 의미하는 라틴어이다. 하지만 철학에서는 어떤 주장, 진술 또는 논증의 참, 거짓에 관한 지식이 경험과 무관하게 얻어지는 경우를 지칭하는 전문적인 의미로 사용된다. 이 용어는 관념이나 개념에도 적용된다.

오컴의 면도날: '필요 없이 실재들을 늘려서는 안 된다' 는 오컴의 원리를 지칭하는 용어이다.

이는 우리가 존재한다고 주장하는 바와 관련된 '존재론적' 원리이다. 오컴은 우리가 무언가를 설명하면서 존재한다고 가정하는 바를 절대적으로 최소화하여야 한다고 주장하였다. 예를 들면 우리가 관찰한 무언가를 설명하면서 대상 A, 대상 B, 대상 C 이렇게 세 사물이 존재한다고 가정할 수 있다. 만일 대상 C가 없이도 설명이 잘 이루어진다면 우리는 대상 C가 존재한다는 가정을 버려야 한다. 오컴은 플라톤의 '형상 이론' 을 반박하는 데 이 원리를 사용하면서, 사물들이 둥근 까닭을 설명하기 위하여 우리 자신이나 실제로 둥근 사물들과는 무관하게 둥긂의 '이데아' 또는 '형상' 이 존재한다고 가정할 필요가 없다고 주장하였다.

외재적 속성: 어떤 사물이 지닌 속성 중 다른 사물과의 관계에 의존하는 속성을 의미한다.

우주론: 고대 그리스에서 이는 우주에 관한 탐구를 의미하였다. 리들과 스콧(1863)은 '우주' 라는 단어를 네 가지로 정의하였는데 그 중 첫 번째는 '질서, 질서를 이룸, 제때 알맞음' 이며, 네 번째는 '완벽하게 배열되었다는 측면에서의 세계 또는 전체' 이다. 이 용어는 현재 질서를 갖춘 전체로서의 우주에 관한 탐구 또는 이론을 의미한다.

유물론: (위의 15장 참조) 이 용어는 다양한 의미를 지닌다. 일반적으로 사용될 경우 도덕적, 미적 성질

보다는 물리적 대상에 가치가 귀속된다는 **철학적 태도**를 지칭한다. 활동으로서의 철학이라는 측면에서 볼 때 이 용어는 최소한 두 영역에서, 즉 심리철학의 영역과 마르크스 철학의 영역에서 사용된다. 전자에서 이 용어는 오직 물질만이 존재하며 모든 정신적 현상들은 물질적 사물의 변화로 설명할 수 있다는 이론을 지칭한다. 마르크스 철학에서 이 용어는 변증법적 유물론 또는 역사적 유물론 등으로 규정되면서 사회적 변화를 낳는 체계를 의미하는 것으로 사용된다.

윤리적 이기주의: 자기이익을 도덕의 기초로 여기는 이론을 의미한다. 이 이론은 어떤 도덕적 행위자의 행위는 그 자신의 행복을 증진하는 정도에 비례하여 옳으며, 그 자신의 불행을 초래하는 정도에 비례하여 그르다는 원리를 받아들인다.

윤리학(도덕철학): 선과 악에 관한 이론들의 본성과 인간의 의무와 책임의 본성 등을 탐구하는 철학의 한 분과이다.

의무론: 도덕적 의무 또는 책무를 다루는 지식의 분과를 의미한다.

의미(Signification): 어떤 개념에 포섭되는 사물이라는 측면에서의 의미(meaning)보다는 의식 안에서 지각되는 개념의 성질 또는 속성에 초점을 맞춘 의미를 지시하는 용어이다.

이기주의: **윤리적 이기주의** 항목 참조.

이성주의적 가치들: **가치들** 항목 참조.

이원론: **데카르트** 항목 참조.

인식론: 지식의 본성과 범위 그리고 지식이 주장하는 신뢰 가능성 등을 탐구하는 현대 철학의 한 분과이다.

자연적 종류: 구성원들이 구성원이 아닌 존재들과 구별되는 공통의 특성을 지니는데 구성원을 구별해 주는 특성이 사람들 사이의 인식적 상호 작용과 무관한 집합을 의미한다.

자연주의적 오류: 이는 무어가 처음 도입한 용어로 선을 자연적인 성질 또는 현상이라고 주장하는 모든 이론이 범하는 논리적 오류를 의미한다. 무어에 따르면 'X는 선한가?' 라는 질문에 대한 답이 '그렇다' 라면 이는 정당화를 필요로 한다. 따라서 X는 X가 아닌 무언가 때문에 선함에 틀림없다. X가 자연적인 대상이나 현상일 경우 'X는 선한가?' 라는 질문에 대한 대답은 항상 정당화를 필요로 하므로 선은 자연적인 대상이나 현상이 아닌 무언가여야 한다고 무어는 주장한다.

전건: 어떤 조건을 표현하는, 조건언의 도입부를 의미하며 이로부터 후건(결론)이 도출된다. 예를 들면 '**만일 그가 배고프다면** 음식을 주어라' 에서 '**만일 그가 배고프다면**' 이 전건이다.

전제: 어떤 결론의 근거가 되는, 결론에 앞서 등장하는 진술을 말한다. 예를 들면 '모든 인간은 언젠가는 죽는다' 와 '소크라테스는 인간이다' 라는 전제로부터 '소크라테스는 언젠가는 죽는다' 라는 결론이 도출된다.

정상 과학: 쿤이 처음 사용한 용어로 '과거에 이루어진 하나 또는 그 이상의 과학적 성취, 즉 몇몇 특정

한 과학 공동체가 더 이상의 과학적 실천을 위한 토대를 제공한다고 잠시 동안 인정하는 성취' 를 지칭한다.

존재론: (위의 2부 참조) 존재하는 바의 본성을 탐구하는 철학 분과이다.

존재론적 개입: 한 개인이 자신의 행위 때문에 무언가가 존재한다는 믿음을 유지하게 됨을 의미한다. 만일 한 개인의 행위를 어떤 '사물' 이, 이를 X라고 부르기로 하자, 존재한다는 가정이 없이는 이해할 수 없다면 그 개인은 은연중에 X가 존재한다는 사실에 존재론적으로 개입한다고 말할 수 있다. 예를 들면 한 개인이 입자가속기를 사용한다는 사실은 은연중에 그 개인이 특수한 유형의 소립자가 존재한다는 점을 받아들임을 암시하며, 한 개인이 돈을 사용한다는 사실은 그가 통화 체계가 존재한다는 사실을 은연중에 받아들임을 암시한다. **콰인** 항목 참조.

종합: 단순한 요소들을 가지고 복잡한 것을 구성하는 과정을 의미한다('분석' 의 반대어이다). **분석** 항목 참조.

종합 명제: 어떤 명제에 포함된 용어의 의미만 가지고는 그 명제가 참인지 거짓인지를 결정할 수 없는 명제를 나타낸다. 예를 들면 '어제 비가 내렸다' 는 명제가 참인지 거짓인지는 '비 내리다', '어제' 라는 용어가 지닌 의미를 검토해서는 결정될 수 없다. **분석 명제** 항목 참조.

주관적 가치들: 가치들 항목 참조.

주요 실체: (그리스 철학에서) 자신을 서로 다른 형태로 드러냄으로써 존재하는 모든 사물들을 낳는 기본적인 물질을 의미한다

지향성 이론: 모든 정신적 사건은, 지각이든 사고든 아니면 판단이든 간에, 의도적으로 어떤 대상을 지향한다는 브렌타노의 가설이다.

질료인: 아리스토텔레스 항목 참조.

철학:

1. 고대 그리스에서 철학(philosophia)은 '지혜에 대한 사랑, 탐구, 추구 또는 이론적이든 실천적이든 간에 모든 것들 그리고 그들의 원인에 대한 지식' 을 의미하였다.
2. 이런 원래의 정의로부터 현재 사용되는 '철학' 이라는 용어에 대한 일상적인 정의가 도출된다. 철학은 '한 개인이 자신이 살아가는 방식을 형성하는 체계', 즉 믿음의 체계이다.

   학문적인 활동으로서의 '철학' 에 대한 현대의 정의는 고대 그리스의 정의와는 약간 다른 형태를 취한다. 현대의 정의는 18세기 초반의 정의에서 유래하였는데 『옥스퍼드 영어사전』에는 다음의 두 형태로 등장한다.
3. '지식, 경험 또는 행위의 어떤 특수한 분과에 적용되는 일반 원리들에 관한 탐구.'
4. '궁극적 실재 또는 사물들의 가장 일반적인 원인과 원리들을 다루는 지식 또는 탐구의 한 분야.'

정의 (3)과 (4)는 원리들을 **탐구**할 뿐만 아니라 **평가**하기도 하는 현대의 경향을 제대로 드러내지

못한다 — 이를 반영한 정의 (5)는 다음과 같다.

5. 우리가 경험하는 현상들에 대한 설명을 유지하고 규제하는 원리들을 발견하고 평가하려는 시도.

최고선(Summum Bonum): 인간 행위나 활동의 궁극 목표가 되는, 내재적으로, 그 자체로 선한 것을 의미한다. 서로 다른 여러 철학자들이 서로 다른 것들을 최고선으로 제시하였다. 아리스토텔레스는 행복을, 칸트는 덕을, 밀은 쾌락 그리고 고통 없는 상태를, 사르트르는 자유를 최고선으로 제시하였다. 또 다른 철학자들은 신의 의지, 자아실현, 강력한 힘, 심지어 복종을 최고선이라고 여기기도 하였다.

특수: 이는 하나의 구체적인 것을 지시하는 데 사용되는, 따라서 오직 하나의 것에만 적용될 수 있는 용어이다. 특수는 '보편'과 대비되는데 보편은 우주를 통틀어 모든 것에 적용될 수 있는 관념을 지시하는 데 사용되는 용어이다. **보편** 항목 참조.

패러다임: 쿤이 사용한 용어로 '일종의 성취 — 즉 한 무리의 과학자들이 과학적 탐구의 기본 문제와 방법이 무엇인지에 관하여 공유하는 신념의 집합체'를 의미한다.

풍부한 설명력: 여러 설명이나 이론들 사이에 상대적인 장점을 평가하는 데 사용되는 기준이다. 이는 일반적으로 두 가지 방법으로 사용된다. 첫째, 주어진 관련 영역 안에서 어떤 이론이 현상에 대한 가장 폭넓고 설득력 높은 설명을 제시하는가를 묻는다. 둘째, 서로 경쟁하는 이론들 중 어떤 이론이 자신의 관련 영역과 무관하게 인간이 처한 여러 조건에 대한 이해를 더욱 넓힐 수 있는가를 비교한다.

플라톤의 '형상 (또는 **'이데아'**) 이론' : **본질주의 3** 항목 참조.

합리론: 경험에 의지하기보다는 이성을 사용하는 것이 진리와 지식에 이르는 유일한 방법이라는 원리를 받아들이는 철학적 견해를 의미한다.

현상학: 18세기에 이 용어는 경험적 지식의 기초를 이루는 현상들에 관한 이론을 지시하는 데 사용되었다. 후설은 이 용어를 다시 정의하여 심리학을 성립 가능하게 만드는 탐구를 지칭하는 것으로 사용하였다. 현재 이 용어는 인과적 설명과 무관하게 우리의 경험을 직접 기술하려는 시도를 의미한다.

형상인: 아리스토텔레스 항목 참조.

형이상학: (위의 6장 참조) 우리가 세계를 인식하는 방법과 세계 안에 또는 그 너머에 존재한다고 믿는 바 사이의 연결점에 관하여 탐구하는 영역이다. 『옥스퍼드 영어사전 축약판』에 등장하는, 형이상학에 대한 정의 1은 다음과 같다. '존재, 실체, 본질, 시간, 공간, 원인, 동일성 등을 개념을 포함하여 사물들의 제1 원리를 다루는 **사변적인** 분과' (강조 표시는 저자가 첨가).

환원주의: 하나의 영역에서 발생하는 모든 현상들에 대한 설명을 다른 영역에서 등장한 설명을 통해서 제시할 수 있다고 생각하는 견해를 지칭한다. 예를 들면 모든 심리적 현상을 물리적 실재의 작용으로 설명할 수 있다는 주장은 환원주의적이다.

회의론: 우리의 감각에 직접 드러나는 것을 제외하고는 지식이라고 여겨지는 모든 주장들이 사실상 회의의 대상이 된다고 보는 철학적 접근 방식을 지칭하는 용어이다. 흄 항목(378면) 참조.

후건: 조건문에서 (조건절로 시작되는) 전건에 뒤따라 등장하는 귀결절을 의미한다. 예를 들면 '만일 그가 배고프다면 음식을 주어라' 에서 '음식을 주어라' 가 후건이다.

찾아보기

라

마

아

자

차

카

하

옮긴이에 대하여

김성호는 고려대학교 철학과를 졸업하고 동 대학원에서 철학박사 학위를 받았다. 현재 고려대학교와 강원대학교에서 강의를 하며, 철학서의 번역에도 큰 관심을 갖고 계속 여러 책을 번역 중이다.
대표적인 옮긴 책으로는 『합리론』(F. 코플스톤, 서광사, 2003), 『서양 윤리학사』(R. L. 애링턴, 서광사, 2003), 『비트겐슈타인의 딱정벌레』(M. 코헨, 서광사, 2007), 『고대철학: 케니의 서양철학사 1권』(앤서니 케니, 서광사, 2008), 『중세철학: 케니의 서양철학사 2권』(앤서니 케니, 서광사, 2010) 등이 있다.

지은이에 대하여

F. 로버츠는 현재 이탈리아 바레세의 국제유럽대학교에서 철학을 가르치고 있다. 그는 1991년부터 2000년까지 영국 런던의 개방대학(Open University)에서 강의하였으며, 여전히 이 대학에 관여하고 있다. 이 책은 저자의 첫 번째 저서이다.